Diethard H. Klein und Helga Marie Linsbauer (Hg.)

Glaubensboten in der Welt in zwölf Jahrhunderten

Glaubensboten in der Welt in zwölf Jahrhunderten

Zusammengestellt und bearbeitet von
Diethard H. Klein und Helga Marie Linsbauer

Verlag Bonifatius-Druckerei, Paderborn

CIP-Kurztitelaufnahme der Deutschen Bibliothek

Glaubensboten in der Welt in zwölf Jahrhunderten /
zsgest. u. bearb. von Diethard H. Klein u. Helga Marie Linsbauer. –
Paderborn: Verlag Bonifatius-Druckerei, 1986
ISBN 3-87088-473-8

NE: Klein, Diethard H. [Hrsg.]

ISBN 3 87088 473 8

Konzeption und Produktion: Bücher-GmbH, Bayreuth
Satz: Compusatz GmbH, München
Reproarbeiten: Satz + Repro Kreisl, Hof
Druck und Bindung: Bonifatius-Druckerei, Paderborn

Inhalt

Einleitung

Mit über sechzig Männern und Frauen macht dieser Band vertraut, die im Verlaufe von zwölf Jahrhunderten ihr Leben der Verkündigung des katholischen Glaubens widmeten. Vielfältig wie ihre unterschiedliche Wesensart waren die Eigenschaften, denen sie ihre Erfolge verdankten oder die sie trotz mangelnder oder nur geringer Erfolge nicht verzweifeln ließen, und durch die sie auch für uns heute Ansporn und Vorbild sein können in Alltag und Beruf und im Verhältnis zu unseren Mitmenschen.

Von den frühen Glaubensboten nennen wir hier Benedikt von Nursia, den einfühlsamen und gütigen Klostergründer und Verbreiter christlicher Kultur; Augustinus von Canterbury, der die eigene Mutlosigkeit und Verzagtheit überwindet; Gallus, den bescheidenen Büßer; Rupert, den treuen Verwalter und klugen Organisator oder Korbinian, der als kompromißloser Verteidiger der christlichen Wahrheiten zugleich die Menschen durch vielfachen kundigen Rat in Fragen sinnvoller Landbestellung usw. gewinnt. Wir erinnern an Lioba, die gelehrte und doch bescheidene Erzieherin und Lehrerin voller Heiterkeit und Herzensgüte; Ansgar, den »Apostel des Nordens«, oder Bruno von Querfurt, die sich auch durch Rückschläge und trotz des Versiegens der Hilfsquellen nicht entmutigen lassen; Walburga, die Helferin der Bedrängten und Kranken; Bruno von Meißen, der aus Gehorsam zur Kirche auch den Konflikt mit der weltlichen Obrigkeit auf sich nimmt; Otto von Bamberg, der sachlich und vielleicht sogar mit einer gewissen Nüchternheit seine Aufgaben anpackt, und neben ihnen manch anderen, der ausgleichend und vermittelnd überzeugendes christliches Vorbild gibt.

Am Beginn stehen also die großen Gestalten aus Irland und England, Frankreich und Italien und dann auch bald aus den verschiedenen deutschen Landstrichen, die den katholischen Glauben nach den Stürmen der Völkerwanderungszeit zunächst im Frankenreich und dann in den Ländern Europas von den Finnen bis zu den Slawen verkünden. Zu ihnen gesellen sich dann vom 12. Jahrhundert an jene Ordensleute, vor allem Dominikaner und Franziskaner, die einerseits durch unermüdliche Reisen über damals ungeheure Entfernungen bis weit nach Innerasien hinein das Christentum verbreiten, andererseits aber als kluge Beobachter und Verfasser spannender Reiseberichte, die einem Marco Polo kaum nachstehen, den Mitteleuropäern die Kenntnis dieser fernen Völker und ihrer Bräuche vermitteln. Damit tragen sie nicht nur zu einer erheblichen Erweiterung des damaligen Weltbildes bei, sondern auch durch die Empfehlung entsprechender Anpassungen zur Gewinnung neuer Kulturkreise für das Christentum.

Da ist Raimund von Peñafort, Gründer der Mercedarier, der durch Begründung von Sprachschulen die Mission unter Mauren und Juden in Spanien und Nordafrika fördert; der wagemutige und zähe Johannes del Piano Carpini, der zunächst die Ruthenen in der Ukraine gewinnt und dann bis zum Großkhan in Karakorum vordringt; Wilhelm von Rubruk, der Mongolenmissionar, dem eine der einfühlsamsten und interessantesten Reiseschilderungen des Mittelalters zu verdanken ist; Johannes von Monte Corvino, der in Indien und Südchina tätig war, die Irrlehre der Nestorianer erfolgreich bekämpfte, das Neue Testament und die Psalmen ins Mongolische übersetzte und erster Erzbischof von Peking wurde. Die Lebensauffassung des Odorich von Pordenone, der in Armenien und Persien, Ceylon (dem heutigen Sri Lanka), Java und Borneo als unermüdlicher Glaubensverkünder, aber auch im Anschluß daran als genauer Schilderer der dortigen Völker und Verhältnisse tätig war, zeigt sich in seinem Grundsatz: »Was immer man in den Mittelpunkt seines Lebens stellt, dessen sollte man sich von ganzem Herzen annehmen.« Zu diesen Männern, die in fernen Ländern für den Glauben wirkten, gesellt sich der wortgewaltige Prediger und Asket Vinzenz Ferrer, der in Spanien, Frankreich und Italien die den Irrlehren anheimgefallenen Menschen zum wahren Glauben zurückführt.

Eine neue Dimension gewinnt die Verkündigung durch die Entdeckung Amerikas. Und fast von Anfang an werden die spanischen Eroberer von Männern begleitet, die als frühe Verfechter jener Haltung bezeichnet werden dürfen, der man heute wohl allzu vereinfachend den Stempel »Theologie der Befreiung« aufdrückt. Neben dem berühmten Las Casas sind hier anzuführen Bernal Boil, der sich schon gegen Kolumbus selbst schützend vor die Ureinwohner

Haitis stellte; Johannes von Zumarraga, erster Bischof von Mexiko, der neben Kirchen und Klöstern Schulen und Krankenhäuser begründete und die indianische Bevölkerung auch durch Aus- und Weiterbildung und Verbesserung von Handwerk und Landwirtschaft förderte, oder Petrus de Muer von Gent, der fünfzig Jahre als Lehrer unter den mexikanischen Indios lebte und neben einem Katechismus in der einheimischen Schriftsprache auch einen in der Zielsetzung ganz modern anmutenden Bilder-Katechismus verfaßte. Bernardino de Sahagún konnte nicht nur viele Azteken für das Christentum gewinnen, sondern wurde auch zum Bewahrer und wichtigsten Chronisten der vorkolumbianischen aztekischen Kultur; Ludwig Bertran führte in Kolumbien durch Unerschrockenheit, aber auch überzeugende äußerste Askese viele dem neuen Glauben zu; Manuel de Nóbrega trat in Brasilien mit aller Entschiedenheit für die Rechte der Indianer ein in dem Bewußtsein, daß nicht nur ihre Seelen, sondern auch ihre Körper der Hilfe bedurften; José de Anchieta übertrug den Katechismus in die Tupi-Guarani-Sprache und verfaßte eine Grammatik und ein Wörterbuch in dieser Sprache, aber pflegte auch Kranke, befreite Gefangene und unterwies seine Schutzbefohlenen in handwerklichen Fähigkeiten. Neben Alfonso Mongrovejo Toribio, dem rastlosen Organisator, der auf oft jahrelangen Fußreisen jeden Winkel seiner Erzdiözese Lima besuchte und persönlich eine Million Neubekehrter gefirmt haben soll, steht Petrus Claver, der sich zum »Sklaven der Sklaven« erniedrigte und im kolumbianischen Cartagena nicht nur 300 000 Negersklaven taufte, sondern auch stets um Erleichterung des Loses dieser Unglücklichen bemüht war. Kein Zweifel – vieles von dem, was wir heute als Entwicklungshilfe begreifen, wurde von den Missionaren dieser Zeit schon vorgelebt und kann uns sowohl von der geistigen Haltung her wie auch in ganz praktischen Fragen Beispiel sein für das Engagement gegenüber Benachteiligten, die ja durchaus nicht nur in fernen Ländern zu finden sind.

Zu den Indianern Südamerikas kommen im 17. Jh. als neu zu missionierende Völker jene im nördlichen Teil des Doppelkontinents. An erster Stelle der dort den katholischen Glauben verkündenden Männer sind zu nennen Jean de Brébeuf, zugleich Sprachwissenschaftler und Völkerkundler, geistig und körperlich von gleicher Ausdauer, begabter Organisator und unermüdlicher Prediger, der durch Güte und Gelassenheit viele gewann und doch den Martertod starb; Isaac Jogues, der sich trotz der fast sicheren Aussicht auf einen qualvollen Tod nicht von der Rückkehr zu den Huronen abhalten ließ, aus deren Gefangenschaft er vorher hatte entfliehen können; schließlich Jacques Marquette, der sich nachdrücklich in Sprache und Sitte der Indianer einfühlte, um ihnen Gottes Wort verkünden zu können und zugleich ein bedeutender Forschungsreisender wurde.

Weitere überseeische Gebiete kamen als Wirkungsfeld für die Glaubensverbreitung hinzu, so etwa die Philippinen, wo die beiden Augustinerpatres Rada und Urdaneta (welcher zugleich seine außerordentlichen Kenntnisse als Seefahrer und Kartograph in den Dienst der Gewinnung neuer Christen stellte) erfolgreich tätig waren. In Japan zeichnete sich neben Franz Xaver auch Ludwig Sotelo aus, der sich weder durch Spannungen im eigenen Lager noch durch widrigste politische Umstände in seinem Missionsgebiet von der Verkündigung abhalten ließ und als einer der ersten nachdrücklich für die Heranbildung einheimischer Glaubensboten eintrat. In Afrika schließlich gewann und erhielt der Kapuziner Cavazzi von der Mitte des 17. Jh. an im Kongo und in Angola viele dem Glauben, machte sich zugleich als Vermittler und Berater der einheimischen Herrscher verdient und wirkte den Bedrohungen durch die Aktivitäten anderer Konfessionen entgegen.

Doch auch Asien wurde nicht vernachlässigt. Im Reich der Mitte gelangen erhebliche Erfolge in der Glaubensverbreitung dadurch, daß Jesuitenpatres wie Matteo Ricci, Johann Adam Schall von Bell und Ferdinand Verbiest als Astronomen und Mathematiker hohe Stellungen am Hof von Peking erreichten und mit Gottvertrauen und Energie, Weltgewandtheit und Toleranz viel für die Verbreitung des katholischen Glaubens erreichen konnten. In Indien rieb sich der nimmermüde Franz Xaver auf; der kundige Seefahrer und geschätzte Kartograph Pierre Berthelot, der als Karmeliter den Namen Dionysius von der Geburt annahm, ließ dort sein Leben, und Robert de Nobili, der wie ein indischer Büßer und Brahmane lebte, konnte durch diese wenn auch umstrittene Anpassung viele zum Christentum bekehren.

Und nun ging ein Wunsch in Erfüllung, den schon Ludwig Sotelo mit Nachdruck geäußert hatte – es war so weit, daß auch im Lande geborene Missionare die katholische Lehre verkünden konnten! In Japan waren das Paul Michi mit seinen Gefährten, den auch die Todesdrohung nicht von der Verkündigung abhalten konnte und der zum ersten japanischen Märtyrer wurde; bei den Indianern Nordamerikas Tekakwitha, die »Lilie der Mohawks«, die durch Gebet und beispielhaftes Leben viele ihrer Landsleute dem neuen Glauben gewann; in Ceylon/Sri Lanka der Brahmanensohn und spätere Oratorianer Joseph Vaz, der, als Bettelmönch verkleidet und »im Untergrund« tätig, viele bekehrte und trotz fanatischer Verfolgung die dortige Kirche neu organisierte. Im mohammedanischen Reich der indischen Mogulkaiser wirkte Donna Juliana, im Lande geborene Tochter eines Portugiesen, die zur geschätzten Beraterin am Hofe aufstieg und durch Weisheit und Mut, Kraft und Vorbildhaftigkeit nicht nur der katholischen Lehre hohe Achtung errang, sondern auch durch freigebige eigene Zuwendungen und die Veranlassung großzügiger Schenkungen von anderer Seite zur »zweiten Stifterin der Mission« in diesem Gebiet wurde.

Durch die entsprechenden Hinweise in den Schilderungen dieser großen missionarischen Gestalten, die uns auf vielfältige Weise Vorbild sein können als Beispiele für Demut und Hingabe, Zähigkeit und Gewandtheit, Überzeugungskraft und Nächstenliebe, Opferbereitschaft und praktische Hilfe, nicht zuletzt aber durch die verbindenden Zwischentexte erwächst zugleich eine lebendige Missionsgeschichte etwa vom Ende der Völkerwanderungszeit an. Es schien uns sinnvoll, mit etwa diesem Zeitpunkt zu beginnen, weil ein Einbezug auch der ersten christlichen Jahrhunderte den zur Verfügung stehenden Raum gesprengt hätte und weil nach dem Zusammenbruch des römischen Weltreiches, der Bekämpfung der frühen Irrlehren und der Überwindung oder dem Untergang der vorwiegend arianischen Germanenvölker, wie es in einem älteren Text heißt, »die Welt dem katholischen Glauben noch einmal erobert werden mußte«.

Dabei haben wir, um Anschaulichkeit zu erreichen, großenteils auf zeitgenössische Berichte, auf eigene Schilderungen, Berichte, Briefe der Glaubensboten und bei den Missionaren der Frühzeit auch auf Legenden zurückgegriffen, die uns die Begeisterung früherer Jahrhunderte für das Wirken dieser großen Männer und Frauen spüren lassen. Da aber eine wesentliche Leistung der in fernen Ländern tätigen Glaubensverkünder auch in ihren anschaulichen Berichten vom damaligen Leben in diesen oft so unbekannten Weltgegenden liegt, haben wir auch diesen entsprechenden Platz eingeräumt. Zudem wird auch durch diese Schilderungen wieder deutlich, welch ungeheure Mühen diese Missionare auf sich nahmen, um den wahren Glauben zu verkünden, welchen beispielhaften Fähigkeiten und Eigenschaften sie ihre Erfolge verdankten, und was sie über all die Jahrhunderte hinweg auch uns heute zu sagen und zu geben haben.

Der hier vorliegende erste Band behandelt die Zeit bis etwa zur Wende vom 17. zum 18. Jahrhundert. Ein zweiter Band wird die anschließende Epoche mit ihren großen Missionarsgestalten behandeln und in breitem Maße die Glaubensverbreitung in Afrika schildern, aber auch die sogenannten Indianerreduktionen in Südamerika oder das Wirken des Franz Hermann Glandorff aus der Diözese Osnabrück, der vierzig Jahre lang im mexikanischen Hochland zu Fuß als Missionar und Beichtvater, Krankenheiler und Tröster, Verteidiger und Helfer seiner Indianer unterwegs war.

Kaiser Konstantin (der 313 das Mailänder Religionsedikt erließ) und seine Gemahlin Fausta

1. Kapitel

»Die Welt dem Glauben neu erobern« – Missionare am Ende der Völkerwanderung

Die ersten Jahrhunderte des Christentums waren, im Anschluß an die Verkündigung durch die Apostel und ihre unmittelbaren Nachfolger, geprägt durch die Gründung einzelner Christengemeinden, die sich nach und nach in allen Teilen des römischen Weltreiches fanden. Den Duldungserlassen der Jahre 311 (»Dreikaiseredikt«) bzw. 313 (Mailänder Religionsedikt) folgte von 381 an durch eine Reihe von Gesetzen die Erhebung und Durchsetzung des christlichen Glaubens als offizielle Staatsreligion des Römerreiches.

Geprägt war diese Zeit aber auch dadurch, daß in heftigen Auseinandersetzungen mit den Irrlehren der Donatisten, Gnostiker, Manichäer, Nestorianer, Arianer usw. erst die Einheit der katholischen Lehre geschaffen werden mußte. Eine entscheidende politische Dimension ergab sich daraus, daß die germanischen Völker, die vom Ende des vierten Jahrhunderts an die Grenzen des römischen Reiches überschritten – Vandalen, Alanen, Sueven, West- und Ostgoten, Burgunder u.a. – das Christentum in seiner arianischen, die Gottheit Christi leugnenden Form annahmen. Überall im Westteil des ehemaligen römischen Imperiums herrschten allmählich diese arianischen (bzw. teils auch noch heidnischen) Germanen, so daß im ganzen Abendland um 485 als geschlossen katholisches Gebiet nur noch das kleine Reich des Syagrius im nördlichen Gallien bestand. Von 488 an entreißt der Ostgotenkönig Theoderich das italienische Kernland dem ostgermanischen »Heerkönig« Odoakar und erringt rasch eine Vorrangstellung in Europa, da er sich als Nachfolger der weströmischen Kaiser betrachtet.

Entscheidend für den weiteren Gang der Geschichte wurde es, daß die Franken zum katholischen Glauben bekehrt wurden, als sie das Christentum annahmen. Dieses Germanenvolk war schon seit der Mitte des dritten Jahrhunderts nach Gallien eingedrungen, hatte dann Köln und Trier erobert und sich an Somme und Seine festgesetzt. 486 zerstörte ihr König Chlodwig durch den Sieg bei Soissons das Reich des Syagrius, den letzten Rest des weströmischen Reiches. Mit seinem Volke aber nahm er (zu Weihnachten 496 soll er getauft worden sein) den Glauben der Besiegten an.

Der Herrschafts- und Einflußbereich der Franken dehnte sich rasch weiter aus und damit der Geltungsbereich der katholischen Lehre (517 wurden die Burgunder katholisch, 589 dann die Westgoten in Spanien, seit etwa 590 die Langobarden); das Reich der arianischen Ostgoten in Italien wurde 555 durch die oströmischen Kaiser in Konstantinopel, dem späteren Byzanz, zerstört, das Vandalenreich in Nordafrika war schon 534 untergegangen – und so verschwand im Laufe des sechsten und siebten Jahrhunderts der Arianismus völlig.

In den bewegten Jahrzehnten um das Jahr 500, als »die Welt dem katholischen Glauben noch einmal erobert werden mußte«, waren die beiden Männer tätig, mit denen wir die Reihe der in diesem Band vorgestellten großen Gestalten der Glaubensverkündigung eröffnen.

Severin

Ufernoricum, das Land zwischen den heutigen Städten Salzburg und Wien, wurde schon zur Zeit des Kaisers Augustus eine römische Provinz. Die Inbesitznahme geschah in erster Linie aus militärischen Erwägungen. Rom brauchte eine sichere Nordgrenze und die Kontrolle über die Alpenpässe. Zunächst wurde das Land durch Straßen erschlossen. Um es noch enger mit Rom zu verbinden, wurden Veteranen und römische Bürger angesiedelt.

Diese Siedler trafen keineswegs auf eine barbarische Bevölkerung. Die dort ansässigen Kelten trieben Ackerbau und Viehzucht, aber es gab auch schon eine Reihe städtischer Ansiedlungen mit Industrie, und die Eisengewinnung war bekannt.

*Die alten keltischen Ansiedlungen wurden zu prächtigen Römerstädten, die mit allem ausgestattet waren, womit man sich damals das Leben verschönerte und angenehm machte. Es wurden Wasserleitungen, Bäder, Theater gebaut, durch die ganze Provinz gingen Postverbindungen, eine Polizei sorgte für die Aufrechterhaltung der Ordnung und spürte den Verbrechen nach. So vollständig waren die Noricer zu Römern geworden, daß sie sogar ihre Muttersprache verlernten. Mögen sich immerhin auf den Höhen der Berge und in abgelegenen Tälern die alten Stammeseigentümlichkeiten und die alte Sprache noch lange erhalten haben, in den Städten und den Gegenden, die vom Verkehr berührt wurden, hörte man nur Lateinisch. Im Gegensatz zu den germanischen Barbaren fühlten sich die Noricer als Bürger des großen römischen Reichs und nannten sich Römer.**

Wer das Christentum in Noricum zuerst gepredigt hat und wann dies geschah, ist nicht bekannt. Alten Dokumenten zufolge soll es zu Beginn des vierten Jahrhunderts in dieser Provinz bereits zahlreiche Christen gegeben haben.

Völkerwanderung, Hunneneinfälle und die Teilung des römischen Reiches (395) schwächten Roms Macht dermaßen, daß es nicht mehr in der Lage war, seine Nordgrenze ausreichend zu sichern und Noricums Einwohner vor den Überfällen beutegieriger Germanen zu schützen.

Die allgemeine Unsicherheit griff auch auf den religiösen Bereich über. Die romanische Urbevölkerung bekannte sich zum römisch-katholischen Glauben, während die durchziehenden oder seßhaft werdenden Germanen Arianer oder Heiden waren.

Hilfe kam diesen schwer heimgesuchten Menschen von einem

---

*Durch die Kursivschrift werden im vorliegenden Band Texte hervorgehoben, die aus früheren Quellen entnommen wurden: Schilderungen, Berichte und Legenden (an die man freilich keinen allzu strengen historischen Maßstab legen darf), aber auch Auszüge aus Briefen, Erinnerungen, Reiseberichten usw.

Mann namens Severin. Dieser erschien um 435 zum erstenmal an der Donau und hielt sich mit wechselndem Wohnsitz vor allem im Bereich der heutigen Städte Wien und Passau auf. Seine Herkunft ist unbekannt, und er selbst gab auf diesbezügliche Fragen keine Antwort. Severin, der am 8. Januar 482 im Kloster Favianis starb, gilt nach landläufiger Meinung als »Apostel des Noricum«. So ganz zutreffend ist diese Bezeichnung freilich nicht: Er hat das Gebiet nicht zum christlichen Glauben bekehrt, denn das Ufernoricum bekannte sich schon vor seiner Ankunft zum Christentum. Aber Severin hat mit seinem bedingungslosen Glauben die Christen gerettet, die wie er selbst bereit waren, von ganzem Herzen zu glauben und auf Gott zu vertrauen.

An den so schwer heimgesuchten Noricern konnte das Christentum seine ganze trostspendende Kraft zeigen, zumal wenn es sich in einer Gestalt verkörpert fand, wie es die des heiligen Severin war. Woher dieser merkwürdige Mann stammte, wußte niemand, und er selbst hat es keinem sagen wollen. Man hörte, daß das Lateinische seine Muttersprache war, und konnte aus gelegentlichen Andeutungen entnehmen, daß er einst als Einsiedler in einer Wüste des Morgenlandes gelebt hatte und, von einer inneren Stimme getrieben, in die Donauprovinzen gezogen war. Seine Ankunft geschah kurz nach dem Tode Attilas. Im wesentlichen beschränkte sich seine Tätigkeit auf das Ufernoricum, wo Hilfe wohl nötiger war als in Mittelnoricum, das, gebirgiger und unzulänglicher, leichter zu verteidigen war und den Barbaren keine so lockende Beute zu versprechen schien. Wohin er kam, predigte er und ermahnte zur Demut, zu Beten, Fasten und guten Werken, und so groß war die Macht seiner Persönlichkeit, daß die Bewohner ihm willig gehorchten und er förmliche Zehnten zur Armenpflege und zum Loskauf von Gefangenen fordern konnte. Bei seinen edlen Bestrebungen wurde ihm sogar Unterstützung zuteil aus den Gegenden, die sein Fuß niemals betreten hatte: Feurige Anhänger verbreiteten auch in Mittelnoricum seinen Ruhm und bewogen die dortigen Bewohner nach Kräften beizusteuern. Er selbst hatte gar keine Bedürfnisse. Er war ein Asket, Hunger und Durst konnte er unglaublich lange ertragen, stets ging er barfuß, auch winters beim strengsten Frost, seine Kleidung war einfach, ja ärmlich, alle häusliche Bequemlichkeit verschmähte er. In seinen Augen war es das größte Verdienst, allen Freuden der Welt zu entsagen und in der Einsamkeit zu beten. Darum gründete er überall Klöster, die, nach der Sitte der damaligen Zeit von geringem Umfang, zur Aufnahme nur weniger Mönche bestimmt waren und noch keine feste Organisation hatten. Aber darin besteht für uns gerade das Anziehende seiner Erscheinung, daß er keineswegs wie so viele andere Heilige, die sündhafte Welt sich selbst überließ und in Verachtung ihrer Leidenschaften und Begierden sein Leben ganz in tatenloser Beschaulichkeit zubrachte. Wie sehr er sich auch zu seiner stillen Zelle bei Favianis hingezogen fühlte, stets trieb ihn eine innere Stimme hinaus zu praktischem Handeln. Er ermahnte die Menschen nicht nur zur Frömmigkeit, sondern auch zur Klugheit und Vorsicht, er stärkte die zur Schlacht ausziehenden durch seine Rede und verschmähte es nicht, mit den ketzerischen Königen der Barbaren in Verbindung zu treten, um durch eindringliche Worte und geschickte Unterhandlungen den Unglücklichen eine Besserung ihres schweren Loses zu verschaffen.

Hauptsächlich mit der rugischen Herrscherfamilie stand er in lebhaftem Verkehr. Der König Flaccitheus bat häufig um seinen Rat, bei seinem Sohne Feletheus vermochte er so viel, daß dessen streng arianische Gattin Giso ihre Absicht, katholische Christen umzutaufen, nicht ausführen konnte; auch des Feletheus' Bruder Ferderuchus besuchte ihn öfter. Wohl halb aus Wohlwollen, halb aus Scheu beugten sich die Machthaber vor dem einfachen Mönch, der eine so große Gewalt über die Gemüter der Menschen hatte und dem man nachsagte, daß er in Augenblicken höherer Erleuchtung in die Zukunft schauen und durch sein Wort Sünder dem Teufel übergeben und Besessene heilen könne.

Ohne ein kirchliches Amt zu bekleiden war Severin doch das kirchliche Haupt von Noricum. Als solches nahm er eine ähnliche Stellung ein, wie in vielen gallischen Städten zur Zeit der sinkenden Römerherrschaft die Bischöfe, welche als Vertreter der Kirche, der einzigen alle Wirren überdauernden römischen Einrichtung, Wortführer und Schützer der Bewohner wurden.

Von der Hilfsbereitschaft, Glaubensstärke und verzeihenden Güte Severins berichtet die folgende Legende:

In der Umgebung einer Stadt hatten sich Heuschrecken, die Vertilger der Feldfrüchte, in großer Zahl niedergelassen, die durch ihre Gefräßigkeit alles vernichteten. So schrecklich heimgesucht, wandten sich die Gemeindeältesten und die übrigen Bewohner mit inständigen Bitten an den heiligen Severin und sprachen: »Wir kommen, daß eine so grausige Plage von uns genommen werde, und flehen um die erprobte Fürsprache deiner Gebete, welche so sehr viel beim Herrn vermögen, wie wir jüngst bei dem großen Wunder gesehen haben, wo vom Himmel her die Kerzen entzündet wurden.« Er erwiderte ihnen voll Frömmigkeit und sprach: »Habt ihr nicht gelesen, was Gott dem sündigen Volke durch seinen Propheten befohlen hat? Bekehret euch zu mir von ganzem Herzen mit Fasten und mit Weinen. Erfüllet drum durch würdige Taten, was er lehrt, und Gott wird auch euch helfen. Niemand gehe auf seinen Acker hinaus, als wollte er mit menschlicher Sorge die Heuschrecken abwehren, damit er nicht noch mehr den Unwillen des Herrn herausfordere.« Keiner zauderte, alle versammelten sich in der Kirche, und es sang ein jeder in seiner Weise dem Herrn Loblieder, wie es Sitte war. Jedes Alter und Geschlecht schickte zu Gott Gebete empor, wer es mit Worten nicht vermochte, mit Klagen und Stöhnen, man hörte nicht auf Almosen zu geben, alle guten Werke, welche die gegenwärtige Not erheischte, wurden, wie der Knecht Gottes es befohlen hatte, vollbracht. Während nun alle voll Eifer solches taten, verließ ein sehr armer Mann das begonnene Werk Gottes und ging hinaus aufs Feld, um seine Saaten zu sehen, die einen sehr kleinen Acker bedeckten. Den ganzen Tag scheuchte er die drüberhängende Wolke von Heuschrecken, so emsig er konnte, und ging dann in die Kirche zum heiligen Abendmahle. Aber seinen kleinen Acker, der ringsum von den reichen Saatfeldern der Nachbarn umgeben war, fraß der dichte Schwarm der Heuschrecken völlig kahl. Allein, noch in derselben Nacht mußten sie auf Gottes Befehl jene Gegend verlassen, und es erwies sich abermals, wie viel ein gläubiges Gebet vermag. Als am anderen Morgen der blinde Verächter des heiligen Werkes, der sich mit Unrecht sicher fühlte, wieder auf seinen Acker hinausging, fand er, daß derselbe durch die Heuschrecken gänzlich kahl gefressen war, während zu seiner großen Verwunderung die Saaten aller übrigen ringsum unberührt geblieben waren. Mit kläglichem Ge-

schrei eilte er nach der Stadt zurück und verkündete, was geschehen war, und alle zogen hinaus, um ein solches Wunder zu betrachten, wo wie nach der Richtschnur der Fraß der Heuschrecken das Feld des verstockten Menschen abgegrenzt hatte. Da warf er sich allen zu Füßen und flehte mit einem Strom von Wehklagen um Verzeihung seiner Schuld. Diesen Anlaß ergriff Severin, um allen ans Herz zu legen, daß sie lernen sollten, dem allmächtigen Herrn zu gehorchen, dessen Befehlen auch die Heuschrecken folgten. Der arme Mann aber rief weinend aus, er könne seinen Geboten doch nur dann gehorchen, wenn ihm noch eine Hoffnung bliebe, sein Leben zu erhalten. Darauf redete der Mann Gottes zu den übrigen und sprach: »Es ist gerecht, daß der, welcher durch seine Buße euch ein Beispiel der Demut und des Gehorsams gegeben hat, durch eure milde Hand seinen Unterhalt für dies Jahr bekomme.« Durch die Beisteuer der Gläubigen wurde der arme Mann sogar bereichert, und er ging in sich und sah ein, wie teuer der Unglaube zu stehen kommt und mit wie reichen Wohltaten der Herr seine Verehrer überhäuft.

Das weströmische Reich zerfiel, und an seine Stelle traten die Germanenreiche. Odoakar, der Herulerführer, der im Jahre 476 den letzten weströmischen Kaiser Romulus Augustulus stürzte, wird von Theoderich dem Großen ermordet.

Das Reich dieses Ostgotenherrschers umfaßte ganz Italien (493–553). Goten und Römer lebten darin nebeneinander her; denn unter anderem ließ der religiöse Gegensatz (arianisch/katholisch) keine gotisch-römische Verständigung aufkommen.

Die Kirche litt in jener Zeit schwer unter Irrlehren, Spaltungen und Trennungen, denen die frommen, aber unbedeutenden Nachfolger des heiligen Leo des Großen († 461) auf dem Apostolischen Stuhl vergebens zu wehren suchten. Es gab zwischen 486, als der Frankenkönig Chlodwig den Syagrius stürzte, und 496, als er selbst katholisch wurde, in der ganzen alten römischen Welt nicht einen einzigen Herrscher, der nicht entweder heidnisch oder arianisch gewesen wäre.

Auch das morgenländische und das weniger bedeutende abendländische Mönchtum befanden sich in einer Krise. Gleich dem übrigen Klerus führten die Mönche nur allzuoft einen unordentlichen und unchristlichen Lebenswandel.

Da erwuchs der Kirche ein Mann, der zum Vater des abendländischen Mönchtums werden sollte.

Theoderichs Grabmal in Ravenna

Benedikt von Nursia

Benedikt, der Sohn eines Adligen, kam um 480 in Nursia in Umbrien zur Welt. Wie damals üblich, wurde er zum Studium nach Rom geschickt. Entsetzt über die Sittenlosigkeit seiner Studienkollegen, floh Benedikt aus der Stadt, noch bevor er seine Ausbildung beendet hatte.

Er verbarg sich zunächst in Enfide (Affile im Sabinergebirge). Von dort zog er sich in eine Höhle des Aniotales bei Subiaco zurück, wo er in völliger Einsamkeit drei Jahre lang ein strenges Buß- und Gebetsleben führte.

Die Mönche des nahen Klosters Vicovaro wählten Benedikt aufgrund seines christlichen Lebenswandels zu ihrem Vorsteher. Als er dieser Mönchsgemeinschaft strenge Regeln vorschrieb, soll man versucht haben, ihn zu vergiften. Daraufhin kehrte er nach Subiaco zurück und gründete in der Umgebung zwölf Klöster.

Um das Jahr 529 begann Benedikt ein Kloster auf dem Monte Cassino zu errichten. Hier zog seine Persönlichkeit und die Heiligkeit und Wunderkraft seines Lebens viele Menschen an, darunter auch arianische Goten.

Benedikt starb am 21. März 550 (553?) zu Monte Cassino.

Seine Person, von der sich die Menschen angezogen fühlten, strahlte Verständnis und Güte aus. Diese Eigenschaften und die Weisheit seiner Lehre ließen das Kloster auf dem Monte Cassino zum Zentrum des abendländischen Mönchtums und zum Ausgangspunkt des Benediktinerordens werden.

In ganz Europa gründeten die Barbaren Reiche und Staaten, von denen einige nicht ohne Glanz und Bedeutung blieben, deren keines jedoch damals schon der katholischen Kirche angehörte.

Deutschland war noch ganz heidnisch, ebenso Großbritannien, das kurz zuvor die Angeln und Sachsen erobert hatten; Gallien war im Norden von den heidnischen Franken überflutet, im Süden hatten es die arianischen Burgunder in Besitz genommen. Spanien beherrschten und verheerten Westgoten, Sweben, Alanen, Vandalen, die alle Arianer waren. Die gleichen Vandalen verwüsteten unter dem Nachfolger Geiserichs das christliche Afrika, wo sie eine Verfol-

gung übten, die an Grausamkeit noch viel unerbittlicher und abgefeimter war als die Verfolgungen der römischen Kaiser. Kurz alle Länder, wohin die ersten Jünger Jesu Christi den Glauben gebracht hatten, waren wieder eine Beute der Barbarei geworden und häufig einer Barbarei, welche von der arianischen Irrlehre zum Vorteil ihres Hasses gegen die Kirche ausgebeutet wurde. Die Welt mußte dem katholischen Glauben noch einmal erobert werden.

Fünfzig italienische Meilen im Westen Roms, in jenem Gebirgsknoten, wo der Anio die tiefe Schlucht aushöhlt, die das Sabinerland

Der Tod des heiligen Benedikt

von dem Land scheidet, das ehemals die Aequer und Herniker bewohnten, gelangt der Wanderer, stromaufwärts dem Lauf des Flusses folgend, zu einer Art von weitem Becken zwischen zwei ungeheuren Felswänden, aus dem ein frisches kristallklares Wasser von Fall zu Fall bis zu der Ortschaft Subiaco herabfließt.

An diesem Ort ließ sich Benedikt nieder. Er wollte in der Abge-

schiedenheit ein gottwohlgefälliges Leben führen. Aber schon nach kurzer Zeit wurde er von Hirten »entdeckt«, und von da an kamen immer mehr Menschen, die seinen Rat und seine Hilfe suchten. Laien und Geistliche, Römer und Barbaren, Sieger und Besiegte strömten, von seinem Ruf, seiner Tugend und seinen Wundern angezogen, herzu. Während der ruhmreiche Theoderich an der Spitze seiner bis dahin unbesiegten Goten das Eintagsreich der Heruler vernichtete, Rom eroberte und Italien beherrschte, suchten andere Goten den heiligen Glauben, das Leben der Buße und die Klosterzucht unter den Gesetzen Benedikts. Auf sein Geheiß ergriffen sie Sichel und Axt und gebrauchten ihre noch rohe Kraft zur Ausrottung des wilden Gesträuchs und zur Urbarmachung des Bodens, den seit Neros Zeiten die Wildnis wieder überwuchert hatte. Die italienischen Maler haben uns viele Darstellungen hinterlassen, die, nach der Erzählung des heiligen Gregor, den heiligen Benedikt zeigen, wie er einem Goten, welcher in Subiaco Laienbruder geworden war, ein Arbeitsgerät wieder gibt, das diesem eifrigen, aber ungeschickten Arbeiter in den See gefallen war, und das der Abt wunderbarerweise wieder herausgezogen hatte. »Da, nimm dein Eisen wieder«, hatte Benedikt zu dem Holzhauer gesagt, »nimm und arbeite, und betrübe dich nicht mehr.«

Nachdem Benedikt in der Umgebung zwölf Klöster gegründet hatte, zog er, ohne die Gebirgsregion zu verlassen, die sich am westlichen Abhang der Apenninen hinzieht, nach Süden, die Abruzzen entlang. Dort, an der Grenzscheide von Samnium und Kampanien, im Mittelpunkt eines weiten Beckens zur Hälfte von steilen und malerischen Höhenzügen umgeben, erhebt sich ein einsam stehender Berg mit schroffer Abdachung, dessen breiter, abgerundeter Gipfel den oberen Lauf des Liris und die wellenförmig ausgebreitete Ebene beherrscht, die südlich gegen das Gestade des Mittelmeeres, nördlich bis an die engen Bergtäler geht und im Osten und Westen an die Hochgebirge reicht, die am fernen Gesichtskreis stehen: Es ist der Monte Cassino.

Benedikt fand hier das Heidentum noch lebendig. Zweihundert Jahre nach Konstantin, in christlicher Zeit, so nahe bei Rom, war dort noch ein uralter Apollotempel und ein heiliger Hain, und die Landleute kamen noch dorthin, um den Götzen und Dämonen zu opfern.

Benedikt predigte diesen vergessen gebliebenen Völkerschaften den christlichen Glauben und ermunterte sie zur Zerstörung von Tempel und Götzenbild. Er ließ sie die Bäume des Haines fällen und erbaute auf diesen Trümmern zwei Bethäuser, eines dem heiligen Johannes dem Täufer, dem ersten der Einsiedler des neuen Lebens geweiht, das andere zu Ehren des heiligen Martinus, dieses großen Mönchs und Bischofes, dessen asketische und bischöfliche Tugenden Gallien zur Erbauung gereicht hatten und weithin bis nach Italien bekannt geworden waren. Rings um diese Bethäuser erhob sich das Kloster, das das mächtigste und berühmteste des katholischen Erdkreises werden sollte; berühmt insbesondere, weil der heilige Benedikt hier seine Regel schrieb und zugleich das Urbild schuf, das allen den zahllosen Klöstern, die sich diesem vollendeten Gesetzbuch unterwarfen, zum Muster diente.

Benedikt lebte vierzehn Jahre auf dem Monte Cassino. Zunächst beschäftigt mit der Vertilgung der Überreste des Heidentums in der Gegend, dann mit der Erbauung seines Klosters durch die Hände seiner Jünger, mit der Kultivierung der öden Abhänge des Berges und der gänzlich verwüsteten Ebene ringsumher; vorzüglich aber mit allseitiger Spendung der Segnungen des göttlichen Gesetzes, mit einem Eifer und einer Liebe von ihm geübt, worin ihm niemand gleichkam. Obwohl er nicht Priester war, glich sein Leben doch vielmehr demjenigen eines Missionars und Apostels als demjenigen eines Einsiedlers; wobei er nichtsdestoweniger doch stets der wachsame Obere einer Ordensgemeinde war, die täglich zahlreicher und blühender wurde.

2. Kapitel

England und Schottland werden (wieder) christlich

Auch für die britischen Inseln galt in diesen ersten Jahrhunderten unserer Zeitrechnung das gleiche, was wir vorne schon für das übrige Europa feststellten: früher Christianisierung folgt mit dem Zusammenbruch der Römerherrschaft neues Heidentum, und dann galt es, das Gebiet erneut für den katholischen Glauben zu gewinnen.

Schon um das Jahr 200 darf wohl mit einzelnen Christengemeinden unter der keltischen, seit den Eroberungszügen Cäsars stark romanisierten Bevölkerung der Inseln gerechnet werden. Den Verfolgungen unter Kaiser Diocletian seit 303 fielen auch britische Märtyrer zum Opfer, an der Synode des Jahres 314 in Arles nehmen bereits britische Bischöfe teil, und im vierten Jahrhundert findet eine rasche und umfassende Christianisierung des Gebietes statt. Aber im Jahre 410 ziehen die römischen Legionen ab, 449 wird der Ostteil Englands durch heidnische Angeln, Sachsen und Jüten erobert.

Kurz vor dieser Eroberung war wohl von England aus bei den irischen Scoten vor allem durch das Wirken des heiligen Patrick seit 432 ein blühendes Kirchenwesen entstanden. Im sechsten Jahrhundert ergab sich in Irland ein mächtiger Aufschwung des Mönchtums mit riesigen Klöstern, und die Mönche aus diesen Klöstern begründeten dann auch in dieser Zeit bei den Skoten und Pikten im Westen Schottlands die sogenannte albanische Kirche.

Durch die politische Entwicklung, vor allem den Abzug der Römer, war im fünften Jahrhundert eine Trennung zwischen der »Reichskirche« und der britischen Kirche eingetreten, die zu Sonderentwicklungen dann auch der iro-schottischen Kirche führte.

Abweichungen galten etwa hinsichtlich der Taufe, der Tonsur, des Osterzyklus (man hielt an den Daten fest, die sich aus dem zu Anfang des vierten Jahrhunderts geltenden 84jährigen Zyklus ergaben, der 525 durch den neuen Osterkanon verdrängt worden war).

Entscheidend waren organisatorische Abweichungen, die für das Verständnis der folgenden Berichte über das Wirken des Columba und des Augustinus wichtig sind. Mittelpunkt der Seelsorge waren die Klöster; bestimmte Mönche erhielten die klerikalen Weihen zum Bischof oder Presbyter, was aber ihr Abhängigkeitsverhältnis zum Abt ihres Klosters nicht veränderte. So war also ein zum Bischof geweihter Mönch weiterhin seinem Abt unterstellt, auch wenn dieser vielleicht nur einfacher Priester war.

Columba, genannt Columcille (»Kirchentaube«)

Der spätere Stifter und Abt von Hy (Iona, Schottland) war ein Mitglied der königlichen Familie O'Neill. Diese ließ Columba vom heiligen Finian standesgemäß erziehen.

Der junge Mann blieb im Kloster und gründete in seiner irischen Heimat noch weitere Abteien, unter anderem auch Derry, Durrow, Kells. Im Jahre 563, nach anderen Quellen 565, verließ er Irland und zog mit zahlreichen Gefährten nach Schottland, wo er das Inselkloster Hy stiftete. Dieses wurde für Jahrhunderte zum Mittelpunkt klösterlichen und kirchlichen Lebens. Von dort aus erfolgte die Bekehrung der Pikten und später der Northumbrier.

Immer wieder beanspruchte ihn auch die Verwaltung der Heimatklöster. Historisch verbürgt sind zwei seiner Reisen (575 und 585) nach Irland.

Columba (später »der Ältere« genannt zur Unterscheidung von dem um 550 in Südtirol geborenen und 615 im italienischen Bobbio gestorbenen jüngeren Columba) gilt aber auch als Verfasser mehrerer lateinischer Hymnen, wie zum Beispiel des »Altus Prosator«, der die Heilsgeschichte von der Schöpfung bis zum Jüngsten Gericht besingt. Die ihm zugeschriebenen irischen Gedichte stammen nicht aus seiner Feder. Dagegen wird seine Mitarbeit an dem berühmten »Gallikanischen Psalter« heute kaum noch bezweifelt.

Der Barde, Mönch und Missionar starb am 9. Juni 597 in Hy. Sein Biograph hebt besonders Columbas Milde hervor. Nie zerstörte er, wie es später bei der Heidenmission üblich werden sollte, die heidnischen Tempel. Auch seinen Mönchen gegenüber soll er ein milder Vater gewesen sein. Columba hat gerade durch seine Milde sehr viel erreicht.

Der ursprüngliche Name des heiligen Columba, der hin und wieder mit dem heiligen Columban, dem Apostel der Schwaben, verwechselt wird, war Crimthan; dieser Name wurde wegen der Heiligkeit und Unschuld seines Trägers in den lateinischen Columba und den hebräischen Jona umgesetzt; von der Menge der von ihm gestifteten Klöster erhielt er nach Bedas Bericht auch den Namen Columcille. Seine Studien und geistliche Erziehung empfing er in der damals berühmten Schule des heiligen Bischofs Finian von Maghbile. Noch ehe er zum Priestertum gelangte, gründete er im Jahre 546 ein Kloster in Tirconnel, woraus die Stadt Derry (Londonderry) entstand; im Jahre 550 wurde er zum Priester geweiht. Ungeachtet aber Columba mit Segen in seinem Vaterlande Irland wirkte, hatte er sich doch den Zorn des Königs Dermot zugezogen, und Columbas Biograph Adamnan erzählt, er sei in einer Synode wegen geringer Ursachen unrechtmäßig exkommuniziert, jedoch durch Vermittlung des heiligen Abtes Brendan, der seine Unschuld erkannte und verteidigte, wieder losgesprochen worden. In Folge davon faßte Columba den Entschluß, seine Heimat zu verlassen und nach Nordbritannien, dem heutigen Schottland, zu gehen, um die noch heidnischen nördlichen Pikten zu bekehren, nachdem der in Rom ausgebildete britische Bischof Ninian die südlichen Pikten schon um das Jahr 412 bekehrt hatte. Zudem bezweckte Columba, die seit dem Jahre 503 in Nordbritannien ansässigen christlichen Iren oder Skoten besser zu unterrichten und auf den hebridischen Inseln zu predigen.

Im Jahre 563 fuhr er mit zwölf Schülern nach Hy, einer dieser Inseln. Diese ward ihm nach Beda von den bekehrten Pikten, nach Ussher aber von seinem Verwandten Conall, dem König der alba-

nischen Skoten, als Geschenk angetragen; seitdem erhielt diese Insel auch den Namen Jona.

Als der Heilige auf Hy ein Kloster samt Kirche errichtet hatte, fing er im Jahre 565 die Predigt bei den Pikten an. Großen Widerstand setzten ihm die heidnischen Priester entgegen. So suchten sie zu verhindern, daß der Chorgesang Columbas und seiner Mönche, der auf die Heiden einen für die Mission günstigen Eindruck machte, von dem heidnischen Volke gehört würde. Als einst der Heilige zu einer Quelle kam, welcher die Pikten göttliche Ehre erwiesen, freuten sich diese Priester nicht wenig, weil sie glaubten, das Wasser dieser Quelle werde ihm schädlich sein; allein Columba segnete das Wasser, wusch sich damit Hände und Füße, trank mit seinen Gefährten daraus, und nicht nur schadete es ihnen nichts, sondern es erlangten von nun an viele Kranke durch diese Quelle Genesung. Ein anderes Mal hatte er eine ganze Familie bekehrt und getauft; bald aber starb daraus ein Knabe, und nun rühmten die Priester die Stärke ihrer Götter gegenüber der Schwachheit des Christengottes; da erweckte Columba den Knaben wieder zum Leben. In dieser Weise beschämte und besiegte er seine Gegner oft, und allmählich gelang es ihm, unter dem Beistand seiner Gefährten und Mönche, die Pikten zu Christen zu machen. Mit dieser apostolischen Wirksamkeit verband er die Predigt auf den hebridischen Inseln, wo er und seine Jünger mehrere Klöster errichteten, und führte die Oberaufsicht über die britischen Skoten, unter denen er gleichfalls Klöster gründete, sowie über die früher von ihm in Irland gestifteten Institutionen. So erwarb er sich die höchste Verehrung bei den Pikten und Skoten in Britannien und Irland.

Er selbst kehrte im Jahre 590 nach Irland zurück und wohnte einer von König Aid berufenen Versammlung zu Drumceat bei. Hier wurde die Verurteilung und Verbannung der allzu zahlreich gewordenen irischen Barden, gegen deren Habsucht und Bestechlichkeit schwere Anklage erhoben worden war, beratschlagt. Auf Columbas Rat hin wurden sie geschont, aber gewissen Beschränkungen unterworfen.

Diese Milde sticht auch sonst aus der gesamten Handlungsweise des Heiligen hervor. Er war gegen alle liebreich, mildtätig gegen die Armen, kaufte Sklaven und Gefangene los, beschützte die Verdräng-

ten, verachtete die ihm dargebrachten Opfer der Habsüchtigen. Namentlich hatten die Armen eine große Stütze an seinen Klöstern, in denen die Gastfreundschaft geübt wurde; selbst die Arzneien holten sich die Kranken aus diesen Anstalten. Auch seinen zahlreichen Mönchen erwies sich Columba als ein milder Vater. Zwar gehörte die Arbeit zu ihren wesentlichsten Pflichten, und sie mußten selbst ihre Felder, Häuser, Klöster und Kirchen bauen, aber mit Arbeit überladen konnte er sie nicht sehen.

Gegenüber den Bischöfen zeigte er wegen des hohen Vorranges vor den Priestern die größte Ehrfurcht. So besuchte ihn einst ein Bischof, welcher seine Würde nicht zu erkennen gab und auf Columbas Bitte am Sonntag »nach Gebrauch den Leib Christi konsekrierte«.

Hierbei rief der geistliche Würdenträger Columba auf, zugleich mit ihm das Brot des Herrn zu brechen. Da erkannte Columba in ihm den Bischof und sprach: »Christus segne dich, Bruder; brich du allein nach dem bischöflichen Ritus dieses Brot, denn jetzt wissen wir, daß du ein Bischof bist. Warum hast du dich aber verborgen, daß wir dir die gebührende Verehrung nicht leisten konnten?«

Obwohl Columba nur Priester war, übte er über alle nach seiner Regel lebenden Klöster sowie über die nördlichen Pikten, die britischen Skoten und die hebridischen Inseln und selbst über die Bischöfe dieser Gegenden die kirchliche Oberaufsicht und Jurisdiktion aus. Dies war allerdings, namentlich zu Bedas Zeit, ein ungewöhnliches Verhältnis. Es bildete sich von selbst aus Columbas Apostolat und Stiftungen und bestand noch lange Zeit nachher bei seinen Nachfolgern, den Priesteräbten von Hy.

Columba erreichte ein Alter von 76 Jahren; er starb 597 in der Kirche, umgeben von seinen Mönchen, die er nochmals segnete. Drei Tage und Nächte hielten die Brüder feierliche Exequien für ihren geliebten Vater.

Schon unter Abt Adamnan wurde nicht nur zu Hy sein Fest gefeiert, sondern der Kult des Heiligen auf der ganzen britischen Insel, in Spanien, Gallien und Italien und selbst in Rom eingeführt. Übrigens erhielt sich auch nach Columbas Tod der Geist des Stifters in seinen zahlreichen Institutionen, namentlich in seinem Hauptkloster Hy. Das ganze Leben Columbas war ein himmlisches Gewebe, zusammengewirkt aus den Goldfäden des Gebetes, der Lesung, des Bücherabschreibens und der Missionstätigkeit.

Hy glänzte als Sitz großer Frömmigkeit und strenger Klosterdisziplin. Es war ein Sammelplatz eifriger Bibelstudien und Kenntnisse mannigfacher Art. Es brachte ausgezeichnete Männer hervor, zum Beispiel den heiligen Aidan, den großen und liebenswürdigen Apostel Northumbriens. Es war Jahrhunderte hindurch die Grabstätte vieler Könige.

Augustinus von Canterbury

Im Jahre 596 n.Chr. sandte Papst Gregor der Große eine Schar von Benediktinermönchen aus dem Andreaskloster zu Rom unter der Führung des Augustinus nach England. (Diese Entsendung von Rom aus – während die bisherige Missionierungsarbeit unmittelbar durch die britische und iro-schottische Kirche erfolgt war – ist sicher auch unter dem Aspekt geschehen, die Kirche der Inseln wieder stärker an Rom zu binden.) Als sie auf ihrer Reise nach Aix (Südfrankreich) kamen, verloren die Missionare den Mut und schickten Augustinus mit der Bitte um Enthebung von ihrer Aufgabe nach Rom zurück. Doch Gregor weigerte sich, der Bitte nachzukommen. Er sprach Augustinus, den er zum Abt ernannte, Mut zu und sandte ihn, mit Empfehlungsschreiben versehen, zu den wartenden Mönchen zurück.

Die Gruppe setzte ihre Fahrt fort und landete zu Anfang des Jahres 597 auf der Insel Thanet vor der Ostküste von Kent (heute mit dem Festland verwachsen). König Ethelbert empfing die Glaubensboten wohlwollend und sicherte ihnen seine Unterstützung zu.

Bald erfolgten die ersten Bekehrungen, und auch König Ethelbert, dessen Gemahlin Bertha bereits Christin war, ließ sich noch vor dem Pfingstfest des Jahres 597 taufen. Viele seiner Untertanen folgten seinem Beispiel.

Augustinus schickte zwei seiner Gefährten nach Rom, die den Papst über den Erfolg unterrichten und ihn in anstehenden Problemen um Rat bitten sollten. Zu Beginn des siebten Jahrhunderts

kamen die Boten zurück und brachten die Antworten, aber auch kirchliche Gerätschaften, Reliquien und Bücher mit. Begleitet wurden sie von einer weiteren Gruppe von Missionaren, unter denen sich auch Mellitus, Justus und Paulinus befanden, die Augustinus das Pallium überbrachten, das Zeichen der erzbischöflichen Würde.

In den nächsten Jahren entstanden neben Canterbury, der Stadt des Erzbischofs, noch ein zweiter Bischofssitz in Rochester und ein weiterer in London.

Als Augustinus starb, vermutlich im Mai des Jahres 604, konnte er auf ein beachtliches Lebenswerk zurückblicken. Er hatte den König von Kent und viele seiner Untertanen getauft; er hatte drei Bischofssitze errichtet und wenigstens ein Kloster gegründet. Er, der ehedem mutlos und verzagt gewesen war, hatte die ihm gestellte Aufgabe angenommen, auch in Niederlagen treu zu ihr gestanden und sich nicht mehr entmutigen lassen.

Unterdessen berief Augustinus, unter dem Beistand des Königs Ethelbert, die Bischöfe oder Lehrer der nahe gelegenen Provinz der

Briten an einen Ort, der in der Sprache der Angelsachsen »Augustinaes Ac«, das heißt »Kraft des Augustinus«, genannt wird, zu einer Unterredung und riet ihnen in brüderlicher Ermahnung, sie möchten doch mit ihm den katholischen Frieden halten und die gemeinsame Arbeit für den Herrn übernehmen, den Heiden das Evangelium zu verkünden. Die Briten feierten nämlich den Tag der Auferstehung des Herrn nicht zur gehörigen Zeit, sondern zwischen dem vierzehnten und zwanzigsten des Monates. Darüber hinaus hatten sie viele andere Sitten und Bräuche, die der katholischen Einheit zuwider waren.

Als sie nach einer langen Disputation weder den Bitten, noch den Mahnungen, noch den Strafworten des Augustinus und seiner Gefährten Gehör geben wollten, vielmehr ihre Überlieferungen allen Kirchen vorzogen, da machte der heilige Vater dem mühevollen und langen Streit dadurch ein Ende, daß er sagte: »Wir wollen Gott, der die Einträchtigen wohnen läßt in seines Vaters Hause, bitten, daß er durch himmlische Zeichen uns kund tue, welcher Überlieferung wir folgen, auf welchen Wegen wir zum Eingang ins Himmelreich gelangen können. Man führe einen Kranken herbei, und auf wessen Bitten dieser Mensch geheilt wird, dessen Glauben und Tun werde dann als das angesehen, das Gott angenehm ist und dem alle folgen müssen.«

Als seine Gegner, wenn auch ungern, darauf eingingen, brachte man einen dem Volke der Angelsachsen angehörenden Blinden herbei. Derselbe wurde zuerst zu den Priestern der Briten gebracht und als er durch deren Dienst keine Genesung, keine Gesundheit erhielt, da beugte endlich Augustinus, von gerechter Not gedrungen, seine Knie vor dem Vater unseres Herrn Jesu Christi und bat ihn, er möge doch dem Blinden das verlorene Augenlicht wiedergeben und durch die leibliche Erleuchtung eines Menschen in den Herzen sehr vieler Gläubigen die Gnade geistigen Lichtes anzünden. Alsbald wird der Blinde sehend und Augustinus von allen als wahrer Herold des höchsten Lichtes gepriesen.

Da bekannten denn die Briten, daß sie eingesehen, der wahre Weg der Gerechtigkeit sei der, den Augustinus predige, sie könnten sich jedoch ohne Zustimmung und Erlaubnis der Ihrigen von ihren alten Bräuchen nicht lossagen. Deshalb verlangten sie, es möchte eine zweite Synode stattfinden, auf welcher mehr Teilnehmer aus ihrem Volk erscheinen würden.

Dies wurde gewährt, und es kamen, wie man erzählt, sieben Bischöfe der Briten und mehrere sehr gelehrte Männer, besonders aus ihrem angesehensten Kloster, das in der Sprache der Angelsachsen Bancornaburg (Bangor) heißt und dessen Abt damals Dinoot war. Bevor sie zu dem besagten Konzil zogen, gingen sie zuerst zu einem heiligen und weisen Mann, der bei ihnen ein Einsiedlerleben führte und holten sich bei ihm Rat auf die Frage, ob sie auf die Predigt des Augustinus hin ihre Überlieferungen verlassen müßten. Dieser antwortete ihnen: »Wenn er ein Gottesmann ist, so folget ihm.« Sie sagten: »Wie können wir das erfahren?« Er erwiderte: »Der Herr sagt: ›Nehmet mein Joch auf Euch und lernet von mir, denn ich bin sanftmütig und demütig von Herzen.‹ Wenn also jener Augustinus sanftmütig ist und demütig von Herzen, so darf man glauben, daß er selber Christi Joch trage und es euch zu tragen anbiete. Wenn er hingegen unsanftmütig und hochmütig ist, so ist er sicher nicht aus Gott, und wir brauchen uns um seine Rede nicht zu kümmern.« Und wiederum fragten sie: »Wie aber vermögen wir das zu entscheiden?« »Traget Sorge«, antwortete er, »daß jener zuerst am Synodalort anwesend sei, und wenn er bei eurer Ankunft sich erhebt, so wisset, daß er ein Diener Christi ist, dann höret ihn in Gehorsam. Wenn er euch hingegen mißachtet und bei eurer Ankunft sich nicht erheben will, während ihr doch zahlreicher seid, so werde auch er von euch verachtet.«

Sie taten, wie er gesagt, und es begab sich, daß Augustinus bei ihrer Ankunft auf seinem Sessel sitzen blieb. Als sie das sahen, erzürnten sie, bezichtigten ihn des Stolzes und widersprachen allem, was er sagte. Er aber sprach zu ihnen: »Zwar tut ihr vieles, was unserm, ja der allgemeinen Kirche Brauch zuwider ist; wenn ihr mir jedoch in drei Punkten nachgeben wollt, nämlich, daß ihr das Osterfest zur rechten Zeit feiert, die Taufe, in der wir für Gott wiedergeboren werden, nach dem Brauche der heiligen römischen und apostolischen Kirche spendet und mit uns vereint dem Volke der Angelsachsen das Wort Gottes verkündet, so wollen wir alles übrige, was ihr tut, obschon es gegen unsere Bräuche ist, gleichmütig ertragen.« Jene aber antworteten, sie würden nichts von diesem tun und ihn auch nicht als Erzbischof anerkennen. Denn, sagten sie zueinander, wenn er sich jetzt nicht einmal vor uns erheben wollte, wie vielmehr wird er uns gleich einem Nichts verachten, wenn wir ihm einmal untertan geworden sind.

Nun soll ihnen der Gottesmann Augustinus drohend vorhergesagt haben, da sie keinen Frieden mit den Brüdern annehmen wollten, würden sie Krieg mit Feinden haben, und weil sie der Nation der Angelsachsen nicht den Weg des Lebens verkünden wollten, so würden sie von deren Händen als Strafe den Tod erleiden. Das alles ging durch die Kraft des göttlichen Strafgerichts so in Erfüllung, wie er es vorausgesagt.

Das Missionswerk des Augustinus aber wirkte weiter. Nachdem die Angelsachsen in Essex sich noch 604 zum Christentum bekehrt hatten, folgte 627 der König Ethwil von Northumbrien mit seinen Freien. Nach einem heidnischen Rückschlag dort in den Jahren 633–635 wurde das Christentum neu begründet, doch diesmal wieder durch iro-schottische Mönche.

Auch die weiteren angelsächsischen Reiche schlossen sich dann den Traditionen der iro-schottischen Kirche an. Die Südiren dagegen waren etwa um 630 »römisch geworden«, und seit 634 war auch Wessex durch einen Missionar aus Rom zum Christentum bekehrt worden.

Auf der Synode von Streaneshalch gelang dann zunächst die Vereinigung der Kirche von Northumbrien mit der römisch ausgerichteten angelsächsischen, und auch die übrigen Kirchenorganisationen der angelsächsischen Reiche schlossen sich daraufhin an Rom an.

Von der hohen Blüte des religiösen Lebens auf den britischen Inseln in den folgenden Jahrhunderten zeugen dann Gestalten wie der Abt Aldhelm von Canterbury, gestorben 709, und vor allem Beda Venerabilis, tätig in Wearmouth und später Jarrow und 735 verstorben, der zum großen Kirchenlehrer für das ganze abendländische Mittelalter wurde.

3. Kapitel

Iro-schottische Glaubensboten kommen ins Frankenreich

Wie wir schon weiter oben darlegten, war entscheidend für die weitere Ausbreitung des katholischen Glaubens die Tatsache, daß der Frankenkönig Chlodwig sich zu Weihnachten 496 taufen ließ durch Remigius, den Bischof von Reims im ehemaligen Reich des Syagrius. Unter dem politischen Druck des Frankenreiches kehrten dann 517 die Burgunder zum Katholizismus zurück, 589 dann auch unter ihrem König Rekkared die Westgoten in Spanien, die Chlodwig in der Schlacht von Poitiers 507 aus Gallien verdrängt hatte.

Unter den Merowingern – die freilich durch ihr oberflächliches Christentum von Meuchelmord, Verrat und blutiger Unterdrükkung nicht abgehalten werden – dehnt sich das Frankenreich immer weiter aus: bis 534 werden die Gebiete der Alemannen, Burgunder und Thüringer erobert, die Bayern befinden sich seit etwa Mitte des sechsten Jahrhunderts in einem losen Abhängigkeitsverhältnis.

In dieses vergrößerte Frankenreich, vor allem die neu eroberten Gebiete, die noch nicht dem katholischen Glauben gewonnen waren, zogen im sechsten und siebten Jahrhundert Glaubensboten, die nicht von Rom geschickt waren, sondern aus dem iro-schottischen Raum kamen, dessen begeisterten Glaubenseifer bereits in diesen frühen Jahrhunderten wir schon im vorigen Kapitel hervorhoben.

Unerschrockenheit und Zähigkeit zeichnete diese Männer aus, die damals in der heutigen Schweiz, in Mainfranken und im Südwesten Deutschlands missionarisch tätig waren. Sie gründeten bis heute blühende Klöster, wie etwa St. Gallen, und manche von ihnen – wie Fridolin von Säckingen oder der Frankenapostel Kilian – genießen noch heute als Regionalheilige höchste Verehrung.

Fridolin

Nur Legenden berichten von Fridolin und seiner missionarischen Tätigkeit, die wohl während der ersten Jahrzehnte des sechsten Jahrhunderts stattfand. Einer alten Biographie zufolge, die im 10. Jahrhundert von einem Mönch des Klosters zu Säckingen verfaßt wurde, entstammte Fridolin einer adligen iro-schottischen Familie. Nach der damals üblichen Erziehung in einem Kloster entschied er sich für den Priesterberuf und für die Missionsarbeit.

Predigend und taufend zog er durch das Frankenreich. Da er ein großer Verehrer des heiligen Hilarius war, ließ er sich in Poitiers nieder, baute eine Kirche und belebte den Kult dieses Heiligen neu.

Der heilige Hilarius war es auch, der Fridolin – nach einer alten Legende – im Traum erschien und ihn aufforderte, das Christentum auch in Alemannien zu verbreiten.

Von Poitiers aus zog der Missionar über Straßburg und Chur nach Säckingen. Hilarius-Kirchen kennzeichnen noch heute den Weg, den er angeblich nahm. Auf einer Insel, nahe der heutigen Stadt Säckingen, gründete er ein Frauenkloster und erbaute ein dem heiligen Hilarius geweihtes Gotteshaus. Als sein Todestag wird der 6. März gefeiert; eine genauere Zeitangabe zu seinem Todesjahr fehlt in allen Quellen.

In all seinen Handlungen hat Fridolin stets sein Vertrauen auf Gott gesetzt. Was immer er auch tat, er war sich sicher, daß Gott ihm helfen werde. Dieses Vertrauen gab ihm die Kraft, die er für seine schwierige und häufig auch gefahrvolle Missionsarbeit brauchte.

Im sechsten Jahrhundert drangen auch schon Worte des Heils bis zu den unter fränkischer Herrschaft stehenden Alemannen am Oberrhein. Sie wurden ihnen durch den irländischen Missionar Fridolin gebracht. Irland, welches die Geschichte mit dem Ehrennamen einer Insel der Heiligen bezeichnet, war kaum durch die Predigt des heiligen Patricius im Christentum unterrichtet worden, schon trug es die herrlichsten Früchte christlicher Liebe. Scharenweise gingen von dieser Insel Männer aus, die, von der christlichen Wahrheit begeistert, es sich zur Aufgabe stellten, den germanischen Völkern das

Evangelium zu predigen. Der Abt Fridolin eröffnete diesen heiligen Reigen der Missionare.

Seit Jahrhunderten hatten die Alemannen den Römern meist feindlich gegenübergestanden. Im Anfang des fünften Jahrhunderts gehörten ihnen das ganze Land von der Donau bis tief in die Schweiz hinein sowie große Landstriche an beiden Ufern des Rheins, im Breisgau und im Elsaß. Sie drangen immer weiter rheinabwärts. Aber die blutige Schlacht bei Zülpich im Jahre 496 setzte ihren Eroberungen ein Ziel und unterwarf sie der Herrschaft der Franken.

Zwar ließen die fränkischen Sieger den Alemannen ihre nationale Gesetzgebung und Verwaltung und suchten ihnen auch keine neue Religion aufzudrängen. Nichtsdestoweniger erleichterte die Verbindung mit dem Frankenreiche wesentlich die Ausbreitung des Christentums in Alemannien. Ein anderer Umstand, welcher diese Ausbreitung ebenfalls begünstigte, lag darin, daß die Alemannen in

Die Taufe Chlodwigs

manchen Regionen der Schweiz, so wie in den Rheingegenden, schon christliche Einwohner vorfanden. Es lebten also die heidnischen Alemannen neben christlichen Familien. Gegen die Mitte des sechsten Jahrhunderts wurde sogar der bischöfliche Sitz von Vindonissa (Windisch) nach der alemannischen Stadt Konstanz verlegt.

Indessen hingen die meisten Alemannen doch sehr hartnäckig an ihrem heidnischen Aberglauben, und es bedurfte der unermüdlichen Tätigkeit eines Fridolin und anderer eifriger Missionare, um das Werk der Bekehrung Alemanniens im Verlaufe der Zeit zu vollbringen.

In Gallien fand Fridolin das Christentum eingeführt, aber es war noch durch das Heidentum und den gotischen Arianismus sehr entstellt. Die Goten, die damals Spanien und einen großen Teil von Gallien beherrschten, waren der arianischen Lehre, welche den Sohn Gottes zu einem Geschöpfe herabwürdigte, zugetan, und verfolgten die Katholiken auf das grausamste. Das Volk war der Lehrer, des Unterrichts und des Gottesdienstes beraubt und fiel wieder in die alten heidnischen Bräuche zurück.

Überall ging Fridolin umher, und, wo er hinkam, verteidigte und befestigte er die katholische Lehre durch Erteilung eines gründlichen Unterrichts und durch Widerlegung arianischer Irrtümer und heidnischen Aberglaubens.

507 zog er weiter nach der Stadt Poitiers, berühmt durch seinen ebenso gelehrten wie frommen Bischof Hilarius, der schon zu seiner Zeit den Katholizismus gegen den Arianismus mündlich und schriftlich verteidigt hatte. Zu diesem Heiligen trug er eine vorzügliche Verehrung; er wollte an dem Orte, wo jener gelebt und Großes gewirkt hatte, dessen hinterlassene Schriften lesen und an seinem Grabe ihm besondere Hochachtung erweisen. Der Ruf seiner Tugenden war ihm vorausgeeilt und hatte ihm die Herzen vorbereitet. Durch seine gründlichen Kenntnisse in der Wissenschaft von Heiligen und mehr noch durch seinen strengen tugendhaften Wandel gewann er alsbald die allgemeine Achtung der Geistlichkeit, der Bürgerschaft und ganz besonders des dortigen Bischofs Adelpho. Es trug sich gerade zu, daß damals die Stelle des Vorstehers des Priesterhauses zu besetzen war. Einmütig wurde Fridolin für diese bestimmt, und nahm sie auch aus Achtung für den heiligen Hilarius,

Ein weiteres Wunder des heiligen Missionars Fridolin schildert obige Abbildung: Der kinderlose Urs hatte dem Glaubensboten einen großen Teil des Glarnerlandes gestiftet, was nach seinem Tode jedoch von seinem Bruder Landolf trotz vorheriger Einwilligung angefochten wurde. Da zitiert Fridolin den Ursus aus dem Grabe als Zeugen vor Landolf und den Richter Baldebert.

und weil ihn der verlassene Zustand dieser Kirche betrübte, wiewohl ungern, an.

Das erste, was Fridolin nach Übernahme der Leitung zu tun hatte, war, daß er die zerstörten Gebäude wieder herstellen, die verfallene Zucht handhaben und die in Sicherheit gebrachten Überreste des heiligen Hilarius wieder der öffentlichen Verehrung aussetzen ließ. Um die Mittel dazu aufzubringen, wandte er sich zuerst an den Bischof und durch dessen Vermittlung an den berühmten König Chlodwig I., der wahrscheinlich den Bischof nach dem Sieg über Alarich II. kennengelernt und von Fridolins ruhmreichem Wirken schon vieles gehört hatte. Beide reisten in dieser Absicht im Spätjahre 507 nach Orléans, der damaligen Hofstadt des großen Königs, wo sie mit besonderer Auszeichnung empfangen wurden.

Zur königlichen Tafel geladen, soll Fridolin nach Balthers Bericht folgendes Wunder gewirkt haben.

Während der Mahlzeit wollte der König dem heiligen Mann eine besondere Ehre erweisen und ein kristallenes, mit Gold und kostbaren Steinen künstlich geziertes Trinkgeschirr darreichen. Aber ehe er sich dessen versah, entfiel es seinen Händen und zerbrach in Stücke. Der König ließ durch seinen Mundschenk die Teile sammeln und gab sie dem Manne Gottes auf eine Weise, als ob er den ganzen Becher aus seiner Hand zurückempfangen wollte. Der Heilige setzte sein Vertrauen auf Gott, nahm die zerbrochenen Stücke, fügte sie zusammen und gab hierauf das Trinkgeschirr dem König so zurück, daß man keine Spur einer Beschädigung wahrnahm. Dieses Wunder machte auf die noch anwesenden heidnischen Hofleute einen solchen Eindruck, daß sie sich auf der Stelle zum Christentum bekehrten und sich taufen ließen. Der König gewährte voll Huld die Bitten seiner hohen Gäste. Fridolin, mit königlichen Anweisungen für die Baukosten wohl versehen, stellte jetzt das Priesterhaus und die Kirche neu und herrlich her, ließ das verschüttete Gewölbe aufsuchen und öffnen, worin man die Gebeine des heiligen Hilarius zwischen den Überresten seiner Gattin und der heiligen Tochter Apra liegen fand. Mit Hilfe der Einwohner wurden schnell die Hilariuskirche aufgeführt und die Gebeine des heiligen Bischofs dorthin übertragen.

Nachdem alles wohlbestellt war, eröffnete Fridolin dem Bischof seinen Entschluß, weiterzuwandern und noch andere Menschen zu bekehren. So gerne dieser den frommen Diener Gottes in seiner Nähe behalten hätte, gewährte er es doch, daß derselbe dem Rufe des Himmels folgen durfte. Fridolin ergriff also wieder den Wanderstab und nahm von Poitiers nichts mit sich als einige Gebeine des heiligen Hilarius, seines von nun an immer verehrten Schutzpatrons, und einige seiner Schüler als Gefährten und Helfer. Die Reise ging nach Lothringen, dem Bistum Metz zu, wo er an dem kleinen Fluß Rosel, der sich in die Saar ergießt und mit ihr bei Trier in die Mosel fließt, zuerst eine Missionsanstalt gründete.

Von dort zog der heilige Apostel in die Täler der Vogesen und soll auch hier dem heiligen Hilarius zu Ehren eine Kirche und ebenso eine in Straßburg erbaut haben. Von Straßburg aus reiste er durch das burgundische Reich, um die von den Brüdern Roman und Lupicin errichteten Mönchsklöster auf dem Juragebirge zu sehen und lenkte dann seine Schritte gegen Chur, wo ihn der heilige Pruritius, Bischof daselbst, bereitwillig aufnahm. Mit dessen Unterstützung baute Fridolin dem heiligen Hilarius ebenfalls eine Kirche, wovon noch Überreste jenseits des Flusses, der bei der Stadt vorbeifließt, zu sehen sind. Von Chur wanderte er an die Ufer der Limmat und fand im Glarnerland empfänglichen Boden für die Aufnahme des christlichen Glaubens, denn die heiligen Geschwister Felix und Regula hatten sich hier aufgehalten und die christliche Lehre verbreitet. Hier lernte er die Brüder Ursus und Landolf, die später die größten Wohltäter seiner Missionsanstalt wurden, kennen. Er predigte einige Zeit das Evangelium und weihte dem heiligen Hilarius zu Glarus eine neue Kirche.

Fridolin ergriff mit seinen Helfern abermals den Wanderstab, erblickte auf der Weiterreise eine Rheininsel, später Säckingen genannt, die seine Aufmerksamkeit auf sich zog. Sie war teilweise mit dichter Waldung und Gesträuch überwachsen und durch einen schmalen Rheinarm, den man bei niedrigem Wasserstand leicht durchwaten konnte, vom linken Ufer getrennt. Indem er für diese Gegenden eine Missionsniederlassung für nützlich erachtete, setzte er über den Rheinarm, durchforschte die Insel, ob sie für eine derartige Anstalt geeignet wäre. Bei den Anwohnern erregte sein Tun Furcht und Argwohn, so daß sie ihn, als einen verdächtigen Fremdling mit Lästerungen und Schlägen überhäuft, von der Insel vertrie-

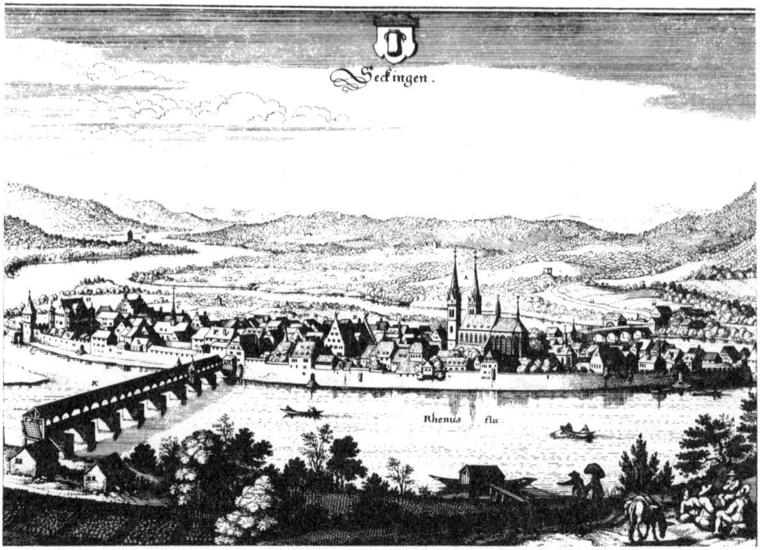

Säckingen mit dem Fridolinsmünster

ben. Fridolin wandte sich an den König und erlangte Hilfe. Nachdem er alle Schwierigkeiten, welche ihm die dortigen Bewohner in den Weg gelegt, überwunden hatte, legte er Hand an zur Erbauung der Kirche des heiligen Hilarius und der Missionsanstalt und erbaute zugleich ein Frauenkloster. Ob von ihm selbst schon oder von einem seiner Nachfolger auch ein Männerkloster zu Säckingen gestiftet worden ist, ist zweifelhaft.

Kolumban

Kolumban (Columba[n]) der Jüngere, auch der Apostel Alemanniens genannt, wurde um 543 in der Provinz Leinster (Irland) geboren. Entgegen der damaligen Gepflogenheit, die Kinder von Verwandten oder in Klöstern erziehen zu lassen, erzogen die Eltern ihren Sohn selbst.

Anläßlich eines Besuches bei einem Eremiten spürte er Gottes

Ruf und trat in das Kloster Bangor (Nordirland) ein. Die strenge Lebensweise, die er dort kennenlernte, hat er später in die Regel, die er für seine eigenen Klostergründungen verfaßte, aufgenommen.

Um 590 zog Kolumban mit seinen Gefährten ins Frankenreich. Trotz der dort herrschenden widrigen kirchlichen und staatlichen Zustände wurden der Mönch und seine Schar am austrischen Hof willkommen geheißen und ihnen für den Bau eines Klosters in Annegray, in Luxeuil und später in Fontaine Ländereien übereignet.

Kolumban überwarf sich jedoch mit dem merowingischen Königshaus, weil er unter anderem furchtlos auf die sittlichen Mißstände, die am Hofe herrschten, hinwies. Daraufhin wurden er und seine Gefährten des Landes verwiesen.

Ihr nächstes Missionsziel war der Süden Deutschlands. Sie begannen unter den Alemannen am Oberrhein zu missionieren. Mit ihrer ungestümen Art erzielten sie zwar große Erfolge, aber sie machten sich damit auch viele Feinde, und so mußte Kolumban diese Gegend nach kurzer Zeit ebenfalls wieder verlassen. Er zog weiter nach Süden, in die Lombardei, die damals von Herzog Agilolf regiert wurde. Dieser unterstützte den heiligen Mann bei der Gründung des Klosters Bobbio. Hier starb Kolumban am 23. November 615.

Die heidnischen Alemannen erwarteten von ihren Göttern Stärke und Macht. In Anbetracht dieser Tatsache vernichtete der heilige Kolumban ihre Götterbilder vor ihren Augen und stellte Christus als den machtvolleren Gott dar. Sein streitbares Eintreten für seinen Gott sicherte ihm die Hochachtung der Alemannen und überzeugte viele von der Richtigkeit des neuen Glaubens.

Nicht weit von der Stelle, wo Kolumban mit seinen Begleitern an Land stieg, stand ein altes, der heiligen Märtyrin Aurelia geweihtes Kirchlein. Ohne Zweifel stammte es aus jener Zeit, da in den römischen Kolonien am Bregenzer See christliche Gemeinden blühten und unter dem Schutze der christlichen Kaiser öffentlich Tempel und Altäre errichtet werden konnten. Seit aber die Alemannen bis in diese Gegend vorgedrungen waren und auf den Trümmern der römischen Herrschaft ihre eigene gegründet hatten, lag Bregenz in Schutt und Asche. Nur die Aureliakirche hatten die Eroberer verschont und sie zu einem Tempel ihrer heidnischen Gottheiten umge-

Columban

staltet. Zwar verehrten die alten Germanen ihre Götter nicht in den engen Räumen steinerner Tempel; wohl sagten ihnen die ahnungsvollen, dämmerungsreichen Haine mehr zu, in deren geheimnisvollem Rauschen sie die Stimme des Höchsten zu vernehmen glaubten; aber durch ihren häufigen Verkehr mit den Römern hatten sich viele von ihnen mit dem Gedanken vertraut gemacht, ihre Götter auch in Tempeln zu verehren. So standen auch hier in der Aureliakirche drei eherne, vergoldete Statuen alemannischer Götter, denen die heidnischen Bewohner Opfer darbrachten und von denen sie rühmend sagten: »Dies sind unsere heimischen Götter, unsere uralten Schutzgeister; sie haben uns und unsere Väter mit Regen und Wärme versehen; ihrem Wohlwollen verdanken wir, was immer wir besitzen; sie regieren gut.«

Kolumban betrachtete das Kirchlein als ein Gottesgeschenk und als eine unzweideutige Einladung, das erste Kloster auf alemannischem Boden in seinem Schatten zu errichten. Willimar hatte auch die mannigfachen Vorzüge der Gegend keineswegs übertrieben; das mußten die Kundschafter schon auf den ersten Blick hin eingeste-

hen. Um ihr neues Arbeitsfeld ganz überschauen zu können, hätten sie den Gebhardsberg besteigen müssen. Fluß, See und Berge drängen sich hier zu einem einzigen Bilde von unbeschreiblicher Schönheit zusammen. Das Rheintal und der Bodensee breiten ihre Flügel wie ein Riesenadler zwischen den Bergen aus, und dieser Adler trägt den Geist des Beschauers mit sich fort in die unermeßliche Weite und in die unendliche Höhe der Bewunderung. Überall möchte das Auge weilen, die Nähe und die Ferne zugleich umfassen, und doch findet es sich immer wieder von jedem einzelnen Teil insbesondere angezogen. Das Gesamtbild ist so schön, weil alle seine Teile schön sind.

Kolumban ließ die Mönche, welche in Arbon zurückgeblieben waren, nach Bregenz kommen, und sofort wurde mit dem Bau des neuen Klosters begonnen. Um die Kirche herum erhoben sich bald, wie in Luxeuil, eine Anzahl kleiner Hütten aus Lehm und Flechtwerk; Obst- und Gemüsegärten wurden angelegt, Kähne und Netze zum Fischfang hergestellt. Allmählich wurden auch die Waldungen gerodet und für die Kultur gewonnen; denn hier wie anderswo verfolgten die Mönche ein doppeltes Ziel: die Barbaren zu Christen und die Wälder zu Menschenwohnungen zu machen.

Von der Aureliakirche nahm Kolumban nicht sogleich Besitz; er befürchtete mit Recht, daß die Heiden die Entfernung der Götzenbilder als eine Herausforderung ansehen würden. Er wartete jedoch mit Ungeduld auf eine günstige Gelegenheit, um den Handstreich zu wagen. Diese bot sich ihm bald nach seiner Ankunft.

Es war an einem heidnischen Festtag. Mehr Volk als gewöhnlich hatte sich bei der Kirche eingefunden; alle wollten die kühnen Fremdlinge sehen, die sich so ohne viele Umstände unter den Augen ihrer Götter häuslich niedergelassen hatten. Die Götzenbilder standen noch an ihren gewohnten Plätzen, und das beruhigte die Menge. Am Ende waren die Mönche doch ganz verträgliche Menschen, die nichts Schlimmes gegen ihre Götter im Schilde führten. Die so dachten, wurden bald eines Besseren belehrt; denn schon hatte sich Gallus, von Kolumban beauftragt, erhoben, um eine Ansprache an das Volk zu halten. In beredten Worten sprach er zu ihnen von Gott dem allmächtigen und einzigen, dem Schöpfer des Himmels und der Erde, und von dem Herrn Jesus Christus, seinem Sohn, der dem

Menschengeschlecht, das im Sumpf des Verderbens lag, den Eingang zum Himmel wieder erschlossen, und ermahnte sie dann, diesen einen wahren Gott zu verehren und anzubeten, die eitlen, leblosen Bilder aber auf immer zu verlassen. Um ihnen den sichersten Beweis von der Richtigkeit und Machtlosigkeit der falschen Götter zu geben, warf er die Statuen um, schlug sie mit Steinen in Stücke und schleuderte sie in die Tiefe des Sees.

Diese Energie des Handelns verfehlte ihre Wirkung nicht. Ein Teil des Volkes bekehrte sich und verlangte die Taufe; die andern aber gingen wutentbrannt nach Hause, Rache sinnend gegen den Frevler. Kolumban aber ließ Wasser bringen, segnete es, besprengte damit die durch den Götzendienst entweihte Kirche und übergab sie unter Gebet und Psalmengesang wieder dem Dienste des wahren Gottes. Um die Freuden dieses einzigartigen Kirchweihfestes zu krönen, fanden sich abends mehrere abgefallene Christen ein, bekannten ihre Sünden und versprachen, in Zukunft dem heiligen Glauben treuzubleiben.

Wie anfangs in Annegray, so machten auch hier die Mönche eine Zeit schwerster Not durch, denn die Erntezeit war noch nicht gekommen, und die Landbewohner waren entweder zu arm oder zu feindlich gesinnt, um ihnen Unterstützung zu gewähren. Fiel der Fischfang, den Gallus insbesondere eifrig betrieb, schlecht aus, dann suchten sie ihr Leben mit Waldbeeren und wilden Äpfeln zu fristen. Doch auch diese karge Kost mußten sie oft den Raubtieren abjagen. Eines Tages war Chagnoald auf Befehl des Abtes tief in das Waldesdunkel vorgedrungen, um Äpfel zu sammeln. Da gewahrte er plötzlich mit Schrecken, daß ein Bär ihm zuvorgekommen war, der die Äpfel von den Bäumen riß und verzehrte. Chagnoald eilte zum Kloster zurück und erzählte Kolumban den Vorfall. Dieser befahl ihm, unverzüglich an die bezeichnete Stelle zurückzukehren und mit einer Gerte die Obstbäume in zwei Abteilungen voneinander abzugrenzen; die eine davon sollte den Brüdern zum Unterhalt vorbehalten bleiben, die andere dem Tier zur Nahrung überlassen werden. Solange sich die Brüder in Bregenz aufhielten, scheint der Bär wirklich die ihnen vorbehaltenen Obstbäume unberührt gelassen zu haben.

Auch durch Vogelstellen konnten sie zuweilen der Not steuern.

Einmal waren sie ganz besonders vom Glück begünstigt. Ein großer Schwarm Zugvögel ließ sich, wie einst die Wachteln im Lager der Israeliten, an einer Waldstelle in der Nähe des Klosters nieder. Drei Tage lang machten die Brüder Jagd auf sie, und es gelang ihnen auch, eine ganz ansehnliche Menge einzufangen. Noch in späterer Zeit bemerkte Eustasius, der sich damals in Bregenz aufhielt, keiner der Mönche habe früher derlei Vögel gesehen, und sie seien so schmackhaft gewesen, daß sie einer königlichen Tafel wohl Ehre gemacht hätten. Bald nachher ließ Bischof Gaudentius von Konstanz, zu dessen Sprengel Bregenz gehörte, in den umliegenden Ortschaften Getreide sammeln und den darbenden Mönchen zuschicken. Endlich war das Korn auf ihrem eigenen Acker reif, und sie konnten fortan nicht nur selbst von dem Brot leben, das sie der Erde abgerungen, sondern auch den Notleidenden der Umgegend reichlich Almosen spenden.

Seiner früheren Gewohnheit, sich von Zeit zu Zeit in die Waldeinsamkeit zurückzuziehen, blieb Kolumban auch in Bregenz treu. Als er eines Tages mit Chagnoald durch den Wald zu seiner Klause zog, stieß er auf Heiden, die sich um einen großen Bierkessel versammelt hatten. Auf seine Frage, was der Zweck der Zusammenkunft sei, antwortete man ihm, das Bier sei zum Opfer für ihren Gott Wotan bestimmt. »Wie nun Kolumban von diesem scheußlichen Werk hörte«, erzählt Jonas, »da blies er in das Faß hinein, und siehe da, es löste sich mit Gepolter und sprang in Stücke, so daß alles Bier augenblicklich herausströmte. Da zeigte es sich klar, daß der Teufel in dem Behälter verborgen gewesen war, der durch das irdische Getränk die Seelen der Opfernden fangen wollte. Wie das die Heiden sahen, staunten sie und meinten, Kolumban habe einen starken Atem, da er ein festgebundenes Faß zersprengen könne. Er aber schalt sie mit den Worten des Evangeliums und befahl ihnen, abzulassen von solchen Opfern und nach Hause zu gehen. Viele wurden damals durch die Predigt des heiligen Mannes bekehrt und ließen sich von ihm taufen; andere, die schon getauft waren, aber noch fortlebten im heidnischen Unglauben, führte er durch seine guten Worte wie ein guter Hirt zum Glauben und in den Schoß der Kirche zurück.«

Gallus

Um 550 wurde Gallus in Irland geboren und schon in jungen Jahren zur Erziehung ins Kloster Bangor gebracht. Von dort zog er um das Jahr 590 mit Kolumban zusammen ins Frankenreich. Als dieser wegen seiner Sittenstrenge vom merowingischen Hof verbannt wurde, begleitete ihn Gallus und half ihm bei seiner Missionsarbeit in Alemannien.

Zuerst ließen sie sich in Tuggen nieder, um die noch heidnischen Bewohner des Ortes zu missionieren. Diese jedoch vertrieben die Glaubensboten, die sich daraufhin nach Bregenz wandten, wo bereits eine Kirche seit den Tagen der römischen Besiedelung bestand. Die Stadt am Bodensee wurde zum Ausgangspunkt ihrer Missionstätigkeit.

Die Glaubensverkündigung war mühsam und der Erfolg gering, weshalb Kolumban beschloß, weiterzuziehen. Da Gallus schwer krank war, ließ man ihn zurück. Nachdem er wieder genesen war, begab er sich, gemeinsam mit dem Diakon Hiltibold, in die Wildnis.

Am Mühletobel (heute Sankt Gallen) errichtete er eine Einsiedelei.

Sein Ansehen unter der Bevölkerung war so groß geworden, daß der Herzog dieses Landes ihn bat, seiner kranken Tochter Frideburga zu helfen. Gallus, der das Mädchen heilte, war fortan ein gerngesehener Gast am Herzogshof. Als der Bischofsstuhl zu Konstanz neu besetzt werden sollte, drängte man den frommen Mann zur Annahme der Bischofswürde. Gallus lehnte ab und schlug statt dessen den Diakon Johannes vor.

Abermals zog er sich, jetzt mit zwölf Gefährten, in die Einsamkeit seiner Klause zurück. Auch einer Gesandtschaft des Klosters Luxeuil, die ihn als Abt zu gewinnen suchte, gab er eine abschlägige Antwort.

Zurückgezogen führte Gallus ein Leben des Gebets und der Buße. Sehr selten verließ er seine Einsiedelei an der Steinbach. Bei einem Besuch seines Freundes, des Priesters Willemar, der in Arbon (heute Schweiz) wohnte, ist Gallus um das Jahr 640 gestorben. Den Leichnam brachte man in seine Klause zurück und begrub ihn dort zwischen Altar und Chorwand.

Gallus hat alle kirchlichen Ämter, die man ihm anbot, abgelehnt. Nicht weltliche Ehren suchte er, sondern Gott allein wollte er dienen. Diese Bescheidenheit hat die Menschen schon zu seinen Lebzeiten fasziniert. Sie kamen zu ihm mit ihren Bitten, Wünschen und Hoffnungen, und auch nach seinem Tod riß der Besucherstrom nicht ab.

Johannes, ein Diakon, blieb als Schüler bei Gallus. Eifrig nahm er alles auf, was der fromme Mann ihn lehrte.

Eines Tages erhielt der Missionar einen Brief des Herzogs Cunzo. Dieser lud Gallus ein, nach Konstanz zu kommen, um an der Wahl eines würdigen Bischofs teilzunehmen.

Zu dieser Versammlung berief der Herzog außerdem den Bischof von Augusta (Augsburg) mit seiner Geistlichkeit und Gemeinde, und den von Speyer, und darüber hinaus lud er aus ganz Hochgermanien die Priester, Diakone, Kleriker und Laien in diese Stadt, auf daß ein würdiger Bischof erkoren werde. Durch Vermittlung des Herzogs und der Suevenfürsten ward die Versammlung drei Tage lang im Beisein einer ungeheuren Volksmenge abgehalten.

Der Mann Gottes nahm Johannes und Maginald zu sich und zog zur Stadt. Als er in die bereits tagende Versammlung getreten war, kam ihm der Herzog entgegen und sprach: »Gott, der durch die heilige Maria Fleisch werden wollte und zu dessen Ehre diese Kirche geweiht ist, möge sich würdigen, über uns den Heiligen Geist auszugießen, und gebe uns einen Oberhirten zur Leitung des Volkes und zur Regierung seiner Kirche.« Und er forderte die Bischöfe auf, daß sie nach ihren Regeln wählen sollten. Da rief die ganze Geistlichkeit und alles Volk einstimmig: »Weil jener Gallus ein Mann Gottes ist, von gutem Ruf in dieser ganzen Gegend, erfahren in den Heiligen Schriften, und voll von Weisheit, gerecht und keusch, sanft und demütig, ein Spender der Almosen, mäßig und geduldig, ein Vater der Waisen und der Witwen; so ist es billig, daß ein solcher den Bischofstuhl einnehme.« Der Herzog aber sprach zu ihm: »Hörst du, was jene sagen?« Ihm erwiderte Gallus: »Sie haben gut gesprochen, wenn es nur wahr wäre. Jene, welche dieses sagen, wissen nicht, daß nach kanonischem Recht ein Fremder nicht als Bischof geweiht werden darf. Aber hier weilt der Diakon Johannes aus eurer Gemeinde bei mir, der mit allem diesen durch Christi Gnade ausgerüstet ist, ihn sollt ihr wählen.« Schnell wurde dieser in die Mitte der Versammlung beschieden und vom Herzog nach seiner Abstammung befragt. Als er erwiderte, daß seine Eltern in Rätien ihren Ursprung hätten, sprach der Herzog zu ihm: »Hast du Kraft in dir, die Leitung der Kirche zu übernehmen?« Hierauf antwortete Gallus statt seiner, indem er die Vollkommenheit seines Lebens lobte.

Während sie dieses und vieles andere bezüglich seiner Wahl mit dem Mann Gottes besprachen, zog Johannes sich demütig zurück und floh aus der Stadt in die Kirche des heiligen Stephanus. Ihm folgte eine Schar Priester und viel Volk, die ihn wider Willen und traurig zurückführten. Laut erschallte die Stimme der Menge, als Johannes mit Zustimmung des Volkes zum Bischof erwählt wurde. Nach vollzogener Wahl wurde er von den anwesenden Bischöfen geweiht, und alle begehrten dringend, daß er sogleich die Messe feiere und daß Gallus zu dem Volke sprechen solle.

Begierig, in den Herzen der Menschen den Glauben zu festigen, ergriff Gallus die Hand seines Schülers, führte ihn auf eine Erhöhung, und indem der Bischof die Worte seines Lehrers erklärte, redete jener vom Ursprung des Himmels und der Erde und der Vertreibung der ersten Menschen und knüpfte daran Ermahnungen zur Erlangung des himmlischen Erbes. Hierauf wurden die Enthaltsamkeit des Noah, der Glaube Abrahams, die Beispiele der Patriarchen und die mosaischen Wunder vorgeführt und jene Taten des alten Bundes zum Heil der Seelen für alle ausgelegt. Die Tapferkeit der Könige ward mit den tapfern Streitern des christlichen Kampfes verglichen, die einen unaufhörlichen Krieg der Tugenden gegen die Laster führen. Die Geschichte der Propheten lenkte er auf Besserung der Sitten und Festigung des wahren Glaubens mit aller Fülle. Nach den Mysterien des alten Testaments gelangte man endlich zu der neuen Freude, der Liebe Christi. Nachdem also die Wunder des Evangeliums und die Heilswahrheiten des Leidens und der Auferstehung behandelt worden waren, sollen die anwesenden Zuhörer aus Verlangen nach dem Himmelreich ihr Gesicht mit Tränen benetzt haben; und so kehrten alle erfreut und von der Gnade Gottes durchdrungen nach Haus zurück.

Der Erwählte Gottes aber, Gallus, verweilte bei seinem Schüler noch sieben Tage und kehrte, nachdem er seines Bischofs Segen empfangen, heim in die Abgeschiedenheit der Wildnis.

Hier begann nun der Heilige im Vertrauen auf bischöflichen Beistand eine Kirche und Zellen für die Brüder zu bauen. Mit nur zwölf Genossen, die bei ihm wohnten, war er zufrieden, und es erschien ihnen unwürdig, von der vorgeschriebenen Regel abzuweichen.

Eines Tages nun ereignete es sich, als er mit den Brüdern und dem Volk an dem Bethaus arbeitete, daß ein Balken die Gegenwand nicht erreichte und um vier Handbreiten zu kurz erschien, so daß die Zimmerleute ihn fortwerfen wollten. Der Mann Gottes aber sprach im Vertrauen auf die göttliche Hilfe: »Stehet ein wenig von eurer Arbeit ab und stärket eure Körper durch die angerichteten Speisen.« Für eine Weile also stellten sie die Arbeit ein und gehorchten den Befehlen des frommen Mannes. Sie gingen einträchtig ins Haus und nahmen unter Danksagung Speise zu sich. Nachdem das Mahl mit Gott beendet war, kehrten sie voll Eifer ans Werk zurück und fanden den erwähnten Balken um einen halben Fuß länger als die übrigen.

Kilian

Der Überlieferung nach entstammte Kilian einer vornehmen iroschottischen Familie. Er wurde, wie zu jener Zeit üblich, in einem Kloster erzogen. Während dieser Jahre spürte er deutlich den inneren Auftrag, Priester und Missionar zu werden. Nachdem er das entsprechende Alter erreicht hatte, erhielt er die Priesterweihe, und als Unterstützung für seine zukünftige Missionsarbeit die Bischofsweihe.

Um mit der Glaubensverbreitung beginnen zu können, brauchte Kilian die Zustimmung des Papstes. Er pilgerte nach Rom und ließ sich ein Missionsgebiet zuweisen. Der heilige Vater sandte ihn in das ostfränkische Gebiet, d.h. in das heutige Mainfranken. Dort verkündete Kilian zusammen mit seinen Gefährten Kolonat und Totnan mit großem Erfolg das Wort Gottes. Sie gewannen auch den

Kilian mit seinen Gefährten Kolonat und Totnan

regierenden Herzog Gozbert für den christlichen Glauben. Dieser ließ sich taufen und unterstützte Kilians Arbeit. Ja, er wollte sich sogar auf des Bischofs Geheiß hin von seiner Schwägerin Gailana trennen, mit der er (wie die einen sagen) in einem eheähnlichen Verhältnis lebte. Während andere Quellen davon sprechen, er habe sie als Witwe geheiratet. Als seine Gemahlin (oder Geliebte) von diesem Vorhaben erfuhr, ließ sie Kilian samt seinen zwei Helfern um das Jahr 689 heimlich ermorden. Der Missionar wußte sicher um den Haß dieser Frau. Trotzdem beharrte er auf der Trennung. Denn das damalige Kirchenrecht ließ Ehen unter Verwandten bis ins siebte Glied nicht zu. Damals gehörten auch die angeheirateten Schwägerinnen zum engeren Familienkreis. Kilian wich keinen Fußbreit von seiner Forderung ab und war eher bereit, zu sterben, als Gottes Gebot zu mißachten.

Gegen Ende des siebten Jahrhunderts wurde auch das heutige Franken zum Christentum bekehrt. Der heilige Missionsbischof Kilian und seine beiden Begleiter, der Priester Kolonat und der Diakon Totnan, irische Ordensmänner, waren die Apostel dieser Region. Bevor sie nach Würzburg reisten, um den Heiden das Evangelium zu predigen, besuchten sie die Gräber der Apostel in Rom und empfingen ihre Sendung vom Oberhaupte der katholischen Kirche.

Sie durchzogen das austrische Reich, setzten bei Mainz über den Rhein und kamen endlich am Main an das Kastell Würzburg. Dort herrschte Herzog Gozbert, der Sohn Hetans I., eines Sohnes Radulfs (Hruodo), den König Dagobert zum Herzog in Thüringen bestellt hatte. Waren auch schon früher einige Spuren des Christentums in das thüringische Reich gedrungen, so konnte davon doch bei Kilians Ankunft nichts vermerkt werden; er traf den Herzog und dessen Volk im Heidentum an. Die schöne Gegend, die heiteren Bewohner derselben und die strahlende Schar edler Männer gefielen ihm sehr; aber daß sie in der Nacht des Götzendienstes lagen, erfüllte ihn mit unsäglichem Schmerz, und er sprach zu seinen Gefährten: »Wenn es euch gefällt, so wollen wir, wie wir es im Vaterland ausgemacht haben, nach Rom pilgern, die Gräber der Apostelfürsten besuchen und den Papst Johannes um Audienz bitten. Zugleich wollen wir aber auch vom Apostolischen Stuhl um die Erlaubnis nachsuchen, in dieser Gegend den Namen unseres Herrn Jesu Christi verkünden zu dürfen, und haben wir diese Vollmacht erhalten, so wollen wir hierher zurückkehren und predigen.« Kilians Gefährten waren damit sehr zufrieden.

Zu Rom war unterdessen Papst Johannes V. gestorben. Sein Nachfolger, Papst Conon, nahm die Pilger liebreich und ehrenvoll auf und erteilte Kilian, nachdem er sich von dessen Rechtgläubigkeit und Gelehrsamkeit überzeugt hatte, gerne die nachgesuchte Mission; vielleicht wurde Kilian erst bei dieser Gelegenheit zum Bischof geweiht. Auf der Rückreise trennte sich ein Teil der Reisegesellschaft, Kilian aber mit dem Presbyter Kolonat und dem Diakon Totnan ging nach Würzburg und predigte hier zuerst das Wort Gottes.

Nicht ohne Erfolg predigte er; selbst der Herzog Gozbert nahm die Taufe an. Gozbert aber hatte, nach alter Gewohnheit bei den deutschen Stämmen, die Witwe seines Bruders zur Gemahlin. Als ihn Kilian hinlänglich im Glauben gefestigt hielt, machte er ihm über diese Ehe, die nach christlichen Gesetzen nicht statthaft war, Vorstellungen. Wie aus schwerem Traum erwachend, entgegnete Gozbert: »Schwereres predigest du nun als vorher, doch aus Liebe zu Christus werde ich meine geliebte Gemahlin verlassen.« Doch da Herzog Gozbert noch vor Erfüllung seines Vorsatzes eine Reise machte oder ins Feld zog, ließ Gailana, seine Gemahlin, Kilian und dessen zwei Begleiter am 8. Juli 689 töten und an dem Orte der Tat mit Kapseln, Kreuz, Evangelium und Pontifikalgewändern einscharren. Nur eine fromme Frau, Burgunda, die in der Nähe in einer Zelle gewohnt haben soll, sah das Verbrechen. Bei Gozberts Rückkehr leugnete Gailana alles, allein der von ihr gedungene Mörder, von Raserei befallen, erklärte sich selbst schuldig und schrie jammernd: »Kilian, der Heilige Gottes, brennt mich mit unausstehlichem Feuer!« Gozbert berief nun das von Kilian getaufte Volk zu einer Versammlung, um über das Los des Rasenden zu beschließen. Da trat ein von Gailana bestochener Ratgeber mit dem Vorschlag auf: »Befreie den Unglücklichen von den Banden und überlasse ihn sich selbst, zu prüfen, ob der Gott der Christen so mächtig, allwissend und gerecht ist, wie man sagt; denn ist es so, so wird er seine Diener rächen, und wir haben dann ein Zeichen, bei der Taufe zu bleiben; rächt er seine Diener nicht, so wollen wir der großen Hulda dienen, wie unsere

Der Tod des heiligen Kilian
und seiner Gefährten

Väter getan, die dabei gut standen.« Man ließ den Unglücklichen frei, und sogleich zerfleischte er sich mit seinen Zähnen.

Das getaufte Volk wurde durch dieses Zeichen im Glauben bestärkt. Auch Gailana entging der Strafe nicht; sie starb in Raserei. Gozbert blieb Christ, ebenso sein Sohn und Nachfolger Hedan II., der dem heiligen Willibrord in den Jahren 704 und 716 bedeutende Schenkungen überschrieb. Als der heilige Bonifatius 719 in Thüringen auftrat, war der von Kilian ausgestreute christliche Same, obschon großenteils wieder vertilgt oder mit Unkraut vermischt, doch noch vorhanden. Burchard, der von Bonifatius eingesetzte erste ordentliche Bischof mit festem Sitz zu Würzburg, ließ die Leiber des heiligen Kilian und seiner Genossen erheben und 743 zuerst in der Kirche auf dem Marienberg beisetzen. Im Jahre 746 wurden sie wieder an die Stelle des Martyriums gebracht und endlich in dem 752 vollendeten Münster beigesetzt.

Das Evangelienbuch des Heiligen, jetzt von Matthäus 6, 19 bis Johannes 20, 23 reichend, befindet sich in der Würzburger Universitätsbibliothek.

4. Kapitel

Die Christianisierung Bayerns

Vom bayerischen Stamm sagen die Geschichtsquellen, er sei seit Mitte des sechsten Jahrhunderts »plötzlich aufgetreten« zwischen Lech und Inn und bald darauf bis zur Enns. Von der Namensgebung her (Baiovarii) sieht man in den Bayern ursprüngliche Bewohner Böhmens, die demnach aus dem dort im vierten Jahrhundert ansässigen suebischen Stamm der Markomannen hervorgegangen sein müßten. Andere betrachten sie als eine Abspaltung der Alemannen oder auch Langobarden. Im späten sechsten Jahrhundert ist jedenfalls Tirol bayerisch, die Grenze gegen die Langobarden verläuft etwa zwischen Trient und Bozen, also dort, wo noch heute die deutsch-italienische Sprachgrenze ist. Die Oberpfalz wird von den Bayern erst später besiedelt.

Seit der Mitte des sechsten Jahrhunderts stand der bayerische Raum unter dem Herzogshaus der Agilolfinger, von dem man annimmt, daß es wohl fränkisch gewesen ist, in einem losen Abhängigkeitsverhältnis zum Frankenreich. Das Herrscherhaus selbst war wohl katholisch, und es gab zu dieser Zeit sicher auch schon eine erhebliche Anzahl von Christen im Lande. Aber vor allem in den entlegeneren Gebieten war auch gegen Ende des siebten und zu Anfang des achten Jahrhunderts noch das Christentum sicher nur schwach verbreitet, und auch im Kernland selbst mangelte es zweifellos noch an einer echten Organisation der Kirche. Die Situation der Zeit und die auf die Glaubensboten zukommenden Aufgaben beschreibt eine ältere Quelle so:

Die Christianisierung Bayerns ist wie die anderer deutscher Stämme nur in Legenden und Sagen festgehalten, deren geschichtlichen Kern zu erkennen nicht immer leicht ist. Sehr wahrscheinlich hängt die Bekehrung der Bayern mit deren Verhältnis zum Frankenreiche zusammen, das über Bayern schon früh eine Art Oberhoheit erlangte.

Inwieweit schon im 6. Jahrhundert die christliche Religion in Bayern Boden gewann, wissen wir nicht. Vielleicht hat das regierende agilolfingische Herzogshaus sie angenommen. Im siebten Jahrhundert erscheinen als Glaubensprediger drei Bischöfe im Lande, Emmeram, Rupert und Korbinian, von denen der erste und der letzte sicher, der zweite wahrscheinlich ebenfalls aus jenem Land stammten. Dieser Hruodbert oder Rupert ist auch von der Nachwelt als der »Apostel der Bayern« gefeiert worden, weil aus seiner klösterlichen Gründung die kirchliche Metropole des bayerischen Stammes herausgewachsen ist.

Rupert

Über Ruperts Herkommen, Kindheit und Jugend besitzen wir keinerlei historische Zeugnisse. Man nimmt allgemein an, daß er aus dem um Worms ansässigen und mit den Karolingern verwandten Grafengeschlecht der Robertiner stammte. Auch daß er zunächst Bischof von Worms war, kann nicht bewiesen werden. Wahrscheinlich kam er um 700 nach Bayern und gründete an der Mündung des Fischbaches in den Wallersee (heute Seekirchen) eine kleine Kapelle, die er dem heiligen Petrus weihte. Von hier aus begann er seine Missionstätigkeit. Mit Billigung des Herzogs Theodo suchte Rupert nach einem für die Mission günstiger gelegenen Ort. Auf den Ruinen der alten Römerstadt Juvavum (Salzburg) gründete der Bischof das Kloster Sankt Peter, die noch heute bestehende Benediktiner-Erzabtei, und für seine Nichte Erentrud ein Frauenstift auf dem Nonnberg. Den Unterhalt der Klöster sicherte der Herzog durch die Schenkung von Ländereien, zinspflichtigen Dörfern und Anteilen an der damals schon betriebenen Salzgewinnung.

Durch die Klostergründungen erhielten Ruperts apostolische Aktivitäten ein festes Zentrum. Als weiteren Missionsstützpunkt errichtete er, 45 km entfernt, die Maximilianszelle (Bischofshofen).

Rupert starb vermutlich um das Jahr 720.

Im Gegensatz zu seinen Zeitgenossen Korbinian und Emmeram, die missionierend durch das Land zogen, gründete Rupert von Anfang an »Missionsstationen«. Systematisch begannen er und seine Gefährten von diesen festen Plätzen aus, der Bevölkerung den katholischen Glauben zu bringen. Dank dieses organisatorischen Vorgehens, konnten sie ungewöhnlich viele Menschen für das Christentum gewinnen. Davon gibt Ruperts Ehrentitel »Apostel der Bayern« Zeugnis.

In Bayern regierte um 700 Herzog Theodo, der sich auf Zureden seiner Gemahlin entschloß, mit den Vornehmsten des Landes das Heidentum zu verlassen und den christlichen Glauben anzunehmen. Da er sich eben nach einem frommen, christlichen Lehrer erkundigte, vernahm er, daß die Einwohner von Worms, die noch größtenteils Heiden waren, ihren Glaubensprediger Rupert mißhandelt und auf die unwürdigste Art aus ihrer Stadt gejagt hätten. Durch den Ruf überzeugt vom Religionseifer und dem erbaulichen Lebenswandel dieses Bischofes, berief ihn der Herzog zu sich nach Regensburg. Rupert folgte der Einladung, kam im Jahre 696 in Bayern an, und als er sich der Residenzstadt näherte, ging ihm Theodo mit seinem ganzen Hofstaat entgegen und empfing ihn mit der größten Auszeichnung. Da Rupert überall gelehrige Herzen fand, festigte er das Christentum, das durch Aberglauben und Ketzereien, die sich seit dem Tod des heiligen Severin ausgebreitet hatten, fast gänzlich erloschen war, in kurzer Zeit aufs neue.

Theodo gab sich alle Mühe, Rupert zu bewegen, daß er in Bayern bleiben, da einen bischöflichen Sitz errichten und den Unterricht des Volkes fortsetzen möchte. Aber Rupert schiffte sich zu Regensburg ein und fuhr die Donau abwärts bis an die Grenzen von Pannonien (Landschaft am Ostrand der Alpen, begrenzt von Donau und Save) mit dem Vorhaben, das Christentum dort oder in der Nachbarschaft zu verkündigen. Nach einiger Zeit verließ er diese Gegend wieder und kam auf seinem Rückweg nach Lorch, dem heutigen Enns, der ehemals berühmten römischen Stadt Lauriakum. Hier zerstörte er die Götzentempel und predigte den christlichen Glauben, welcher früher schon in dieser Gegend verbreitet, aber durch die Stürme der Zeit wieder erloschen war. Auf dieser apostolischen Reise kam er endlich an den Wallersee im Attergau, und da ihm die Lage dieses Ortes gefiel, wählte er ihn einstweilen zu seinem Aufenthalt. An dem Platz, wo aus diesem See der kleine Fluß Fischbach entspringt, baute er eine Einsiedelei und eine Kirche zu Ehren des heiligen Apostels Petrus und erwartete die Zustimmung des Herzogs. Dieser billigte die Anlage und bezeigte sein Wohlgefallen an der Unternehmung dadurch, daß er die Kirche mit einigen umliegenden Gütern und Leibeigenen beschenkte, welche dann gemäß ihrer Lage Seekirchen genannt wurde.

Rupert aber blieb nur kurze Zeit an diesem Ort; denn als er die Umgebungen seines Wohnplatzes etwas genauer untersuchte, fand er drei Stunden vom Wallersee entfernt in der reizenden Gegend des heutigen Salzburgs die Trümmer der alten, von den Herulern zerstörten, römischen Stadt Juvavum und unter ihnen die Überreste vieler prächtiger Gebäude, verlassene Gärten und manche Vorbereitungen, die eine neue Ansiedlung erleichterten. Sogleich faßte er den Entschluß, seinem unsteten Beruf zu entsagen und hier sich niederzulassen. Da im Laufe der Zeit alles verödet und größtenteils mit Bäumen und Gesträuchen überwachsen war, so fing er mit Billigung des Herzogs an, aufzuräumen, auszubessern, und neue Anlagen zu erstellen. Er baute, von Theodo reichlich unterstützt, nahe am Mönchsberge eine prächtige Kirche zu Ehren des heiligen Petrus und daneben ein Kloster nebst anderen Wohnungen für die Geistlichen, denen er auftrug, in der Kirche den Gottesdienst zu verrichten und das Stundengebet zu halten. Allmählich entstanden auch andere Gebäude, und die Zahl der neuen Ansiedler vermehrte sich so sehr, daß in wenigen Jahren aus den Ruinen Juvavums eine neue Stadt emporstieg, welche den Namen Salzburg erhielt. Theodo schenkte Rupert die neue Ansiedlung und einen beträchtlichen Teil des umliegenden Gebietes, zu welchem auch die dortige Burg gehörte. Nun konnte der Bischof an den großmütigen Gesinnungen des Herzogs nicht länger zweifeln, und weil er sah, daß er bei zunehmender Bevölkerung dem geistlichen Hirtenamt ohne Gehilfen nicht mehr gewachsen war, begab er sich in der Absicht, neue Mitarbeiter zu suchen, in sein Vaterland Franken und brachte von dort zwölf fromme Männer, teils Priester, teils Mönche, und seine Nichte Erentrud mit nach Salzburg zurück, wo er nun mit ebenso großem Eifer wie gutem Erfolg das angefangene Werk fortsetzte. Unermüdlich zog er mit seinen Gefährten im Lande umher, arbeitete an der Verbreitung und Festigung des Glaubens, verwaltete dabei mit apostolischer Treue alle Verrichtungen des bischöflichen Amtes, und weit umher leuchtete das Licht seiner Tugenden und Gottseligkeit auf die segensvollste Weise. Durch den Unterricht, der in dem neuerbauten Kloster, das er selbst regierte, erteilt wurde, sicherte er die Bildung künftiger Religionsdiener und auch weltlicher Personen. Seine Priester verteilten sich in die umliegende Gegend, kamen selbst tief in die nahen Gebirge und blieben dabei stets in Verbindung mit ihrem frommen Oberhirten und unter seiner beständigen Leitung.

Der glücklichste Erfolg krönte diese Bemühungen, und die ununterbrochene Anteilnahme des Herzogs belohnte sie. Theodo dehnte seine reichlichen Gaben nicht nur in der Nähe des neuen bischöflichen Sitzes immer weiter aus, sondern vermehrte sie auch mit entlegenen Gütern, zum Beispiel in dem heutigen Traunviertel in Oberösterreich und an der Donau bei Regensburg. Durch treue Verwaltung der frommen Gaben und durch weise Sparsamkeit erweiterte Rupert die kirchlichen Anstalten und sicherte ihren künftigen Bestand. So erbaute er auch nahe an der Burg der Stadt Salzburg für seine Nichte eine eigene Wohnung nebst einer Kirche. Bald gesellten sich zu der gottesfürchtigen Erentrud fromme Jungfrauen, die unter ihrer Leitung, abgeschieden von der Welt, ein gottgeweihtes Leben führten. Diesem Stift schenkte Theodebert, der Sohn und Nachfolger des Theodo, im Chiem- und im Isengau verschiedene Güter und setzte dadurch Rupert in den Stand, dasselbe zu erweitern und es zum berühmten Frauenkloster auf dem Nonnenberge zu machen.

Rupert blieb mit gleicher Anstrengung tätig bis in sein hohes Alter und setzte seine apostolischen Wanderungen fort, nicht nur innerhalb der Grenzen seines Bistums, sondern auch in entfernten Gegenden, um überall die Lehre Jesu zu verbreiten und ihre Fortdauer zu sichern.

Die Missionen im Mittelalter
im 6. bis 14. Jahrhundert
Christianisierte Gebiete
um 600
um 850
um 1050
bis ca. 1400
Erz-Bistümer (Kirch.-Prov.) um 1200
Angelsächsische Freimission
OCEANUS OCCIDENTALIS
MARE GERMANICUM
MARE HIBERNICUM
MARE BRITANNICUM
Faröer-Inseln
Kirkjubö
S.Albanus in Selia
Nidrosia
Lyuse
Udsteen
Stavanger
SCHOTTLAND
PIKTEN
Aberdonia
Hy(Iona)
Abernethy
Culross
St.Andrew (Fanum Reguli)
Edinburgh
Glasgow
Coldingham
Melrose
Lindisfarne
IRLAND
SCOTEN
Londonderry
Bangor
Armagh
Dundalk (Lugmadum)
Tuam
Clonfert
Dearmach
Drogheda
Damliaghi
Dublin
Stillorgan
Kildare
Glendalough
Leighlinbridge (Leclinum)
Cashel
Ferns (Fernagia)
ENGLAND
BRITEN
NORTHUMBRIA
Whitehorn
Hexham
Sunderland
Hartlepole
Streaneshealh
York (Eboracum)
ANGELN
MERCIA
Chester (Cestria)
Lincoln
Bardney
Repton
Leicester
Lichfield
Crowland
Elmham
SACHSEN
EASTANGLIA
Worcester
Stratford
Evesham
Winchcomb
Hereford
Bury St.Edmunds
Dunwich (Dommoc)
St.David (Menevia)
Caerleon
Llandaff
Avington
Malmesbury
Dorchester
Sudbury
EASTSEX
London
Bath
Ramsbury
WESTSEX
Wells
Westminster
Rochester (Roffa)
Reculver
KENT
Canterbury (Dorovernum)
Crediton
Exeter
Tavistock
Bodmin
Sherborne
Dorchester
Salisbury
Winchester
SUSSEX
Chichester
Selsey
Wihta
Turhold
Egmond
Utrecht
Deventer
Dokkum
Xanten
Kessel
Kaiserswerk
Essen
Werden
Gerresheim
Köln
Bonn
Godesberg
Therouanne
Tournai
Arras
Centula
Cambrai
Lobbes
Tongern
St.Truyd
Löwen
Lüttich
Maastricht
Aachen
Stablo
Malmedy
Prüm
St.Hubert
Amiens
Corbie
AUSTRASIEN
Rouen
Noyon
Beauvais
Soissons
Laon
Reims
Echternach
Trier
Epternach
Verdun
Metz
Toul
Bayeux
Coutances
Evreux
St.Denis
Paris
Meaux
Avranches
Dol
S.Brieux
BRITANNIA
Quimper
Rennes
Vannes
NEUSTRIEN
Chartres
Châlons
St.Mihiel
Sens
Troyes
Ferrières
Orleans
Les Mans
Nantes
Angers
Tours
S.Martin
Loire
Bourges
Nevers
Fontenay
Poitiers
Cluny
Mâcon
Lyon
Chalon s.S.
Bèze
Besançon
Luxeuil
Remiremont
Basel
Lausanne
Genf
Avenches
Sitten
Octodurum (Martigny)
Aosta
AQUITANIA
Saintes
Angoulême
Limoges
Clermont
Perigueux
Bordeaux
Garonne
Cahors
Vienne
Tarantaise
Grenoble
Valence
Turin
ALAMANNIEN
Hesbek
Münster
Osnabrück
Meppen
Wildeshausen
Visbek
Bremen
Hude
Rastede
Heiligenrode
E.-B. Köln
E.-B. Reims
E.-B. Rouen
E.-B. Tours
E.-B. Sens
E.-B. Bordeaux
E.-B. Bourges
E.-B. Lyon
E.-B. Besançon
E.-B. Mailand
E.-B. York
E.-B. Canterbury
E.-B. Armagh
E.-B. Tuam
E.-B. Dublin
E.-B. Cashel
E.-B. Glasgow
E.-B. St.Andrews

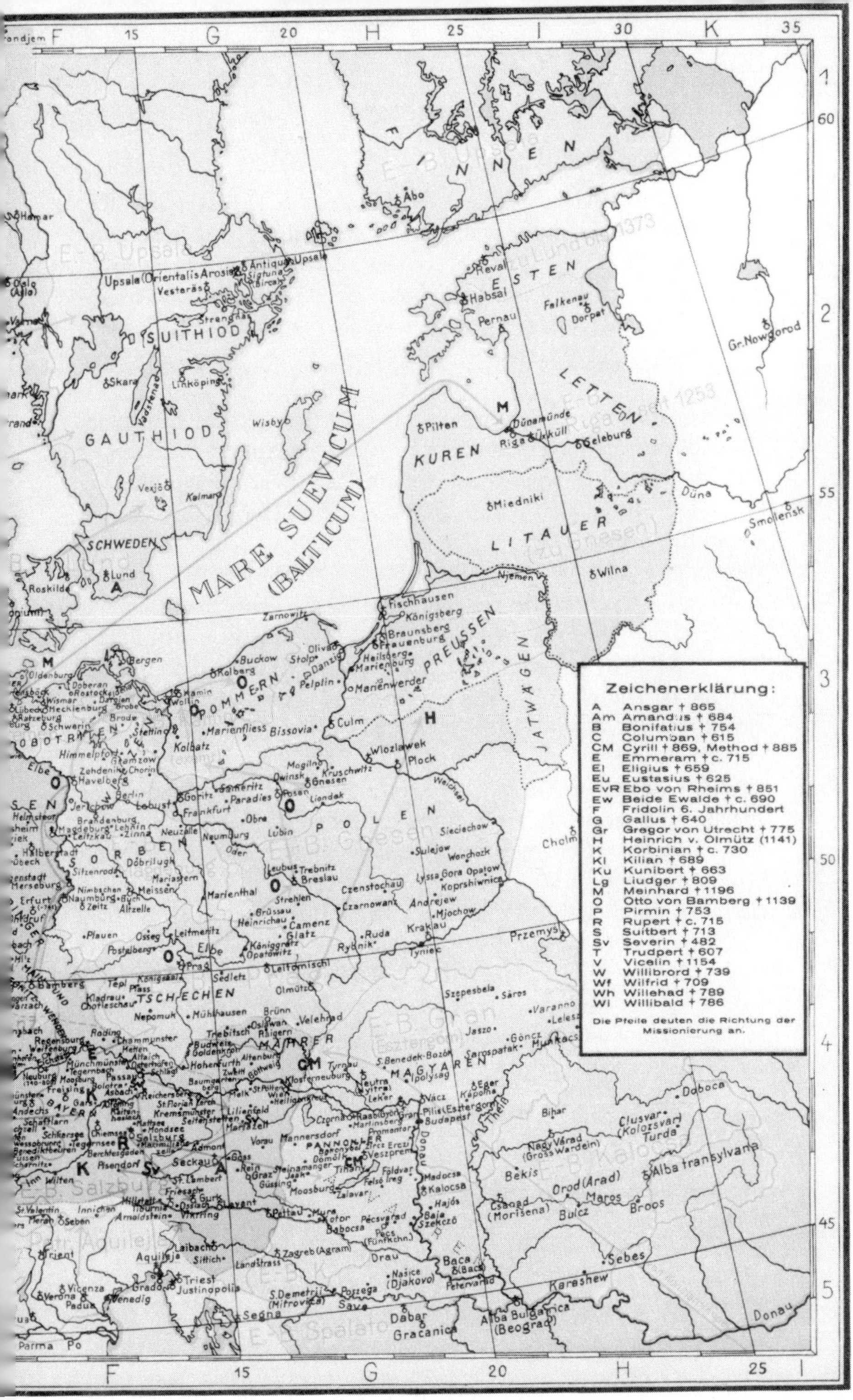

Zeichenerklärung:
A Ansgar † 865
Am Amandus † 684
B Bonifatius † 754
C Columban † 615
CM Cyrill † 869, Method † 885
E Emmeram † c. 715
El Eligius † 659
Eu Eustasius † 625
EvR Ebo von Rheims † 851
Ew Beide Ewalde † c. 690
F Fridolin 6. Jahrhundert
G Gallus † 640
Gr Gregor von Utrecht † 775
H Heinrich v. Olmütz (1141)
K Korbinian † c. 730
Kl Kilian † 689
Ku Kunibert † 663
Lg Liudger † 809
M Meinhard † 1196
O Otto von Bamberg † 1139
P Pirmin † 753
R Rupert † c. 715
S Suitbert † 713
Sv Severin † 482
T Trudpert † 607
V Vicelin † 1154
W Willibrord † 739
Wf Wilfrid † 709
Wh Willehad † 789
Wi Willibald † 786
Die Pfeile deuten die Richtung der Missionierung an.
MARE SUEVICUM (BALTICUM)
FINNEN
ESTEN
LETTEN
KUREN
LITAUER
PREUSSEN
JATWÄGEN
POLEN
POMMERN
SORBEN
TSCHECHEN
MÄHRER
MAGYAREN
PANNONIER
BAYERN
SCHWEDEN
GAUTHIOD
SUITHIOD
Upsala
Åbo
Reval
Dorpat
Gr. Nowgorod
Riga
Dünamünde
Wilna
Smolensk
Königsberg
Culm
Gnesen
Posen
Breslau
Krakau
Prag
Olmütz
Brünn
Passau
Salzburg
Regensburg
Wien
Budapest
Gran
Kalocsa
Aquileja
Venedig
Triest
Zagreb (Agram)
Alba Bulgarica (Beograd)
Alba transylvana
Nagy Várad (Gross Wardein)
Donau
Weichsel
Elbe
Oder
Düna
Njemen
Drau
Save
Theiß

Emmeram

Die zeitgenössischen Quellen berichten nur sehr lückenhaft über das Leben des Bischofs Emmeram. Zwar hat Bischof Arbeo von Freising (um 723–783), der Verfasser verschiedener Heiligenbiographien, die zu den frühesten bayerischen Geschichtsquellen zählen, auch Emmerams Vita geschrieben, aber er mußte sich, da keine schriftlichen Dokumente vorlagen, auf mündliche Überlieferungen verlassen.

In den ersten Jahrzehnten des achten Jahrhunderts soll Emmeram aus Gallien nach Bayern gekommen sein. Den Auftrag dazu erhielt er wahrscheinlich von einem bereits christlichen Bayernherzog (Theodo?). Emmeram wirkte am bayerischen Herzogshof und im Raum Regensburg.

Arbeo berichtet weiter, daß der Herzog neben vier Söhnen auch eine schöne Tochter namens Uta hatte. Diese liebte den Richterssohn Sigibald. Als sich die Folgen dieser unstandesgemäßen Beziehung nicht mehr verheimlichen ließen, suchte Uta Rat und Hilfe bei Emmeram. Dieser wollte dem jungen Paar helfen und erlaubte Uta, ihn als ihren heimlichen Liebhaber anzugeben. Gleichzeitig brach er zu einer Romreise auf.

Uta, wohl im unklaren über seinen Reiseweg, gab Emmerams angebliche Vaterschaft zu früh preis, und so konnte Lambert, ihr Bruder, der den Schänder der Familienehre bestrafen wollte, den Bischof bei dem Ort Kleinhelfendorf (in der Nähe von Aiblingen) einholen. Lambert ließ Emmeram an eine Leiter binden, ihn blenden und ihm Hände und Füße abhacken. So grausam verstümmelt trug man den Bischof in Richtung Regensburg. Er starb jedoch unterwegs bei der herzoglichen Villa Aschheim (nordöstlich von München) und wurde in der dortigen Peterskirche beigesetzt. Vierzig Tage später überführte man seinen Leichnam nach Regensburg und begrub ihn in der spätrömischen Friedhofskirche St. Georg.

Bischof Gaubald (739–760) erhob seine Gebeine und ließ sie in der neuerbauten Krypta der Benediktinerabtei beisetzen. Über diesem Bau entstand zwischen 780 und 790 zu Ehren des Heiligen die St.-Emmerams-Kirche. Emmerams Handeln ist zutiefst ein christliches. Er mußte sterben, weil er zwei Menschen helfen wollte. Das Gebot der Nächstenliebe hat er konsequent erfüllt.

Nachdem das Christentum unter den Franken und Alemannen feste Wurzel gefaßt hatte, drang die Mission gegen Ende des siebten Jahrhunderts weiter in Deutschland vor. Dabei stellte sich klar heraus, was die katholische Kirche an der Bekehrung der regsamen Nation der Angelsachsen gewonnen hatte. Freilich gab es im siebten und achten Jahrhundert auch im Frankenreich einige durch Wissenschaft und Tugend ausgezeichnete Männer, welche sich um die Verbreitung des Christentums verdient gemacht haben. So waren zum Beispiel Emmeram, der Apostel Bayerns, und Korbinian, der Stifter der Kirche von Freising, Franken von Geburt. Nichtsdestoweniger war der fränkische Klerus in jener Zeit, wo die weltlichen Machthaber Franciens sich häufig anmaßten, die kirchlichen Ämter ohne Rücksicht auf Fähigkeiten und Tugenden ihren Günstlingen zu verleihen, im allgemeinen roh und unwissend. Daher gingen damals nur selten aus seiner Mitte Männer hervor mit dem Beruf, den heidnischen Völkern das Evangelium zu verkünden.

Zu diesen frühen fränkischen Missionaren zählt auch Emmeram, ein Wanderbischof, der sich, auf seiner Missionsreise zu den Awaren begriffen, in Regensburg, der damaligen Hauptstadt Bayerns aufhielt. Herzog Theodo I. bewog ihn, wenigstens auf einige Zeit in seinem Lande zu verweilen, um die Heiden zu bekehren, die Christen aber im Glauben zu festigen.

»Die erst kürzlich bekehrten Einwohner«, schreibt Arbeo, »hatten zu dieser Zeit den Götzendienst noch nicht völlig abgelegt, da die Väter ihren Nachkommen mit dem Kelche Christi auch die Verehrung ihrer Götter hinterlassen hatten.« (Diese etwas unklare Stelle in der Vita soll offensichtlich auf das Nebeneinander von Christentum und Heidentum hinweisen.) »Deshalb hatte der heilige Bischof (Emmeram) auf göttliche Eingebung beschlossen, den Götzendienst, den er vor sich sah, mit Stumpf und Stiel auszurotten, damit er die ausgestreute Glaubenssaat zur Reife bringe und die Ernte in Speichern berge und am Ende einen ruhmreichen Tod an dieser Stelle erwerbe. So schien ihm das Land, in dem er war, als Feld für seinen heiligen Kampf zu genügen. Da er dieses bei sich

überlegte, beschloß er zu bleiben und zog drei Jahre lang durch die Städte, Flecken und Dörfer im Gebiet des Herzogs umher und war eifrig bestrebt, dem einen den rechten Glauben ins Herz zu pflanzen, bei dem anderen die Irrmeinungen durch kluge Worte gründlich auszutilgen.«

Korbinian

Bischof Arbeo von Freising (um 723–783), der Biograph zahlreicher Heiliger, schrieb nur wenige Jahrzehnte nach Korbinians Tod dessen Leben auf. So besitzen wir eine relativ authentische Biographie dieses streitbaren heiligen Missionars.

Korbinian wurde im letzten Drittel des siebten Jahrhunderts in einem »vicus Castrus in regione Militonese« (Arpajon?/früher Châtres b. Melun, im heutigen Großraum von Paris) geboren. Längere Zeit wirkte er als Chorbischof an einer Germanuskirche in seiner Heimat. Als er während einer Romreise auch Bayern durchquerte, begann er dort, vielleicht auf Bitten des Herzogs Grimoald, mit seiner apostolischen Tätigkeit.

Er gründete auf dem vom Herzog geschenkten Land in Kains bei Mais-Meran ein Kloster mit unbekannter Regel. Seine eigentliche Missionsarbeit jedoch übte er von der Freisinger Herzogspfalz aus.

Durch sein energisches Auftreten gegen die unrechtmäßige Ehe des Herzogs mit Pilitrud zog sich Korbinian die Feindschaft dieser Frau zu. Um einem Mordanschlag ihrerseits zuvorzukommen, floh er in das Kloster nach Kains, von wo ihn Grimoalds Nachfolger, der Herzog Hugibert, wieder zurückholte.

Er starb am 8. September 720 (730?) in Freising und wurde, seinem Wunsch gemäß, in Obermais neben dem Grab des von ihm verehrten heiligen Valentin (4./5. Jahrhundert) bestattet.

Korbinian war eine starke, allseits geachtete Persönlichkeit. Wo es um den rechten Glauben und dessen Verteidigung ging, war er zu keinen Kompromissen bereit. Wie nachhaltig seine Person auf die Menschen wirkte, davon zeugt die Zurückholung seines Leibes durch Bischof Arbeo nach Freising (20. November 769).

Missionsarbeit im achten Jahrhundert

Korbinian setzte nun ungehindert seine Reise fort und kam durch den Vintschgau nach Mais – heute ein Dorf unweit von Meran – wo man ihm sagte, daß er auf Befehl des Herzogs Grimoald so lange verweilen müsse, bis seine Ankunft nach Freising gemeldet worden sei. Dieses Ereignis war Korbinian sehr unangenehm; aber er nahm es hin, weil er es für eine Fügung der göttlichen Vorsehung hielt. Während seines Aufenthalts in Mais vernahm er, daß sich in der Nähe ein Kirchlein befinde, bei dem der heilige Valentin, Bischof von Rätien, längere Zeit gewohnt habe, und daß dort auch sein Leichnam ruhe. Mit inniger Andacht besuchte er Valentins Ruhestätte, und da der Ort und die ganze Gegend ihm wegen der einsamen Lage sehr lieb und angenehm wurden, entschloß er sich, nach dem Beispiel des heiligen Valentin, hier seine Wohnstätte aufzuschlagen und das Kirchlein zu kaufen. Während Korbinian sich damit beschäftigte, kam eine Gesandtschaft des Herzogs Grimoald, die ihm die Einladung an den herzoglichen Hof überbrachte, dabei aber auch erklärte, daß, wenn er sich weigern würde, der Befehl gegeben worden sei, ihn mit Gewalt dahin zu führen. Schwer fiel Korbinian der Abschied von Mais; aber weil er der Gewalt nicht zu widerstehen vermochte, reiste er mit den Gesandten ab; ließ aber, in der Hoffnung einer baldigen Rückkehr, alle seine Habseligkeiten in dem Ort zurück.

Noch auf der Reise vernahm Korbinian, daß der Herzog Grimoald sich mit Pilitrud, der Witwe seines verstorbenen Bruders Theobald, vermählt habe. Bevor er daher nach Freising kam, ließ er dem Herzog melden, er könne seinen Palast so lange nicht betreten, bis er die unrechtmäßige Frau von sich entfernt habe. Der Herzog sah wohl ein, daß er Korbinian oder die geliebte Gemahlin entlassen müsse. Pilitrud sann in ihrer heftigen Leidenschaft auf Mittel, den Mann, der ihr Lebensglück zu untergraben bemüht war, aus dem Wege zu räumen. Korbinian erkannte die Gefahr, die seinem Leben drohte; aber er blieb unerschütterlich bei seiner Forderung, die er dem Herzog öfters wiederholte: »Es ist dir nicht erlaubt, das Weib deines Bruders zur Gemahlin zu haben.« Nach vierzig Tagen zeigten die fürstlichen Personen Sinnesänderung und Reue und versprachen sich zu trennen, und nun erschien Korbinian am Hof, umarmte und segnete den Herzog und begann mit apostolischem Eifer überall das Glaubenslicht zu verbreiten. Grimoald unterstützte den Missio-

nar in seinem frommen Wirken und machte ihm so bedeutende Schenkungen, daß er die Stiftung des Bistums Freising in kurzer Zeit verwirklichen konnte. Er überließ ihm den Berg bei Freising mit der alten Marienkirche, die schon seit zweihundert Jahren stand, kaufte nach Korbinians Vorschlag zu Mais Äcker, Wiesen und Weinberge und ein Gut im Vintschgau. Während der Bischof sein Apostelamt mit großem Segen verwaltete, sann Pilitrud auf Rache und ließ keinen Anlaß vorübergehen, auch Grimoald gegen den strengen Sittenrichter aufzuwiegeln. Gelegenheit dazu gab ihr der fromme Mann, da er sich bisweilen durch seinen großen Eifer hinreißen ließ. Eines Tages war er bei dem Herzog zu Tisch geladen. Der Herrscher warf den Hunden ein Stück Brot vor, das der Bischof gesegnet hatte. Korbinian geriet in Wut, verwies dem Herzog die Entehrung des gesegneten Brotes, stieß im Unwillen den Tisch um und ging davon. Zwar versöhnten sich beide bald wieder, aber Pilitrud stellte diesen Vorfall dem Herzog in einem schlechten Lichte dar. Dazu kam noch folgendes Ereignis: In der Gegend von Freising lebte ein altes, boshaftes Weib, das durch angebliche Zauberkünste und Wahrsagerei viel Unheil stiftete. Korbinian, der wußte, daß diese Person am Rückfall des Herzogs in den sündhaften Umgang mit Pilitrud mitschuldig war, traf sie eines Tages auf dem Wege. Er stellte sie zur Rede und ermahnte sie. Als sich die alte Betrügerin hartnäckig verteidigte, geriet Korbinian in Wut und schlug sie derb in das Angesicht. Heulend und mit zerzausten Haaren erschien das Weib bei Hof und klagte bei dem Herzog über die erlittene Mißhandlung. Nun brach der unversöhnliche Haß Pilitruds gegen den Bischof aus, und sie gab ihrem Geheimschreiber Ninus den Auftrag, den Glaubensboten bei seiner Rückkehr vom Lande heimtückisch zu ermorden. Auf die Gefahr aufmerksam gemacht, flüchtete sich Korbinian nach Mais und wohnte dort sicher unter dem Schutz des Königs Luitbrand. Nachdem bald darauf Grimoald getötet, Pilitrud aus dem Land verwiesen und Hugibert, ein Sohn Theodeberts und Enkel des bayerischen Herzogs Theodo, als Herrscher eingesetzt wurde, kehrte Korbinian nach Freising zurück.

Einige Zeit nach seiner Rückkehr führte er den schon längst gefaßten Plan aus, zu Weihenstephan für sich und seine Mitbrüder ein Kloster zu erbauen. In der Folge erhielt er den Berg in Freising, baute ein Gotteshaus zu Ehren des heiligen Benedikt und ein Kloster, das er mit seinen Gefährten bewohnte. Unentwegt wirkte nun Korbinian am geistigen Wohl seiner Herde. Außerdem sammelte er sich unsterbliche Verdienste um die bessere Nutzbarmachung des Landes.

Korbinian segnet das Herzogspaar

5. Kapitel

Vom Papst gesandt – Missionare im nördlichen Deutschland

Wenn wir einen Blick auf die Lage im Frankenreich im ausgehenden siebten und im achten Jahrhundert werfen, dann lassen sich eine Reihe von Veränderungen feststellen, die auch und gerade für die Missionsarbeit entscheidend werden.

Zum einen sind es politische Veränderungen. Die Macht war aus den Händen der merowingischen Könige übergegangen in die ihrer »Hausmeier«, was wir heute wohl am ehesten mit »Kanzler« oder »oberste Verwaltungsleiter« übersetzen würden. Den Königen bleibt fast nur der Titel, bis der Hausmeier Pippin III., Sohn des berühmten Karl Martell (714–741), 751/52 dann auch die Königswürde den Merowingern entreißt und vom päpstlichen Legaten Bonifatius gesalbt wird.

Die Merowinger hatten auch aus politischen Gründen die Christianisierung in den von ihnen neu eroberten Gebieten begünstigt, wobei jedoch die Missionierung großenteils nicht von Rom ausging, sondern von Glaubensboten aus dem angelsächsisch-irischen Raum betrieben wurde.

Demgegenüber ergibt sich unter den Karolingern eine Interessenverbindung zwischen Königtum und Papsttum – die neuen fränkischen Könige legen Wert darauf, als Ersatz für Mängel der Herkunft durch die Anerkennung Roms legitimiert zu werden, für Rom ist es wünschenswert, daß die Missionierung jetzt sozusagen offiziell und zentral gelenkt erfolgt.

Diese Entwicklung wird deutlich in der gegensätzlichen Haltung Karl Martells (der sich ja mit dem Titel des Hausmeiers begnügte) und seines sich zum König aufschwingenden Sohnes Pippin. Karl

Martell war dem Missionswerk des Bonifatius noch eher kühl gegenübergestanden, zumal er die fränkische Kirche weitgehend als »Reichskirche« betrachtete, für die ihm an einem stärkeren Einfluß Roms durchaus nicht gelegen war; Pippin aber versprach 754 dem Papst ausdrücklich seinen Schutz (vor den Langobarden im konkreten Fall, aber auch ganz allgemein), begründete mehr oder weniger den Kirchenstaat und unterstützte nicht nur die Missionsarbeit des Bonifatius, sondern auch dessen Reformen und organisatorische Maßnahmen im Sinne Roms. Karl Martell dagegen hatte die dem Bonifatius vom Papst verliehene Erzbischofswürde nicht anerkannt, Kirchengut an Laien übertragen, kirchliche Stellen nach Gutdünken sogar mit Laien besetzt und dem Hilferuf des Papstes gegen die Langobarden nicht entsprochen.

Der Schwerpunkt der neuen Missionsarbeit lag jetzt in den völlig heidnischen Gebieten jenseits der bisherigen Nordgrenze des Frankenreiches, die von den Franken neu unterworfen wurden – in Hessen, Thüringen und Westfalen, im heutigen Niedersachsen und insbesondere bei den Friesen. Hervorzuheben ist außerdem, daß nun mit Sturmius und Ludger die ersten auf deutschem Boden geborenen Glaubensboten auftreten.

Abgesandte Papst Gregors III. bieten Karl Martell die Schlüssel zum Grab Petri an

Willibrord

Schon in frühester Jugend wurde der um 658 in Northumbria (England) geborene Willibrord zur Erziehung in das Kloster Ripon (York, heute Grafschaft North Yorkshire) gebracht. Hier nahm ihn Wilfrith von York (später heiliggesprochen) in seine Obhut.

Im Jahre 678 reiste Willibrord zur Vervollkommnung seiner Bildung in ein Kloster nach Irland. So prägten römische, benediktinische und iro-schottische Einflüsse seit der Schulzeit sein Leben.

Seinen innigsten Wunsch, im Frankenreich zu missionieren, setzte Willibrord im Jahre 690 in die Tat um. Er zog zusammen mit elf Helfern zur Friesenmission aus. Bevor er jedoch seine Missionstätigkeit begann, nahm er mit Pippin II., dem Mittleren (um 640–714), Verbindung auf und ließ sich von ihm das südwestliche Friesland als Missionsgebiet zuweisen. Unter dem Schutz der fränkischen Staatsmacht und mit der Missionsvollmacht des Papstes Sergius I. (687–701) ausgestattet, predigte Willibrord mit großem Erfolg das Evangelium in Friesland. Auf Wunsch Pippins reiste Willibrord im Jahre 695 noch einmal nach Rom, um von Sergius I. die erzbischöflichen Weihen zu erhalten. Die geplante friesische Kirchenprovinz, der Willibrord vorstehen sollte, kam zwar nicht zustande, aber er konnte in Utrecht eine Kathedralkirche bauen.

Die Christianisierung Frieslands machte, von allen Seiten unterstützt, gute Fortschritte. Als Stützpunkt für seine ausgedehnten Missionen diente Willibrord das um 700 gegründete Kloster Echternach (heute Luxemburg). Willibrord wagte sogar einen Vorstoß zu den Dänen, der jedoch fehlschlug. Dafür gelang es ihm, Thüringen zu missionieren.

Nach dem Tod Pippins II. brach die fränkische Herrschaft und die von ihr gestützte Mission in Friesland zusammen. Erst nach der Festigung der Machtverhältnisse durch Karl Martell (ab 719) konnte die Mission wieder aufgenommen werden, an der seit 721 auch Bonifatius mitwirkte.

Nach einem erfolgreichen und arbeitsreichen Leben starb Willibrord hochbetagt am 7. November 739 in Echternach. Auf Gott vertrauend, setzte es sich der Heilige zum Ziel, die allgemein als wild und unberechenbar geltenden Friesen zu missionieren. Willibrord wußte sich in Gottes Hand geborgen und konnte es daher wagen, sie in ihrem Heiligtum auf der Insel Helgoland, damals Fositesland genannt, herauszufordern.

Willibrord versuchte über die Grenzen des Frankenreiches hinaus die Ströme der himmlischen Lehre zu leiten. Denn er fürchtete sich nicht, Rabbod, damals König der Friesen, der mit seinem Volk noch dem heidnischen Glauben anhing, aufzusuchen, und überall, wohin er kam, verkündete er das Wort Gottes mit aller Zuversicht. Der Friesenkönig nahm zwar den Mann Gottes in Demut freundlich auf, doch er konnte mit keinerlei Lebenswort sein steinernes Herz erweichen. Und als der Missionar erkannte, daß er bei ihm keine Bekehrung erzielen konnte, wandte er sich mit dem Wort des Evangeliums zu den überaus wilden Völkern der Dänen. Dort herrschte, wie man berichtet, Ongendus, ein Mann, der grausamer war als jedes wilde Tier und härter als jeder Stein; aber dennoch empfing er, auf Gottes Geheiß, den Verkünder der göttlichen Wahrheit ehrenvoll. Als dieser erkannte, daß das Volk in seinen Sitten verhärtet war, dem Götzendienst ergeben und ohne Hoffnung auf ein besseres Leben, nahm er dreißig Knaben aus diesem Lande zu sich und beeilte sich, mit diesen in das Frankenreich heimzukehren.

Auf dieser Reise kam der fromme Prediger des Wortes Gottes an der Grenze zwischen den Dänen und Friesen zu einer Insel, welche nach einem Gott Fosite, den sie verehrten, von den Bewohnern Fositesland genannt wurde. Auf ihr befanden sich auch die Heiligtümer dieses Gottes. Der Ort wurde von den Heiden mit solcher Verehrung betrachtet, daß keiner von ihnen ein Stück Vieh, das dort weidete, oder andere Dinge zu berühren wagte, noch aus der Quelle, welche dort sprudelte, das Wasser anders als schweigend zu schöpfen sich erlaubte. Dorthin wurde der Mann Gottes durch einen Sturm verschlagen und blieb einige Tage da, bis, nachdem der Sturm sich gelegt, günstiges Wetter zur Fahrt wiederkehrte. Er verachtete die törichte Scheu vor der Unantastbarkeit jenes Ortes und fürchtete nicht den wilden Sinn des Königs, welcher jeden Verletzer der Heiligtümer grausam zu bestrafen pflegte, sondern taufte drei Menschen in jener Quelle unter Anrufung der Heiligen Dreieinigkeit und ließ von dem Vieh, welches dort weidete, zu seinem Bedarf schlachten.

Willibrords Bischofsweihe

Als die Heiden das sahen, glaubten sie, daß sie entweder in Wahnsinn verfallen oder durch plötzlichen Tod zugrunde gehen würden. Da sie aber sahen, daß ihnen nichts Übles widerfuhr, ergriff sie Schrecken und Staunen. Sie berichteten dem König Rabbod, was sie gesehen hatten.

Wütend auf den Priester des lebendigen Gottes wollte der Herrscher die Beleidigung seiner Götter rächen. Drei Tage lang warf er immer dreimal nach seiner Gewohnheit das Los; niemals aber konnte, da der wahre Gott die Seinigen verteidigte, das Los der Verdammten auf den Knecht Gottes oder auf einen der Seinigen fallen; nur einer von seinen Gefährten wurde durch das Los bezeichnet und mit dem Martyrium gekrönt. Der heilige Mann aber wurde zum König berufen, der ihm heftige Vorwürfe machte, warum er seine Heiligtümer verletzt und seinen Gott beleidigt habe. Ihm entgegnete der Herold der Wahrheit mit festem Mut: »Nicht ein Gott ist es, den Du verehrst, sondern der Teufel, welcher Dich, o König, betört hat, um deine Seele dem ewigen Feuer zu übergeben. Denn es ist kein Gott außer dem Einen, welcher Himmel und Erde erschaffen hat, das Meer und alles, was darin ist, und wer diesen in wahrem Glauben verehrt, der wird das ewige Leben haben. Als sein Diener lege ich heute vor Dir Zeugnis ab, damit Du endlich einmal zur Besinnung kommest und im Glauben an den einen allmächtigen Gott, unseren Herrn Jesus Christus, im Quell des Lebens getauft, alle Deine Sünden abspülst und alle Bosheit und alle Ungerechtigkeit fortwirfst, hinfort als ein neuer Mensch lebst in aller Mäßigkeit, Gerechtigkeit und Heiligkeit. Wenn Du das tust, so wirst Du mit Gott und seinen Heiligen die ewige Herrlichkeit besitzen. Wenn Du mich aber verschmähst, der ich Dir den Weg des Heiles weise, so wisse in aller Klarheit, daß Du die ewige Pein und die Flammen der Hölle mit dem Teufel, dem Du Gehorsam leistest, ertragen mußt.« Da verwunderte sich der König und antwortete: »Ich sehe, daß Du meine Drohungen nicht fürchtest und daß Deine Worte sind wie Deine Werke.« Obgleich er nun Willibrord die Wahrheit nicht glauben wollte, so schickte er ihn doch mit allen Ehren an Pippin zurück.

Auch viele Wunder tat die Kraft Gottes durch ihren Knecht. Willibrord zog einstmals, wie er gewohnt war, um das Evangelium zu verkündigen, eilig nach Friesland, und da die Reise sehr anstrengend war, wollte er auf den Wiesen eines reichen Mannes die müden Pferde sich etwas erholen lassen. Als aber jener reiche Mann die Pferde auf seinen Wiesen weiden sah, begann er, von Hochmut erfüllt, die Pferde zu schlagen und von seiner Weide fortzutreiben. Der Mann Gottes redete ihn mit sanften Worten an und sprach: »Hör' auf, Bruder, uns Unrecht zu tun. Denn nicht um dich zu schädigen, sondern um uns zu erfrischen, haben wir eine kurze Zeit auf diesen Weiden ausruhen wollen. Uns treibt das Werk Gottes, für welches wir zu arbeiten haben und wofür auch du Lohn erhalten kannst, wenn du uns mit freundlichem Sinn unterstützen willst, eingedenk jener Verheißung unseres Herrn Jesu Christi: Wer euch aufnimmt, der nimmt mich auf; und wer mich aufnimmt, der nimmt den auf, der mich gesandt hat. Komme doch lieber als Freund in Frieden zu uns und erquicke dich mit uns; trinke etwas mit uns, und während wir dann unseren Weg fortsetzen, kehre du mit Gottes Segen in dein Haus zurück.« Er aber verharrte in seiner Bosheit und wollte sich nicht beruhigen bei diesen friedfertigen Worten, sondern verdoppelte seine Schmähungen und rief: »Du forderst mich auf zu trinken und mit dir Frieden zu machen. Du kannst aber ganz sicher sein, daß ich gar keinen Wert darauf lege, mit dir zu trinken.« Das Wort nahm der Mann Gottes aus seinem Munde und sprach: »Wenn du mit mir nicht trinken willst, so sollst du gar nicht trinken.« Und sofort machten seine Begleiter sich bereit, und er zog mit ihnen seines Weges. Auch jener trotzige Mann eilte nach Hause, wurde aber plötzlich von brennendem Durst geplagt und suchte diesen mit Wein zu löschen; aber der Mund, welcher die Schmähungen gegen Willibrord ausgestoßen hatte, wollte den Trunk nicht aufnehmen, und der aus freien Stücken keinen Frieden mit dem Diener Gottes hatte machen wollen, empfand die Strafe in sich selber. Ärzte wurden gerufen, um seinen Durst zu stillen, um dem Kranken die Fähigkeit zu trinken wieder zu schaffen. Sein Inneres glühte, aber niemand vermochte seiner lechzenden Kehle einen Tropfen Wein einzuflößen. Zuletzt wurde er endlich von Reue ergriffen, zur Besinnung gebracht und erkannte, daß es Willibrord gewesen sei, den er beleidigt hatte; mit größtem Verlangen sehnte er sich nun nach seiner Rückkehr.

Dieser kam im folgenden Jahre auf demselben Weg zurück, und als der kranke Mann von seiner Ankunft gehört hatte, eilte er ihm entgegen, bekannte seine Schuld, wies auf die Strafe hin, an der er litt, und bat um Christi willen, daß er ihn erlösen möchte. Von Barmherzigkeit bewegt verzieh im Willibrord und gab ihm mit seinem Segen aus seinem Kelche zu trinken. Sofort trank er und kehrte gesund nach Hause zurück.

Bonifatius

Im Jahre 672 (675?) wurde Winfried, später Bonifatius genannt, in Wessex (Südostengland) geboren, höchstwahrscheinlich in der Nähe von Exeter. Von klein auf wurde er in verschiedenen Klöstern erzogen. In Nhutscelle/Wessex (in älteren deutschen Quellen meist Nursling genannt) erhielt er die Priesterweihe und wurde zum Leiter der dortigen Klosterschule berufen.

Im Frühjahr 716 unternahm er seine erste Reise, um die Möglichkeit einer Mission bei den Friesen zu erkunden. Bonifatius kehrte jedoch schon im Herbst desselben Jahres in sein Kloster zurück. Trotz der offensichtlich für die Glaubensausbreitung nicht günstigen Lage hielt er an seinem Missionsvorhaben fest. Im Spätherbst 718 verließ er von London aus endgültig seine Heimat und zog über

Bonifatius fällt die Donareiche

den Großen Sankt Bernhard nach Rom. Dort wurde er im Mai des folgenden Jahres von Papst Gregor II. mit der Heidenmission beauftragt. Bei diesem Anlaß empfing er auch den kirchlichen Namen Bonifatius, etwa »glücklichen Geschicks«, die Übersetzung des angelsächsischen Wynfried oder Winfried = »Glücksfried«. Seine weitere Reise führte ihn über den langobardischen Hof und Bayern nach Thüringen, wo er die Nachricht vom Tod des Friesenfürsten

Radbod erhielt. Daraufhin beschloß Bonifatius, mit seiner Mission in Friesland zu beginnen. Er zog rheinabwärts zu Willibrord nach Utrecht.

Im Spätherbst des Jahres 722 begab er sich, auf Einladung des Papstes, ein zweites Mal nach Rom. Im November des nämlichen Jahres weihte ihn das Oberhaupt der katholischen Kirche zum Missionsbischof ohne festen Sitz. Nach seiner Rückkehr begann er mit der Mission unter den Hessen. Die großen Erfolge, die er dort erzielen konnte, sind sicher zum Teil auf seine spektakuläre Tat, die Fällung der Donareiche im Jahre 723, zurückzuführen. Von Hessen aus trug er die Mission in die thüringischen Lande.

Um seine Stellung innerhalb der kirchlichen Hierarchie weiter zu festigen, verlieh ihm Papst Gregor III. im Jahre 732 das Pallium (ein weißes, mit sechs schwarzen Kreuzen verziertes Band, das um die Schultern gelegt wird), das Zeichen der erzbischöflichen Würde, mit dem das Recht und der Auftrag verbunden waren, Bischöfe zu konsekrieren. Da der Erzbischof in seiner Arbeit jedoch durch keine staatliche Autorität unterstützt wurde, ging der Aufbau der Kirche in den Missionsgebieten nur sehr schleppend voran. Nachdem neue Helfer aus England zu der Schar des Bonifatius gestoßen waren, konnten jedoch zahlreiche Klöster gegründet werden: Fritzlar, Tauberbischofsheim, Ochsenfurt, Kitzingen, usw.

Auf Einladung des Herzogs Hugibert bereiste Bonifatius das bayerische Land, wo sich ihm der junge Sturmius (später Abt des Klosters Fulda) anschloß.

Während seines dritten Romaufenthalts (737/38) ernannte ihn der Papst zu seinem Legaten für Germanien. In dieser Eigenschaft ordnete Bonifatius, mit Zustimmung des Bayernherzogs und des einheimischen Adels, die Kirche in Bayern. Nun überließ Bonifatius die Missionsarbeit jüngeren Klerikern und begann sich intensiver um die Organisation der Kirche im Missionsgebiet zu kümmern. Er weihte Bischöfe, hauptsächlich Angelsachsen, und berief Synoden ein.

Im Frühjahr 754 wandte sich der über Siebzigjährige erneut der Missionsarbeit im nördlichen Teil Frieslands zu. Zusammen mit fünfzig Gefährten wurde Bonifatius am 5. Juni 754 in der Nähe von Dokkum von wütenden friesischen Heiden erschlagen.

So wichtig die Fällung der Donareiche als Zeichen für den starken Christengott auch war, wichtiger noch war des Bonifatius Vermittlertätigkeit zwischen Rom und dem jungen deutschen Christentum. Mit viel Verständnis und Toleranz setzte er die päpstlichen Anordnungen in nachvollziehbare Anweisungen für die Neubekehrten um.

Ein Brief Papst Gregors III. an Bonifatius (um 732):

Dem ehrwürdigsten und heiligsten Bruder und Mitbischof Bonifatius, der zur Erleuchtung des Volkes von Germanien und ringsum zu den noch im Schatten des Todes weilenden, im Irrglauben befangenen Völkern von dieser apostolischen Kirche Gottes ausgesandt worden ist, Gregorius, Knecht der Knechte Gottes.

Große Freude hat uns erfüllt, als wir das Schreiben Deiner heiligsten Brüderlichkeit lasen, weil darin beim Lesen des Wortlauts zu finden war, daß durch die Gnade unseres Herrn Jesus Christus sehr viele von Dir vom Heidentum und Irrglauben zur Erkenntnis des wahren Glaubens gebracht worden sind. Weil wir nun durch göttliche Belehrung aus dem Evangelium lernen, daß der, dem fünf Pfund anvertraut waren, fünf andere dazugewann, so spenden wir samt der ganzen Kirche einem so gewinnbringenden Geschäft Beifall. Wir haben Dir daher mit Recht als Geschenk das heilige Pallium übersandt, das Du kraft der Machtfülle des heiligen Apostels Petrus annehmen und anlegen sollst, und wir ordnen nach Gottes Rat an, daß man Dich als einen unter den Erzbischöfen zählt. Wie Du es aber verwenden sollst, wirst Du durch Belehrung kraft apostolischen Auftrags erfahren und zwar so, daß Du es nur dann gebrauchst, wenn Du das heilige Meßopfer feierst oder wenn Du einen verdienstvollen Mann zum Bischof weihst.

Weil aber, wie Du erwähnst, durch des Herrn Gnade in diesen Gegenden massenhaft Bekehrungen zum rechten Glauben erfolgt sind und Du außerstande bist, allem nachzukommen und was dem Heile dient, anzuwenden und mitzuteilen, da in diesen Gegenden durch Christi Gnade der Glaube an ihn bereits weit und breit sich ausdehnt, so verfügen wir, daß Du nach den Vorschriften der heiligen Weisungen überall, wo die Zahl der Gläubigen stark angewach-

sen ist, kraft der Vollmacht des Apostolischen Stuhls Bischöfe bestellst, doch nach gewissenhafter Betrachtung, damit die Bischofswürde nicht in Mißachtung kommt.

Wegen derjenigen, welche nach Deinem Bericht von Heiden getauft worden sind, beauftragen wir Dich, wenn es sich so verhält, sie nochmals im Namen der Dreieinigkeit zu taufen.

Dabei hast Du auch berichtet, daß etliche Leute Fleisch vom Wildpferd essen, sehr viele auch vom Hauspferd. Das darfst Du, heiligster Bruder, auf keinen Fall weiterhin geschehen lassen, vielmehr unterbinde das auf alle mögliche Arten mit Christi Hilfe und lege ihnen die verdiente Buße auf; denn es ist unrein und abscheulich.

Wegen der Verstorbenen hast Du gefragt, ob man Opfer darbringen dürfe. Die heilige Kirche hält es damit so, daß jeder für seine Toten, wenn sie wahre Christen waren, Opfer darbringt und der Priester ihrer gedenkt. Und obgleich wir alle den Sünden unterliegen, gehört es sich doch, daß der Priester nur der katholischen Toten gedenkt und für sie betet, aber für die Unfrommen, auch wenn sie Christen waren, wird er so etwas nicht tun dürfen.

Auch verordnen wir, daß diejenigen nochmals getauft werden, welche Zweifel hegen, ob sie getauft sind oder nicht, und diejenigen, die zwar getauft sind, aber von einem Priester, der dem Jupiter opfert und Opferfleisch ißt.

Wir setzen fest, daß jeder seine Verwandtschaft bis zur siebten Generation beachte.

Und wenn Du kannst, so verhüte, daß einer, dessen Frauen gestorben sind, mehr als zwei eheliche.

Was aber diejenigen betrifft, welche Vater, Mutter, Bruder oder Schwester getötet haben, so erklären wir, daß keiner während der ganzen Zeit seines Lebens den Leib des Herrn empfangen darf außer am Ende seiner Zeit als Wegzehrung. Er soll sich des Essens von Fleisch und des Trinkens von Wein enthalten, solange er lebt. Er soll am zweiten, vierten und sechsten Tag der Woche fasten und so unter Tränen das begangene Verbrechen sühnen.

Es wird unter anderen Verbrechen, wie Du gesagt hast, auch dieses in diesen Gegenden begangen, daß einige von den Gläubigen ihre Sklaven an die Heiden zur Opferung verkaufen. Wir ersuchen

Dich, sie eindringlich zurechtzuweisen und es nicht weiter geschehen zu lassen; denn es ist Verbrechen und Gottlosigkeit. Denen, die das verbrochen haben, lege also eine Buße auf gleich Mördern.

Wenn Du einen Bischof weihst, sollen zwei oder drei Bischöfe bei Dir zusammenkommen, damit, was geschieht, Gott wohlgefalle.

Wir wollen, teuerster Bruder, daß Du dieses sorgfältig beobachtest und das in frommem Eifer begonnene Werk des Heils vollendest, damit Du für den erzielten Gewinn von Gott unserem Herrn Lohn ernten kannst in ewiger Seligkeit. Den Schutzbrief haben wir Deiner Bitte entsprechend ausgefertigt und diesem Brief angeschlossen mit dem Wunsche, Du mögest unter dem Schutze des Herrn unseres Gottes in der Bekehrung der Irrenden für Christus unseren Herrn vollen und uneingeschränkten Gewinn erzielen.

Gott beschirme Dich unversehrt, ehrwürdigster Bruder!

Lioba

Im Marienkloster auf der Insel Thanet (Kent) verbrachte die um 700 geborene Lioba, Tochter eines vornehmen angelsächsischen Ehepaares, ihre Jugend. Die Ausbildung beendete sie bei den Nonnen des Klosters Wimborne (Südengland), in dessen Konvent sie später eintrat. Als Bonifatius, ihr Verwandter mütterlicherseits, sie um ihre Unterstützung bei seiner Missionsarbeit bat, kam sie nach Deutschland.

Zunächst stand sie dem Kloster zu Tauberbischofsheim als Äbtissin vor. Bald darauf übertrug ihr Bonifatius auch die Leitung der anderen neugegründeten Frauenklöster. Sie selbst sah sich vor allem als Erzieherin und Lehrerin der ihr anvertrauten Menschen und trug mit ihrem herzlichen, offenen Wesen viel zur Christianisierung und zur Festigung des Glaubens in ihrem Umkreis bei. Alt geworden, zog sich Lioba auf das königliche Hofgut Schornsheim bei Mainz zurück und starb dort wahrscheinlich am 28. September des Jahres 782.

Alle zeitgenössischen Berichte über Lioba heben besonders ihre heitere Wesensart und ihren wachen Geist hervor. Diese Eigenschaften halfen ihr, schnell einen guten Kontakt zur Umwelt zu erhalten und das Vertrauen der Menschen zu gewinnen.

Lioba war eine Frau von großen Tugenden und so begeistert von ihrem gewählten Lebensberuf, daß sie Vaterland und entfernte Freunde darüber vergaß. Sie widmete sich ganz dem begonnenen Werk. Es war in ihr weder Stolz noch Anmaßung. Sie zeigte sich zu allen, ohne Ansehen der Person, stets freundlich und liebreich. Obgleich sie immer heiter war, hörte man sie doch niemals schallend lachen. Niemals hörte man ein zorniges oder beleidigendes Wort aus ihrem Mund. Obgleich sie, was die Zuteilung von Speise und Trank an ihre Untergebenen betraf, sehr großzügig war, genoß sie selbst doch äußerst wenig. Sie hatte einen kleineren Becher als die übrigen, aus dem sie gewöhnlich trank, und den die Klosterfrauen scherzhaft »den Kleinen der Lieben« zu nennen pflegten. Dem Lesen ergab sie sich so eifrig, daß sie nur zur Zeit des Gebetes und der notwendigen Erholung des Körpers durch Speise und Schlaf, sonst aber niemals, die Heilige Schrift aus der Hand legte. Da sie von Kindheit an in der Grammatik und allen übrigen freien Künsten wohl unterrichtet war und sich mit großem Eifer um ihre wissenschaftliche Fortbildung bemühte, so erreichte sie durch das vereinte Zusammenwirken von natürlichen Gaben und großem Fleiß eine bedeutende Stufe der Gelehrsamkeit. Sie durchforschte das Alte und Neue Testament und prägte sich den Inhalt ein. Sie fügte dazu aber auch noch die Kenntnis der Schriften der heiligen Väter, der kirchlichen Kanones und des kirchlichen Rechts. In all ihrem Tun bewies sie einen richtigen Takt, sah immer auf ein erreichbares Ziel und hütete sich sehr, etwas unüberlegterweise anzufangen, was sie später nicht hätte durchführen können. Weil sie wohl erkannte, daß zum Beten und zu dem Lesen eine Anstrengung des Geistes gefordert werde, so pflegte sie im Wachen, wie überhaupt in allem, Maß zu halten. So war es denn auch Brauch, daß sowohl sie als auch die Schwestern nach der Hauptmahlzeit immer ein wenig schliefen. Sie bestand darauf auch in den Sommermonaten, und wenn eine Schwester sich den Schlaf entziehen wollte, so erlaubte sie es nicht. Sie sagte: »Wenn man sich den Schlaf raube, so werde der Sinn abgestumpft, besonders für das Lesen.« Aber bevor sie einschlief, ließ sie sich immer etwas aus der

Heiligen Schrift vorlesen. Dies geschah durch jüngere Klosterfrauen, die sich dabei aber abwechselten, so daß es für keine eine große Anstrengung war. Dabei kam es vor, daß von der Vorleserin kein Satz, ja keine Silbe übergangen werden konnte, ohne daß Lioba, selbst wenn sie schon zu schlafen schien, es bemerkte. Manche der vorlesenden Schwestern, wie sie später selbst gestanden, suchten sie auf die Probe zu stellen und lasen zuweilen absichtlich fehlerhaft, wenn sie zu sehen glaubten, daß Lioba wirklich im tiefen Schlaf liege; aber sie kamen niemals ungerügt davon. Wohl konnte also Lioba mit den Worten des Hoheliedes sagen: »Ich schlafe, aber mein Herz wacht.«

Die Tugend der Demut übte sie so, daß sie sich im Herzen als die geringste der Schwestern fühlte. Das äußerte sich in ihren Worten und in ihrer ganzen Haltung, obgleich sie doch durch persönliches Verdienst und durch ihre Würde als Oberin allen vorstand. Die Gastfreundschaft ließ sie sich besonders angelegen sein. Allen fremden Gästen gewährte sie Obdach und Nahrung.

Stets war Lioba bereit, den Menschen zu helfen, wie folgender Bericht zeigt:

Einmal wütete ein ganz furchtbarer Sturm mit Gewitter; – Blitze zuckten, der Wind heulte, Dunkelheit breitete sich aus, Schrecken und Furcht erfaßte alle. Das Volk eilte, das Vieh schnell nach Hause zu bringen, damit es nicht umkomme. Als der Sturm immer noch zunahm und die Furcht aufs höchste stieg, da eilten alle Bewohner des Ortes voll Verzweiflung in die Klosterkirche, um dort das Jüngste Gericht zu erwarten, welches, wie sie glaubten, jetzt kommen sollte. Wie hier nun alle sich durcheinander drängten und schrien, da erschien Lioba unter ihnen, richtete ihre Hoffnung auf Gott und ermahnte sie zur Ruhe und zum Gebet. Sie selbst warf sich zum Gebet vor den Stufen des Altars auf den Boden nieder. Inzwischen nahmen Dunkelheit, Sturm, Blitz und Donner immer stärker zu, und es war, als wenn das Gebäude jeden Augenblick zusammenstürzen müsse. Da konnte sich das Volk in seiner Angst nicht mehr fassen. Sie eilten zum Altar hin, drängten Lioba, aufzustehen, als wenn sie allein der Gefahr entgegentreten könne. Ihre Verwandte, die Klo-

sterfrau Thekla, sprach zu ihr: »O Liebe, Liebe! auf Dir ruht die Hoffnung des Volkes hier und das Ziel seiner Wünsche. Stehe auf, rufe deine Patronin, die heilige Maria, an, daß wir durch ihre Fürbitte in diesem Sturm gerettet werden.« Auf diese Worte hin erhob sich Lioba vom Boden, legte den Mantel, den sie trug, ab, öffnete mutig das Tor der Kirche, stellte sich auf die Schwelle des Eingangs, machte das Zeichen des Kreuzes und sprach zum Schutz gegen das Wüten des Sturmes den Namen der göttlichen Majestät aus. Mit ausgestreckten Armen rief sie dann dreimal laut Christus um Erbarmen an und bat ihn um der Fürbitte und der Verdienste seiner Mutter Maria willen, dem Volk seine Hilfe zu gewähren. Darauf zeigte sich sofort das Walten der göttlichen Gnade: die Donner verstummten, die Stürme legten sich, die Ruhe und Heiterkeit des Himmels kehrten wieder zurück.

Walburga

Die Tochter des heiligen Angelsachsenkönigs Richard und seiner Gemahlin Wunna und Schwester der Heiligen Willibald und Wunibald wurde um das Jahr 710 geboren.

Bonifatius rief Walburga, die vermutlich im Kloster Wimborne (Südengland) erzogen worden war, zusammen mit Lioba und Thekla als Missionshelferin nach Deutschland. Zuerst wirkte sie unter Lioba in Tauberbischofsheim. Im Jahre 751 (752?) siedelte sie in das von ihren Brüdern gegründete Doppelkloster in Heidenheim über, dessen Leitung sie nach Wunibalds Tod (761) übernahm. Unter ihrer Führung entwickelte sich das Kloster zum geistigen und kulturellen Mittelpunkt dieser Region. Die heilige Frau starb am 25. Februar 779 in Heidenheim. Ihre Gebeine wurden 870 nach Eichstätt überführt und später in der Kapelle des 1038 gegründeten Kanonissenstifts St. Walpurgis beigesetzt. 893 erhielt das Frauenkloster Monheim Reliquien der Heiligen und ebenso der Ort Furnes in Flandern. So war Walburga sozusagen auch noch nach ihrem Tod missionarisch tätig.

Walburga hatte Mitleid mit allen Leidenden; ihr Kloster wurde

Walburga

zur Zufluchtsstätte für alle Bedrängten. Sie half, ohne viel zu fragen, wo immer es nötig war, und hat gewiß durch ihr menschliches Vorbild die Menschen ihrer Umgebung nicht weniger beeindruckt als durch die Krankenheilungen und Wunder, die ihr zugeschrieben wurden.

Das Wirken der Geschwister Wunibald und Walburga schildert eine ältere Quelle wie folgt:

Wunibald fand einen geeigneten Platz, machte ihn urbar, erbaute ein Bethaus mit Zellen, sammelte fromme Leute und gab ihnen die Regel des heiligen Benedikt. Bald folgte seine Schwester Walburga mit ihren Klosterfrauen nach. Willibald war inzwischen Bischof von Eichstätt geworden, und der von Wunibald neu erwählte und von ihm Heidenheim genannte Ort gehörte zu seiner Diözese. Wunibald erbaute auch den Frauen ein Kloster nicht weit von dem seinigen und übernahm die geistliche Betreuung desselben. Beide Klöster erblühten auf das schönste. Wunibald und Walburga waren bemüht, den Gottesdienst und die Kirchen zu verherrlichen, indem sie von den reichlichen Gaben der Leute die Kirche schmückten und goldgestickte Gewänder verfertigen. Ganz besonders sorgten sich beide Geschwister auch um die Armen. Sie gaben ihnen kleinere Grundstücke zu bebauen und halfen, wo sie konnten, so daß die beiden Klöster wahre Zufluchtsstätten für alle Bedrängten wurden.

Nach Wunibalds Tod (761) übertrug Willibald die Leitung beider Klöster seiner Schwester Walburga, die er als eine strenge und zugleich liebreiche Oberin kannte. Er täuschte sich nicht. Sie leitete mit Kraft und Klugheit beide Klöster sechzehn Jahre lang bis zu ihrem Tod und war von allen als Mutter geehrt und geliebt. Sie war nie müßig, sondern widmete, was ihr von den vielen Geschäften an Zeit übrigblieb, der Betrachtung und dem Gebet, durch das sie jene Erleuchtung, Kraft und Liebe erlangte, wodurch sie sich so sehr auszeichnete.

Ein Beispiel für Walburgas grenzenloses Gottvertrauen im Dienste an den Menschen erzählt uns die Geschichte einer wunderbaren Krankenheilung:

Eines Tages erkrankte die Tochter eines vornehmen Herrn in der Nähe von Heidenheim schwer. Der Vater, der sein Kind ungemein liebte, war vor Kummer und Schmerz völlig außer sich. Als Walburga davon gehört, machte sie sich noch spätabends auf den Weg zum herrschaftlichen Schloß und bat, als wäre sie eine Pilgerin, um Einlaß und Nachtquartier. Die bösen Schloßhunde erhoben ein fürchterliches Gebell und sprangen dem Tor zu. Der Schloßherr, der sie vom Fenster aus gesehen hatte, rief seine Leute, um zu verhüten, daß die

Hunde sie zerreißen. Walburga aber blieb ganz ruhig und sprach: »Die Hunde werden mich nicht einmal berühren, geschweige beißen können; denn ich, Walburga, bin eine Magd Christi und stehe unter seinem Schutz. Er hat mich sicher hierher geleitet und wird mich auch wohlbehalten wieder zurückführen. Er will diesem Hause Heil widerfahren lassen, wenn Du, Herr, von Herzen glaubst, daß er der Arzt aller Ärzte ist.« Als der Edelmann den Namen Walburga vernommen, sprang er von seinem Sitz auf und eilte der vornehmen und heiligen Jungfrau entgegen. Walburga sah die von den Ärzten aufgegebene Kranke schon in den letzten Zügen; da bat sie, man möge ihr das Bett im Zimmer der Kranken aufschlagen und sie die Nacht hindurch allein bei ihr lassen. Erstaunt über diese Bitte, doch vertrauend auf Walburgas Heiligkeit, erfüllte man ihre Wünsche. Dann schloß sie die Tür des Krankenzimmers, kniete nieder und betete die ganze Nacht zu ihrem himmlischen Bräutigam, er möge kraft seiner Allmacht dem Mädchen die Gesundheit wiedergeben und dadurch nicht nur die Eltern, sondern auch die Bewohner Swanfelds, die in der christlichen Religion noch ziemlich unwissend waren, zu besserer Erkenntnis und größerer Liebe bringen. Mit Tagesanbruch schloß Walburga die Tür auf, rief die Eltern und stellte ihnen zu ihrem größten und freudigsten Erstaunen das Mädchen so vollkommen gesund vor, daß keine Spur von einer Krankheit mehr zu finden war. Voll Jubel dankten sie Gott, fielen Walburga zu Füßen und wollten ihr kostbare Geschenke geben. Sie aber schlug diese aus, ermahnte die Eltern, Gott treu zu sein und nichts Irdisches der göttlichen Liebe vorzuziehen, worauf sie wieder in ihr Kloster zurückkehrte.

Sturmius

Sturmius (Sturm) kam um das Jahr 715 in Oberösterreich zur Welt, also im bayerischen Herrschaftsbereich. Früh schon schloß er sich Bonifatius an, der ihn zur Ausbildung ins Kloster nach Fritzlar schickte.

Um das Jahr 740 erhielt Sturmius die Priesterweihe und begann

Sturmius verkündet Gottes Wort

seine missionarische Tätigkeit unter den Hessen. Bonifatius, der Sturmius sehr schätzte, betraute ihn mit der Gründung des Klosters Fulda (744). Unter Sturms Leitung wurde das Kloster rasch zum geistigen und wirtschaftlichen Mittelpunkt dieses Gebietes.

Um die benediktinische Lebensweise noch besser kennenzulernen, lebte Sturmius von 748 bis 749 im Kloster Monte Cassino (Italien); nach seiner Rückkehr übernahm Sturmius wieder die Leitung in Fulda. Bonifatius selbst noch hatte 751 erreicht, daß – eine unerhörte Neuerung für das Frankenreich – das Kloster direkt dem Papst unterstellt wurde. Sturmius konnte 774 auch ausdrücklich die Immunität durchsetzen, also die Befreiung von königlicher Gerichtsbarkeit. Darüber hinaus gelang es ihm, die Gebeine seines Lehrers Bonifatius in das von ihm geleitete Kloster überführen zu lassen. Diese Tat brachte der Abtei reichen materiellen und geistigen Gewinn ein, aber auch die Gegnerschaft des Erzbischofs Lullus von Mainz. Denn dieser berief sich ebenfalls auf Bonifatius, dessen Schüler und Vertrauter er gewesen und von dem er als Erzbischof eingesetzt worden war. Mit allen Mitteln versuchte er Fulda seiner Botmäßigkeit zu unterwerfen.

Im Verlauf dieser Auseinandersetzung wurde Sturmius im Jahre 763 nach Jumièges an der unteren Seine verbannt und erst zwei Jahre darauf von König Pippin wieder als Abt von Fulda eingesetzt; die vorübergehende Unterstellung unter Mainz wurde rückgängig gemacht. Mit Pippins Nachfolger Karl dem Großen war Sturmius befreundet. Der Kaiser gewährte Fulda 774 die Immunität und übergab dem Kloster schon bald nach Beginn der Sachsenkriege ein großes Missionsgebiet zwischen den Flüssen Diemel und Weser (Eresburg, Hameln, Minden).

Im Jahre 779 begleitete Abt Sturmius den Herrscher auf seinem Kriegszug gegen die Sachsen. Dabei erkrankte er jedoch so schwer, daß er heimkehren mußte. Bald darauf starb er an den Folgen dieser Krankheit. Sturmius, einer der ersten einheimischen Priester, der innerhalb der kirchlichen Hierarchie ein hohes Amt bekleidete, verfolgte seine Ziele zäh und unnachgiebig. Der Hartnäckigkeit des Bösen setzte er die Überlegenheit des Guten entgegen. Ein lebendiges Bild von den Auseinandersetzungen der damaligen Zeit vermittelt uns die folgende Schilderung, wobei freilich das Bild Karls des Großen (den andere immerhin den »Sachsenschlächter« nannten) etwas geschönt sein dürfte:

Nach der Niederlage der Sachsen begannen die Priester, die sich im Heer Karls des Großen befanden, das Werk des Friedens und verkündeten den Sachsen das Evangelium. Damit aber die Ausbreitung des Evangeliums mit Erfolg betrieben werden konnte, teilte Karl das Land in mehrere Missionsbezirke auf und übertrug sie einzelnen Priestern. An der Spitze dieser Glaubensboten stand der Abt Sturmius von Fulda, dem das Gebiet der späteren Diözese Paderborn übertragen wurde. Zugleich befestigte Karl die Eresburg und legte zum Schutz der Glaubensboten eine fränkische Besatzung hinein. Dort erbaute er auch eine Kirche, die erste, die im Lande der Westfalen errichtet wurde, und weihte sie dem heiligen Petrus, dem ersten Papst, zum Zeichen, daß das zu bekehrende Sachsenland in enger Verbindung mit seinem Nachfolger, dem Oberhaupt der katholischen Kirche, stehen sollte.

Nach dem Rückzug Karls widmete sich Sturmius mit seinen Genossen eifrig der Verkündigung des göttlichen Wortes. Er wählte sich die Eresburg zu seinem Wohnsitz und zur Zufluchtsstätte in allen Gefahren. Von dort aus wurde zuerst der Same des Christentums im Westfalenland ausgestreut, während die fränkische Besatzung die Ruhe im Volk aufrechterhielt und das Leben der Glaubensboten schützte. Sturmius ließ kein Mittel unversucht und scheute weder Mühe noch Anstrengung, weder Gefahr noch Verspottung, um die trotzigen Sachsen aus der Nacht des Heidentums zu befreien und dem Lichte des Christentums zuzuführen. Rastlos durchzog er das Land nach allen Richtungen hin, drang in die dichtesten Wälder ein und suchte die entlegensten Höfe auf, um allen Heiden die Worte des Heiles zu verkünden. Besonders wandte er sich an die Götzendiener und ermahnte sie mit inständigen Worten, ihre Götzenbilder zu verlassen, die Heiligtümer zu zerstören, die heiligen Haine zu fällen, den christlichen Glauben anzunehmen und dem wahren Gott Kirchen zu bauen. Diese unermüdlichen Bemühungen des begeisterten Glaubensboten waren trotz des zähen Sinns der Sachsen von Erfolg gekrönt; manche ließen sich taufen und nahmen den christlichen Glauben an.

Leider sollte das Wirken des Sturmius nicht von langer Dauer sein. Im folgenden Jahr, 773, unternahm Karl der Große einen Kriegszug nach Italien gegen den Langobardenkönig Desiderius. Als Karl mit seinem Heer im fernen Italien weilte, erhob sich das ganze Volk der Sachsen zum Kampf für seine Religion und Selbständigkeit. Die Eresburg wurde im Sturm genommen, das Werk der Franken zerstört und die fränkische Besatzung teils ermordet, teils verjagt. Nur mit Mühe gelang es Sturmius zu entkommen; der Gegend wohl kundig, gelangte er auf heimlichen Wegen durch das Dickicht der Wälder in das Hessenland nach Fritzlar und von dort nach Fulda.

Die erbitterten Sachsen wollten die ihnen zugefügte Niederlage rächen und fielen raubend und plündernd, mordend und sengend in die benachbarten fränkischen Gebiete ein, besonders in Hessen und Friesland. Wütend zerstörten sie Kirchen und Klöster und mordeten grausam Priester und Mönche, in denen sie ihre Hauptfeinde und die Anstifter des gegen sie begonnenen Krieges sahen. Auch Fritzlar, die Gründung des heiligen Bonifatius, wurde auf diesem Raubzug der Sachsen zerstört; nur die Kirche wurde wie durch ein Wunder gerettet. Es erschienen nämlich, so erzählen die Chronisten, zwei Jünglinge von übermenschlicher Kraft und Erhabenheit und hielten das Feuer von der Kirche ab. Bei dem Anblick dieser beiden Gestalten ergriff Furcht und Entsetzen die Sachsen; sie flohen, kehrten jedoch bald wieder um, erbrachen die Kirche, raubten ein silbernes Kreuz und die Reliquien der Heiligen, aber die Kirche in Brand zu stecken, gelang ihnen auch dieses Mal nicht. Ein Sachse, der Feuer an die Kirche legen wollte, sank plötzlich tot nieder; man fand seinen Leichnam, welcher noch Kohlen und Holz in Händen trug, womit die Kirche angezündet werden sollte.

Zu Anfang des Jahres 775 hielt Kaiser Karl einen Reichstag zu Düren ab, auf welchem der Krieg gegen die wortbrüchigen Sachsen von neuem beschlossen wurde. Mit einem großen Heer drang Karl von Westen her, dem Laufe der Ruhr folgend, in das Gebiet der Sachsen ein. Hohensyburg, eine Wallanlage, welche die Sachsen zum Schutz ihres Landes am Zusammenfluß der Ruhr und Lenne errichtet hatten, wurde im Sturm erobert. Von dort drang Karl über die Gebirge des Sauerlandes bis zur Diemel vor, eroberte von neuem die Eresburg, stellte die alten Befestigungen wieder her und legte eine neue Besatzung hinein. Darauf drang er, allen Widerstand siegreich niederwerfend, bis zur Weser vor, welche er in der Nähe von Höxter beim Brunsberg erreichte, wo sich noch Spuren von den Wällen seines Lagers erhalten haben. Nachdem Karl ein sächsisches Heer, welches ihm den Übergang über die Weser erschweren wollte, geschlagen hatte, setzte er über den Fluß und drang bis zur Oker im Braunschweigischen vor.

Nach dieser siegreichen Unterwerfung der Sachsen zog Karl mit seinem Heer wieder ab; Sturmius hatte sich unterdessen eingefunden und begann wieder seine Arbeit als Glaubensbote. Die überzeugende Beredsamkeit des Sturmius, seine große Uneigennützigkeit, seine ganze überirdische Erscheinung machte auf die Sachsen Eindruck und öffnete manches Herz für die frohe Botschaft des Christentums, aber leider konnte der ausgestreute Samen nicht aufgehen und Frucht bringen. Anfang des folgenden Jahres 776 unternahm nämlich Karl der Große wieder einen Zug nach Italien gegen die aufrührerischen Langobarden. Die Abwesenheit Karls veranlaßte die Sachsen, sich von neuem für ihre Freiheit und Religion zu erheben und das fränkische Joch samt der christlichen Religion abzuwerfen. Die Eresburg wurde von den Sachsen erobert und zerstört, die Besatzung und die christlichen Glaubensboten wurden teils getötet, teils verjagt. Die Besatzung der Hohensyburg leistete Widerstand und schlug die anstürmenden Sachsen zurück. Glücklicherweise gelang es dem Abt Sturmius, aus der Eresburg nach Fritzlar und dann weiter nach Fulda zu entfliehen und sein Leben in Sicherheit zu bringen. Er tat das nicht aus Feigheit, sondern befolgte weise die Mahnung des göttlichen Heilands, den Ort zu verlassen, wo die Bemühungen um die Ausbreitung des Evangeliums vergeblich sind. Zugleich wollte Sturmius sein Leben retten, um später bei günstiger Gelegenheit mit neuem Eifer das Werk der Bekehrung zu beginnen.

Als Karl der Große diese neue Empörung der Sachsen erfuhr, eilte er sofort aus Italien herbei und beschloß, den Dingen eine andere Wendung zu geben und Rache zu nehmen. Mit großer Macht rückte er über den Rhein in das Gebiet der Sachsen; die Verschanzungen und Verhaue, die sie in Eile gemacht hatten, wurden zerstört; unaufhaltsam drang der mächtige Frankenkönig bis zu den Quellen der Lippe vor. Dort schlug er ein befestigtes Lager auf und beschloß, über das treubrüchige Volk der Sachsen strenges Gericht zu halten. Voll Angst und Furcht eilten die Sachsen in großer Anzahl mit Weib und Kind zu dem erzürnten König und flehten um Gnade und Schonung. Karl, ein edles Herz und frommer Christ, wurde von dem Flehen des reumütigen Volkes gerührt und versprach Verzeihung, wenn sie Treue gelobten und das Christentum annähmen. Das anwesende Volk versprach es. Auf die Kunde von dem siegreichen Vordringen Karls war auch der Abt Sturmius von Fulda mit seinen Priestern herbeigekommen. Er verkündete wiederum mit apostolischem Eifer die Wahrheiten des Heils, wies auf das schreckliche Strafgericht hin, welches Gott über die Sachsen wegen ihrer abermaligen Empörung verhängt hatte, hielt ihnen die Ohnmacht der Götter vor und ermahnte sie mit eindringlichen Worten zur Annahme des Christentums. Die Worte des begeisterten Glaubensboten fielen bei manchen Sachsen auf guten Boden, und viele Menschen empfingen an den Quellen der Lippe die heilige Taufe. Seit diesem denkwürdigen Ereignis führt eine der Lippequellen bis auf den heutigen Tag den Namen Jordan.

Ludger

Große Lehrer und Vorbilder hatte der um 744 in Friesland geborene Ludger im heiligen Abt Gregor von Utrecht und im Gelehrten Alkuin (um 732–804), der ihn auch zum Diakon geweiht haben soll. Ludger predigte in seinem Heimatland und setzte die missionarische Tätigkeit fort, die der heilige Lebuin (um 735–vor 776) dort begonnen hatte.

Nach seiner Priesterweihe, im Jahre 777, wirkte er sieben Jahre in Dokkum, dem Sterbeort des heiligen Bonifatius. Als 784 ein Sachseneinfall seine Missionsarbeit behinderte, ging er nach Rom und später ins Kloster auf dem Monte Cassino (Italien). Er lebte dort wie ein Mönch, ohne jedoch die Gelübde abzulegen.

In die Heimat zurückgekehrt, erhielt er von Karl dem Großen im Nordosten Frieslands fünf Regionen als Missionsgebiete, und um 794 vertraute ihm Karl das neuerrichtete Bistum Mimigernaford (Münster in Westfalen) an. Zum Bischof wurde er erst am 30. März 804 geweiht. Zur Unterstützung seiner missionarischen Tätigkeit gründete er zahlreiche Klöster und Kirchen, u.a. den Dom und das Domstift zu Münster und die Benediktinerabteien Helmstedt und Werden. Er teilte seine Diözese in vierzig Pfarreien ein, die er jährlich besuchte. Um diese mit ausgebildeten Priestern besetzen zu können, errichtete er eine Domschule.

Ludger starb am 26. März 809 zu Billerbeck in Westfalen und wurde auf seinen ausdrücklichen Wunsch hin in Werden begraben. Was Bonifatius in Friesland begonnen hatte, setzte er fort, und die

Ludger von Münster

Wunden, die Karl der Große durch seine Eroberungszüge den Sachsen schlug, versuchte er zu heilen.

An Ludger wurde nicht nur seine unermüdliche Sorge für die ihm anvertrauten Menschen und seine vielfältige Hilfsbereitschaft gerühmt: sanft und leutselig gegen die Armen sei er gewesen, aber standhaft und entschlossen gegen die Reichen und von unbeugsamer Strenge gegen Unbußfertige. Asketische Lebensweise verband er mit Bescheidenheit – daß er stets ein härenes Bußgewand auf dem Leibe trug, bemerkte man erst bei seinem Tode.

Für die Kirche in Friesland begann jetzt (gegen Ende des achten Jahrhunderts), nachdem die Sachsenkriege glücklich beendet waren, eine neue Periode.

Auf die Kunde von Karls Siegen hatte Willehad Kloster Echternach verlassen, war in seinen früheren Wirkungskreis Wigmodia (an der unteren Weser) zurückgekehrt und bald darauf zum ersten Bi-

schof von Bremen ernannt worden. Von Bremen aus verkündete er jetzt nicht nur den Sachsen, sondern auch den zwischen Weser und Ems wohnenden Friesen das Evangelium. Es war jene Gegend die äußerste Grenze des Friesenreiches, wo einst der unbeugsame, freiheitsstolze Fürst Radbod sich vor der Frankenherrschaft am sichersten fühlte. Jetzt jedoch regierte Karl der Große dieses Land; das Schwert des Eroberers hatte den Boten des Friedens den Weg gebahnt bis zum Fluß Lauwers. Nur den fünf Gauen zwischen Lauwers und Ems fehlte noch ein Missionar.

Für diese Gebiete berief Kaiser Karl den Priester Ludger.

Er übertrug ihm die geistliche Verwaltung dieses nicht kleinen Missionsbezirkes. Die Bewohner jener Region hatten sich selbst bereit erklärt, den christlichen Glauben anzunehmen, wenn ihnen ein Lehrer, der ihre Sprache redete, also ein eingeborener Friese das Evangelium verkünden würde. Niemand konnte also für jene Mission geeigneter sein als Ludger. Die Namen der fünf seiner Obhut anvertrauten Gaue waren Hugmerchi, Hunusga, Fivilga, Emisga und Federitga, und die Insel Bant in der Nordsee, südwestwärts von dem Seebad Norderney gelegen.

Sie bildeten den größten Teil der heutigen holländischen Provinz Groningen und ein Stück von Ostfriesland; das Missionsgebiet des Heiligen kam einem bischöflichen Sprengel an Ausdehnung gleich. In diesen Gauen galt es nun, die letzten Zufluchten des zähen friesischen Heidentums zu erobern und so durch Gewinnung ihrer Bewohner das Werk der Bekehrung Frieslands zum vollständigen Abschluß zu bringen.

Um diese Zeit wurde ein Mann für Ludger gewonnen, dessen Leben sich höchst bemerkenswert in der Geschichte der Friesenbekehrung ausnimmt. Auf seinen apostolischen Wanderungen kam Ludger einst in den Flecken Helewirt, wo eine edle Frau, namens Mensuit, ihn in ihr Haus aufnahm. Während er dort mit seinen Schülern zu Tische saß, wurde ein Blinder hereingeführt, mit Namen Bernlef. Dieser war sehr beliebt in der Umgegend, nicht bloß wegen seines freundlichen Wesens, sondern namentlich weil er die Taten und Kämpfe der alten friesischen Könige so schön zu besingen wußte. Schon seit drei Jahren war er völlig blind. Freundlich schaut ihn Ludger an und fragt ihn, ob er nicht bei ihm beichten wolle. Als

Bernlef diese Frage bejaht, bestimmt Ludger dafür den nächsten Tag.

Beim Ausritt am anderen Morgen begegnet ihm der Blinde, ebenfalls zu Pferde. Der Missionar nimmt Bernlefs Pferd beim Zügel, führt ihn auf die Seite, hört seine Beichte und legt ihm Buße auf; dann macht er das Kreuzzeichen über seine Augen, hält ihm seine Hand vor und fragt, ob er etwas sähe.

Hocherfreut erwiderte der Blinde, er könne seine Hand sehen. Und Ludger antwortet: »Sage dem allmächtigen Gott Dank!«

Unter Gesprächen über den katholischen Glauben, sagt der Biograph, setzten sie ihren Weg bis nach Werfhem fort. »Kannst du den Ort da sehen?« fragte Ludger.

Bernlef nannte den Ort sofort mit dem rechten Namen und sagte, er könne Gebäude und Bäume gut unterscheiden. »Danke dem allmächtigen Gott, der dir das Augenlicht wiedergegeben«, sagte darauf Ludger.

Als sie dann zum Dorfe Wyscwirt kamen, wo sich eine Kapelle befand, knieten sie nieder und dankten Gott. Ludger nahm Bernlef den Schwur ab, erst nach seinem Tod den Leuten zu erzählen, wie er (Bernlef) sein Augenlicht wiedererhalten habe.

Bernlef hielt das Versprechen, ließ sich noch einige Tage wie ein Blinder herumführen und offenbarte erst nach Ludgers Tod das an ihm geschehene Wunder.

Es war das erste Wunder, welches der Missionar wirkte, gewissermaßen ein symbolisches Wunder, »ein Sinnbild seiner ganzen apostolischen Wirksamkeit unter den Heiden, die er von ihren Sünden reinigte, mit dem Glaubenslicht erleuchtete und zum Lobe Gottes anleitete«.

Der geheilte Sänger wurde für Ludgers Missionswerk von großer Bedeutung. War er auch kein eigentlicher Barde – bei den Germanen gab es keine besondere Vereinigung von Sängern, wie bei den Kelten –, so hatte doch sein patriotisches Lied die Freiheit der alten Friesen, die Kämpfe der sagenhaften heidnischen Könige und Helden, überhaupt den Glanz des alten friesischen Heidentums zum Gegenstand. In dem gegenwärtigen Augenblick aber war solch ein nationaler Gesang für den aufkeimenden Christenglauben ebensowenig wünschenswert wie das Bestehen der Kultstätten und anderer Denkmäler des Heidentums. Hier ist nun der tiefe Blick und die bewunderswerte Milde in der Führung der Seelen zu bewundern, die Ludger besaß. Der Diener Gottes ehrte den alten Sänger, schätzte sein schönes Talent und durchschaute sofort, welch wichtige Dienste er der Kirche leisten könnte. Er machte ihn mit den Psalmen Davids bekannt und übersetzte sie ihm poetisch, mit Alliteration. Der empfängliche Geist des friesischen Sängers fand Freude an der Erhabenheit der heiligen Gesänge und trug sie fortan statt der alten Götter- und Heldenlieder dem christlichen Friesenvolk vor. Leider sind diese ältesten Zeugnisse christlicher friesischer Poesie nicht auf uns gekommen.

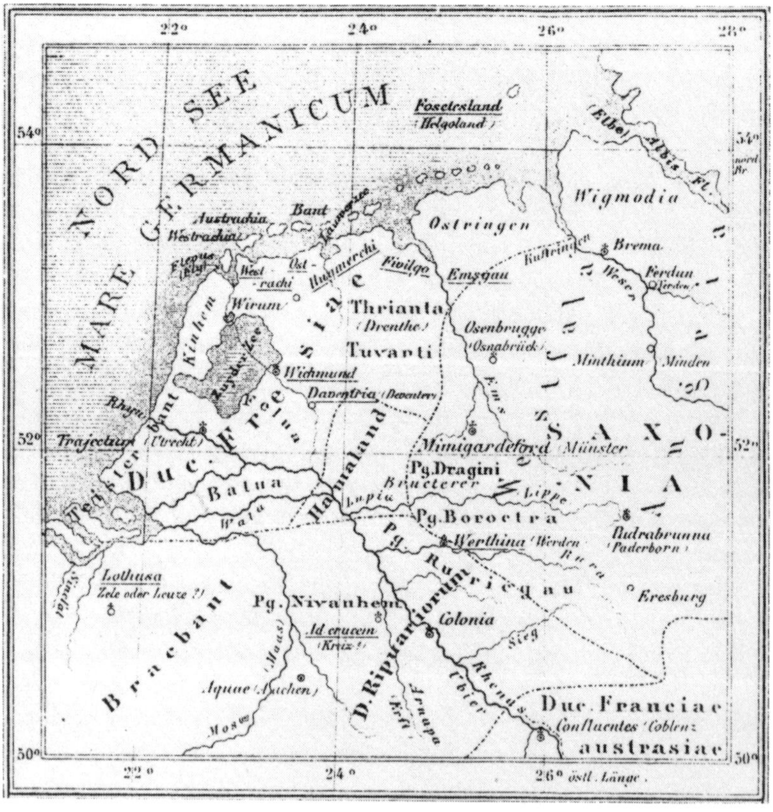

Das Missionsgebiet Ludgers

6. Kapitel

Missionare schaffen eine Schrift

Karl der Große hatte durch die Kaiserkrönung am Weihnachtstag des Jahres 800 die Nachfolge der römischen Kaiser angetreten. Der katholische Glaube war erneut Staatsreligion, durch den Anschluß des Langobardenreiches gehörte auch Rom selbst zum karolingischen Imperium, und Karl nahm als Schutzherr der Kirche und des Papstes eine ähnliche Stellung ein, wie sie für die oströmischen Kaiser in Byzanz gegenüber der dortigen Kirche galt.

Zwischen dieser Kirche, die in der Folge als »orthodoxe Kirche« zu bezeichnen wir uns angewöhnt haben, und der westlichen war nach mancherlei Differenzen unter Papst Gregor II. (715–731), bestätigt unter Papst Gregor III. (731–741), vor allem wegen des Bilderstreites der Bruch vollzogen worden. Daraus ergab sich, wie wir sehen werden, bei der Christianisierung Südosteuropas eine Konkurrenzsituation. Im Gegensatz zum weströmischen Reich, das in den Germanenstürmen untergegangen war, blieb das oströmische Kaiserreich bis ins 15. Jahrhundert erhalten; ja es hatte zunächst seinen Einfluß durch die Vernichtung der Gotenreiche auch auf Italien und Spanien ausgedehnt. Dadurch aber, daß zunächst die Westgoten in Spanien und dann die Langobarden in Italien unterworfen wurden, verdrängten die Frankenherrscher Ostrom – in dem die Amts- und damit auch die Kirchensprache griechisch geworden war – aus Westeuropa.

Andererseits war Spanien durch die Eroberungszüge der Moslems zum größten Teil dem katholischen Glauben verlorengegangen.

Fassen wir also zusammen: Das Frankenreich mit den Kerngebieten Frankreich, Deutschland bis etwa zur Elbe und Italien war katholisch, dazu der angelsächsische Raum und Nordspanien entlang der Pyrenäen; die nordischen Völker und die Slawen und Avaren in Ost- und Südosteuropa waren noch heidnisch.

Die Avaren wurden zwar 796/97 dem Frankenreich unterworfen und allmählich zum Christenglauben bekehrt, doch ging das Gebiet durch die Magyareneinfälle dem Christentum wieder verloren.

Der Bekehrung der skandinavischen und slawischen Völker sowie der Ungarn sind daher die nächsten Kapitel über die Missionsarbeit im neunten bis elften Jahrhundert gewidmet.

Im böhmisch-mährischen Bereich spielten in die Geschichte der Missionierung in besonderem Maße politische Fragen hinein.

Denn zur Reichsversammlung des Jahres 822, die Kaiser Ludwig der Fromme einberufen hatte, kamen auch schon Gesandte aus Mähren, um dem Kaiser zu huldigen und Geschenke (Tributzahlungen?) zu bringen, und der erste geschichtlich bekannte Fürst des Gebietes, Mojmir, dem ein Zusammenschluß des Gebietes gelang und der den Schutz des fränkischen Reiches suchte, soll sich zum Christentum bekannt haben:

Im zweiten Viertel des neunten Jahrhunderts herrschte Herzog Mojmir in Mähren, ein Mann von Einsicht und Kraft des Willens. Er bekannte sich zum Christentume und sicherte sowohl dadurch als durch die Treue, welche er Kaiser Ludwig dem Frommen hielt, seinem Lande den Frieden. Er legte den ersten Grund zu jenem Großmährischen Reich, das in der zweiten Hälfte des neunten Jahrhunderts eine so hohe politische Bedeutung gewann.

In der Mitte des neunten Jahrhunderts scheint, nach archäologischen Befunden, Mähren wenigstens äußerlich christianisiertes Land gewesen zu sein. Grabungen in diesem Gebiet förderten die Reste alter Steinkirchen und Hinweise auf veränderte Bestattungssitten zutage. Priester aus Bayern und Aquileja (Italien) hatten den Glauben in dieses Land gebracht.

Im Jahre 845 sollen dann auch in Regensburg vierzehn böhmische Fürsten gemeinsam den Christenglauben angenommen haben.

846 aber vertrieb zunächst Rastislav mit Hilfe des ostfränkischen Königs seinen Onkel Mojmir und riß die Herzogswürde an sich.

Dann lehnte er sich gegen das Frankenreich auf und wollte auch die kirchliche Herrschaft der fränkischen Bischöfe von Passau, Salzburg und Regensburg abschütteln. So bat er unter geschickter Ausnutzung vorhandener Spannungen die oströmische Kirche in Byzanz um Aussendung von Missionaren.

Kyrillos und Methodios

Die herausragendsten Männer bei der Ausbreitung des Glaubens im Großmährischen Reich waren zwei Brüder, der Priester Konstantin (Kyrillos war sein Klostername) und sein Bruder, der Mönch Methodios, der eigentlich Michael hieß.

Methodios wurde um 815, Kyrillos 827 in Thessalonike (Saloniki, damals einer ganz griechischen Stadt in slawischer Umwelt) als Söhne des kaiserlichen Beamten Leo geboren. Kyrillos erhielt seine wissenschaftliche Ausbildung anfangs in seiner Heimatstadt und später in Konstantinopel.

Um das Jahr 858 gab er seine Lehrtätigkeit auf und zog sich in ein Kloster zurück, in das sein älterer Bruder Methodios einige Jahre zuvor eingetreten war.

Im Jahr 860 schickte der Hof von Konstantinopel auf Bitten der schon getauften Chazaren am unteren Don die beiden Brüder als Prediger in das Land am Schwarzen Meer. Von dort aus zogen sie ins Großmährische Reich, wo sie 863 mit ihrer Missionstätigkeit begannen. Zur Erleichterung ihrer Arbeit übersetzten sie biblische und liturgische Texte ins Slawische. Vor die Aufgabe gestellt, eine bisher nur gesprochene Sprache aufzuzeichnen, schufen sie das slawische Alphabet, Glagolitica genannt. Es kam zu heftigen Auseinandersetzungen mit den lateinischen Missionaren, die vor allem gegen die slawische Sprache in der Liturgie wetterten. Kyrillos und Methodios wollten eine endgültige Entscheidung in diesem Streit herbeiführen und machten sich auf den Weg nach Rom. Papst Hadrian II. (867–872) bestätigte im Jahre 867 ihre Missionsarbeit und erlaubte ausdrücklich den Gottesdienst in slawischer Sprache.

Bald darauf erkrankte Kyrillos und starb am 14. Februar 869.

Sein Leichnam wurde in Rom in der St.-Klemens-Basilika beigesetzt.

Methodios wurde zum Erzbischof von Pannonien und Mähren mit dem Sitz in Sirmium ernannt und war gleichzeitig der Legat des Papstes bei den Slawen. Doch die Spannungen zwischen der ostfränkischen und der slawischen Kirche wurden immer stärker. Man verhaftete Methodios und hielt ihn zweieinhalb Jahre in Ellwangen fest, bis er auf den energischen Einspruch des Papstes Johannes VIII. hin 873 wieder freigelassen wurde.

Methodios starb am 6. April 885 und wurde in seiner Kathedrale, wahrscheinlich im heutigen Stare Mešto, beigesetzt. Die Missionsarbeit der beiden Brüder war von der tiefen Überzeugung bestimmt, daß alle Völker zum Heil berufen sind, und daß der Weg dorthin durchaus von den kulturellen Eigenarten eines Volkes geprägt sein kann.

Nachdem sich Mojmirs Neffe Rastislav mit seiner Bitte um Entsendung nichtbayerischer Missionare vergeblich an Papst Nikolaus I. (858–867) gewandt hatte, schickte er 862 Gesandte an den byzantinischen Hof des Kaisers Michael III. und ließ ihm melden: Sein Volk habe zwar vom Götzendienst gelassen und wünsche das christliche Gesetz zu beobachten; da es aber einen solchen Lehrer nicht habe, welcher es im Lesen und im Gesetz selbst vollkommen unterrichten könne, so bitte er, in jene Gegenden einen solchen Mann zu entsenden, der imstande sei, dem Volke vollständig den Glauben, die Anordnung des göttlichen Gesetzes und den Weg der Wahrheit zu zeigen. Der Kaiser gewährte die Bitte, ließ Kyrillos zu sich kommen und sandte ihn und seinen leiblichen Bruder Methodios in das Land der Slawen. Die beiden Brüder standen nur vor der Aufgabe, das noch ungebildete christliche slawische Volk zu lehren. Da alle höhere Bildung des Menschen an das Vehikel der Schrift gebunden erscheint, kam Kyrillos der Gedanke: Eine glückliche Lösung ihrer Aufgabe sei von ihnen nur dann zu erhoffen, wenn es gelänge, den Lauten der slawischen Sprache entsprechende Zeichen zu geben. Und siehe, der Genius Kyrillos' erfand für die Sprache der Slawen eine eigene Buchstabenschrift, indem er das griechische Alphabet vermehrte und für die slawische Sprache so umgestaltete, daß es alle die mannigfalti-

gen Laute dieser Sprache, bis auf ihre feinsten Schattierungen herab, mit wunderbarer Präzision, Klarheit und Vollständigkeit bezeichnete. Nachdem ihm dieser große Wurf gelungen war, legte er sogleich Hand an sein Werk, indem er das Evangelium in die slawische Sprache der Mährer übertrug.

Nun waren sie also in der Lage, wenigstens teilweise dem Zweck ihrer Berufung zu entsprechen und, innerhalb der Grenzen ihrer priesterlichen Gewalt, auf vielfältige Weise an der christlichen Bildung des mährischen Volkes zu arbeiten. Mit ebensoviel Eifer als Einsicht gingen sie ans Werk und bemühten sich, aus dem Volke selbst junge Leute für den Dienst in der Kirche heranzubilden, mit denen sie nicht nur das Stundengebet verrichteten, sondern auch ein gemeinsames Leben führten. Mit demselben Eifer verwalteten sie aber auch das öffentliche Lehramt zum Heil des Volkes.

Auch wenn sie sich nur im Kreise ihrer priesterlichen Amtsverrichtungen bewegten, so war ihre durch die Gunst des Herzogs gestützte und geförderte Wirksamkeit dennoch eine ebenso hervorragende wie gesegnete; denn sie waren allen im Lande angestellten Geistlichen durch die vollkommene Kenntnis der Volkssprache überlegen, in der sie nicht nur predigten, sondern auch für den Volksunterricht alle kirchlichen Lesestücke aus dem Alten Testament und Neuen Testament sowie die zum Kirchendienst notwendigen Bücher übertrugen. Auf diese Weise wirkten die Brüder im Lande Mähren, dessen Volk sie auf der Bahn des katholischen Glaubens leiteten, viereinhalb Jahre hindurch.

Bei solchen von Kyrillos und Methodios erzielten Erfolgen war es natürlich, daß die lateinische Geistlichkeit im Lande mit ebenso eifersüchtigem als mißtrauischem Blick auf die vom Herzog aus Konstantinopel herbeigerufenen Priester sah; denn die Berufung derselben trug offenbar den Charakter einer gegen sie gerichteten Aktion. Dagegen entsprach die in solcher Abhängigkeit vom Passauer Bischof und in solchen Grenzen eingeengte Wirksamkeit der Brüder keineswegs den Absichten und Plänen Rastislavs, der nach kirchlicher Unabhängigkeit seines Landes von den Deutschen strebte und der eben deshalb Kyrillos und Methodios zu Bischöfen, und zwar unabhängigen Bischöfen, für sein slawisches Volk ausersehen hatte.

Diese Entwürfe des Mährenherzogs konnten aber nur durch die oberste Kirchengewalt des Papstes realisiert werden, und ein unmittelbarer Kontakt mit Rom war deshalb unerläßlich. Deshalb wandten sich die Brüder und Fürst Rastislav brieflich an den Nachfolger Petri, und Papst Nikolaus, hocherfreut über das, was er von dem Wirken der Brüder erfahren hatte, lud sie durch ein apostolisches Schreiben ein, zu ihm zu kommen. Als sie diese Kunde erhielten, freuten sie sich sehr und dankten Gott, daß sie so hoch geehrt und für würdig befunden worden waren, vom Apostolischen Stuhl berufen zu werden. Alsbald traten sie die Reise an, nahmen einige ihrer Schüler, die sie für würdig hielten, die bischöfliche Würde zu empfangen, mit sich und kamen so in kurzer Zeit nach Rom.

Bei ihrer Ankunft erfuhren sie, daß Papst Nikolaus gestorben und Hadrian II. die Nachfolge angetreten habe. Dieser hatte jedoch keine Bedenken, dem Begehren Rastislavs zu entsprechen und die Brüder zu Bischöfen zu erheben: Kyrillos und Methodios erhielten also die bischöfliche Weihe, ihre Schüler aber wurden zu Presbytern und Diakonen ordiniert.

Die große geschichtliche Leistung der Brüder Methodios und Kyrillos bestand zweifellos in der Erschaffung der glagolitischen Schrift und der dadurch erreichten Gewinnung der Slawen für das Christentum.

Die slawische Welt schloß sich zwar größtenteils dem orthodoxen Glauben an, aber auch für die Ausbreitung des katholischen Christentums in Europa war das Wirken dieser beiden Glaubensboten bedeutsam. Ehe nämlich 1054 der Bruch zwischen der morgen- und abendländischen Kirche engültig besiegelt wurde, kam es 867 gegen das Zugeständnis der slawischen Liturgie zum Anschluß des mährisch-pannonischen Missionsgebietes an Rom (der deutschen Kirche blieb es freilich verloren), während die bulgarische Kirche Byzanz unterstellt wurde.

7. Kapitel

König und Missionar – die Christianisierung Ungarns

Das heutige Ungarn wurde in wesentlichen Teilen als Provinz Pannonia im Jahre 10 n.Chr. dem römischen Reiche einverleibt. Die Christianisierung erfolgte spät, aber zweifellos noch in römischer Zeit.

Ende des vierten Jahrhunderts rücken von Westen her Westgoten ein, wenig später von Osten die Hunnen, denen der kaiserliche Heermeister Aëtius 433 offiziell die Provinz überläßt. Auch hier geht das Christentum in den Stürmen der Völkerwanderungszeit unter.

Spätere Jahrhunderte sehen das Gebiet unter bulgarischer bzw. großmährischer Herrschaft, ehe gegen Ende des neunten Jahrhunderts die wahrscheinlich noch in einer gewissen Abhängigkeit von den Chazaren stehenden, ihrerseits von den Petschenegen aus ihren Wohnsitzen zwischen Don und Dnjepr vertriebenen Magyaren das Land besetzen. Ihr Herrscher Arpad schließt 892 mit dem ostfränkischen und 895 auch mit dem byzantinischen Reich Bündnisverträge.

In der Folgezeit aber werden die Ungarn zum Schrecken Europas. Kriegerische Beutezüge führen sie bis zur Nordseeküste einerseits, bis an das Ägäische Meer andererseits und auch in den Süden Frankreichs und Italiens.

Eine erste Niederlage bei Keuschberg 933 gegen den deutschen König Heinrich I. und vor allem die berühmte Schlacht auf dem Lechfeld bei Augsburg 955 – bei der auch der heilige Bischof Ulrich eine entscheidende Rolle spielte – bereiten diesen Raubzügen ein Ende.

Zur Seßhaftwerdung und Befriedung der Ungarn trägt dann vor

allem auch die allmähliche Christianisierung bei, die – durch Christensklaven schon vorbereitet – durch den Herrscher selbst organisiert wird.

Der heilige Bischof Ulrich von Augsburg reicht vor der Schlacht auf dem Lechfeld den Kämpfern die heilige Kommunion

König Stephan von Ungarn

Unter den rivalisierenden ungarischen Stammesfürsten gelang es dem Arpaden Géza (um 940–997), eine Vormachtstellung zu erringen und zu behaupten. Seine bereits christliche Gemahlin Sarolt unterstützte die westliche Ausrichtung seiner Politik, die ihn auch mit dem Christentum in Berührung brachte. Glaubensboten des Passauer Bischofs Pilgrim kamen ins Land, und ein bayerischer Priester taufte den Fürsten und dessen 969 (970?) geborenen Sohn Vajk, der in der Taufe den Namen Stephan erhielt. Zum Erzieher seines Sohnes bestimmte Géza den Bischof Adalbert von Prag (956–997). Dieser vermittelte 995 auch die Heirat Stephans mit Gisela, der Schwester des Bayernherzogs Heinrich (später Kaiser Heinrich II.).

Erzogen im christlichen Geist und ausgebildet für das Herrscheramt, begann Stephan nach seines Vaters Tod im Jahre 997, das Land nach seinen Vorstellungen umzugestalten. Er unterstützte die Christianisierung Ungarns, holte Mönche aus Bayern, Böhmen und Italien ins Land, stiftete Kirchen und Klöster, die sich rasch zu religiösen und kulturellen Zentren entwickelten. Um sich auch nach außen hin als ein christlicher Herrscher darstellen zu können und um der jungen Kirche Ungarns ein Stück Unabhängigkeit gegenüber der fränkischen bzw. bayerischen Kirche zu bewahren, schickte er eine Gesandtschaft mit Vorschlägen zur Organisation der ungarischen Kirche nach Rom. Papst Silvester II. (999–1003) bestätigte seine Bitten und sandte Stephan eine Krone und ein Vortragekreuz.

Am Weihnachtstag des Jahres 1000 wurde er in der Kathedrale zu Gran zum ersten König von Ungarn gesalbt und gekrönt. Gestützt auf die vom Oberhaupt der katholischen Kirche gewährten Vorrechte, gründete er zehn Bistümer und gab dem Land damit eine kirchliche Organisation, der sich die weltliche Verwaltung anschloß. Er erließ Gesetze, die auch das religiöse Leben beeinflußten, beispielsweise die Heiligung des Sonntags. Die alten heidnischen Bräuche und Überlieferungen ließ er, soweit sie dem Christentum nicht widersprachen, bestehen oder gab ihnen eine neue religiöse Ausrichtung. Behutsam verband er Altes mit Neuem und schuf so die Basis für ein christliches Reich.

König Stephan I. starb am 15. August 1038 und wurde in der von ihm errichteten Basilika zu Stuhlweißenburg (Székesfehérvár) begraben. Nur fünfundzwanzig Jahre später erfolgte seine Heiligsprechung.

Stephan, der sich zugleich als christlicher König und Missionar verstand, vereinigte ungewöhnliche Gaben in sich und nahm sein Christentum sehr ernst. Er war nicht nur ein begabter Organisator und setzte seine Macht zugunsten des christlichen Glaubens ein, sondern übte auch ganz persönlich vielfältige Werke der Barmherzigkeit.

Die fromme Sarolt hatte ihrem Sohn Stephan eine ausgezeichnete Erziehung geben lassen. Schon frühzeitig sprach er nebst dem Ungarischen auch die lateinische und slawische Sprache. Auch im christlichen Glauben war er von Bischof Adalbert von Prag wohl unterrichtet worden. Stephan vermählte sich im Jahre 995 mit Gisela, der Schwester des Herzogs Heinrich von Bayern (später Kaiser Heinrich II.), nachdem er sich eidlich verpflichtet hatte, nicht nur selbst dem katholischen Glauben treu zu bleiben, sondern auch sein Volk zum Christentum zu führen. Im Jahre 997 starb Herzog Géza, und Stephan, dem sein Vater bereits seit einiger Zeit einen Teil der Staatsverwaltung anvertraut hatte, übernahm die Zügel der Regierung.

Stephan, den die katholische Kirche als Heiligen verehrt, wirkte als Krieger und Gesetzgeber Großartiges. Von der Wahrheit des Christentums überzeugt, forderte er gleich nach Antritt seiner Regierung das ungarische Volk auf, den christlichen Glauben anzunehmen und die christlichen Sklaven freizulassen. Eine furchtbare, fast allgemeine Empörung war die Antwort auf diese Forderungen. Stephan hatte den zahlreichen Aufrührern nur ein kleines Häuflein treu gebliebener Christen, meist eingewanderter Deutschen, entgegenzustellen. Mit diesen siegte er. Nun konnte er das begonnene Bekehrungswerk ohne große Hindernisse fortsetzen. Auf seinen Ruf kamen aus Italien, Deutschland, Böhmen und Polen viele Priester, meist Ordensgeistliche, nach Ungarn und verbreiteten neben dem christlichen Glauben auch christliche Gesittung. Stephan fühlte sich als Apostel und Sendbote des Herrn. Zum Regenten trat der Missionar. Nicht mit der Verkündigung des Wortes, aber in der Proklama-

tion der Tat. Auch in der königlichen Haltung des Bauherrn, der prächtige Kathedralen schuf und kulturbedeutsame Klosterkonvente einrichtete. Er hat überdies diesen Klöstern kostbare liturgische Bücher geschenkt. Vor nicht allzu langer Zeit mußten ähnliche Handschriften vor den plündernden Ungarn in Sicherheit gebracht werden. Das war einige Jahrzehnte zuvor. Nun aber weiß die ungarische Überlieferung zu melden, daß Stephan dem Kloster Pécs vierzig Bände überwies.

Zur Bildung eines tüchtigen einheimischen Klerus stiftete Stephan vier Benediktinerabteien, und nachdem das Bekehrungswerk immer besser gedieh, beschloß er, das ganze Land in zehn Bistümer einzuteilen, den Metropolitansitz aber in seiner Hauptstadt Gran zu errichten. Um die päpstliche Zustimmung zu diesem Plan zu erlangen, sandte er den Abt des von ihm und seinem Vater gestifteten Klosters Martinsberg nach Rom. Freudig bestätigte Papst Silvester II. die von Stephan gemachten Vorschläge und getroffenen Einrichtungen, gestattete ihm einen Einfluß auf die Angelegenheiten der ungarischen Kirche, gab ihm den Titel eines apostolischen Königs und übersandte ihm für sich und seine Nachkommen ein Vortragekreuz und eine Krone. Mit dieser Krone ließ Stephan sich am Weihnachtstag des Jahres 1000 feierlich krönen und wurde so der erste König von Ungarn. Unmittelbar nach der Krönungszeremonie erklärte er durch eine öffentliche Urkunde, daß er seine Staaten unter den Schutz der allerseligsten Jungfrau stelle.

Nun errichtete der glaubenseifrige König allmählich die schon geplanten Bistümer, ernannte tüchtige Ordensmänner zu Bischöfen, ließ Baumeister aus Deutschland kommen und baute viele Klöster und Kirchen, unter diesen mehrere großartige Kathedralen. Auch gründete er eine große Anzahl Kloster- und Domschulen. Im Verein mit seiner Gemahlin Gisela stattete er die Kirchen mit den notwendigen kirchlichen Geräten und Gewändern aus und verpflichtete die Bischöfe zur Anschaffung der Bücher und zum Unterhalt der Priester. Um seinen Untertanen den Besuch der heiligen Stätten zu erleichtern, stiftete er für die ungarischen Pilger Hospizien zu Konstantinopel, Jerusalem, Ravenna und Rom. Endlich gab er seinem Volk eine bessere Regierungsform und treffliche Gesetze.

Noch mehr als durch seine Anordnungen wirkte der König durch das Beispiel seiner Tugend, Frömmigkeit und Demut. Er besuchte sehr häufig die Kirchen, betete inbrünstig, verehrte besonders die jungfräuliche Gottesmutter, unterstützte reichlich die Armen und erwies sich ebenso wohltätig gegen die Pilger, die durch Ungarn nach Jerusalem reisten und denen er die Füße zu waschen pflegte. Seine Gemahlin Gisela stand ihm in der Ausübung frommer Werke in nichts nach.

Der heilige Stephan, dargestellt als einer der Ahnen des deutschen Kaisers Maximilian

8. Kapitel

Deutsche Missionare verkünden das Christentum im Norden und Osten

Die Gewinnung der skandinavischen Länder für den christlichen Glauben erfolgte in zwei Vorstößen, zwischen denen ein schwerer Rückschlag lag:

Mit Unterstützung von Kaiser Ludwig dem Frommen und Papst Gregor IV. unternahm Ansgar von 826 an sein aufopferndes Missionswerk in Schleswig, Dänemark und Schweden, das ihm den Ehrentitel eines »Apostel des Nordens« eintrug. Schon sein Nachfolger und Biograph Rimbert aber mußte erleben, wie unter dem Ansturm der heidnischen Dänen und auch aufgrund der schwindenden Macht des Frankenreiches das Christentum in diesen Gegenden wieder unterging.

Bei der endgültigen Bekehrung des skandinavischen Raumes spielten dann die christlichen Herrscher dieser Länder eine entscheidende Rolle: in Norwegen Haakon der Gute (934–961), Olaf, Sohn Trygves (995–1000), und vor allem Olaf der Heilige (1014–1030); in Dänemark Sven Gabelbart (985–1014) und sein Sohn Knut der Große (1018–1035), nachdem schon der deutsche Kaiser Otto der Große nach seinem Sieg über Harald Blauzahn 947 die Bistümer Schleswig, Arhus und Ribe gegründet hatte; in Schweden schließlich Olaf Schoßkönig, der etwa 1008 getauft wurde. – Da es uns aber wesentlich um missionarische Gestalten und ihre verschiedenen Charaktere ging, haben wir neben Ansgar den bescheidenen, in Schweden wirkenden Missionsbischof Stephan von Hälsingland herausgegriffen.

Die Missionierung der Slawen ging Hand in Hand mit einem politischen Erstarken des Reiches unter den salischen Kaisern und

Begegnung Ludwigs des Frommen mit Papst Gregor IV.

ihren Nachfolgern. Schritt für Schritt wurden slawische Stämme im heutigen Mittel- und Ostdeutschland und den späteren Ostgebieten unterworfen. Das waren zunächst die Elbslawen oder Polaben (Abodriten, Wilzen und Sorben) – unter Otto dem Großen wurden 948 die Bistümer Brandenburg und Havelberg errichtet, dann Oldenburg in Holstein und 986 das Erzbistum Magdeburg mit den unterstellten Bistümern Meißen, Merseburg und Zeitz (1032 nach Naumburg verlegt). Es folgten Schwerin (bis 1167 in Mecklenburg), Ratzeburg (gegründet 1160) und bei den Pommern Wollin, das vor 1180 nach Kammin verlegt wurde.

Ansgar

Ansgar kam um das Jahr 801, wahrscheinlich nahe bei Corbie (Frankreich) zur Welt. Nachweislich war er dort Schüler und später Mönch. Ab 823 lehrte er im deutschen Tochterkloster von Corbie, in Corvey bei Höxter. Auf Wunsch Ludwigs des Frommen (778–840) begab sich Ansgar nach Dänemark, um dort das Evangelium zu verkünden. Als er das Land verlassen mußte, zog er nach Schweden weiter. Hier blieb der Mönch achtzehn Monate. In dieser Zeit gelang es ihm, viele Menschen zum katholischen Glauben zu bekehren.

An den deutschen Kaiserhof zurückgekehrt, erhielt er das auf dem Reichstag zu Diedenhofen (10. November 831) begründete Bistum Hamburg. 832 weihte ihn Drago von Metz zum Bischof, und bei seinem Aufenthalt in Rom ernannte ihn Papst Gregor IV. (827–844) zum Erzbischof und Legat für Skandinavien.

Seine Bemühungen, die Gebiete des heutigen Schleswig-Holsteins zu christianisieren, vereitelten die Dänen durch die Zerstörung Hamburgs. Ansgar erhielt als Entschädigung im Jahre 845 das durch Tod vakant gewordene Bistum Bremen. Die Anerkennung durch den Heiligen Vater ließ allerdings auf sich warten, und so setzte Ansgar die Missionierung Dänemarks und Schwedens fort. 852 (853?) konnte er den schwedischen König Olaf für den Glauben gewinnen, der fortan die Missionare unterstützte. Ansgar ordnete die kirchlichen Verhältnisse und ließ seinen Gefährten und späteren Biographen Rimbert in Schweden zurück.

Er selbst wurde endlich durch die Bulle vom 31. Mai 864 als Erzbischof des Bistums Hamburg-Bremen bestätigt. Von Bremen aus leitete Ansgar das nordische Missionswesen, vollendete die Kirche in Bremen, gründete drei Klöster und lebte zurückgezogen nur der Frömmigkeit und der Nächstenliebe. Er starb am 3. Februar 865 in seiner Bischofsstadt.

Oft mußte Ansgar mit ansehen, wie seine Mission binnen kurzer Zeit unterging und der alte Götterglaube wieder die Oberhand gewann. Aber er wurde nicht müde, sich für die Verbreitung des Christentums einzusetzen, und sein Mut zum Risiko wurde am Ende durch die Bekehrung König Olafs belohnt.

Im Jahre 829 ereignete es sich, daß Gesandte der Schweden zu Ludwig von Pommern kamen und ihm unter anderem berichteten, es seien viele unter ihrem Volk, die das Christentum anzunehmen wünschten, und auch ihr König, diesem Plan ganz geneigt, habe gestattet, daß Priester Gottes sich dort aufhalten dürften, weshalb sie hiermit an seine Huld die Bitte richten wollten, ihnen gute Prediger zu senden.

Als dies der fromme Kaiser vernahm, begann er, aufs höchste erfreut, sich nach Männern umzusehen, die er zur Erkundung, ob die Gesandten die Wahrheit gesprochen hätten, sowie zur Einführung der christlichen Religion in diese Gegenden entsenden könne. So kam es, daß der Herrscher aufs Neue mit seinem Berater zu überlegen begann, ob dieser vielleicht unter den Mönchen jemanden wisse, der für Christi Namen in jene Gegenden reisen oder, falls der bei Harald in Dänemark weilende Diener Gottes Ansgar sich bereit erklären würde, dessen Stelle einnehmen könnte. So geschah es, daß Ansgar auf kaiserlichen Befehl in die Pfalz beschieden und ihm dort gesagt wurde, daß er nicht säumen dürfe, sondern sich dem Kaiser unverzüglich vorzustellen habe.

Als er bei der Audienz vom Kaiser gefragt wurde, ob er jene Sendung übernehmen wolle, antwortete Ansgar entschlossen, daß er zu allem bereit sei, um was er ihn im Namen Christi bitte.

Es übernahm also Ansgar den ihm vom Kaiser erteilten Auftrag, daß er nach Schweden gehe und erforsche, ob jenes Volk, wie die Gesandten behaupteten, zur Annahme des Glaubens geneigt sei. Aber die großen Gefahren, die er auf dieser Missionsreise erleiden mußte, berichtet uns der Mönch Witmar an einer anderen Stelle. Wir begnügen uns mitzuteilen, daß sie ungefähr auf der Hälfte des Weges von Seeräubern überfallen wurden. Und obwohl die Kaufleute, die mit ihnen gemeinsam die Reise machten, sich tapfer verteidigten und auch beim ersten Angriff Sieger blieben, wurden sie doch in einem

Der heilige Ansgar

zweiten Gefecht mit den Piraten von diesen besiegt und überwunden. Die Räuber führten die Schiffe und die ganze Habe der Reisenden mit fort. Diese konnten nur ihr nacktes Leben retten. Bei dieser Gelegenheit büßten sie auch die Geschenke, die sie dem König überbringen sollten, ein. Auch vierzig Bücher, die sie für den Gottesdienst benötigten, fielen den Piraten in die Hände.

Als sie nach diesem Ereignis uneins waren, ob sie zurückkehren oder weiterreisen sollten, ließ sich der Diener Gottes von der begonnenen Reise nicht zurückhalten. Er wollte sich Gottes Willen, was immer ihm auch zustoßen sollte, anheimgeben und nicht eher umkehren, als bis ihm Gott geoffenbart habe, ob ihm die Erlaubnis, in jenen Gegenden zu predigen, erteilt werden könne.

Unter großen Beschwerden traten sie nun von hier aus eine weite Fußwanderung an, durchquerten dann zu Schiff die zwischen ihnen und ihrem Reiseziel liegenden Seen und kamen so endlich zu dem Hafenplatz jenes Reiches, der Birka hieß. Hier wurden sie von König Björn, der durch seine Gesandten schon über den Zweck ihrer Reise unterrichtet worden war, herzlich willkommen geheißen. Nachdem er von ihrer Sendung Kenntnis genommen und sich mit seinen Getreuen über diese Angelegenheit beraten hatte, gewährte er ihnen, im Lande zu bleiben und das Evangelium zu predigen. Seinen Untertanen stellte er frei, diesen Glauben anzunehmen.

Frohen Herzens begannen nun die Diener Gottes, die ihr Vorhaben vom Glück begleitet sahen, den dort ansässigen Völkern das Wort des Heiles zu predigen. Es war wie die Gesandten gesagt hatten, viele Menschen waren bereit, den Glauben anzunehmen. Außerdem befanden sich unter ihnen viele gefangene Christen, die sich freuten, endlich wieder einmal am Meßopfer teilnehmen zu können.

Unter denen, die das Wort Gottes freudig aufnahmen und sich taufen ließen, befand sich auch der Präfekt des Ortes, Herigar mit Namen, der ein Rat des Königs und dessen Günstling war. Dieser zutiefst gläubige Mensch erbaute nach seiner Taufe auf seinem Erbgut eine Kirche und übte sich allezeit auf religiöse Weise im Dienste Gottes.

Nachdem Ansgar mit seinen Gefährten eineinhalb Jahre in diesem Land segensreich gewirkt hatte, kehrten sie mit einem nach dortiger

Sitte abgefaßten eigenhändigen Schreiben des Königs zu Kaiser Ludwig nach Deutschland zurück.

Stephan, Missionsbischof im Hälsingland

Wann und wo Stephan geboren wurde, läßt sich nicht mit Bestimmtheit feststellen. Nachweislich lebte er um 1060 als Mönch in Corvey (Höxter).

Vor Beginn seiner Mission in Schweden weihte ihn Adalbert von Bremen-Hamburg zum Missionsbischof. Seinen Namen Stenphi (Stephan) änderte er, der damaligen Sitte entsprechend, bei der Konsekration in Simon um.

In Schweden hieß König Stenkill den Missionar und seine Begleitung herzlich willkommen und unterstützte Stephan bei der Ausbreitung des christlichen Glaubens in den Städten Sigtuna, Uppsala und Stockholm. Während sein Gefährte Adalvard hier seinen Bischofssitz gründete, zog Stephan weiter nordwärts zu den Skridfinnen im Hälsingland und verkündete dort das Evangelium.

Eine alte, im 15. Jahrhundert aufgezeichnete Legende berichtet, daß Stephan im Wald Ödmorden, nach 1072, als Märtyrer gestorben sein soll. Sein Grab wurde in Norrala bei Söderhamn bis zum Jahre 1532 verehrt.

Große spektakuläre Taten weiß die Überlieferung von Stephan nicht zu berichten. Er zog aus seinem beschaulichen Klosteralltag hinaus in ein Land, das er nicht kannte, um den Bewohnern von Christus zu erzählen. Gottes Auftrag zu erfüllen, auch bis zur letzten Konsequenz, das war Stephans Leitmotiv.

Das Hauptheiligtum des nordischen Volkes stand in Uppsala, damals noch keine Stadt, sondern nur ein großartiger, kostbarer Tempel, der den drei Göttern der Schweden, Thor, Wodan und Fricka, geweiht war. Alle neun Jahre fand dort unter zahlreichem Zulauf aus allen Provinzen die größte Feierlichkeit statt, und zu der Zeit waren neun Köpfe, sowohl von Menschen als von männlichen Tieren, der Tribut für die bösen Geister. Das Blut wurde auf den Altären geopfert, die

Körper aber von Menschen und Hunden in dem nahen Hain aufgehängt, so daß man einmal 72 an den Bäumen hängen sah.

Obgleich der Schrecken eines so abscheulichen Aberglaubens die Herzen vieler Christen mit großem Mitleid erfüllte, so war doch jede Hoffnung, den Unglücklichen zu helfen, solange vergeblich, bis Stenkill den schwedischen Thron bestieg, »ein Mann«, wie der Chronist Adam von Bremen sagte, »treu ergeben seinem Herrn Jesus Christus«. Denn er hatte fast allein die Reste des christlichen Glaubens unter den Heiden gerettet und erhalten und schon früher über die Vertreibung der Glaubensboten, welche von der Kirche zu Bremen gekommen waren, Tränen vergossen und sie inständig um ihre Fürbitte gebeten. Als er nun König von Schweden geworden war, glaubte er, daß Religion und Frömmigkeit seinen Thron sichern werde, und bemühte sich, sein Volk dem wahren Glauben zuzuführen.

Damit er dieses um so leichter könnte, bahnte ihm Gott durch ein großes Wunder, dessen Ruf sich später durch alle Provinzen Schwedens verbreitete, den Weg.

Denn Gott hatte einem der heidnischen Priester zu Uppsala durch eine plötzliche Erblindung beider Augen das Tageslicht genommen. Nachdem der Mann seine Götzenbilder und Götter vergebens angerufen hatte, ihm sein Augenlicht wiederzugeben, kam ihm der Gedanke, ob nicht der Gott der Christen eher heilen und ob er nicht vielleicht von ihm wegen des Götzendienstes mit diesem Übel geschlagen sein könnte. In der nächsten Nacht erschien ihm, während er eben mit diesem Gedanken beschäftigt war, die allerseligste Königin des Himmels und jungfräuliche Gottesmutter und fragte den Unglücklichen mit freundlicher Miene, ob er den heidnischen Irrglauben verlassen und an ihren Sohn Jesus Christus glauben wolle, wenn er von ihm seine Sehkraft wiedererlangen würde. Da der Mann ohne viel Bedenken mit dem Vorschlag zufrieden war, sprach sie: »Im Namen Jesu Christi, meines Sohnes, empfange das Licht deiner Augen und sei überzeugt, daß dieser Ort, wo jetzt so viel unschuldiges Blut an den schändlichen Altären vergossen wird, in kürzester Zeit zu meiner Ehre geweiht werden wird.« – Auf Grund eines solchen Wunders nahm der Mann den Glauben an, und damit die Gnade der ihm erteilten Wohltat nicht geheim bliebe, durchwan-

derte er alle Gegenden Schwedens und brachte mit leichter Mühe sehr viele zur Anerkennung des einen wahren Gottes, der ihm seine erblindeten Augen geheilt und das verlorene Tageslicht wiedergegeben hatte.

Jetzt wollte auch König Stenkill nicht länger zögern, sondern sandte sogleich an Adalbert, den Erzbischof von Bremen, seine Boten und ließ ihn bitten, ja beschwören, ihm doch, da seine Untertanen geneigt wären, den christlichen Glauben anzunehmen, Männer zu schicken, die durch Gelehrsamkeit und Heiligkeit ausgezeichnet und mutig im Unglück, das rauhe Volk in den Gesetzen unterweisen könnten, auch, wenn es nötig wäre, für Gott und das Heil anderer, den Tod nicht scheuten. Diese Botschaft war Adalbert sehr angenehm, weil ihm vom Apostolischen Stuhl die Sorge und der Auftrag zur Bekehrung des Nordens schon längst übertragen worden war. Darum weihte er sogleich mehrerer Bischöfe, um sie nach Schweden zu schicken, und zwar zuerst aus der Geistlichkeit Bremens den jüngeren Adalward und mit ihm Stephan aus dem Kloster Corvey in Westfalen, den er mit verändertem Namen Simon nannte. Diese beiden waren mit besonderer Gnade zur Verkündigung des Evangeliums ausgerüstet und bereit für Gott zu sterben. Als sie über das weite Meer nach langer Reise in Uppland ankamen, wurden sie von König Stenkill und dem ganzen Volk mit großen Ehren empfangen und zwar in der Stadt Sigtuna zwischen Uppsala und Stockholm. Den Missionaren gelang es schon kurze Zeit nach ihrer Ankunft, die Bewohner der Stadt und der Umgebung zu bekehren. Adalward schlug hier seinen bischöflichen Sitz auf, Stephan aber, den die feurige Liebe zu Gott weiter trieb, drang bis zu den Gegenden des äußersten Nordens vor und wandte sich nach Hälsingen, weil er nicht zweifelte, daß die Gnade des allmächtigen Gottes seinen Unternehmungen glücklichen Erfolg verleihen werde. Und in der Tat entsprach der Erfolg seinen großen Hoffnungen und Wünschen vollkommen.

Unter der Regierung des Sachsenkaisers Otto des Großen (912–973) begann für Deutschland eine neue geschichtliche Ära. Als Gegengewicht zum Adel und als eine weitere Stütze der Königsmacht schuf Otto ein geistliches Reichsbeamtentum. Er besetzte politisch wichtige kirchliche Stellen (Bistümer, Klöster) mit ihm treu ergebenen Klerikern.

Zwar kamen die Kirchenherren aus dem Adel, aber in ihrer Ehelosigkeit sah der Kaiser ein Gegengewicht gegen das auf Selbständigkeit gerichtete Machtstreben der Adelssippen.

Darüber hinaus ließ sich Otto vom Papst die für die Ordnung der Slawenmission nötigen Befugnisse übertragen, um so seiner Ostpolitik ein festes Fundament zu geben. Die Mission hatte jetzt auch eindeutig politische Züge. Noch deutlicher wird die Verbindung zwischen Kirche und Staat in Ottos III. (980–1002) Vorstellungen von einem »christlichen Gottesreich auf Erden«. Die Mission ist in der Zeit der sächsisch-salischen Herrscher immer auch ein Mittel der Politik.

Bruno von Querfurt

Im Jahre 974 erblickte Bruno, der Sohn des sächsischen Edlen von Querfurt, das Licht der Welt. Seine Eltern schickten ihn mit zwölf Jahren zur Ausbildung an die Domschule von Magdeburg. Hier entschied sich Bruno für den geistlichen Beruf und hatte eben die Priesterweihe empfangen, als ihn Otto III. (980–1002) zu seinem Hofkaplan ernannte. 996 begleitete der junge Kleriker den Kaiser auf seinem ersten Römerzug, blieb in Rom und wurde 998 Mönch im Alexiuskloster auf dem Aventin, 1001 Einsiedler und Schüler des später heiliggesprochenen Romuald in Pereum bei Ravenna.

Nur wenige Monate nach Brunos Entschluß, Einsiedler zu werden, bat Otto III. ihn, im Namen des polnischen Königs Boleslaw I., die Slawenmission zu übernehmen. Papst Silvester II. (999 – 1003) gab die Erlaubnis, und Bruno wurde 1004 in Magdeburg zum Erzbischof und »Apostel der Heiden« geweiht.

Da sich aber nach dem Tod Ottos III. die politische Situation grundlegend geändert hatte, konnte er sein Missionsgebiet im slawischen Osten nicht betreten und predigte deshalb das Wort Gottes unter den sogenannten »Schwarz-Ungarn« (Kronstadt, Siebenbürgen) und bei den Petschenegen (Kiew). Erst im Jahre 1008 konnte er

Der „Mönchsvater“ Romuald, Lehrer Bruno von Querfurts

seine eigentliche Aufgabe, die Mission im Gebiet der Pruzzen (Preußen) in Angriff nehmen.

Aber schon kurze Zeit später, zu Beginn des Jahres 1009, wurde Bruno mit seinen achtzehn Gefährten im Grenzgebiet zwischen Litauen und Preußen von heidnischen Kriegern ermordet.

Mit dem Tod Ottos III. (1002) zerfielen auch dessen Missions- und Reichsgedanken. Bruno, der diese Vorstellungen mitprägte, fand sich plötzlich allein, ohne jede offizielle Unterstützung. Trotzdem zog er aus, auf seine Kraft vertrauend, um das geplante Missionswerk zu realisieren. Unbeirrt und alle Gefahren mißachtend, strebte er danach, diese Idee Wirklichkeit werden zu lassen.

Als Bruno im Jahre 1002 in dem Gefühl, daß die mit Otto III. erwogenen Missionspläne nun vor allem seinen Schultern anvertraut seien, sich nach Rom begab, um für sich die päpstliche Vollmacht zu holen, ernannte ihn Silvester II., wie sein Vorgänger Gregor III. einst (732) Brunos Namensvetter Winfried-Bonifatius, unter Verleihung des Palliums zum Erzbischof der Heiden und Legaten des Apostolischen Stuhles, womit ihm für seine Missionsunternehmungen völlig freie Hand gegeben werden sollte, sobald der deutsche König Heinrich II. (973–1024) den verliehenen Würden seine Bestätigung erteilt haben würde. Eine solche dem König zuzugestehen, entsprach sowohl Silvesters als auch Brunos politischer Gesinnung. Kaum war dann Bruno jenseits der Alpen, da starb auch der große Papst, und nun war er nur noch allein der Träger der kirchlichen Gedanken, die man in Ottos III. Kreise bewegt hatte.

Gerade diese Vereinsamung ist es, die Brunos weiteres Vorgehen und seine Geschicke für uns noch interessanter macht. An der eigenen Kraft hat dieser Mann nie gezweifelt. Aus welchem Stoff er gemacht war, kann man erkennen, wenn man hört, daß er, um seinen Leib zu zähmen, sich in Nesseln und Dornen wälzte und trotz eisiger Kälte in den Alpen bei der dürftigen Eremitenkleidung blieb, so daß seine Füße aus den angefrorenen Steigbügeln mit warmem Wasser losgelöst werden mußten.

Auf Otto III. war als deutscher König Heinrich II. gefolgt, der trotz seiner Anhänglichkeit an die Person seines Vorgängers mehr die Anschauungen der deutschen Opposition vertrat, wie sie sich in den letzten Lebensjahren Ottos III. herausgebildet hatte. Vor allem teilte er auch die Sorge und Abneigung gegenüber der mächtigen Stellung, zu der sich der polnische Herzog unter Otto III. emporgeschwungen hatte, und meinte eher mit den heidnischen Liutizen zusammengehen zu sollen, als diesem gefährlichen Rivalen weiteres Entgegenkommen zu zeigen. Die Folge war, daß das lange gepflegte gute Verhältnis zu Polen, welches seit den Zeiten der Kaiserin Theophanu (um 955–991) geradezu Richtschnur der deutschen Politik im Osten gewesen war, rasch zerfiel und Boleslaw I. (966–1025) zu offener Feindschaft überging. Als Bruno Regensburg erreicht hatte, erfuhr er, daß zwischen Heinrich II. und dem polnischen Herzog bereits Fehde bestehe und der Weg nach Norden verlegt sei.

Wie bitter hat Bruno diesen Gegensatz zwischen dem deutschen König und Polen, der vorher nicht bestanden hatte, beklagt! Aber er war viel zu sehr in der Tradition der Zeit Ottos des Großen aufgewachsen, als daß er je in der Loyalität gegen den deutschen König hätte erschüttert werden können. Gewiß schweren Herzens, opferte er der Rücksicht auf Heinrich II. jetzt die Wünsche, die ihm am meisten am Herzen lagen, und schlug weit umständlichere Wege ein, um zu seinen Zielen zu gelangen.

Trotzdem er auf eine rasche Einigung mit dem polnischen Herzog hoffte, gab er zunächst jeden Gedanken, die Pruzzen auf Umwegen zu erreichen, vorläufig auf und fuhr zu Schiff die Donau hinab nach Ungarn. In der Tat, es spricht alles dafür, daß Bruno, als er im Jahre 1008 die Donau hinabfuhr, über die politische und religiöse Lage im Osten bereits bestens unterrichtet war und sich sagte, daß die von ihm in Aussicht genommene Missionsarbeit an den östlichen Grenzen der im Jahre 1000 neu entstandenen Erzbistümer Gnesen und Gran ebensogut im Süden und von den an der Fehde mit dem deutschen König unbeteiligten neutralen Höfen von Stuhlweißenburg (Székesfehérvár) und Kiew aus begonnen werden könne, wie im Norden von Polen aus.

Mehr als zwei Jahre hat Bruno, wenn nicht stets in der Mitte der »Schwarz-Ungarn«, so wenigstens ganz im Dienst ihrer Christianisierung gearbeitet. Er ging auch nicht aus Ungarn weg, als im Jahre 1005 zwischen Heinrich II. und Polen der Friede von Posen zustande kam. Er wollte erst im östlichen Süden etwas erreicht haben, ehe er seinen alten Zielen in Preußen und bei den Liutizen nachging. Als dennoch seine Bemühungen bei den »Schwarz-Ungarn« vergeblich blieben, begab er sich Ende des Jahres 1007 an den Hof von Kiew. Dieser Besuch war natürlich keine Studienreise, sondern ein Glied in einer Kette von Schritten, die aus kluger Berechnung hervorgingen. In Kiew liefen viele der Fäden zusammen, von denen die Schicksale der an der Länderstraße zwischen Ostsee und Schwarzem Meer wohnenden Völker, für die Bruno sich als Missionar interessierte, abhingen.

Der regierende Großfürst, Wladimir I. (956–1015), nahm Bruno zwar freundlich auf, aber er zögerte mit der Zusage einer Unterstützung und hielt Bruno erst hin, indem er vorgab, daß der Besuch bei einem so wilden Volk wie den Petschenegen ihm nur einen schimpflichen Tod bringen würde. Dann aber gab er, durch das männliche und kühne Auftreten seines hohen geistlichen Gastes zur Bewunderung genötigt, nach und geleitete Bruno selbst bis zur Grenze seines Gebietes.

Nach Brunos zweitem Besuch in Kiew (1008) war sein ganzes Sinnen auf die Missionsziele gerichtet, welche einst in Ravenna, in den Gesprächen mit Otto III., den ersten Platz eingenommen hatten und nur der äußeren Verhältnisse wegen in den Jahren 1003 und 1004 von ihm zurückgestellt, aber nie vergessen worden waren, auf die Arbeit in Preußen und im Liutizenland. Um sie vorzubereiten, begab er sich von Kiew nach Polen. Er wollte offenbar noch einmal versuchen, das Haupthindernis seiner Pläne, die Feindschaft zwischen Heinrich II. und Boleslaw I., zu beseitigen, und es gab gewiß keine Person, die auf beiden Seiten in gleicher Weise das Vertrauen und Ansehen besaß, welches zu einer erfolgreichen Vermittlung erforderlich war, wie er. Brunos Brief an Heinrich II., den er am Ende des Jahres 1008 von Polen aus geschrieben hat, ist der Beweis, daß er tatsächlich von Boleslaw mit weitreichenden Zugeständnissen an den König ausgestattet worden war und alle ihm zur Verfügung stehenden Gründe, alle Mittel der Überredung aufgeboten hat, sie wirksam zu machen. Unter gewissen Bedingungen versprach durch ihn der polnische Herzog dem deutschen König ewige Vasallentreue und Unterstützung bei der Bekämpfung der Heiden, also vor allem der Liutizen.

Grab Kaiser Heinrichs II. und seiner Gemahlin Kunigunde im Kaiserdom zu Bamberg

Heinrich II. ist auf die ihm gemachten Vorschläge nicht eingegangen. Die von Boleslaw gestellten Bedingungen, die wir leider nicht kennen, scheinen dem König unannehmbar gewesen zu sein. Aber Bruno ist nie ein Mann gewesen, der lange bei müßigen Träumen und Elegien stehen blieb. Sein im Dezember des Jahres 1008 an Heinrich II. geschriebener Brief schloß mit den Worten, daß er sich jetzt für seine Arbeit bei den heidnischen Preußen und Liutizen rüste. Es scheint, daß er die Feder mit dem Gedanken aus der Hand legte: »Mag kommen, was will! Der nun schon mehr als zehn Jahre alte Plan darf nicht länger zurückgestellt werden. Ich gehe jetzt nach Preußen.«

Benno von Meißen

Nur wenige zeitgenössische Quellen berichten über das Leben und Wirken des Bischofs Benno von Meißen. Er soll um 1010 geboren worden sein und aus einer vornehmen sächsischen oder thüringischen Familie stammen.

Nach seiner Erziehung, wahrscheinlich unter Leitung der Mönche des Klosters St. Michael zu Hildesheim, trat er als Kanoniker in das Kollegiatstift in Goslar ein. Bischof Werner von Magdeburg weihte ihn 1066 zum Bischof von Meißen.

Da er sich offensichtlich im Jahre 1072 am »Sachsenaufstand« gegen Kaiser Heinrich IV. (1050–1106) beteiligt hatte, zog der Herrscher während seiner Strafexpedition auch nach Meißen und setzte Bruno ab. Es war die Zeit des Investiturstreites (Auseinandersetzung zwischen Papst und Kaiser um die Einsetzung der hohen Geistlichkeit in ihre Ämter), und wie viele seiner Zeitgenossen, so war auch Benno verunsichert, ob er für den Papst oder für den Kaiser Partei ergreifen sollte. So beteiligte er sich an der Wahl des Gegenkönigs Rudolf von Schwaben, reiste nach 1085 nach Rom, um sich dem Gegenpapst Klemens III. zu unterwerfen, war aber sofort bereit, 1089 den rechtmäßigen Papst Urban II. zu unterstützen.

Seine letzten Lebensjahre widmete er ganz und offensichtlich mit großem Erfolg der Wendenmission. Die spätere Geschichtsschreibung weiß von vielen Bekehrungen zu berichten und bezeichnet Bruno als den »Apostel der Wenden«. Er starb im Jahre 1106. Schien Benno auch politisch unsicher zu sein, so galt dies niemals für sein persönliches Christsein. Aus seinem starken Glauben heraus erhielt er die Kraft, alle Schwierigkeiten zu überwinden und die heidnischen Wenden zum christlichen Glauben zu bekehren.

Benno von Meißen

Der übermütige Kaiser Heinrich IV. knechtete das Volk der Sachsen mit roher Gewalt. Die Sachsen empörten sich, und obgleich Benno sich in keiner Weise an dem Aufstand beteiligte, überfiel Heinrich IV. die Stadt Meißen, verwüstete und plünderte das ganze Bistum und ließ den Bischof gefangen nach Böhmen abführen.

Nachdem der übermütige Kaiser gedemütigt war, kehrte Benno zu seiner geliebten Herde zurück. Ein kaiserlicher Graf spottete, daß er nun nicht in seine Kathedrale einziehen könne, weil er die Kirchenschlüssel in der Elbe versenkt hätte. Vor einer Reise nach Rom nämlich hatte der Bischof zwei Domherren die Schlüssel zum Dome übergeben mit dem Befehl, sie in die Elbe zu werfen, wenn während seiner Abwesenheit der im Streite mit dem Papst liegende Kaiser das Gotteshaus betreten wolle. Aber Benno erwiderte: »Der allmächtige Gott, der mir mein Bistum wiedergab, wird mir auch die Kirchenschlüssel wiedergeben.« Und siehe da! In dem Bauch des eben gefangenen Fisches, den man ihm zum Mittagsmahl bereitete, fand man die versenkten Kirchenschlüssel. Unter dem allgemeinen Jubel des herbeiströmenden Volkes zog nun der heilige Bischof in seine Kathedrale ein, bestieg sogleich die Kanzel und hielt eine so rührende Predigt, daß alle Zuhörer in Tränen zerflossen.

Mit neuem Eifer arbeitete Benno an dem Seelenheile seiner Herde. War durch den blutigen Krieg Verwilderung und Gleichgültigkeit gegen die Religion eingerissen, so bemühte er sich, durch seine ergreifenden Predigten die Herzen wieder für die milde Lehre Jesu Christi zu gewinnen. Aus diesem Grund zog er von Stadt zu Stadt, von Dorf zu Dorf, und sein salbungsvolles Wort in Verbindung mit seiner Wunderkraft ergriff die Seelen selbst der Heiden und Verirrten so tief, daß sie scharenweise herbeieilten und Hunger und Durst ertrugen, um den Heiligen zu hören. Einst war in schwüler Sommerhitze eine große Menge Heiden um ihn versammelt und litt großen Durst; denn ringsum gab es kein Wasser. Da stieß der Heilige gottvertrauend mit seinem Stabe auf die Erde, und sogleich strömte eine Quelle frischen Wassers hervor zur Erquickung der Dürstenden. Noch heute wird diese Quelle der heilige Brunnen und das Tal, wo das Wunder geschah, das heilige Tal genannt.

Von der schweren Last der sechsundneunzig Jahre und des bischöflichen Amtes niedergebeugt, zog Benno sich nach Naumburg zurück, um sich auf seinen nahen Tod, den ihm Gott geoffenbart hatte, vorzubereiten. Umgeben von der Liebe und Verehrung seiner Geistlichen und des Volkes, denen er noch rührende Ermahnungen gab, seine Augen zum Himmel erhoben, entschlief er in seligem Frieden am 16. Juni 1106 und wurde im Dom zu Meißen begraben.

Otto von Bamberg

Viele geistliche Würdenträger entstammten dem schwäbischen Adel. Auch der 1060 oder 1062 geborene Otto kam aus diesen Kreisen. Vermutlich wurde er in Wilzburg bei Eichstätt erzogen und danach von Judith, der Schwester König Heinrichs IV., an den ungarischen Hof mitgenommen. Als ihr Hofkaplan begleitete Otto die Königinwitwe 1088 nach Polen. Heinrich IV., der Otto bei seinen Besuchen am Hof seiner Schwester kennengelernt hatte, übertrug ihm 1090 die Leitung des Dombaus zu Speyer. So sehr schätzte der König diesen fähigen Mann, daß er ihn zunächst zum königlichen Kaplan und Kanzler, und am 25. Dezember 1102 zum Bischof von Bamberg ernannte.

Zunächst verhielt sich Otto im Streit zwischen Heinrich IV. und dessen Sohn Heinrich neutral. 1105/06 nahm er Partei für den Sohn und ließ sich außerdem von Papst Paschalis II. (1099–1118) nachträglich zum Bischof weihen. An Heinrichs V. Romfahrt im Jahre 1110/11 nahm auch Otto teil. Am 13. April 1111 ehrte ihn der Heilige Vater mit dem Pallium (ein weißes Band, mit sechs schwarzen Kreuzen verziert, ein Zeichen der erzbischöflichen Würde). Trotz dieses päpstlichen Vertrauensbeweises hielt Otto auch nach der Bannung Heinrichs V. durch den Papst diesem die Treue. Ja, er bemühte sich intensiv um eine Versöhnung zwischen Papst und Kaiser.

Als sich der Pommernherzog nach einer Niederlage gegen Boleslaw III., Herzog von Polen, (1120) verpflichten mußte, sein Land dem christlichen Glauben zu öffnen, nahm Otto nach anfänglichem Zögern diesen Auftrag an.

Mit zahlreichen Priestern trat er im Mai 1124 seine erste Missionsreise nach Pommern an. Unter dem Schutz Heinrichs V. und mit päpstlicher Erlaubnis begann er dort zu missionieren. Von seiner Persönlichkeit und seinem Auftreten beeindruckt, ließen sich viele Menschen taufen. Es oblag den zurückbleibenden Priestern, die Bevölkerung im Glauben zu unterrichten.

Die unzureichende Zahl von Geistlichen und eine heidnische Reaktion nach der Befreiung von der polnischen Herrschaft veranlaßten Otto, 1128 eine zweite Missionsreise nach Pommern zu unternehmen. Otto konnte jetzt das Land endgültig für das Christentum gewinnen.

Fast achtzigjährig starb er am 30. Juni 1139 in Bamberg. Seinen Leib setzte man in der Krypta des Klosters auf dem Michelsberg bei. Papst Clemens III. sprach ihn schon im Jahre 1189 heilig.

Vermittelnd zwischen Papst und Kaiser, versuchte Otto seinen Teil zur Entschärfung der brisanten politischen und kirchenpolitischen Situation beizutragen. Seine überlegte, nüchterne Art, die Probleme zu betrachten und nach Lösungsmöglichkeiten zu suchen, halfen ihm, auch schwierige Aufgaben so zu lösen, daß alle Beteiligten zufrieden waren und sich gerecht behandelt fühlten.

Nicht die Pommern hatten Bischof Otto ins Land gerufen, sondern er kam im Auftrag des Siegers, Herzog Boleslaw III. Dieser Umstand belastete die Missionsarbeit, denn für die Pommern waren die Glaubensboten zunächst Abgesandte des polnischen Herzogs. Otto von Bamberg mußte sie durch sein Tun davon überzeugen, daß der christliche Glaube mehr ist, als nur die Religion des Siegers, die ihnen von diesem aufgezwungen werden soll.

Das war also die zu lösende Aufgabe für Bischof Otto: Bei aller Energie mit einer gewissen Rücksicht vorzugehen, lieber wochenlang zuzuwarten als durch einen schroffen Befehl die Gemüter zu erregen, ja sich sogar von einem Platz zurückzuziehen, wenn sich hoffen ließ, daß durch Gewinnung einer anderen Gemeinde sich jener freiwillig ergibt. Und dazu war Otto die geeignetste Persönlichkeit! Er kam nicht als armer Eremit, im Gegenteil, wer die lange Wagenreihe und die zahlreiche Bedeckung sah, der mochte etwa an das Herannahen einer Heeresabteilung denken. Aber er wollte nicht schroff, gebieterisch und befehlend durch das unterworfene Land reisen. In den vollen Kisten hatte er schon von Bamberg eine Menge Geschenke für die Edlen Pommerns mitgenommen. War er auch der Sprache des Landes nicht mächtig, so konnte seine äußere Erscheinung, sein durchgeistigter Blick, seine wohlwollenden Gesichtszüge, die bereits damals von weißem Haupthaar umrahmt waren, ohne Zweifel bei den Bewohnern Zutrauen und Beruhigung wecken.

Ende Juni traf Otto bereits in Kammin ein, nachdem er noch vor seiner Abreise aus Pyritz für die erste größere Christengemeinde ein

Otto von Bamberg

kleines Sanktuarium hatte erbauen lassen. Ein so freundlicher Empfang wurde ihm durch die Gemahlin Herzogs Wratislaw bereitet, daß darüber sein Biograph und Begleiter Sefried berichten konnte: »Hier fanden wir nicht nur keinen Widerspruch, sondern die öffentli-

che Meinung äußerte sich in freudiger Erregung über die zu erwartende Taufe.«

Als Otto sich nach einem ungefähr vierzigtägigen Aufenthalt anschickte, nun auf das linke Ufer der Oder überzusetzen, konnte er in Kammin eine Christengemeinde von 3600 Köpfen zurücklassen. Ein Priester, der von Otto mit allen nötigen kirchlichen Paramenten und Meßgerätschaften ausgerüstet worden war, blieb in Kammin zurück, um in der inzwischen fertig gewordenen Holzkirche den Gottesdienst zu verrichten.

Auf Schiffen setzte Otto, von Gesandten des Herzogs und angesehenen Männern von Kammin begleitet, über die Dievenow. Jenseits davon liegt die Insel Wollin, von Usedom durch die Swine getrennt. Südwärts von beiden Inseln breitet sich das große und kleine Haff aus, in welches unterhalb Stettin die Oder mündet.

Die Wolliner erfuhren von der Ankunft des Bischofs, rotteten sich vor dem Kastell zusammen und verlangten schreiend, daß Otto herausgehe. Mit Äxten und Knüppeln bewaffnet, drangen sie in die Burg ein, um Otto und seine Begleitung zu vertreiben. Aber auch in einer Befestigung, in der Nähe Wollins, wohin sich die Missionare zurückgezogen hatten, fühlten sie sich nicht sicher. So wenig fühlte man sich in der Nähe Wollins sicher, daß Otto beschloß, über die Dievenow zurückzugehen. Fünfzehn lange Tage verstrichen, und obwohl häufig Gesandtschaften hinüber- und herübergingen, in Wollin selbst sich eine Minoritätspartei für Otto bildete, so erhielt er doch nichts weiter als den Rat, vorerst nach Stettin zu gehen. Nähme Stettin das Christentum an, so würden dem Beispiel auch die Wolliner folgen.

Wahrscheinlich in den letzten Augusttagen segelte Otto die Oder aufwärts nach Stettin und landete wieder zur Nachtzeit, um im Dunkel das herzogliche Asyl zu erreichen.

Wieder vergingen zwei Wochen mit nutzlosem Unterhandeln, und es wurde ebensowenig erzielt als früher vor Wollin. Unverrichteter Sache abziehen bedeutete aber auch, die bereits gewonnenen festen Positionen im Ostoderland zu verlieren. Dann aber ist ein neuer Krieg, den Polen gegen Pommern zu führen hat, in nächster Zukunft zu erwarten, und es ist fraglich, ob danach den unterworfenen Pommern das Christentum annehmbarer erscheinen werde.

Otto sah noch eine Chance. Er ließ den Stettinern melden, daß er im Begriff stehe, eine Gesandtschaft an den Herzog Boleslaw mit der Bitte abgehen zu lassen, ihm weitere Verhaltensmaßregeln mitzuteilen. Es war nur eine Antwort Boleslaws möglich: Otto solle abziehen, dafür werde er mit Heeresmacht erscheinen. Die Stettiner scheuten nun ebensosehr einen neuen Krieg wie die Annahme des Christentums. Nur dann etwa würden sie sich zu dem letzteren geneigt zeigen, wenn Herzog Boleslaw einen Teil des ihnen auferlegten Tributs nachließe.

Bischöfliche und städtische Gesandte machten sich nun, nicht vor Mitte September, auf den Weg nach Polen.

In den nächsten Wochen entwickelte Otto eine eigentümliche Lehrmethode. An den Markttagen, die wöchentlich zweimal stattfanden, hielt er im vollen Ornat einen Umzug in der Stadt, ließ sich von Sefried das Kreuz vorantragen, und wenn die Menge der Neugierigen dem Zug staunend folgte, begannen die der pommerischen Sprache mächtigen das Volk zu unterrichten. »Sehr gern«, berichtet Sefried, »hörten sie der Lehre zu, aber daran auch zu glauben wagten sie nicht.«

Erst als die Gesandten von Boleslaw zurückkehrten und die bewilligte Verminderung des Tributs und wahrscheinlich auch der Heerfolge als Belohnung für eine schnelle Bekehrung zurückbrachten, hörte jeder Widerstand auf.

Nirgends lesen wir, daß Otto im Ostoderland die Götzentempel zerstören ließ. In Stettin aber hielt er es für nötig, die vier Tempel abzubrechen, das Bild des Gottes Triglaw mit sich zu nehmen, um es später als Zeichen der Unterwürfigkeit dem Papst zu verehren. Nur eine alte hohe Eiche, unter welcher ein Quell aus der Erde hervorsprudelte, wurde auf Bitten der Stettiner stehengelassen. Ein Orakelpferd, offenbar dem Kriegsgott geweiht, ließ er außer Landes verkaufen und äußerte sich witzig: es tauge besser zu einem Viergespann als zum Wahrsagen.

Und wie Otto die in den Kontinen aufgespeicherten Weihegeschenke, welche ihm die Stettiner überlassen wollten, für sich ausschlug, indem er versicherte, daß er solche Dinge zu Hause gewiß ebensoschön, wenn nicht schöner habe, war er ebensosehr entfernt, diese Wertgegenstände etwa nach dem Beispiel des Moses dem allge-

meinen Wohl zu entziehen. Er hieß die Stettiner sich diese Tempelschätze teilen, da es schließlich ihr Eigentum sei. Ja, selbst das Gebälk und anderes Bauholz der Kontinen, mit dem sich ein imponierender Scheiterhaufen hätte herstellen lassen, sollte nutzbringender verwendet werden; es wurde als Brennholz unter die Stettiner für ihren häuslichen Gebrauch verteilt.

Evermod, Bischof von Ratzeburg

Die Geschichtsschreibung erwähnt Evermod zunächst in Verbindung mit Norbert von Magdeburg (um 1080–1134, Heiliger und Stifter des Prämonstratenserordens). Evermod soll von Norberts Predigt zu Cambrai, im Jahre 1120, so ergriffen gewesen sein, daß er sich spontan Norbert anschloß und dessen treuester Schüler wurde. Er begleitete den Ordensstifter auf seinen Reisen und unterstützte Norbert bei seinem Kampf gegen die Irrlehren Tanchelms. (Tanchelm und seine Anhänger verwarfen Priestertum und Sakramente.)

Im Jahre 1134 wurde Evermod Nachfolger Norberts im Amt des Propstes des Klosters Gottesgnaden (bei Halle) und 1138 Propst des Marienklosters zu Magdeburg. Von 1154–1178 stand er der neugegründeten Diözese Ratzeburg als Bischof vor. Evermod starb 1178.

Mit der Übernahme des Bistums fiel ihm auch die Aufgabe zu, den heidnischen Wenden, die in seinem Gebiet lebten, den christlichen Glauben zu verkündigen. Evermods Wirken zeitigte große Erfolge. Er war zwar streng und gerecht, aber auch mildtätig und demütig. Da er es verstand, diese Eigenschaften im richtigen Maß und zur richtigen Zeit anzuwenden, erreichte er viel Gutes und konnte viele Ungerechtigkeiten verhindern.

Evermod war ganz die Persönlichkeit, wie sie das neugegründete Bistum erforderte. Die Treue und den Eifer, womit er für die Ausbreitung des Glaubens sorgte, den Ernst, mit dem er nicht nur selbst die Sache des Christentums behandelte, sondern auch den anderen forderte, hatte er bereits in seinem bisherigen Leben gezeigt. Der

Norbert von Magdeburg

Chronist Arnold von Lübeck aber hat uns einige Züge aus seinem Leben aufbewahrt, die Zeugnis geben, daß er bei aller Strenge seines Charakters doch auch von innigem Mitgefühl für das harte Los seiner Mitmenschen erfüllt war und daß ihm auch die echt christliche Demut nicht fehlte, die sich nicht scheut, sich zu beugen, wenn es gilt, eine gute Sache durchzuführen. Andererseits schreckte er auch vor energischen Maßregeln nicht zurück, wenn er einsah, daß er nur auf diesem Wege zum Ziele gelangen konnte. Arnold berichtet uns folgendes Ereignis: Zu der Zeit, als Evermod Bischof von Ratzeburg wurde, hatte Graf Heinrich von Bardowick zwei friesische Adlige als Gefangene bei sich, die er grausam quälte. Evermod, von Mitleid für die Lage der Unglücklichen erfüllt, bat Heinrich wiederholt vergebens um ihre Freiheit. Als das Osterfest herannahte, wurden sie, der Heiligkeit des Festes wegen, zur Teilnahme am Gottesdienst in die Kirche gebracht, aber mit eisernen Fesseln beschwert. Der Bischof nahte sich ihnen mitleidsvoll und besprengte sie mit Weihwasser, indem er ihnen die tröstenden Worte zurief: »Der Herr richtet die Gebeugten auf und befreit die Gefesselten.« – Dem Bestreben der damaligen Zeit gemäß, fehlt dieser Erzählung das Wunderbare auch nicht, denn Arnold berichtet weiter, wie durch die Berührung des Weihwassers die Fesseln von selbst abgefallen seien. Trotz dieses Wunders wird der Eindruck, den das menschliche Auftreten des Bischofs zeigt, nicht abgeschwächt.

Zu einer anderen Zeit war Evermod mit dem Erzbischof Hartwich im Lande der Dithmarschen anwesend. Während der Feier der Messe erschlug ein Dithmarsche einen anderen Vornehmen des Landes. Als Evermod dies vernahm, war sein erster Gedanke, zwischen den Verwandten des Erschlagenen und dem Mörder Versöhnung zu stiften. Bittend wandte er sich an den ersteren, indem er ihn an die Worte des Gebets: »Vergib uns unsere Schuld« erinnerte. Als jener trotzdem ungerührt blieb, stieg er von seinem Sitz herab, warf sich ihm zu Füßen und bat ihn flehentlich, die Rache aufzugeben. Dagegen versicherte jener mit feierlichen Eiden, er würde nicht davon ablassen; darauf erhob sich Evermod und gab ihm statt des Segens einen derben Faustschlag ins Gesicht. Und das half; der Dämon wurde, wie Arnold hinzusetzte, durch diesen Schlag, den der Bischof aus göttlicher Eingebung getan, aus dem Manne getrieben.

Diese Züge sind bezeichnend für den Charakter Evermods; sein mitleidfähiges Herz, sein stets auf Versöhnung gerichtetes Streben geben den klaren Beweis, daß er vom Christentum durchdrungen war. Und das war um so mehr zu schätzen, zu einer Zeit, wo die christlichen Priester zwar voll fanatischen Eifers für die Ausbreitung ihres Glaubens waren, die Erkenntnis der wahren Glaubensinhalte ihnen aber abging, und wo sich das Wirken des Bischofs nicht nur auf die dem Christentum schon angehörenden Deutschen, sondern besonders auf die heidnische Bevölkerung seiner Diözese richten sollte.

9. Kapitel

Dominikaner und Franziskaner übernehmen die Missionsarbeit

Soweit wir bisher Ordensleute vorstellten, die sich die Glaubensverkündigung als Aufgabe wählten, waren sie der Regel des heiligen Benedikt gefolgt. Im 13. und 14. Jahrhundert sind es dann vor allem die Angehörigen der von Franziskus und Dominikus begründeten Gemeinschaften, die überall das Wort Gottes predigen.

Franziskus von Assisi (1181?–1226), der seinem Herrn Jesus Christus in allem ähnlich sein wollte, machte sich auch den apostolischen Auftrag, den Christus seinen Aposteln gegeben hatte, zu eigen.

Er selbst und seine Mitbrüder begannen ihr missionarisches Wirken bei den Mohammedanern. Auch nach dem Tod des Ordensgründers Franziskus blieb die Mission eine der wichtigsten Aufgaben der Franziskaner.

Auch Dominikus (1170–1221) wollte mit der Gründung seines Predigerordens die Ausbreitung des christlichen Glaubens unterstützen. Die Miglieder dieser Mönchsgemeinschaft sollten zunächst den Glauben gründlich studieren und mit diesem Wissen die Andersgläubigen oder die Heiden argumentativ von der Richtigkeit des christlichen Glaubens überzeugen.

Beide Orden waren bis zum Auftreten der Jesuiten (Bestätigung der von Ignatius von Loyola gegründeten Gemeinschaft durch den Papst im Jahre 1540) die wichtigsten Träger der Missionsarbeit.

Zur Verdeutlichung der Situation, in der die in diesem Kapitel vorgestellten Glaubensboten wirkten, ist es nützlich, einen Blick auf die Kirchen- und Weltgeschichte dieser Zeit zu werfen.

In Spanien, der Heimat der Dominikanerheiligen Raimund von Peñafort und Vinzenz Ferrer, ist um 1200 der Südteil einschließlich

Der heilige Dominikus

der balearischen Inseln noch mohammedanischer Besitz. In der Reconquista, der Rückeroberung durch die benachbarten christlichen Herrscher von Aragón, León und Kastilien, werden die moslemischen Teilstaaten nach und nach unterworfen, doch hält sich das Emirat und spätere Königreich Granada noch bis 1492 (im gleichen Jahr entdeckt Kolumbus Kuba und Haiti). Da aber diese Eroberungskriege rein weltlichen Charakter haben, bleibt die Aufgabe der Rückführung der Bewohner dieser Gebiete zum christlichen Glauben der Kirche und den Orden vorbehalten. Der große Organisator dieser Maurenmission wurde Raimund von Peñafort.

Gut 150 Jahre nach ihm wirkte sein Ordensmitbruder Vinzenz Ferrer zunächst im Königreich Granada, doch stellte sich ihm bald eine weitere Aufgabe – die Bekehrung der Anhänger von Irrlehren auch in christlichen Gebieten, u.a. in Frankreich und Norditalien. Einer »Katalogisierung« entziehen diese sich für jene Zeit oftmals – teils vertreten sie Gedankengut der ehemaligen Albigenser und Waldenser, teils die Ideen von Wiclif, deren Hauptwortführer dann Hus wird. Zum Teil aber ist einfach eine Grundstimmung der Abwendung von der Kirche da, die gefördert wird durch das unselige Schisma: von 1378 bis 1409 gab es jeweils zwei Päpste (je einen in Rom und in Avignon), anschließend bis zum Konstanzer Konzil von 1414 sogar drei. In dieser Situation durch die Kraft seiner aufrüttelnden Bußpredigten dennoch die Herzen neu für den Glauben und die Kirche zu entflammen, sah Vinzenz Ferrer als seine Aufgabe.

Vergessen wir nicht, daß im zwölften und dreizehnten Jahrhundert mit dem Gedanken der Missionierung und der Wiedergewinnung des in die Hände der Moslems gelangten Heiligen Landes unter Führung der europäischen Herrscher sieben Kreuzzüge unternommen wurden (1096–1270). Ihr eigentliches Ziel haben sie trotz gewaltigen Aufwandes auf Dauer nicht erreicht – zweifellos auch, weil zuviele weltliche Interessen mit im Spiele waren und vordergründiger Eigennutz nicht nur weltlicher, sondern auch geistlicher Fürsten und Mächte. Einer der schönsten Erfolge dieser Zeit gelang ausgerechnet dem vom Papst gebannten deutschen Kaiser Friedrich II., der durch Verhandlungen 1229 Sultan Elkamil zum Verzicht auf Jerusalem bewegen konnte, das freilich 1244 endgültig verlorenging.

Der in Palästina gegründete Deutsche Orden fand dann eine neue Aufgabe in der ebenfalls als Kreuzzug empfundenen Unterwerfung der Preußen (1230–1283). Nicht mit dem Schwert, sondern mit dem Kreuz hatte noch vor den Deutschordensrittern der Dominikaner Hyazinth bei den Preußen gewirkt, aber auch in seiner Heimat Polen und im russischen Großfürstentum Kiew.

Von dort vertrieben wurde er 1240 von den »Tartaren«, genauer Mongolen, die damals innerhalb kurzer Zeit ein Weltreich errichte-

Die Grabeskirche in Jerusalem, um das Jahr 1100 von den Kreuzfahrern restauriert

ten, Europa bedrohten und weite Teile Asiens beherrschten. Diese neue Weltmacht dem Christenglauben gewinnen wollten die im folgenden vorgestellten Franziskanermissionare, die bis nach Karakorum (der ersten Mongolenhauptstadt) und Peking, dem neuen

Regierungssitz des Großkhans, kamen, aber auch nach Armenien und Persien, Indien und Ceylon, Java und Borneo.

Diese Franziskanermönche (Johannes del Piano Carpini, Wilhelm von Rubruk, Johannes von Monte Corvino, Odorich von Pordenone) waren aber nicht nur große Glaubensboten. Sie hatten vielmehr, dank ihrer Qualitäten überall freundlich aufgenommen, als Ratgeber geschätzt und offenen Sinnes, vielfältige Möglichkeiten zur Beobachtung fremder Völker und Kulturen und wurden so zu Vorläufern der Völkerkundler und berühmten frühen Reiseschriftstellern. Daher schien es uns sinnvoll, ihren Berichten hier etwas breiteren Raum zu gewähren.

Raimund von Peñafort

Um das Jahr 1175 wurde Raimund, Sohn einer vornehmen katalanischen Familie, auf Schloß Peñafort in der Nähe von Barcelona geboren. Über seine Kindheit und Jugend berichten uns keine Dokumente. Historisch faßbar wird der junge Katalane mit Beginn seines Studiums. Raimund studierte in Bologna Kirchenrecht, promovierte und wurde zum Professor für kanonisches Recht ernannt. Um 1221 kehrte er nach Barcelona zurück und entschied sich für den geistlichen Beruf.

Nach kurzer Zeit als Domherr trat er im Jahre 1222 in den Orden des Dominikus ein. Von 1223 bis 1229 lehrte er an der Ordensschule und setzte sich intensiv für eine Mission unter den Mauren ein. Zusammen mit Petrus Nolascus gründete er 1223 den Mercedarierorden und verfaßte dessen Konstitution. Auf Wunsch Papst Gregors IX. (1227–1241) begleitete Raimund ab 1229 den Kardinallegaten Johannes von Abbeville durch Aragonien, und im Jahre 1233 berief der Papst diesen fähigen Dominikanermönch als Kaplan und Pönitentiar (Priester, der Bußen wegen kirchenrechtlicher Sünden verhängt) an die päpstliche Kurie. In Gregors Auftrag sammelte und bearbeitete Raimund auch die päpstlichen Dekrete des 12. und 13. Jahrhunderts. Trotz dieses großen Arbeitspensums schrieb er zwischen 1223 und 1238 vier Bücher zum mittelalterlichen Pönitentialwesen.

Aus gesundheitlichen Gründen bat Raimund den Papst um Entlassung aus seinen Diensten. Aus demselben Grund lehnte er auch das ihm angebotene Erzbistum Tarragona ab und trat vom Amt des Ordensmeisters zurück, nachdem er die Dominikanerkonstitution neu gefaßt hatte.

Auch nach seinem Rücktritt war Raimund weiterhin für Kirche und Orden tätig. Er war einer der angesehensten Rechtsberater der Kirche, Beichtvater König Jakobs I. von Aragonien (1208–1276), Organisator der Mauren- und Judenbekehrung und Gründer von Sprachschulen für Hebräisch und Arabisch in Murcia und Tunis.

Fast hundertjährig starb Raimund am 6. Januar 1275 zu Barcelona.

Ein wichtiger Schritt in der Entwicklung des Missionswesens war seine Entscheidung, Sprachschulen für zukünftige Missionare einzurichten. Er wollte damit die Maurenmission auf eine feste Basis stellen. Raimund erkannte, daß man mit der Sprache auch die Kultur und die Wesensart des anderen Volkes kennenlernt und an ihrem Leben teilhaben kann.

Von dem allmählichen Hineinwachsen der spanischen Dominikaner in die Arbeit der Mohammedanermission melden uns die Quellen nichts. Von entscheidender Bedeutung für die Betätigung der spanischen Ordensbrüder im Dienste der Mohammedanermission ist erst Raimund von Peñafort geworden. Nachdem der frühere päpstliche Pönitentiar zwei Jahre lang (1238–40) das Amt eines Generalmagisters des Ordens bekleidet und sich freiwillig in den Dominikanerkonvent von Barcelona zurückgezogen hatte, widmete er seine besondere Aufmerksamkeit der Missionsangelegenheit. Schon die noch zu seinen Lebzeiten, um 1260, geschriebende Ordenschronik des Gerard von Fracheto nennt Raimund einen »Eiferer für die Verbreitung des Glaubens unter den Sarazenen«. In einer um 1350 geschriebenen Vita Raimunds wurde ihm nachgerühmt, Juden und Sarazenen, für deren Bekehrung er mit glühendem Eifer tätig gewesen sei, hätten ihm ob seiner edlen, vornehmen Gesinnung und seines freundlichen Wesens eine besondere Verehrung und Hochachtung entgegengebracht.

Daß Raimund schon als päpstlicher Pönitentiar den Missionsange-

Papst Gregor IX.

legenheiten sein besonderes Interesse geschenkt hat, ergibt sich aus seinem für die tunesische Mission wichtigen Gutachten. Auch die Bulle Gregors IX. vom 9. Juli 1237, durch die Raimund im Verein mit den Bischöfen von Lérida und Vich beauftragt wird, eine geeignete Persönlichkeit als ersten Bischof für die Insel Mallorca, die vor gar nicht langer Zeit den Mauren entrissen worden war, zu ernennen, ist ein Beweis dafür, daß der Dominikaner als für Missionsfragen interessiert und kompetent gegolten hat. Höchstwahrscheinlich ist der Erlaß des aragonischen Königs vom 12. März 1242, den Innocenz IV. am 12. August 1245 gutgeheißen hat, auf die Initiative Raimunds zurückzuführen. Hier wird bestimmt, daß Juden und

Mauren sich zu den Bekehrungspredigten, die Bischöfe, Predigerbrüder oder Franziskaner halten würden, einzufinden hätten. Die könglichen Beamten sollten die Säumigen mit geeigneten Mitteln antreiben. Welche Bedeutung dem ehemaligen Ordensmagister für die Missionsarbeit der spanischen Ordensprovinz zukommt, erhellt am besten ein Auszug aus einer kurzen, programmatischen Erklärung, die Raimund, wahrscheinlich vom Ordensgeneral Johannes Teutonicus dazu aufgefordert, über die Bedeutung und den Nutzen der Missionsarbeit der Dominikaner in Spanien und Nordafrika abgegeben hat.

Raimund hebt in seinem kurzen Memorandum folgende Gesichtspunkte hervor, um die Missionsarbeit seiner Ordensbrüder als wichtig und notwendig zu charakterisieren: Die Missionare müssen unter den Mohammedanern wirken 1) wegen der im Dienste der maurischen Fürsten stehenden christlichen Söldner,

2) um der Aramer willen [Reste einer christlichen Minderheit, die bei den Mauren als Sklaven dienten],

3) um die christlichen Apostaten wiederzugewinnen,

4) die Brüder hätten durch ihre Aufklärungsarbeit Sarazenen, aber auch viele Christen, die sich durch falsche Deutung der Bilderverehrung zu der Vorstellung verleiten ließen, das Christentum dulde den Götzendienst, von ihrem Irrtum bekehrt.

5) Die Missionare seien in der Lage, europäische christliche Sklaven im Glauben zu befestigen und eventuell ihren Loskauf zu erwirken.

6) Die missionierenden Brüder hätten auch unter Sarazenen Erfolge zu verzeichnen, hauptsächlich in den Kreisen der Vornehmen. Selbst an den Höfen der Sultane von Marokko und Tunis wäre die Stimmung für das Christentum günstig; zahlreiche Konversionen kämen in Murcia vor.

Um die Mohammedanermission auf eine festere Basis zu stellen und um den für die Missionsarbeit sich zur Verfügung stellenden Kräften die unumgänglich notwendige sprachliche Ausbildung zu geben, d.h. die Kenntnis des Arabischen zu vermitteln, faßte die Ordensleitung den Entschluß, besondere Sprachschulen zur Ausbildung der Missionare zu begründen. Daß die Anregung hierzu von Raimund von Peñafort ausgegangen ist, ist durch das Zeugnis des

Raimund von Peñafort

Chronisten Petrus Marsilius (1312) und durch die anonyme Vita Raimunds (um 1350 verfaßt) hinreichend gesichert. Aus den Akten des Privinzialkapitels von Toledo (1250) erfahren wir, daß acht Brüder auf Weisung des Ordensgenerals Johannes Teutonicus für das Studium der arabischen Sprache ausgewählt worden sind. Unter den namentlich angeführten Studierenden erscheint auch der später als Kenner der orientalischen Sprachen bedeutende Raymund Martini. Der Kapitelbeschluß fügt noch die Erklärung hinzu, daß die geforderte Zwölfzahl von Brüdern, die das Arabische studieren sollen, möglichst bald erreicht werden solle. An welchem Ort dieses Studium arabicum, diese Schule für arabischen Sprachunterricht, errichtet werden sollte, erfahren wir nicht aus den Akten des Kapitels. Petrus Marsilius berichtet, daß auf Betreiben Raimunds zwei Sprachschulen und zwar in Tunis und Murcia errichtet worden seien. Die für das Studium des Arabischen sich meldenden Brüder wurden demnach, wenn dieser Quelle Glauben zu schenken ist, keinem der spanischen Konvente überwiesen, sondern mußten sich alsbald in das Missionsgebiet selbst begeben.

Vor übertriebenen Vorstellungen, was die Zahl und die Erfolge der Missionare betrifft, werden wir durch eine Notiz der Vita Raimunds bewahrt, wonach »mehr als zwanzig Brüder durch die Bemühungen Raimunds das Arabische erlernt haben«. Die Gesamtzahl der von diesen Sarazenenmissionen erreichten Bekehrungen belief sich nach derselben Quelle auf »über 10 000« Personen.

Vinzenz Ferrer

Vinzenz Ferrer, einer der wortgewaltigsten Prediger des Mittelalters, kam um 1350 in Valencia (Spanien) zur Welt. Im Alter von siebzehn oder achtzehn Jahren trat er in das Dominikanerkloster seiner Heimatstadt ein. Hier, in Lérida und Barcelona absolvierte er seine philosophisch-theologischen Studien. Nach seiner Promotion war er zunächst als Dozent (um 1375), später als Prediger (ab 1377) und seit 1385 als Lehrer an der Kathedralschule zu Valencia tätig.

Es ist die Zeit der Uneinigkeit in der Kirche. Zwei, manchmal sogar drei Päpste nehmen für sich in Anspruch, der rechtmäßige Nachfolger des heiligen Petrus zu sein. Ihre Zeitgenossen, insbesondere die Geistlichkeit, müssen sich für einen entscheiden.

Vinzenz entschied sich für das avignonesische Papsttum und gegen Rom. Überzeugt von deren Rechtmäßigkeit ergriff er Partei für die »Gegenpäpste«. Er wurde sogar Beichtvater des in Avignon residierenden Benedikt XIII. (1394–1417).

In den Jahren 1399 bis 1409 zog Vinzenz als Bußprediger durch Europa. Nach einer kurzen Atempause in seiner Heimatstadt wanderte er erneut predigend und missionierend durch die europäischen Länder. Überall, wo er hinkam, gelang es ihm, den christlichen Glauben neu zu beleben und viele Andersgläubige zu bekehren.

Je länger das abendländische Schisma dauerte, desto unsicherer wurde Vinzenz Ferrer in seiner einmal gefällten Entscheidung. Schließlich war er davon überzeugt, daß nur die Abdankung Benedikts XIII. die Kirche retten könne. Vinzenz bot seinen ganzen Einfluß auf, ohne jedoch sein Ziel zu erreichen.

Nun handelte der Dominikanermönch. Öffentlich kündigte er im Jahre 1416 Papst Benedikt XIII. den Gehorsam auf, verließ Spanien und predigte künftig im Auftrag des »rechtmäßigen« Papstes Martin V. (1417–1431).

Auf dieser Reise starb Vinzenz Ferrer am 5. April 1419 in Vannes (Bretagne).

Vinzenz Ferrers Parteinahme und die Art, wie er predigte, war für viele ein Stein des Anstoßes. Besonders die Geißlerzüge, die ihn zeitweise begleiteten, boten häufig Anlaß zur Kritik. Aber sein heiligmäßiges Leben war über jeden Tadel erhaben. Seine asketische Lebensführung beschämte selbst die hartnäckigsten Kritiker.

In der Bulle der Heiligsprechung nennt ihn Papst Pius II.: »Vinzenz von Valencia, vom Predigerorden, den sehr gewandten Meister der Gottesgelehrtheit, welcher die Kenntnis des Evangeliums vollständig in sich trug. Wie ein gewaltiger Held zog er aus, um die Irrungen der Juden, der Sarazenen und der anderen Ketzer zu bekämpfen. Er war der Engel der Apokalypse, der vom Himmel geflogen kam, um die Strafgerichte Gottes zu verkündigen, um allen Erdenbewohnern Worte des Heiles zu bringen und ihnen den Weg zum ewigen Leben zu weisen.«

Der Inhalt seiner Predigten war hauptsächlich die Aufforderung zur Buße, um sich auf die Ankunft des ewigen Richters vorzubereiten. Übernatürliche Erscheinungen verliehen seiner entflammten Rede noch größeren Nachdruck. Seine Gestalt erschien zuweilen verklärt und beflügelt, wie die eines Engels; eine Flamme wurde über seinem Haupt sichtbar oder ein Kreis von Engeln umschwebte es. Seine Predigten waren allen verständlich, obwohl er sie immer in der katalonischen Mundart hielt, und wurden noch in weiter Entfernung gehört. Die Scharen, welche sich herandrängten, um sein Wort zu vernehmen, waren oftmals bis zu 80 000 Personen stark, und er mußte fast immer im Freien sprechen.

Wenn er von einem Ort zum anderen zog, so kam ihm die Einwohnerschaft schon in Bußprozessionen mit Kreuz und Fahnen entgegen und bezeigte auf alle mögliche Art, durch Fasten, Geißelung,

Almosengeben und Gebet, ihren Bekehrungseifer. Unzählige öffentliche Sünder und Sünderinnen entsagten ihrem schlechten Lebenswandel. Überall, wo er erschien, erlosch die Irrlehre, verschwanden die Ärgernisse, söhnten sich die bittersten Feinde aus. Nach den Aufzeichnungen seiner Zeitgenossen und dem Heiligsprechungsprozeß bekehrte er 200 000 Juden und 8000 Mauren. Der arabische König Muhammed Aben Baha von Granada lud ihn in seine Stadt ein, wo er mit großem Erfolg predigte, bis der König ihn, aus Furcht vor der mohammedanischen Priesterschaft, bat, sein Gebiet zu verlassen. Auf seinen Wunsch wurden in den Gegenden, die er durchzog, zahlreiche Kirchen, Klöster, Spitäler und Waisenhäuser erbaut und mit Einkünften ausgestattet. Er veranlaßte seine Anhänger, bei solchen gemeinnützigen Werken mitzuhelfen und regte an, vielerorts neue oder bessere Brücken zur Erleichterung des Verkehrs zu erbauen. Trotz seiner umfangreichen apostolischen Arbeiten, die ihm kaum Zeit zum Schlafen und Essen ließen, liebte er es, die Kinder um sich zu scharen, sie in den Heilswahrheiten und den notwendigsten Gebeten zu unterrichten, sie fromme Gesänge zu lehren und sie in einfachen Worten zur Liebe und zum Gehorsam gegen Gott, ihre Eltern und Vorgesetzten und zum Gutestun zu ermahnen. Daher wird er noch jetzt in Spanien als der Schutzheilige der Waisenhäuser angesehen.

Nach seiner täglichen Predigt sah sich Vinzenz genötigt, um dem ungestümen Verlangen der Anwesenden zu willfahren, sie zum Handkuß zuzulassen und ihnen zu gestatten, ihre Kranken herbeizutragen, damit er sie berühre und heile. Zu diesem Zweck ließ er dann eine Glocke läuten, um die Menge herbeizurufen und das Volk nannte sie: die Glocke der Wunder. Unzählbare Genesungen bewirkte er und erweckte ungefähr dreißig Tote wieder zum Leben. Nicht allein den Notleidenden, die sich vertrauensvoll an ihn wandten, half er, sondern, von Gott besonders dazu erleuchtet, erkannte er oft auf weite Entfernungen Unglückliche, dem Leib oder der Seele nach, und spendete ihnen wunderbare Hilfe. Inmitten all dieser übernatürlichen Auszeichnungen und aller irdischen Ehrenbezeugungen, welche denselben entsprachen, blieb sich Vinzenz in seiner Strenge gegen sich selbst und in seiner lauteren Demut gleich. Er ging stets zu Fuß auf seinen Reisen, solange sein Gesundheitszustand dies

Vinzenz Ferrer predigt

zuließ. Als ein sehr schmerzliches Übel am Bein ihn die letzten elf Jahre daran hinderte, bediente er sich der bescheidenen Dienste eines Esels als Reittier. Einem Franziskanermönch, der ihn inmitten eines öffentlichen Beifallssturmes einst fragte: »Vinzenz, wie steht es mit dem Hochmut?«, antwortete er einfach und freimütig: »Er kommt und geht, Bruder, aber er bleibt nicht in mir haften.« Er gestattete sich niemals eine Ausnahme von der Regel seines Ordens; er schlief nur fünf Stunden, und zwar auf der bloßen Erde oder auf einem

Bündel Reisig, mit einem Stein oder dem Buch der Heiligen Schrift als Kopfkissen. Um Mitternacht stand er auf und betete die Metten. Er trug beständig einen Bußgürtel, geißelte sich täglich und war bemüht, alles Außergewöhnliche an seiner Person so gut als möglich zu verbergen. Nachdem er ganz Spanien, das südliche Frankreich, Norditalien und einen Teil der Schweiz durchzogen hatte, rief ihn der fromme Herzog der Bretagne, im Nordwesten von Frankreich, in sein Land. Dort erkrankte er an einem Fieber und erkannte es als Gottes Willen, daß er, fern der Heimat, sein Leben beschließen sollte. Er starb zu Vannes an einem Mittwoch, dem 5. April 1419, im Alter von fast dreiundsiebzig Jahren, und sein Leib wurde in der dortigen Kathedrale beigesetzt, wo er noch heute ruht.

Hyazinth

Die vorhandenen Quellen weichen in ihren Angaben zur Person Hyazinths erheblich voneinander ab. Einige bezeugen glaubhaft, er sei vor 1200 auf Schloß Groß-Stein im Kreis Groß-Strehlitz geboren. Wieder andere nennen Kammin als Geburtsort, und eine dritte Gruppe meint, er sei auf einem Schloß bei Oppeln zur Welt gekommen und gehöre zur gräflichen Familie Konski.

Für den Priesterstand bestimmt und erzogen, erhielt er nach seinen niederen Weihen eine Kanonikerstelle in Krakau. Während einer Pilgerfahrt nach Rom trat Hyazinth in Italien dem Dominikanerorden bei.

Mit einem apostolischen Auftrag sandte ihn der Ordensgründer Dominikus nach Polen zurück. Schon auf dem Weg dorthin gründete er das Dominikanerkloster Friesach (Kärnten). Sein rastloser missionarischer Eifer trieb ihn ins Land der Pruzzen (Preußen), nach Pommern, an die Ufer der Ostsee und nach Rußland. Überall predigte er das Evangelium, und auf seine Initiative hin entstanden Klöster in Krakau (1222), Kiew (1223) und Danzig (1226).

Hyazinth starb in Krakau am 15. August 1257. Im Jahre 1594 wurde er heiliggesprochen.

Der heilige Hyanzinth

Indem die Länder Polen, Litauen, Pommern, Preußen und Rußland ihn als Patron erwählten, ehrten sie seine große missionarische Tätigkeit. Geehrt wird damit aber nicht nur seine geistige, sondern auch seine körperliche Leistung. Zum großen Glauben gesellte sich ein hohes Arbeitsethos, ohne das kein Werk gelingen kann.

Während seiner kurzen Prüfungszeit eignete sich Hyazinth mit großem Eifer und Geschick den Geist seines heiligen Ordensvaters an; besonders verstand er es, ihn in der Übung des Gebetes und der Buße und im Bemühen um die Rettung der Seelen nachzuahmen. Nach beendigter Vorbildung begaben sich er und seine drei Gefährten auf den Weg in ihre Heimat, schon auf ihrem Reiseweg predigend und Klöster gründend. Sie wanderten durch Norditalien, Steiermark, Österreich, Mähren und Schlesien. Bei ihrer Ankunft in Krakau scharten sie eine große Anzahl heilsbegieriger Männer und Jünglinge um sich und gründeten alsbald eine zahlreiche Klostergemeinde. Dem Ordensgesetz der Apostelteilung getreu, sandte Hyazinth bald Ceslaus und den Bruder Heinrich von Mähren nach Böhmen, um den Orden dort einzupflanzen, während er selbst den Wanderstab ergriff, um in Preußen, Dänemark, Norwegen und Schweden und Rußland das Evangelium zu verkünden.

In Kiew, der alten, prachtvollen Hauptstadt des Landes, arbeitete er fünf Jahre lang unermüdlich. Je größer die Ernte war, die vor ihm reif stand, desto mehr fastete und betete er. Eines Tages, als Hyazinth gerade anfing, in seinem Kloster zu Kiew in Kleinrußland das heilige Meßopfer zu feiern, berannten und erstürmten die Tataren plötzlich diese Stadt, und er und seine Gemeinde sahen sich zur Flucht genötigt. Noch mit den Meßgewändern bekleidet, nahm er das hochwürdigste Gut aus dem Altar und wollte davoneilen. Als er jedoch bis zur Mitte der Kirche gelangt war, sprach ihn das große alabasterne Standbild der allerheiligsten Jungfrau Maria an: »Hyazinth, mein Sohn, willst Du mich zurücklassen, um von den Tataren mit Füßen getreten zu werden? Nimm mich mit.« »Wie kann ich das, heilige Jungfrau?« erwiderte Hyazinth betrübt. »Dein Bild ist zu schwer. Ich vermag es nicht zu heben.« »Fasse mich nur an, mein Sohn wird Dir die Last leicht machen.« Da nahm Hyazinth das zentnerschwere Bild wie ein Nichts in seinen linken Arm, und mit der rechten Hand das hochwürdigste Sakrament tragend, durchschritt er mutig und trockenen Fußes den Dnjepr, während seine Mitbrüder ihre Mäntel über die Wellen breiteten und sich auf denselben einschifften und so ebenfalls wohlbehalten das andere Ufer erreichten. Dieses wundertätige Bild wird noch in Lemberg in Galizien aufbewahrt.

Nur kurzes Ausruhen von seinen Arbeiten und Leiden gönnte er sich im Kreise der Seinen, wenn man sein fortgesetztes Beten, Fasten und Wachen in der Klosterzelle ein Ausruhen nennen darf; dann brach er wieder auf, besuchte die in Preußen und Pommern gegründeten Klöster und Anstalten und ermunterte die jungen Christengemeinden zur beharrlichen Nachfolge Jesu.

Johannes del Piano Carpini

In der Nähe von Perugia (Italien) liegt der Ort Magione. Dort wurde um das Jahr 1185 Johannes del Piano Carpini geboren. Über seine Kindheit und Jugend ist nichts bekannt, und auch den Zeitpunkt seines Eintritts in den Franziskanerorden kennen wir nicht. Bekannt jedoch sind seine Aktivitäten innerhalb des Ordens. Johannes del Piano Carpini förderte die Verbreitung der Franziskaner in Deutschland. Er gründete hier viele Klöster, unter anderem in Hildesheim, Braunschweig, Goslar und Magdeburg. Mehrfach hatte er das Amt des Kustos und des Provinzials der Franziskaner inne. Auch die Missionsarbeit war ihm anvertraut. Er schickte französische Glaubensboten nach Böhmen, Ungarn, Polen, Dänemark und Norwegen.

Papst Innozenz IV. (1243–1254) nahm die Dienste dieses klugen und geschickten Mannes häufig in Anspruch. So reiste Johannes del Piano Carpini 1245 im päpstlichen Auftrag zum Abschluß der Ruthenenmission (Ukrainer) nach Halicz und zur Abwendung der drohenden Mongolengefahr nach Karakorum (1220 gegr., erste Hauptstadt des Mongolenreichs). Im Juli 1246 wurde der wagemutige Reisende bei Karakorum vom Großkhan Kujuk empfangen. Die Beziehungen, die Johannes del Piano Carpini dort anknüpfen konnte, dienten als Grundlage für spätere Kontakte und Missionsversuche seines Ordens. – Johannes starb am 1. August 1252 in Italien.

Dieser kühne Mann hat sich für den Glauben und den Frieden unzähligen Gefahren ausgesetzt. Aber um das eine zu verbreiten und

Papst Innozenz IV.

das andere zu erhalten, war ihm keine Schwierigkeit zu groß, kein Wagnis zu hoch. – Hier ein Auszug aus seinem eigenen Bericht über seine Reise:

Das Land der Tartaren liegt in jenem Teil der Erde, wo sich nach unserer Ansicht der Osten mit dem Norden verbindet; nach Osten grenzt es an das Land der Kitaier und Solanger, nach Süden an das Gebiet der Perser, nach Südwesten an das Land der Uiguren und nach Westen an die Provinz der Raimanen; nach Norden hin wird es vom Ozean umgeben. Es ist zum Teil gebirgig und zum Teil eben, und der Boden besteht fast überfall aus grobem, mit Kies untermischtem Sand. Nur an wenigen Stellen gibt es unbedeutende Wälder, in den übrigen Teilen des Landes fehlt es gänzlich an Holz, und sämtliche Bewohner, der Großkhan und die Fürsten nicht ausgenommen, sind genötigt, sich an einem Feuer, welches nur mit Mist von Rindern und Pferden unterhalten wird, zu wärmen und ihre Speisen zu kochen. Kaum der hunderste Teil des Bodens ist fruchtbar und auch nur da, wo er von

Flüssen bewässert wird. Flüsse findet man aber nur wenige, und fast ebenso selten sind Quellen und Bäche, weshalb man auch in diesem Land keine Dörfer und Städte antrifft, mit Ausnahme einer einzigen, die ziemlich bedeutend sein soll und Karakorum heißt. Wir sahen sie zwar nicht, aber als wir uns bei der Sira Orda, wo das größte Hoflager des Großkhans ist, befanden, waren wir nur eine Tagereise davon entfernt. Obschon aber das Land sonst unfruchtbar ist, so taugt es doch, wenn auch nicht in ausgezeichneter Weise, zur Viehzucht.

Die Witterung ist wunderbar unregelmäßig, denn im Sommer, wenn woanders die größte Hitze zu herrschen pflegt, sind zwar auch hier schwere Gewitter sehr häufig und viele Leute werden vom Blitz erschlagen. Zur selben Zeit fällt aber auch tiefer Schnee, und kalte Sturmwinde wüten so heftig, daß sich der Reiter nur mit Mühe auf dem Pferd zu halten vermag.

Im Winter regnet es nie, im Sommer aber oft, jedoch so spärlich, daß kaum der Staub und die Wurzeln des Grases angefeuchtet werden; auch hagelt es häufig ungewöhnlich stark, und als der Großkhan auf den Thron erhoben werden sollte und wir uns am Hofe einfanden, fiel ein so dichter Hagel, daß durch sein plötzliches Schmelzen über hundertsechzig Menschen ertranken und viele Gerätschaften und Zelte fortgeschwemmt wurden. Auf diese Weise wechselt schnell große Hitze mit der empfindlichen Kälte ab. Im Winter aber fällt an einigen Orten viel Schnee und an anderen wenig. Überhaupt ist das Land, um es kurz zu fassen, zwar sehr groß, aber sonst, wie wir uns während unseres Aufenthaltes, welcher fünfeinhalb Monate dauerte, mit eigenen Augen überzeugten, weit schlechter, als man sich vorzustellen vermag.

Die Gestalt der Bewohner dieses Landes weicht von der aller übrigen Menschen ab, denn der Raum zwischen den Augen und den Wangen ist bei ihnen größer, weil die Backenknochen weiter hervorragen. Ferner haben sie eine platte und nur mäßig große Nase, kleine Augen und bis zu den Augenbrauen hinaufgezogene Augenlider. Sie sind im allgemeinen und mit nur wenigen Ausnahmen schlank gebaut und von mittlerer Größe. Auch ihre Füße sind nicht sehr groß. Der Bart ist fast bei allen sehr unbedeutend, manchen sproßt jedoch an der oberen Lippe und am Kinn dünn stehendes Haar, welches sie nie abscheren. Auf dem Scheitel haben sie eine Platte, wie unsere

Geistlichen. Auch scheren sie sich fast ohne Ausnahme von einem Ohre bis zum anderen einen drei Finger breiten Streifen, welcher sich mit der Platte vereinigt. Ebenso schneiden sich alle an der Stirn einen zwei Finger breiten Streifen. Die Haare aber zwischen diesem Streifen und der Platte lassen sie in der Mitte bis auf die Augenbrauen und auf den beiden Seiten noch länger wachsen. Die übrigen Haare tragen sie lang wie die Frauen und flechten daraus zwei Zöpfe, welche sie hinter den Ohren befestigen.

Jeder nimmt so viele Frauen, als er zu ernähren vermag. Viele haben zehn, andere fünfzig und manche sogar hundert. Die Ehe ist bei allen Graden der Verwandtschaft, die Mutter, die Tochter und die Schwester vom selben Vater ausgenommen, gestattet. Daher heiratet der Mongole seine Schwester, wenn sie es nur von väterlicher Seite, und die Witwe seines Vaters, wenn sie nicht seine Mutter ist. Auch fordert es die Sitte, daß der jüngere Bruder die Witwe des verstorbenen älteren Bruders heiratet oder ein anderer naher Anverwandter sich dieser Pflicht unterzieht. Außer in diesen Fällen geht das mongolische Weib nicht leicht eine zweite Ehe ein. Die Mädchen müssen den Eltern abgekauft werden, und zwar häufig um einen sehr hohen Preis.

Die Kleidungsstücke sind bei Männern und Frauen auf dieselbe Weise hergerichtet. Beide Geschlechter tragen weder Mäntel oder Überzüge noch Kapuzen, sondern Röcke aus Bukeran [feiner Wollstoff], Purpur [wahrscheinlich Samt] oder Baldakin [Brokat, Damast], welche vorn von oben bis unten offen sind, sich auf der Brust übereinander schlagen und auf der linken Seite, wo sie ebenfalls bis zum Ärmel aufgeschnitten sind, mit einer, auf der rechten Seite aber mit drei Fibeln zusammengehalten werden. Die Pelze, welcher Art sie auch sein mögen, sind auf dieselbe Weise geschnitten. Der obere Pelz aber, an welchem die Haarseite nach außen gekehrt ist, bleibt hinten offen und an ihm hängt ein Schwanz, welcher bis zu den Kniegelenken reicht. Die verheirateten Frauen tragen einen sehr weiten, vorn offenen und bis auf den Boden reichenden Rock und auf dem Kopf einen aus Weiden oder Rinde bestehenden, runden und eine Elle hohen Aufsatz, der von unten nach oben allmählich zunimmt und in einem Viereck endet, welches in der Mitte eine lange und schlanke Rute aus Gold, Silber oder Holz oder auch eine Feder schmückt. Dieser Aufsatz ist an einer sonderbar gestalteten Mütze befestigt, welche bis auf die Schultern herabfällt. Aufsatz und Mütze sind mit Bukeran, Purpur oder Baldakin überzogen, und keine Ehefrau wagt es, ohne diesen Kopfputz, der sie von den übrigen Frauen auszeichnet, vor den Männern zu erscheinen. Die Mädchen lassen sich nur sehr schwer von den Männern unterscheiden, da sie durchaus ebenso gekleidet sind wie diese.

Ihre wie Zelte gestalteten Wohnungen sind rund und aus Ruten und dünnen Stäben zusammengesetzt. Oben aber haben sie in der Mitte ein rundes Fenster, durch welches das Licht hereinfällt und der Rauch abziehen kann, denn das Feuer wird stets in der Mitte des Zeltes angezündet. Das Dach und die Wände sind mit Filz bedeckt, und auch die Türen bestehen aus Filz. Die Zelte sind von doppelter Art; entweder so eingerichtet, daß man sie schnell auseinandernehmen und wieder zusammensetzen und leicht auf Saumtiere packen kann, oder so fest zusammengefügt, daß sie sich nicht auseinandernehmen lassen und je nach ihrer Größe auf Wagen von einem oder mehreren Ochsen fortgezogen werden müssen. Die Mongolen führen die Zelte überall, wohin sie im Frieden oder im Krieg gehen, mit sich, weshalb sie auch an Zugvieh reicher sind als irgendein anderes Volk der Erde. Auch besitzen sie eine sehr große Anzahl Kamele, Schafe und Ziegen; Schweine aber werden bei ihnen nicht geduldet.

Wilhelm von Rubruk

Die Angaben zur Person Wilhelm von Rubruks sind sehr dürftig. Man kennt weder das genaue Geburts- noch das Sterbedatum. Vermutlich wurde er zwischen 1215 und 1220 in Rubroue, bei Cassel im Departement du Nord, geboren.

Im Jahre 1248 zog er mit dem französischen König Ludwig IX. (1214?–1270) ins Heilige Land und wohnte einige Zeit im Franziskanerkloster zu Akkon. Auf Wunsch des französischen Königs, aber nicht in dessen Auftrag, reiste Wilhelm 1253 über Konstantinopel, durch die russische Steppe, an den Hof des Mongolenfürsten Sartach. Dieser konnte oder wollte der Bitte Rubruks nach Aufenthalt und Missionierung unter den Mongolen nicht zustimmen. Er schickte den Mönch zu seinem Vater Batu, und dieser ihn seinerseits weiter zum Großkhan, der in Karakorum, der damaligen Hauptstadt des Reiches regierte.

Wilhelm von Rubruk durfte einige Zeit am Hofe des Herrschers leben, wo er übrigens auf nestorianische Priester gestoßen war. (Im Gegensatz zur katholischen Kirche, die die Einheit der Person Christi verkündet, lehrt der Nestorianismus, daß göttliche und menschliche Natur in Christus geschieden seien. Nestorianische Mönche und Kaufleute verbreiteten schon seit dem 6. Jahrhundert ihre Vorstellung vom Christentum in Vorder- und Mittelasien und bis nach China.) Die Missionsversuche des Franziskanermönchs blieben erfolglos. 1255 kehrte er fast auf dem gleichen Weg zurück und schrieb im Kloster zu Akkon seinen Ludwig IX. gewidmeten Reisebericht. Um das Jahr 1270 starb Wilhelm von Rubruk.

Rubruks Bericht gehört zu den interessantesten Reiseschilderungen des Mittelalters. Aufgrund der Klarheit der Darstellung und der Schärfe der Auffassung dürfen wir wohl annehmen, daß auch sein Charakter klar und lauter war. Und diese Eigenschaften halfen ihm sicher in vielen schwierigen Situationen weiter.

Wir ritten durch das Land der Cangle vom Fest des heiligen Kreuzes [14. September] bis zum Fest Allerheiligen, und zwar nach meiner Schätzung jeden Tag so weit, als etwa die Wegstrecke zwischen Paris und Orléans beträgt, manchmal auch weiter, je nachdem uns Pferde zu Gebot standen, denn zuweilen wechselten wir am Tag zweimal oder dreimal die Pferde. Manchmal ritten wir auch zwei bis drei Tage, ohne Menschen anzutreffen, und in solchen Fällen mußten wir langsamer reiten. Von zwanzig bis dreißig Pferden bekamen wir stets die schlechteren, weil wir Fremde waren, denn alle anderen nahmen vor uns die besseren. Mich versahen sie zwar immer mit einem starken Pferd, weil ich sehr beleibt war, ob es aber leicht oder schwer ging, wagte ich nicht zu fragen, auch konnte ich mich nicht beklagen, wenn es stieß, sondern jeder mußte mit seinem Los zufrieden sein. Wegen der oft langen Wegstrecken waren die Pferde häufig schon übermüdet, ehe wir wieder zu Menschen kamen. Wir mußten sie schlagen und peitschen, das Gepäck auf andere Pferde laden, die

Altes Porträt des Paters Wilhelm von Rubruk

Packtiere als Reitpferde benützen und manchmal auch zu zweien auf einem Pferd reiten.

Dabei nahmen die Qualen des Hungers und Durstes sowie der Kälte und der Müdigkeit kein Ende, denn wir erhielten nur abends Speise. Des Morgens gab man uns etwas zu trinken oder Hirsebrühe zu schlürfen, des Abends aber Fleisch, gewöhnlich die Keule eines Hammels nebst den Rippen und der Brühe davon als Trank. Hatten wir Fleischbrühe zur Genüge, so erquickten wir uns damit am be-

sten, und kein anderes Getränk schien mir so wohlschmeckend und nährend. An den Freitagen blieb ich nüchtern und nahm nichts bis zum Abend, dann aber mußte ich mit Schmerz und Betrübnis Fleisch essen. Zuweilen war das Fleisch nur halb gar oder fast noch roh, weil es uns an Brennstoff fehlte, denn wir konnten, wenn wir auf offenem Felde übernachteten, nicht genug Mist von Rindern oder Pferden sammeln, und anderer Brennstoff war nicht zu finden oder höchstens an manchen Stellen einige Dornensträucher. An den Ufern der Flüsse stieß man auch manchmal auf Wald, dies war aber eine seltene Ausnahme.

Unser Führer betrachtete uns anfangs mit großer Verachtung und ärgerte sich, daß er so armselige Menschen geleiten mußte; später aber, als er uns näher kennenlernte, führte er uns durch die Gehöfte der reichen Moal [Mongolen], wo wir für diese beten mußten. Hätte mir ein guter Dolmetscher zu Gebot gestanden, so hätte ich Gelegenheit gehabt, viel Gutes zu stiften. Dschingis, der erste Khan, hatte vier Söhne, und von diesen stammen zahlreiche Nachkommen ab, die alle große Gehöfte besitzen und sich fortwährend so sehr vermehren, daß sie sich allmählich über jene ungeheuere, einem Meere ähnliche Steppe verbreiten. Wir kamen durch viele solcher Gehöfte, und deren Besitzer wunderten sich sehr, daß wir weder Gold noch Silber, noch kostbare Gewänder annehmen wollten. Sie erkundigten sich auch nach dem großen Papst und fragten, ob er wirklich schon ein so betagter Greis sei, denn man habe ihnen gesagt, daß er ein Alter von fünfhundert Jahren habe. Sie forschten auch nach unseren Ländern, und ob es dort viele Schafe, Rinder und Pferde gebe. Von dem Weltmeere konnten sie nicht begreifen, daß es ohne Ende und Ufer sei.

Am Abend vor dem Fest Allerheiligen verließen wir den nach Osten hin führenden Weg, weil bereits alles Volk weit nach Süden gezogen war, und setzten unsere Reise acht Tage lang über einige Berge gradewegs nach Süden fort. Ich sah in dieser Steppe viele Esel, welche dort Colan heißen. Sie gleichen mehr Maultieren und laufen so schnell, daß unser Führer und seine Gefährten trotz aller Anstrengung keinen fangen konnten. Am siebten Tag wurden nach Süden hin sehr hohe Berge sichtbar, und wir kamen in eine schöne, gleich einem Garten bewässerte Ebene, wo wir viel angebautes Land fan-

den. Acht Tage nach dem Fest Allerheiligen gelangten wir zu einem den Sarazenen gehörenden Flecken, welcher Kinchat [Taschkent] hieß. Dessen Befehlshaber kam uns schon vor dem Ort mit Bier und Bechern entgegen, denn es ist bei den Tartaren Vorschrift, daß alle von ihnen unterworfenen Orte die Boten Batus und des Großkhans mit Speise und Trank empfangen. Zu dieser Zeit war dort der Boden bereits gefroren und, schon vorher hatten wir, vom Fest des heiligen Michael [29. September] an, in der Steppe Reif. Ich fragte nach dem Namen des Landes, da wir uns aber bereits in einem anderen Gebiet befanden, so wußte man uns darüber keine Auskunft zu geben, sondern nur über den Flecken, der sehr klein war. Von den Bergen kam ein großer Fluß herab, welcher die ganze Gegend bewässerte und nicht in einen See fiel, sondern von der Erde verschlungen wurde und viele Sümpfe bildete [wahrscheinlich der Steppenfluß Talas]. Ich sah dort Reben und trank zweimal Wein. Am folgenden Tag erreichten wir ein anderes Gehöft, das näher an den Bergen lag. Auf meine Erkundigung hin erfuhr ich, daß diese Berge zu der Kette des Kaukasus gehören, die sich von der westlichen Seite des Meeres bis nach der östlichen Seite desselben hinzieht, und daß wir bereits dieses Meer hinter uns hatten.

Ich fragte auch nach der Stadt Talas, wo sich nach der Aussage des Bruders Andreas viele Deutsche als Knechte Buris [ein Verwandter Dschingis-Khans] befanden, nach denen ich mich schon wiederholt an den Hofhaltungen Sartachs und Batus erkundigt hatte. Ich konnte aber nichts weiter erfahren, als daß ihr Gebieter Buri ermordet worden war. Buri, welchem schlechte Weideplätze zugeteilt worden waren, sprach eines Tages in der Trunkenheit zu seinen Leuten: »Gehöre ich nicht ebensogut zum Geschlecht Dschingis-Khans wie Batu?« [Er war nämlich ein Neffe oder Bruder Batus.] »Warum gehe ich nicht an das Ufer der Etilia, wie Batu, um dort zu weiden?« Diese Äußerung wurde Batu hinterbracht, der den Leuten Buris schrieb, sie sollten ihm ihren Herrn gefesselt überliefern, was diese auch taten. Als Batu ihn fragte, ob er sich die ihm zur Last gelegten Worte erlaubt habe, gestand Buri es ein, entschuldigte sich jedoch damit, daß er damals betrunken gewesen sei, weil die Tartaren den Betrunkenen die Strafe zu erlassen pflegen. Batu aber rief erzürnt: »Wie kannst du wagen, meinen Namen in der Trunkenheit auszuspre-

chen!« und ließ ihm den Kopf abschlagen. Ich hörte während unseres Aufenthaltes in dem Gehöft, daß Talas etwa sechs Tagereisen weiter hinter uns am Gebirge lag, über die Deutschen erhielt ich aber erst am Hofe des Großkhans nähere Auskunft, wo man mir sagte, daß der Khan sie mit Batus Einwilligung dreißig Tagereisen weiter nach Osten in eine Stadt, die Bolak heiße, habe bringen lassen, um dort nach Gold zu graben und Waffen zu schmieden. Ich konnte sie also weder auf der Hinreise noch auf dem Heimweg aufsuchen. Auf der Hinreise kam ich zwar in einer Entfernung von etwa drei Tagereisen an dieser Stadt vorüber, ich wußte aber noch nichts von ihrem Aufenthalt, und wäre mir dieser auch bekannt gewesen, so hätte ich doch nicht vom Weg ablenken dürfen.

Das Fest der Erscheinung des Herrn nahte heran, und ein armenischer Mönch, welcher Sergius hieß, sagte mir, daß er an diesem Tag Mangu-Khan taufen werde. Ich bat ihn deshalb, er möge mir doch die Teilnahme an dieser Handlung ermöglichen, damit ich darüber als Augenzeuge berichten könne. Er versprach es mir auch, rief mich jedoch nicht, als der Festtag kam. Aber ich wurde um die sechste Stunde nach dem Hofzelt beschieden, aus welchem ich den Mönch mit seinem Kreuz und einige Priester mit Rauchfaß und Evangelienbuch herauskommen sah. Mangu-Khan hatte nämlich an diesem Tag ein Gastmahl veranstaltet, und es ist seine Gewohnheit, sich an solchen Tagen, welche seine Zauberer oder die in seiner Umgebung befindlichen nestorianischen Priester als Festtage bezeichnen, aufwarten zu lassen. Zuerst erscheinen die christlichen Priester in ihrem Schmuck, beten für ihn und segnen seinen Becher; ihnen folgen die sarazenischen Priester und tun dasselbe, zuletzt kommen die Götzenpriester zu demselben Zweck. Der Mönch behauptete zwar, der Khan glaube nur den christlichen Priestern, obgleich er verlange, daß alle für ihn beten. Dies war aber, wie wir sogleich sehen werden, eine Lüge, denn er vertraut keinem von ihnen, alle aber folgen dem Hof wie die Fliegen dem Honig, und da er jedem gibt, so glaubt jeder, seine Gunst zu besitzen und wünscht und verkündet ihm Glück.

Nachdem wir längere Zeit vor dem Hofzelt gesessen hatten, legten die Diener uns Fleisch vor. Als ich ihnen aber andeutete, daß wir es hier nicht essen würden und es uns angenehmer wäre, wenn sie uns die Lebensmittel, womit man uns zu versehen gedächte, in unserer

Wohnung reichen wollten, erwiderten sie uns, wir möchten in diesem Fall nur nach unserer Wohnung zurückkehren, denn wir seien ausschließlich zu diesem Mahl gerufen worden. Auf dem Heimweg kamen wir an dem Mönch vorüber, welcher über die Lüge, die er mir gesagt hatte, errötete, weshalb ich über diesen Gegenstand keine weiteren Worte mit ihm wechseln wollte. Einige nestorianische Priester versicherten mir zwar, der Khan sei getauft worden, ich entgegnete ihnen aber, daß ich es weder glaube, noch andern davon erzählen werde, da ich es nicht gesehen habe. Unsere Wohnung fanden wir kalt und leer, doch brachte man uns bald darauf Betten nebst Dekken, einen Kessel samt Dreifuß, etwas Brennholz und das Fleisch eines kleinen, magern Hammels, welches für uns drei auf sechs Tage ausreichen sollte; dazu kam noch täglich ein Napf mit Hirse und eine Kanne Hirsebier. Wir kochten zuerst das Fleisch und dann in der Brühe desselben die Hirse und wären mit dieser Kost zufrieden gewesen, wenn man sie uns nur in Ruhe hätte verzehren lassen. Hungrige Leute jeoch, deren es unter den Tartaren sehr viele gibt, drängten sich, sobald sie uns irgendeine Speise bereiten sahen, an uns,um mit uns zu essen, und ich fühlte jetzt, welche große Pein es verursacht, wenn man geben soll und doch selbst arm ist. Da die Kälte anfing, heftiger zu werden, schickte uns Mangu-Khan drei Röcke von Rauchwerk, woran die Haare nach außen gekehrt waren und welche wir mit Dank annahmen; auch fragte man uns nach unserm Bedarf an Lebensmitteln, worauf ich erwiderte, daß spärliche Speise uns genüge, daß wir aber bedauerten, keine Wohnung zu haben, worin wir für Mangu-Khan beten könnten. Unsere Hütte war auch wirklich so klein, daß wir darin weder aufrecht stehen noch, wenn Feuer angezündet war, unsere Bücher aufschlagen konnten. Als man dem Khan meine Bemerkung hinterbrachte, schickte er zu dem Mönch und ließ ihn fragen, ob ihm unsere Gesellschaft angenehm sei, was dieser freudig bejahte. Wir erhielten nun mit dem Mönch eine bessere Herberge in der Nähe des Hofzeltes, wo außer uns und den tartarischen Zauberern niemand wohnte. Diese allerdings wohnten näher an dem Hofzelt, und zwar vor dem Zelt der obersten Gemahlin, wir aber am östlichen Ende vor dem Zelt der untersten Gemahlin des Khans. Dies geschah am 12. Januar.

Am folgenden Tag versammelten sich noch vor Tagesanbruch die nestorianischen Priester in der Kapelle, schlugen auf die Tafel und sangen feierlich die Mette; legten dann ihren Schmuck an und hielten Rauchfaß und Weihrauch in Bereitschaft. Nachdem sie einige Zeit in der Mitte der Kirche gewartet hatten, erschien Catota Caden, die erste Gemahlin des Khans mit mehreren anderen Frauen, ihrem erstgeborenen Sohn Baltu und andern jüngeren Kindern. Alle warfen sich nieder, wobei sie die Stirn bis auf den Boden neigten, berührten, nachdem sie sich wieder erhoben hatten, alle Bilder mit der rechten Hand, küßten diese nach jeder Berührung und reichten sie dann allen Umstehenden, wie es die Nestorianer beim Eintritt in die Kirche zu tun pflegen. Darauf sangen die Priester mancherlei, während sie der Gemahlin des Khans den Weihrauch in die Hand gaben, um ihn auf das Feuer zu legen und sich beräuchern zu lassen. Nachdem dies geschehen und es unterdessen heller Tag geworden war, schickte sie sich an, ihren Kopfputz, die sogenannte Bocca, herabzunehmen, so daß ich ihren kahlen Scheitel sah, worauf wir den Befehl erhielten, uns zu entfernen. Beim Hinausgehen bemerkte ich noch, daß man ein silbernes Becken herbeibrachte. Ob sie aber getauft wurde, weiß ich nicht, wohl aber weiß ich, daß die Nestorianer die Messe nicht in ihrem Zelt, sondern in einer Kirche lesen, und eine solche jetzt wahrscheinlich begann; auch sah ich sie, als sie am Ostertage tauften, das Wasser mit großer Feierlichkeit segnen, was sie damals nicht taten.

Während wir uns nach Hause begaben, kam auch Mangu-Khan in die Kirche, und es wurde ein goldenes Ruhebett gebracht, auf welches er sich neben seiner Gemahlin dem Altar gegenüber setzte. Wir wurden darauf, ohne etwas von der Anwesenheit Mangu-Khans vorher erfahren zu haben, gerufen, und die Türsteher durchsuchten uns, um sich zu überzeugen, daß wir keine Messer bei uns trugen. Ich trat nun in das Bethaus mit der Bibel und dem Brevier auf der Brust, neigte mich zuerst zum Altar hin und dann vor dem Khan und stellte mich, an ihm vorübergehend, mit meinen Gefährten zwischen den Mönch und den Altar. Man befahl uns, einen Psalm nach unserer Weise herzusagen und zu singen. Der Khan aber ließ sich, während wir sangen: »Komm heiliger Geist«, unsere Bücher, die Bibel und das Brevier, bringen, betrachtete aufmerksam die darin befindlichen Bilder und fragte nach der Bedeutung derselben. Die nestorianischen

Priester antworteten ihm nach ihrem Gutdünken, denn unser Dolmetscher war nicht mit uns gekommen; auch bei der ersten Vorstellung hatte er die Bibel, welche ich auf der Brust trug, sich bringen lassen und genau betrachtet. Der Khan entfernte sich nun wieder, seine Gemahlin aber blieb zurück und verteilte an alle in der Kirche anwesenden Christen Geschenke; dem Mönch gab sie einen Jascot (ungefähr 10,– Mark) und dem Erzdiakon unter den Priestern ebensoviel, vor uns aber ließ sie einen Nassic, das heißt, einen sehr langen Tuchstreifen von der Breite einer Bettdecke, und einen Lappen feine Leinwand legen. Da ich mich weigerte, diese Geschenke anzunehmen, so wurden sie dem Dolmetscher geschickt, welcher sie für sich behielt. Dieser nahm den Nassic mit nach Zypern, wo er ihn, obgleich er auf der Reise sehr gelitten hatte, für achtzig Byzantiner verkaufte. Nach der Austeilung der Geschenke trug man Reisbier, roten Wein, welcher dem Wein von La Rochelle glich, und Cosmos auf; Catota nahm einen vollen Becher in die Hand, kniete nieder, ließ ihn von allen nestorianischen Priestern, welche einen Gesang anstimmten, segnen und leerte ihn; auch ich und mein Gefährte mußten singen, als sie zum zweiten Mal austrinken wollte. Nachdem alle bereits beinahe betrunken waren, brachte man auch Speise, nämlich das Fleisch eines Hammels, welches in einem Augenblick verschlungen war, und einige große Karpfen ohne Salz und Brot, von welchen ich aß. Auf diese Weise verbrachte man den Tag bis zum Abend, bis Catota, die ebenfalls berauscht war, ihren Wagen bestieg und unter dem Gesang und Geheul der Priester davonfuhr. Am folgenden Sonntag, an dem das Evangelium: »Es wird eine Hochzeit gehalten zu Kana« gelesen wird, kam die Tochter des Khans, deren Mutter eine Christin war, ebenfalls in die Kirche und verrichtete auf dieselbe Weise ihre Andacht, jedoch nicht mit so großer Feierlichkeit, denn sie teilte keine Geschenke aus, sondern gab nur den Priestern geschmorte Hirse zu essen und so lange zu trinken, bis sie berauscht waren.

Am Sonntag Septuagesima, auf den das Osterfest der Nestorianer fällt, begaben wir uns in einem feierlichen Aufzug nach der Wohnung Mangus und traten, nachdem man den Mönch und uns beide untersucht und sich überzeugt hatte, daß wir keine Messer bei uns trugen, mit den Priestern ein. Im selben Augenblick entfernte sich ein Diener, welcher die bis zur Kohlenschwärze angebrannten Schulterbeine eines Hammels heraustrug, worüber ich mich sehr wunderte, da ich mir die Bedeutung derselben nicht erklären konnte. Als ich später genauer nachforschte, erfuhr ich, daß der Khan durchaus nichts vornimmt, ohne diese Knochen zu befragen, weshalb er auch niemand in seine Wohnung kommen läßt, ohne vorher dies zu tun, was auf folgende Weise geschieht. Er nimmt drei solcher Knochen, welche man ihm darreicht, hält sie, während er über die Sache nachdenkt, von der er wissen will, ob er sie ausführen soll oder nicht, in der Hand und gibt sie alsdann einem Diener, um sie anzubrennen. Neben dem Zelt des Khans befinden sich zwei kleine Hütten, worin solche Knochen, welche man täglich in der ganzen Wohnung zusammensucht, angebrannt werden. Sind sie schwarz gebrannt, so werden sie zu ihm zurückgebracht und er betrachtet sie, ob sie durch die Hitze des Feuers der Länge nach gerade gesprungen sind. Ist dies der Fall, so wird das Vorhaben verwirklicht, sind sie aber quer geborsten oder sind einzelne Stückchen abgesprungen, so wird es nicht ausgeführt. Jeder Knochen nämlich, oder doch das sie überziehende Gewebe, springt im Feuer, und spaltet sich auch nur einer der drei Knochen senkrecht, so gilt dies als eine glückliche Vorbedeutung.

Als wir nach der vorausgegangenen Mahnung, die Schwelle nicht zu berühren, eingetreten waren, reichten die Priester dem Khan Weihrauch, welchen er selbst auf das Rauchfaß warf, um sich beräuchern zu lassen, und sangen ein Lied, um seinen Trank zu segnen; darauf tat der Mönch dasselbe, und auch wir mußten unsern Segen sprechen. Als er sah, daß wir die Bibel auf der Brust trugen, ließ er sich dieselbe bringen und betrachtete sie aufmerksam. Nachdem er aus dem Becher, welchen ihm der Oberpriester kredenzte, getrunken hatte, gab man auch den Priestern zu trinken, worauf wir uns entfernten. Mein Gefährte, der mir folgte, hatte, da er sich, das Gesicht nach dem Khan gewandt, gegen denselben verbeugte, beim Herausgehen das Unglück, an die Schwelle zu stoßen. Während wir, ohne etwas davon zu wissen, nach der Wohnung Batus, des ältesten Sohnes des Khans, eilten, ergriffen ihn die Türsteher und ließen ihn zu dem Oberschreiber Bulgai führen, welcher über Verbrechen, worauf Todesstrafe steht, zu urteilen hat. Als ich mich nach ihm umschaute und ihn nicht kommen sah, glaubte ich, man habe ihn

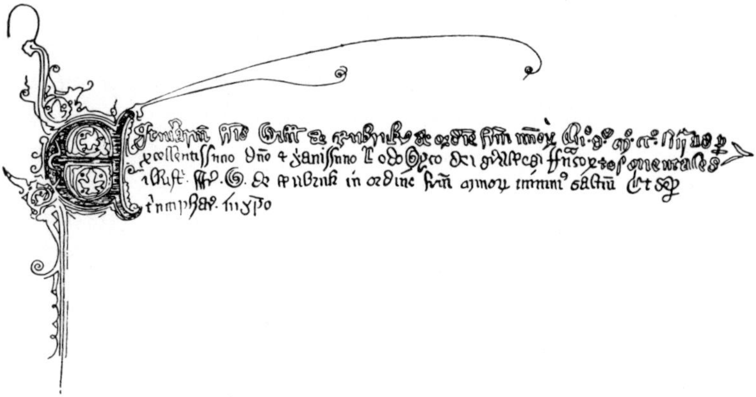

Anfang der Handschrift von Pater Wilhelm von Rubruks Reisebericht im Britischen Museum zu London

zurückgehalten, um ihm einen leichteren Anzug zu geben, denn er war sehr schwach und so mit Pelzkleidern überladen, daß er kaum zu gehen vermochte. Später riefen sie auch unsern Dolmetscher und setzten ihn zu dem Schuldigen.

Wir waren unterdessen nach der Behausung des erstgeborenen Sohnes des Khans gegangen, welcher bereits zwei Weiber hatte und rechts vor dem Zelt seines Vaters wohnte. Er sprang, als er uns herankommen sah, sogleich von dem Ruhebett, worauf er saß, auf, warf sich nieder und betete, die Stirn auf den Boden gedrückt, das Kreuz an. Nachdem er sich wieder erhoben hatte, ließ er es mit großer Ehrerbietung auf ein an seiner Seite über eine Erhöhung ausgebreitetes Tuch legen, wie ihn ein nestorianischer Priester namens David, welcher ihm Unterricht erteilte, im übrigen aber ein arger Trunkenbold war, gelehrt hatte. Er ließ uns darauf niedersitzen und den Priestern zu trinken reichen, auch trank er selbst, nachdem er von diesen den Segen empfangen hatte.

Darauf gingen wir zu der Wohnung der zweiten Gemahlin des Khans, welche Cota hieß und noch Götzendienerin war, und fanden sie krank auf dem Bett liegen. Der Mönch ließ sie aufstehen und, während er selbst auf der westlichen Seite des Gemaches stand, auf der östlichen Seite niederknien, um die Stirn auf den Boden zu beugen und das Kreuz anzubeten. Damit noch nicht zufrieden, befahl er ihr, obgleich sie so schwach war, daß sie kaum auf den Füßen stehen konnte, während er mit dem Kreuz nach der östlichen Seite ging, seine Stelle einzunehmen und sich noch dreimal nach Osten hin niederzuwerfen, um das Kreuz anzubeten. Auch lehrte er sie, das Zeichen des Kreuzes auf die Stirne zu machen. Nachdem sie sich wieder auf das Bett gelegt und wir Gebete für sie gesprochen hatten, begaben wir uns nach dem dritten Haus, worin sonst die christliche Gemahlin wohnte. Die junge Frau, welche dieser nach ihrem Tod gefolgt war, empfing uns ebenfalls freudig zusammen mit der Tochter ihres Herrn, und alle beteten in diesem Haus ehrfurchtsvoll das Kreuz an, welches sie an einem erhabenen Ort auf ein seidenes Tuch legte; auch ließ sie das Fleisch eines Hammels auftragen und verteilte es unter die Priester, welche es sich trefflich schmekken ließen, ich aber und der Mönch lehnten Speise und Trank ab. Als das Fleisch verzehrt und weidlich dazu getrunken war, mußten wir auch das Gemach der jungen Dame Cherime besuchen, welches hinter dem großen Haus lag, das ihrer Mutter gehört hatte. Sobald das Kreuz am Eingang erschien, warf sie sich zu Boden, betete es, wie sie gelehrt worden war, sehr andächtig an und legte es an einem würdigen Ort auf ein seidenes Tuch, wobei ich bemerken muß, daß alle diese Tücher, worauf das Kreuz gelegt wurde, dem Mönch zufielen.

Dieses Kreuz, welches ein Armenier, der mit dem Mönch und, wie er vorgab, von Jerusalem kam, mitgebracht hatte, war aus Silber, wog vier Mark und hatte vier Edelsteine an den Ecken und einen in der Mitte. Das Bild des Erlösers befand sich nicht daran, weil die Armenier und Nestorianer es für unschicklich halten, daß Christus an das Kreuz geheftet dargestellt wird. Sie führten den Armenier mit dem Kreuz dem Mangu-Khan vor und dieser fragte ihn, was er dafür verlange. Jener erwiderte, er sei der Sohn eines armenischen Priesters, dessen Kirche von den Sarazenen zerstört worden sei, und bat um eine Beisteuer zur Wiederherstellung derselben. Auf die Frage, was der Aufbau kosten könne, entgegnete er, zweihundert Jascot, das heißt zweitausend Mark, worauf der Khan an den Beamten, welcher in Persien und Großarmenien die Steuern einnimmt, den Befehl ergehen ließ, die genannte Summe auszuzahlen. Der Mönch trug dieses Kreuz überall mit sich, und die Priester fingen an, ihn zu beneiden, da sie sahen, welchen Gewinn er damit machte.

Nachdem die Priester auch in dem Gemach der jungen Dame wacker gezecht hatten, begaben wir uns nach dem vierten Haus, welches der Zahl und der Hierarchie nach das letzte war, denn der Khan besuchte die Besitzerin desselben, welche indessen auch keinen Anspruch auf Liebenswürdigkeit machen konnte, nicht mehr. Doch ließ er ihr nach Ostern, da die Wohnung sehr verfallen war, eine neue bauen und schenkte ihr einen neuen Wagen. Sie wußte, wie die zweite Gemahlin, wenig oder gar nichts vom Christentum, sondern folgte den Magiern und Götzenpriestern; sie betete aber dennoch bei unserem Eintritt das Kreuz an, wie der Mönch und die Priester es ihr vorschrieben. Nachdem die Priester auch hier einige Becher geleert hatten, gingen wir, während sie in ihrer Trunkenheit, welche übrigens bei den Tartaren weder an Männern noch an Frauen anstößig ist, fürchterlich sangen, nach unserm nicht weit entfernten Bethaus. Man brachte jetzt auch meinen Gefährten, welchem der Mönch harte Vorwürfe darüber machte, daß er die Schwelle berührt hatte. Am folgenden Morgen erschien auch Bulgai, dem die Rechtspflege anvertraut war, und erkundigte sich ernstlich, ob wir nicht gewarnt worden seien, die Schwelle zu berührern. »Herr«, erwiderte ich ihm, »wir hatten keinen Dolmetscher bei uns, wie konnten wir also die Warnung verstehen?« Er verzieh darauf meinem Gefährten, doch durfte dieser später nie mehr die Wohnung des Khans betreten.

Bald darauf fiel Cota, die zweite Frau des Khans, welche sich schon bei unserm Besuch unwohl gefühlt hatte, in eine schwere Krankheit, und da die Zauberkünste der Götzenpriester nicht helfen wollten, schickte Mangu zu dem Mönch und ließ ihn fragen, was er zu tun vermöge, worauf dieser unvorsichtig antwortete, er solle ihm, wenn er sie nicht heile, den Hals abschneiden. Der Mönch kam alsbald zu uns, setzte uns unter vielen Tränen von seinem Versprechen in Kenntnis und ersuchte uns, die Nacht mit ihm betend zu durchwachen, was wir auch taten. Zugleich brachte er eine Wurzel mit, welche Rhabarber heißt, rieb sie zu Staub und warf diesen in ein mit Wasser gefülltes Gefäß nebst einem kleinen Kreuz, an dem sich das Bild des Erlösers befand und von welchem er behauptete, daß er daran erkenne, ob der Kranke davonkomme oder sterbe. Denn wenn dieser gesund werde, so hänge es sich wie angeklebt an seine Brust, wenn er aber unterliege, so hafte es nicht. Ich hielt damals Rhabarber für etwas Heiliges, welches er von der heiligen Erde zu Jerusalem mitgebracht habe. Von dem auf diese Weise zubereiteten Wasser gab er allen Kranken zu trinken, und der überaus bittere Trank mußte notwendig in den Eingeweiden derselben eine Störung oder Änderung hervorbringen, die man als ein Wunder betrachtete. Ich machte ihn darauf aufmerksam, während er mit der Zubereitung beschäftigt war, daß es weit besser sei, zu dem Trank Weihwasser, wie es in der römischen Kirche bereitet werde, zu nehmen, weil dieses eine große Kraft habe, die bösen Geister auszutreiben. Da wir ihm auf seine Bitte solches Weihwasser bereiteten, so goß er es zum Rhabarber und ließ das Kreuz die ganze Nacht hindurch darin liegen. Ich sagte ihm ferner, wenn er die Priesterweihe habe, so nütze ihm auch diese sehr zur Austreibung der bösen Geister. Er versicherte mir zwar, er sei Priester, log aber, denn er hatte weder eine Weihe, noch die dazu notwendigen Kenntnisse, sondern war, wie ich später auf der Heimreise, welche mich durch sein Vaterland führte, in Erfahrung brachte, ein völlig unwissender Leinweber.

Am folgenden Morgen gingen wir, nämlich der Mönch, ich und zwei nestorianische Priester, zu der Kranken, welche in einer kleinen Hütte hinter ihrem größeren Haus lag. Als wir eintraten, setzte sie sich in ihrem Bett auf, betete das Kreuz an und legte es ehrfurchtsvoll neben sich auf ein seidenes Tuch. Dann trank sie von dem Weihwasser mit Rhabarber und wusch damit ihre Brust. Da der Mönch mich bat, über sie das Evangelium zu lesen, so las ich das Leiden des Herrn nach Johannes. Da sie sich wohler fühlte, so wurde sie heiter, ließ vier Silberjascot bringen und gab, nachdem sie diese zuerst zu Füßen des Kreuzes gelegt hatte, einen davon dem Mönch und einen anderen mir. Als ich ihn aber ablehnte, steckte der Mönch schnell die Hand aus und nahm auch diesen; auch jeder der Priester erhielt einen, und sie verschenkte also im ganzen vierzig Mark. Darauf ließ sie Wein bringen und gab den Priestern zu trinken, auch ich mußte ihr dreimal zur Ehre der Dreifaltigkeit Bescheid tun; dabei bemühte sie sich scherzend, mich ihre Sprache zu lehren, denn ich war völlig stumm, da ich den Dolmetscher nicht bei mir hatte.

Als wir am nächsten Tag uns anschickten, unsern Besuch zu

wiederholen, bat der Khan, welcher bereits gehört hatte, daß seine Gemahlin sich besser befinde, uns beim Vorübergehen an seiner Wohnung einzutreten. Wir fanden ihn inmitten weniger Diener damit beschäftigt, eine weiche Erde oder einen Teig, der zur Stärkung des Gehirns dienen soll, zu verschlucken, und vor ihm lagen die angebrannten Knochen eines Hammels. Er nahm das Kreuz in die Hand, ich sah jedoch nicht, daß er es küßte oder anbetete, sondern er betrachtete es starr, als ob er etwas daran suche. Der Mönch bat ihn um die Erlaubnis, das Kreuz hoch auf einer Lanze tragen zu dürfen, und der Khan, mit welchem er schon früher darüber gesprochen hatte, erwiderte ihm, er möge es so tragen, wenn seine Behandlung der Kranken guten Erfolg habe. Wir begaben uns, nachdem wir Abschied genommen, zu ihr und fanden sie wohl und munter. Sie trank aber noch einmal von dem Weihwasser, und wir lasen wieder das Leiden des Herrn über sie. Die elenden Priester versuchten nie, sie in dem Glauben zu unterrichten oder sie zu bewegen, sich taufen zu lassen, ich aber saß stumm da, weil ich nicht mit ihr zu sprechen vermochte, obgleich sie fortfuhr, mich in ihrer Sprache zu unterrichten. Ebensowenig tadelten sie die Priester wegen der Zauberkünste, zu denen sie ihre Zuflucht nahm, denn ich sah hier vier halb aus der Scheide herausgezogene Schwerter, von denen eines oben und eines unten am Bett und an jeder Seite der Türe eines stand. Darüber hinaus gewahrte ich einen silbernen Kelch, welcher wie unsere Kelche geformt und vielleicht aus einer Kirche Ungarns geraubt worden war. Er hing an der Wand, und auf der Asche, womit er gefüllt war, lag ein schwarzer Stein. Die Priester sagen diesen Leuten nicht, daß solche Zauberkünste Sünde sind, sondern üben und lehren sie sogar selbst.

Nachdem wir die Kranke drei Tage nacheinander besucht hatten und sie wieder vollständig hergestellt war, verfertigte der Mönch eine mit Kreuzen bedeckte Fahne und befestigte sie an einem langen, einer Lanze ähnlichen Rohr.

Ich ehrte den Mönch, da er die Landessprache verstand, wie einen mir vorgesetzten Bischof, obgleich er manches tat, was mir nicht gefiel. Er ließ sich nämlich einen Feldstuhl, wie ihn die Bischöfe mit sich zu führen pflegen, Handschuhe und einen Hut von Pfauenfedern mit einem goldenen Kreuzchen daran machen. Von diesem

Schmuck gefiel mir nur das Kreuz. Außerdem hatte er räudige Nägel, welchen er durch Salben ein besseres Aussehen zu verschaffen suchte, und überdies wurde er in seinen Reden immer anmaßender. Sprachen die nestorianischen Priester Verse eines angeblichen Psalms über zwei Ruten, welche von zwei Leuten gehalten und zusammengefügt wurden, so nahm er an diesem abergläubischen Brauch teil, und andere Torheiten, die sich an ihm bemerkbar machten, gefielen mir ebensowenig. Wir blieben aber dem Kreuz zu Ehren in seiner Gesellschaft, denn wir trugen das Kreuz hoch durch das ganze Lager und sangen die Hymne: »Wie hoch des Königs Banner weht!«, worüber die Sarazenen nicht wenig erstaunten.

Seitdem wir uns im Lager Mangus befanden, zog er mit seinen Wagen zweimal nach Süden und fing dann an, wieder nach Norden, und zwar nach Karakorum hin zu ziehen. Auf dem ganzen Weg überzeugte ich mich von der Wahrheit, daß der Khan auf seinen Zügen stets aufwärts und nie abwärts geht, denn alle Flüsse strömen von Osten nach Westen entweder in gerader Richtung oder auf Umwegen, indem sie nach Süden oder nach Norden hin ablenken; auch die aus Kataia [China] kommenden Priester, welche ich danach fragte, bestätigten dies. Von der Stelle, wo ich auf das Hoflager Mangu-Khans traf, bis nach Kataia rechnete man zwanzig Tagereisen in südöstlicher Richtung, bis nach Onankerule aber, dem eigentlichen Vaterland der Moal [Mongolen], wo sich der Hof des Dschingis befand, zehn Tagereisen. In dieser Richtung liegt keine Stadt, sondern dort wohnt das Volk der Su-Moal oder Wassermongolen, denn Su bedeutet in der mongolischen Sprache Wasser. Sie leben vom Fischfang und von der Jagd und haben weder Herden noch Vieh. Nach Norden hin findet man ebenfalls keine Stadt, sondern ein Volk, welches Viehzucht treibt und Kirgisen heißt; ferner wohnen dort die Samojeden, welche geglättete Knochen unter ihre Füße binden und auf dem gefrornen Schnee und dem Eis mit solcher Schnelligkeit dahingleiten, daß sie Vögel und Wild erhaschen; auch leben noch andere arme Völker nach Norden hin, so weit die Kälte ihnen erlaubt, sich auszudehnen. Das Ende dieses östlichen Winkels der Erde ist der großen Kälte wegen wohl nicht bekannt, denn Reif und Schnee hören hier nicht auf. Ich fragte auch nach den Ungeheuern oder mißgestalteten Menschen, von denen Isidor von Sevilla und der

Der heilige Franziskus, das große Vorbild der missionierenden Franziskanermönche

Geschichtsschreiber Solinus erzählen, erhielt aber zur Antwort, daß man noch nie welche gesehen habe, worüber man sich allerdings wundern muß, wenn diese Behauptung wahr ist. Alle diese Völker müssen, wie arm sie auch sein mögen, mit irgend etwas dem Khan

aufwarten, denn Dschingis hat ein Gesetz erlassen, nach welchem kein Mensch von Dienstleistungen frei sein soll, bis er so alt ist, daß er auf keine Weise mehr arbeiten kann.

Eines Tages besuchte mich ein Priester aus Katai, an dessen Kleid mir das herrliche Rot auffiel, und als ich ihn fragte, woher dieser kostbare Färbestoff komme, erzählte er mir, daß auf hohen Felsen in dem östlichen Teil Kataias Geschöpfe wohnen, welche durchaus menschliche Gestalt haben, aber die Knie nicht biegen können, sondern sich springend fortbewegen. Sie sind nur etwa eine Elle lang und am ganzen Leib mit Haaren bedeckt. Auch halten sie sich in unzugänglichen Höhlen auf, weshalb die Jäger möglichst schnell berauschendes Bier mit sich nehmen und es in becherartige Löcher, welche sie in die Felsen hauen, gießen. Sie bedienen sich aber des Bieres, weil die Bewohner Kataias, wo man sich jetzt erst anschickt, Reben zu pflanzen, keinen Wein haben, sondern ihr Getränk aus Reis bereiten. Sobald sich die Jäger versteckt haben, kommen die erwähnten Tiere aus ihren Löchern, versammeln sich in großer Menge, schreien »Chin Chin«, weshalb sie auch Chinchin heißen, und trinken das Bier, wodurch sie alsbald berauscht werden und einschlafen. Die Jäger schleichen nun herbei, binden ihnen Hände und Füße und öffnen ihnen am Hals eine Ader, aus der sie drei bis vier Tropfen Blut ziehen, welches zum Färben des kostbaren Purpurs dient; die Tiere lassen sie alsdann wieder laufen. Nach einer andern mir mitgeteilten Nachricht, die ich aber nicht glauben kann, liegt über Kataia hinaus ein Land, worin jeder Mensch das Alter behält, in welchem er sich dahin begibt; Kataia stößt an den Ozean.

Die Hauptstadt des Mongolenreiches ist Karakorum. Der Khan weilt sehr häufig dort, denn er besitzt dicht an den Stadtmauern ein großes Gehöft, welches, wie bei uns die Klosterhöfe, mit einer Mauer von Backsteinen eingefaßt ist. In der Mitte desselben erhebt sich ein großer Palast, worin er zweimal im Jahr ein Trinkgelage hält, das eine, wenn er um Ostern auf diesem Weg nach Norden zieht, und das andere, wenn er im Sommer nach Süden zurückkehrt. Das letztere ist das großartigste, denn zu diesem versammeln sich alle Häuptlinge, welche nicht weiter als eine Wegstrecke von zwei Monaten entfernt sind, am Hof, wo der Khan Gewänder und andere Geschenke an sie verteilt und seine ganze Herrlichkeit entfaltet. Hier befinden sich auch lange, Scheunen ähnliche Gebäude, worin seine Vorräte an Lebensmitteln und seine Schätze aufbewahrt werden. Da man es aber als unanständig betrachtet, die Schläuche mit Milch und andern Getränken in den Palast zu bringen, so richtete Meister Wilhelm von Paris am Eingang desselben einen großen Baum auf, an dessen Wurzeln vier silberne Löwen liegen, welche alle durch ein in ihnen angebrachtes Rohr weiße Stutenmilch speien; vier andere Röhren, welche innerhalb des Baumes bis zum Gipfel und in vier sich abwärts neigende Äste laufen, münden in ebenso viele Schlangen, deren Schwänze sich um den Stamm des Baumes winden. Aus einer dieser Röhren fließt Wein, aus der andern Caracosmos oder geläuterte Stutenmilch, aus der dritten Bal oder Honigmet und aus der vierten Reisbier, welches Terracina heißt. Unter dem Baum steht für jedes dieser Getränke ein silbernes Gefäß. Auf den Gipfel des Baums stellte der Meister einen Engel mit einer Posaune in der Hand, und unter dem Baum brachte er eine Höhle an, worin sich ein Mann verbergen konnte, und zu welcher ein Rohr durch die Mitte des Baumes herablief; zuerst hatte er an dem Rohr einen Blasebalg befestigt, welcher aber nicht genug Wind erzeugte. Außerhalb des Palastes liegt ein Keller, worin sich die Getränke so wie auch die Diener befinden, welche bereit stehen, ihr Amt zu erfüllen. Die Äste des Baumes sowie auch dessen Blätter und die dazwischen hängenden Früchte sind ebenfalls aus Silber. Sieht nun der Obermundschenk, daß Getränk nötig ist, so ruft er dem Engel zu, in die Posaune zu stoßen. Auf dieses Zeichen hin bläst der in der Höhle verborgene Mann aus allen Kräften in das bis zum Engel reichende Rohr, worauf dieser sein Instrument an den Mund setzt und hineinbläst. Sobald die im Keller befindlichen Leute den durchdringenden Ton hören, welchen sie von sich gibt, gießen sie die verschiedenen Getränke in die betreffenden Röhren, durch welche sie von oben und unten in die bereitstehenden Gefäße fließen, woraus sie vom Mundschenk geschöpft und den Männern und Frauen im ganzen Palast kredenzt werden.

Der Palast, welcher einer Kirche gleicht, hat in der Mitte ein Schiff, zwei durch Säulenreihen getrennte Seitenschiffe und nach Süden hin drei Tore. Vor dem mittleren dieser Tore steht inwendig der Baum und ihm gegenüber am nördlichen Ende sitzt der Khan, damit er von allen gesehen werden kann, auf einer Bühne, zu der zwei Treppen emporführen. Auf der einen geht der Mundschenk, welcher ihm den Becher reicht, hinauf und auf der andern herab; der Raum in der Mitte zwischen dem Baum und den Treppen ist frei, denn hier stehen außer dem Mundschenk mit dem Becher die Gesandten, welche Geschenke zu überreichen haben, vor dem Khan, der oben gleich einem Gott thront. Auf der rechten Seite, nach Westen hin, befinden sich die Männer und auf der linken die Frauen, denn der Palast erstreckt sich von Süden nach Norden. Auf der rechten Seite sitzen auch an den Säulen, auf einer stufenartigen Erhöhung, die Söhne und Brüder des Khans und auf der linken Seite, auf einer gleichen Erhöhung, die Weiber und Töchter desselben, denn nur eines seiner Weiber sitzt oben neben ihm, aber etwas niedriger als er.

Wir blieben mit dem Mönch und den übrigen Priestern des Hofes zu Karakorum, um Ostern zu feiern. Gründonnerstag und Ostern nahten heran, und da ich meine geistlichen Gewänder nicht mehr besaß und über die Art und Weise der Nestorianer, das Meßopfer zu vollziehen, nachdachte, so war ich in großer Verlegenheit, ob ich von ihnen das Abendmahl empfangen oder ob ich in ihren Gewändern, mit ihrem Kelch und auf ihrem Altar die Messe feiern oder ob ich mich gänzlich des Abendmahles enthalten solle. Es waren damals viele ungarische, alanische, russische, georgische und armenische Christen anwesend, die alle, seitdem sie in Gefangenschaft geraten waren, noch keiner Messe beigewohnt hatten, weil die Nestorianer ihnen angeblich den Zutritt zu ihrer Kirche nur gestatteten, wenn sie sich noch einmal von ihnen taufen ließen. Die nestorianischen Priester jedoch sprachen nichts darüber, gestanden vielmehr zu, daß die römische Kirche das Haupt aller übrigen Kirchen sei, und daß die Einsetzung ihres Patriarchen durch den Papst erfolgen müsse, wenn der Weg zu diesem nicht gesperrt wäre, auch boten sie uns bereitwillig ihr Abendmahl an und gestatteten mir, mich an den Eingang des Chores zu stellen und mit anzusehen, wie sie das Meßopfer darbrachten; ebenso ließen sie mich am Abend vor Ostern an das Taufbecken kommen, um mich zu überzeugen, auf welche Art sie tauften. Sie glauben von jener Salbe zu besitzen, womit Maria Magdalena die Füße des Herrn salbte, und gießen immer so viel Öl hinzu, als sie herausnehmen, um in ihr Brot zu kneten, denn alle morgenländischen Christen bereiten ihr Brot nicht mit Sauerteig, sondern mit Fett, nämlich mit Butter oder Talg von dem Schwanz des Hammels oder mit Öl. Ebenso rühmen sie sich, noch von dem Mehl zu haben, aus dem das Brot bereitet war, welches der Herr segnete, und tun stets wieder so viel dazu, als sie davon wegnehmen. Neben dem Chor haben sie eine Kammer mit einem Ofen, worin sie das Brot backen, welches sie mit großer Andacht konsekrieren. Sie zerlegen jedes dieser mit dem oben erwähnten Öl bereiteten Brote zuerst nach der Zahl der Apostel in zwölf Stücke und teilen dann diese Stücke wieder nach der Anzahl der anwesenden Gläubigen. Jeder von ihnen nimmt den Leib Christi aus der Hand des Priesters ehrfurchtsvoll in die seinige und wischt diese, nachdem er das Abendmahl genossen hat, an seinem Scheitel ab.

Die oben erwähnten Christen und selbst der Mönch baten uns, daß Meßopfer darzubringen. Ich ließ sie also, nachdem ich ihnen durch den Dolmetscher, so gut ich es vermochte, die Zehn Gebote, so wie auch die Sieben Todsünden und andere Vergehen, welche man beichten und bereuen muß, hergesagt hatte, öffentlich beichten. Was den Diebstahl betrifft, so entschuldigten sie sich damit, daß sie ohne denselben nicht leben könnten, weil ihre Herren ihnen weder Kleider noch Nahrung reichten. Da ich mir sagen mußte, daß diese Herren selbst ihr Besitztum und ihre Sachen auf ungerechte Weise geraubt hatten, so gestand ich diesen armen Leuten zu, es sei ihnen erlaubt, das Nötige aus den Vorräten ihrer Herren zu nehmen, und war bereit, dies in Gegenwart Mangu-Khans zu wiederholen. Einige dieser Leute waren Soldaten und mußten, wie sie mir sagten, mit in den Krieg ziehen, wenn sie nicht getötet werden wollten. Ich schärfte ihnen streng ein, nicht gegen die Christen zu kämpfen und lieber zu sterben, weil sie auf diese Weise Märtyrer würden. Ich fügte noch hinzu, daß ich, wenn man mich wegen dieser Lehre anklagen würde, keinen Anstand nehme, sie selbst dem Khan gegenüber zu verteidigen, denn ich vermutete, daß die anwesenden nestorianischen Hofpriester sich ein Geschäft daraus machen würden, uns zu verleumden.

Johannes von Monte Corvino

Im neapolitanischen Monte Corvino kam 1247 Johannes zur Welt. Da es über sein Herkommen keine Dokumente gibt, wird er allgemein nach seinem Geburtsort Johannes von Monte Corvino genannt.

Schon früh scheint er in den Franziskanerorden eingetreten zu sein, denn 1272 wird er von Papst Gregor X. (1272–1276) mit einer wichtigen Aufgabe betraut. Nach einer Reise in das Reich des Großkhans machte er Papst Nikolaus IV. (1288–1292) auf die positive Haltung der mongolischen Fürsten zum Christentum aufmerksam. Der Heilige Vater sandte ihn daraufhin, mit Empfehlungsschreiben wohl versehen, im Jahre 1289 als Missionar ins Mongolenreich.

Johannes von Monte Corvino reiste durch Indien nach Mylapur (heute in Madras aufgegangen), wo er über hundert Personen taufte. Dann bestieg er ein Schiff und fuhr nach Südchina. Glücklich im Hafen von Zaitum gelandet (was in einigen Quellen mit Kanton gleichgesetzt wird, in anderen jedoch mit Hafenstädten wie Tsingkiang oder Tschang-tschou-fu), zog er auf dem Landweg über Hang-chou und Yang-tschou nach Cambalec (heute Peking). Hier empfing der Großkhan Timur, der Nachfolger Kublais, den Missionar und erlaubte ihm, in seinem Reich das Evangelium zu verkünden. Johannes von Monte Corvino begann sofort mit seiner Missionsarbeit.

Im Jahre 1299 vollendete er in der Stadt den Bau einer Kirche für seine 6000 Gläubigen. Um seine Mission zu unterstützen, übertrug er das Neue Testament und die Psalmen in die Sprache der Mongolen. Behindert wurde er bei seiner Arbeit nicht durch die noch heidnischen Mongolen, sondern von den Nestorianern, Anhängern einer Sekte, die auf dem Konzil von Ephesus (431) verdammt worden war.

Als Johannes von Monte Corvinos missionarische Erfolge auch im Abendland bekannt wurden, bemühten sich Papst und Orden, ihm geeignete Hilfe zu senden. 1303 kam sein Mitbruder Arnold von Köln nach langer Fahrt in Cambalec an, und im Jahre 1307 errichtete der Papst die Kirchenprovinz Cambalec mit sechs Suffraganbistümern (zu einer Kirchenprovinz gehörende Bistümer). Johannes von Monte Corvino wurde zum Erzbischof geweiht.

Unermüdlich arbeitete er weiter im Weinberg des Herrn, bis er, über achtzigjährig, um das Jahr 1330 starb. Johannes von Monte Corvino wehrte sich energisch gegen die Übergriffe der Nestorianer, die behaupteten, er sei ein Betrüger und Spion. Er rief sogar die Gerichte an, damit seine Unschuld bewiesen werde. Denn für eine gerechte Sache sollte man nicht nur dulden, sondern sich auch wehren.

Hier ein Auszug aus einem Brief des Johannes von Monte Corvino vom 8. Januar 1305:

»Ich brach im Jahre des Herrn 1291 von Tauris (Täbris) auf und begab mich nach Indien, wo ich dreizehn Monate an der Kirche des heiligen Thomas [in Mylapur/Madras] wirkte und an verschiedenen Orten ungefähr hundert Leute taufte; hier starb auch mein Gefährte und Ordensbruder Nicolaus von Pistoja und ward in der Kirche des heiligen Thomas begraben. Ich zog darauf weiter nach Cathay, dem Reich des Kaisers der Tartaren, welcher Großkhan heißt, und übergab ihm das Schreiben des Papstes, worin dieser ihn ermahnt, den Glauben unseres Herrn Jesus Christus anzunehmen. Der Großkhan ist jedoch allzusehr in dem Götzendienst befangen, erweist aber trotzdem den Christen viele und große Wohltaten, und ich selbst befinde mich bereits zwei Jahre bei ihm. Die Nestorianer, welche zwar den Namen Christen führen, aber fast nichts von der christlichen Religion wissen, haben sich in diesen Gegenden ein solches Übergewicht zu verschaffen gewußt, daß sie den andern Christen nicht gestatten, auch nur das kleinste Bethaus zu besitzen oder ihre Lehre öffentlich zu predigen, denn in diese Länder kam weder ein Apostel noch ein Schüler der Apostel. Sie veranlaßten deshalb nicht nur selbst, sondern auch durch andere Bösewichte, die sich von ihnen bestechen ließen, gegen mich die härtesten Verfolgungen, indem sie ausstreuten, ich sei kein Gesandter des Papstes, sondern ein gefährlicher Spion. Später führten sie sogar falsche Zeugen vor, welche aussagten, daß ich in Indien einen Boten, der mit einem kostbaren Schatz für den Großkhan unterwegs war, ermordet und beraubt

habe. Diese Ränke dauerten fast fünf Jahre ununterbrochen fort. In dieser Zeit mußte ich häufig vor Gericht erscheinen und war öfters in Gefahr, zum Tode verurteilt zu werden, bis der Großkhan endlich durch das Geständnis eines der Urheber meine Unschuld und die Niederträchtigkeit meiner Gegner erkannte und sie samt ihren Frauen und Kindern aus seinem Reiche wies. Nachdem ich bereits elf Jahre allein in diesem fremden Lande gelebt und gepredigt hatte, kam der Bruder Arnold, ein Deutscher aus der Provinz Köln, an und befindet sich jetzt fast zwei Jahre bei mir. In der Stadt Cambalec, dem Hauptsitz des Großkhans, habe ich den Bau einer Kirche unternommen und vor sechs Jahren beendet, auch einen Turm erbaut und darin drei Glocken aufgehängt. Getauft wurden von mir, wie ich glaube, bis jetzt an sechstausend Personen, und ohne die erwähnten Angebereien wären deren wohl mehr als dreißigtausend getauft worden; jetzt aber wird ununterbrochen mit der Taufe der Neubekehrten fortgefahren. Ferner habe ich hundertfünfzig Knaben von sieben bis elf Jahren, Kinder heidnischer Eltern, welche von keiner Religion wußten, getauft, sie nach unserer Weise in der griechischen und lateinischen Sprache unterrichtet und für sie dreißig Psalter nebst den Hymnen und zwei Breviere geschrieben. Elf Kinder können bereits sowohl in meinem Beisein als auch während meiner Abwesenheit den Gottesdienst halten und den Chor singen, wie es in unsern Klöstern gebräuchlich ist, woran der Großkhan viel Vergnügen findet; auch schreiben mehrere von ihnen schon Psalter und anderes Notwendige. Die Glocken lasse ich bei jeder Gelegenheit läuten, und die Gläubigen versammeln sich auf ihren Ruf, ohne daß ihnen ein Hindernis in den Weg gelegt wird.

Ein zu der Sekte der nestorianischen Christen gehörender Fürst dieser Gegend, welcher jetzt den Namen Georg führt und von dem erlauchten Geschlecht jenes großen Königs abstammt, den man den Priester Johannes von Indien nannte, war schon im ersten Jahre, als ich kam, mein Schüler und nahm nicht nur den katholischen Glauben an, sondern empfing auch die niederen Weihen und diente mir in seinem königlichen Gewand bei der Feier des Meßopfers. Einige Nestorianer klagten ihn zwar wegen seiner Konversion an, er bekehrte aber nichtsdestoweniger einen großen Teil seines Volkes zum wahren katholischen Glauben, erbaute mit fürstlichem Aufwand

Stadttor in Peking, dem alten Kambaluk (Cambalec)

eine Kirche zur Ehre unseres Gottes, der Heiligen Dreifaltigkeit und des Papstes und nannte sie die römische Kirche. Als dieser Fürst vor sechs Jahren als wahrer Christ im Herrn entschlief, hinterließ er einen fast noch in der Wiege liegenden Sohn, welcher jetzt neun Jahre alt ist. Aber seine Brüder, welche in den Irrlehren des Nestorius verstrickt waren, bewogen seine Untertanen, die er bekehrt hatte, wieder zu der früheren Ketzerei zurückzukehren. Da ich mich allein hier befand und ich mich nicht vom Großkhan entfernen durfte, so konnte ich mich nicht nach jener Kirche begeben, welche zwanzig Tagereisen entfernt ist. Wollten jedoch einige gute Gehilfen und Mitarbeiter zu mir kommen, so würde sich, wie ich zu Gott hoffe, alles wiedergutmachen lassen, denn ich besitze immer noch das mir vom Fürsten Georg verliehene Vorrecht, in seinem Land zu predigen, und ich wiederhole, daß meine Bemühungen ohne die erwähnten Ränke mit großen Erfolgen gekrönt worden wären. Auch würde vielleicht, wenn zwei oder drei Gefährten mich unterstützt hätten, der Großkhan getauft worden sein. Ich bitte deshalb, mir einige Brüder zu schicken, jedoch nur solche, welche bereit sind, ein Beispiel der Aufopferung zu geben und nicht nach Ruhm und Ehrenstellen geizen. Was die Reise zu mir betrifft, so rate ich ihnen, den Weg durch das Land der nördlichen Tartaren als den kürzeren und sicherern zu wählen, da sie auf ihm mit den Boten in fünf bis sechs Monaten hierher gelangen können, der andere Weg ist sehr weit und gefahrvoll, denn man muß zwei Strecken zur See zurücklegen, von denen die eine [zwischen den Häfen Ormus und Mylapur] mit der Fahrt zwischen der Provence und Akkon verglichen werden kann, die andere [zwischen Mylapur und Zaitun] aber die Entfernung zwischen Akkon und England beträgt. Man hat den letzteren Weg, der ungefähr zwei Jahre dauert, nur gewählt, weil der erste viele Jahre lang durch die an ihm wohnenden und miteinander Krieg führenden Völker gesperrt war. Weshalb ich auch in zwölf Jahren weder von dem römischen Stuhl noch von unserm Orden noch überhaupt aus dem Abendland irgendeine Nachricht erhalten habe. Vor zwei Jahren verirrte sich zwar ein lombardischer Arzt hierher, der aber über den römischen Stuhl, unsern Orden und die Zustände des Abendlandes so unglaubliche und abscheuliche Nachrichten verbreitete, daß ich sehr großes Verlangen habe, die Wahrheit zu erfahren. Ich ersuche daher die Brüder, an welche dieses Schreiben gelangt, dem Papst, den Kardinälen und dem Geschäftsführer unseres Ordens über den Inhalt zu berichten, den General unseres Ordens aber um ein Antiphonar, eine Legende der Heiligen, ein Graduale und ein Psalter mit den nötigen Erläuterungen zu bitten, denn ich besitze nur ein Taschenbrevier mit kurzen Lektionen und ein kleines Missale. Die Exemplare werde ich, sobald sie ankommen, durch die von mir erzogenen Knaben abschreiben und vervielfältigen lassen. Im Augenblick bin ich selbst mit dem Bau einer zweiten Kirche beschäftigt. Ich bin bereits hinfällig und grau geworden, mehr durch Mühseligkeiten und Trübsale als durch das Alter, denn ich zähle erst achtundfünfzig Jahre. Der tartarischen Sprache bin ich so vollkommen mächtig, daß ich ohne Schwierigkeit die Lehre Jesu Christi verkünde, auch habe ich bereits das Neue Testament und das Psalter übersetzt und die Übersetzung in tarsischer Schrift, deren sich die Tartaren allgemein bedienen, sehr schön abschreiben lassen. Ebenso hätte ich, wenn der erwähnte Fürst Georg am Leben geblieben wäre, die Kirchengesänge übersetzt, um sie in seinem Fürstentum überall ein-

zuführen. Das Vorbereitungsgebet und das Glaubensbekenntnis lese ich stets in tartarischer Sprache. Der Sohn des erwähnten Fürsten heißt Johannes, da ich sein Pate bin, und ich hoffe, daß er in die Fußstapfen seines Vaters tritt. Zum Schluß muß ich auch noch bemerken, daß nach allem, was ich gesehen und gehört habe, kein Fürst der Erde, was den Umfang des Gebietes, die Menge der Untertanen und die Größe der Reichtümer betrifft, sich mit dem Großkhan vergleichen kann.

Gegeben zu Cambalec im Jahre des Herrn 1305, am 8. Tage des Monats Januar.«

Odorich von Pordenone

Der vierte große Reisende, Odorich von Pordenone, wurde 1286 in dem kleinen Städtchen Pordenone in Friaul geboren. Schon in jungen Jahren trat er in Udine (Friaul) dem Franziskanerorden bei.

Im Auftrag des Ordens reiste er um das Jahr 1314 von Padua aus nach Armenien und Persien. Odorich sollte mithelfen, diese Länder zu missionieren.

Ungefähr acht Jahre später war er erneut auf Reisen. Über Thana nahe Bombay, wo er die Reliquien der franziskanischen Märtyrer Thomas von Tolentino und seiner Gefährten fand, fuhr er weiter die Westküste Vorderindiens entlang bis zu dessen Südspitze. Die nächsten Stationen seiner Reise waren Ceylon (Sri Lanka), Madras, Java und Borneo. Sein Weg führte ihn weiter nach Kanton und, nach dem Besuch mehrerer Küstenstädte, schließlich nach Cambalec (Peking). Hier wirkte er drei Jahre, ehe er über die chinesischen Provinzen Schansi und Schensi, den Norden Tibets durchquerend, durch Persien und Armenien, über das Schwarze Meer und das Mittelmeer wieder in seiner Heimat ankam.

Nach Udine zurückgekehrt, diktierte er dem Mitbruder Wilhelm von Solagno seine Reiseerlebnisse. Noch einmal machte sich Odorich von Pordenone auf den Weg, und zwar nach Avignon zu Papst Johannes XXII. (1316–1334). Er wollte dem Heiligen Vater von seinen Reisen berichten und ihn um Missionare für diese Länder bitten. Odorich erkrankte unterwegs jedoch so schwer, daß er in sein Kloster zurückkehren mußte und dort am 4. Januar 1331 starb.

Was immer man auch in den Mittelpunkt seines Lebens stellt, dessen sollte man sich von ganzem Herzen annehmen. Dieser Satz charakterisiert am besten Odorich von Pordenones Lebenshaltung, für den die Glaubensverbreitung der Mittelpunkt seines Tuns war. Von Papst Benedikt XIV. wurde er 1755 heiliggesprochen.

In diesem durch den Handel sehr belebten Küstenland [am Schwarzen Meer], beginnt Odorich, *sah ich etwas Merkwürdiges, was mir sehr großes Vergnügen machte, nämlich einen Mann, welcher mehr als viertausend Rebhühner mit sich führte. Der Mann ging auf der Straße, die Rebhühner aber, welche er nach seinem Wohnort, dem drei Tagereisen von Trebisonde [Trapezunt] liegenden Flecken Zavena zurückbrachte, flogen über seinem Haupt und waren so abgerichtet, daß sie, wenn er sich niedersetzte, um auszuruhen, sich um ihn scharten wie die Küchlein um die Henne. Auf diese Weise zog er von Zeit zu Zeit nach dem kaiserlichen Palast, lieferte hier den jedesmaligen Bedarf ab und kehrte mit dem Rest nach Hause zurück. Von Trebisonde, wo der Körper des heiligen Athanasius über dem Stadttor ruht, setzte ich meine Reise fort nach einer andern Stadt, welche Arsaron [Erzerum] heißt und vorzeiten sehr reich war, jetzt aber von den Tartaren großenteils zerstört ist. Wir fanden hier einen großen Überfluß an Brot und Fleisch und allen sonstigen Lebensmitteln, nur Wein und Obst ausgenommen, denn es ist hier kalt und die Stadt soll höher liegen als irgendeine andere in der Welt; sie hat aber dennoch sehr gutes Wasser, welches aus dem großen, etwa eine Tagereise entfernten Fluß Euphrat herzukommen und durchzusickern scheint. Zu Arsaron hat man die Hälfte des Weges von Trebisonde nach Täbris und gelangt dann an einen Berg, welcher Sobissacolo heißt. In dieser Gegend befindet sich auch der Berg Ararat, worauf die Arche Noahs ruht und den ich gern bestiegen hätte, aber meine Reisegesellschaft wollte nicht warten. Auch behaupteten die Eingeborenen, daß bis jetzt noch niemand das Glück gehabt habe, auf den Gipfel des Berges zu gelangen, weil der Allmächtige dies nicht wolle. Darauf kam ich nach Täbris, einer großen Residenzstadt, die für den Verkehr so vortrefflich gelegen ist, daß es fast keine Ware gibt, von der man dort nicht einen guten Vorrat findet, auch soll der Großkhan aus dieser Stadt mehr Abgaben erhalten, als der König von Frankreich aus seinem ganzen Land zieht. Nahe bei der Stadt sieht man einen salzhaltigen Berg, aus welchem die Bewohner ihren Bedarf umsonst beziehen; es befinden sich hier auch viele Christen, die aber vollständig unter der Botmäßigkeit der Sarazenen stehen. Nach zehn weiteren Tagereisen erreichte ich Soldania [Soltaniyeh], eine in einem kühlen Klima liegende und mit gutem Wasser versehene, große Handelsstadt, wo sich der König der Perser deshalb während des Sommers aufhält, denn im Winter wohnt er zu Baku am Ufer des Kaspischen Meeres.*

Von Soldania aus setzte ich meine Reise nach dem östlichen Teil des persischen Reiches fort und kam nach vielen Tagereisen in die Stadt der drei Magier, die Kaswin heißt und noch große Pracht zeigt, obgleich sie durch die Zerstörungswut der Tartaren ebenfalls großen Schaden erlitten hat. In dieser Stadt, wo Überfluß an Brot, Wein und andern Lebensbedürfnissen herrscht, gibt es viele Wunderdinge, die ich hier mit Stillschweigen übergehe; ich will nur noch bemerken, daß die Magier von hier bis nach Jerusalem fünfzig Tagereisen zurückzulegen hatten. Die nächste Stadt, die ich nach Kaswin berührte, heißt Jesd [Yazd] und ist nur eine Tagereise von der Salzwüste von Kerman entfernt. Hier hat man einen größeren Überfluß an Lebensmitteln, besonders an Feigen und frischen und getrockneten Trauben als an irgendeiner andern Stelle der Welt, auch gilt Jesd als die dritte unter den besten Städten, welche der König von Persien besitzt, kein Christ aber kann hier nach der Meinung der Sarazenen länger als ein Jahr leben. Weiterhin erreichte ich nach vielen Wochen die Stadt Kum [Ghom], die im Altertum sehr mächtig war und den Römern schweren Schaden zufügte; sie hatte einen Umfang von fast fünfzig Meilen, und jetzt noch findet man in ihr große, aber unbewohnte Paläste; an Lebensmitteln ist jedoch kein Mangel. Nachdem ich von hier aus noch viele Länderstrecken durchwandert hatte, gelangte ich endlich zu dem Lande Hus, der Heimat Hiobs, welches ebenfalls Überfluß an Nahrungsmitteln und eine herrliche Lage hat; auf den nahen Bergen gibt es vortreffliche Viehweiden, und man findet daselbst das Manna in großer Menge; auch sind die Lebensmittel sehr billig, und man kauft vier Rebhühner für weniger als einen Groschen. In diesen Land, welches gegen Norden an Chaldäa grenzt, spinnen und nähen nicht die Frauen, sondern die Männer, unter denen man sehr schöne Greise findet.

Von hier begab ich mich nach Chaldäa, einem großen Reich, und kam an dem Turm Babel vorüber. In dieser Gegend, wo eine eigentümliche Sprache gesprochen wird, sind die Männer schön, die Weiber aber häßlich, auch schmücken die Männer das glattgekämmte Haar wie bei uns die Frauen und winden um den Kopf golddurchwirkte und mit Edelsteinen und Perlen besetzte Tücher. Die Frauen aber gehen barfuß und mit aufgelöstem Haar einher und tragen lange Hosen und darüber ein bis an die Knie reichendes, schlechtes Hemd mit weiten bis auf den Boden herabhängenden Ärmeln. Auf der weiteren Reise gelangte ich nach Indien, das unterhalb der von den Tartaren schrecklich verwüsteten Landstrecken liegt und wo die Eingeborenen nur von Datteln leben, von denen zweiundvierzig Pfund weniger als einen Groschen kosten. Nach vielen Tagereisen erreichte ich endlich den Ozean und Ormus [Hormuz], eine mit starken Mauern umgebene, reiche Handelsstadt. Hier herrscht eine übermäßige Hitze. In diesem Land hat man auch Schiffe, Jase genannt, welche mit Pfriemengras zusammengenäht sind. Ich bestieg ein solches, woran ich keine Spur von Eisen entdecken konnte, und landete nach achtundzwanzig Tagen an der Stadt Thana [bei Bombay], wo vier unserer Brüder für die christliche Lehre den Martertod erlitten hatten. Dieses Land hat eine herrliche Lage und Überfluß an Wein, Brot und andern Lebensmitteln; es gehörte im Altertum zum großen Reich des Königs Porus, welcher dem König Alexander eine hartnäckige Schlacht lieferte (326 v. Chr.); jetzt wird es von Götzendienern bewohnt, die das Feuer und Schlangen und Bäume anbeten, und ist den Sarazenen untertan, welche es mit Waffengewalt eroberten und ihrem Reich einverleibten. Hier gibt es verschiedene Arten von wilden Tieren, besonders aber schwarze Löwen in großer Menge, ferner Affen, Meerkatzen, Nachteulen von der Größe unserer Tauben und Mäuse, welche nicht kleiner sind als bei uns die Wiesel und von den Hunden gefangen werden müssen, weil die Katzen sie nicht zu überwältigen vermögen. Jeder Einwohner hat auch vor seinem Haus in einem Gefäß ein gleich einer Säule gestaltetes Bündel von Reisern, welche stets grün bleiben, wenn man nicht versäumt, sie zu begießen. Außerdem findet man hier noch viele sonderbare Dinge, deren Schilderung dem Leser großes Vergnügen gewähren würde, jedoch ich möchte jetzt von einem anderen Ereignis berichten.

Als ich nach Thana kam und von dem Martertod meiner Ordensbrüder hörte, begab ich mich sogleich an ihren Begräbnisort, grub die Gebeine aus und barg sie in einem schönen Kästchen, um sie mit mir nach dem oberen Indien zu nehmen, wohin ich alsbald mit dem Gefährten und einem Diener weiter reiste. Als eines Nachts die Herberge, worin wir uns befanden, von den Sarazenen angezündet wurde, um uns mit derselben zu verbrennen, und mein Gefährte und mein Diener die Flucht ergriffen und mich allein zurückließen, nahm ich die Gebeine, welche stets unter meinem Haupt lagen, und zog mich damit in einen Winkel des Hauses zurück. Das Feuer, welches bereits das ganze Gebäude ergriffen hatte, schwebte über mir, reichte aber nicht weiter herab, bis ich mich entfernt hatte, worauf auch dieser Teil des Hauses sogleich niederbrannte. Ein anderes Wunder geschah, als auf unserer Reise nach Polumbrum [wohl Balarampuram], wo viel Pfeffer wächst, eine Windstille eintrat. Nachdem zuerst die Heiden vergebens ihre Götter um günstigen Wind angerufen und dann die Sarazenen mit nicht besserem Erfolg sich mit Gebeten abgemüht hatten, befahl man uns, zu unsern Göttern zu flehen, und der Befehlshaber des Schiffes sagte mir in armenischer Sprache, welche die andern nicht verstanden, er würde mich, wenn auf unser Gebet kein besseres Wetter eintrete, samt den Knochen ins Meer werfen. Wir fingen an zu beten und gelobten viele Messen zur Ehre der allerseligsten Jungfrau zu lesen, wenn sie sich würdigen wolle, uns in unserer Not beizustehen. Da aber wieder einige Zeit verging, ohne daß sich eine Änderung in dem Wetter zeigte, gab ich meinem Diener eines von den Gebeinen der Märtyrer mit der Weisung, es am Schnabel des Schiffes heimlich in das Meer fallen zu lassen, worauf sogleich ein günstiger Wind aufkam und uns bis zum Hafen von Polumbrum nicht mehr verließ. Hier bestiegen wir ein anderes Fahrzeug, um uns nach dem oberen Indien, dem Ziel unserer Reise, zu begeben und gelangten wohlbehalten zu der Stadt Zaitun, wo sich zwei Klöster unseres Ordens befinden und wo wir die Gebeine der Märtyrer beisetzen wollten. Als wir uns dem Hafen näherten, durchsuchten die Führer des Schiffes, welches siebenhundert Reisende, meist Handelsleute, an Bord hatte, alle Räume, um nach alter Sitte die etwa noch vorhandenen Knochen der geschlachteten Tiere in das Meer zu werfen und dadurch eine glückliche Landung zu erlangen; die Gebeine der Märtyrer fanden sie aber nicht, denn so oft sie in ihre Nähe kamen, täuschten sich ihre Augen, und es gelang uns auf diese Weise, die Reliquien an den ihnen bestimmten Ort zu bringen, wo sie in Frieden ruhen und wo Gott durch sie selbst unter den Heiden beständig Wunder wirkt.

Auf unserer Fahrt berührten wir auch das Reich Malabar, welches mehr Pfeffer hervorbringt als irgendein anderes Land der Welt, denn der Wald, worin er wächst, ist achtzehn Tagereisen lang und in dem Wald selbst liegen zwei Städte, die Flandrina und Cyncilim heißen. In Flandrina wohnen einige Juden und Christen, welche fortwährend miteinander Fehde führen, wobei jedoch die Christen stets die Oberhand behalten. Der Pfeffer wächst an blätterigen Stengeln, die, wie bei uns die Reben, neben große Bäume gepflanzt werden und ihre Frucht hervorbringen, wie die Reben die Trauben. Die Frucht, welche man ebenso wie die Trauben einherbstet, ist grün, wird aber an der Sonne getrocknet, und die dürren Körner, welche man in irdene Gefäße sammelt, sind der Pfeffer. In den Flüssen, welche den Wald durchströmen, halten sich viele Krokodile auf, und der Wald selbst wimmelt von Schlangen, die man, um ohne Gefahr zur Pfefferernte schreiten zu können, mit Stroh und Spreu verbrennt. An der südlichen Spitze des Waldes liegt Polumbrum, eine bedeutende Handelsstadt. Die Bewohner dieses Landes beten als Gott einen lebendigen Ochsen an, den sie sechs Jahre arbeiten, im siebten Jahr aber ausruhen lassen, an einen öffentlichen geweihten Ort stellen und als ein heiliges Tier betrachten. Die Verehrung besteht darin, daß sie jeden Morgen zwei Becken von Gold oder Silber herbeibringen, um mit dem einen den Harn und mit dem andern den Kot des Ochsen aufzufangen; mit dem Urin waschen sie sich das Gesicht und die Augen und alle fünf Sinne, den Kot aber legen sie zuerst auf beide Augen und bestreichen dann damit die Wangen und die Brust, wodurch sie sich für den ganzen Tag geheiligt glauben. Dies tut nicht nur das Volk, sondern auch der König und die Königin. Ferner beten sie einen toten Götzen an, der oben Mensch und unten Ochse ist;

dieser erteilt ihnen auf ihre Fragen Antworten und verlangt von Zeit zu Zeit als Opfer das Blut von vierzig Jungfrauen, weshalb sie ihm ihre Töchter und Söhne weihen, wie wir die unsrigen einem Orden oder einem Heiligen im Himmel. Auf diese Weise finden viele Menschen vor diesem Götzen ihren Tod. Auch haben sie noch eine andere sehr abscheuliche Gewohnheit. Stirbt nämlich ein Mann, so verbrennen sie mit ihm sein Weib lebendig, weil dieses nach ihrer Ansicht dem Mann in der andern Welt beim Ackerbau und allen andern Arbeiten helfen muß. Hat die Frau aber Kinder von ihrem Mann, so kann sie, wenn sie will, ohne Nachteil und Vorwurf bei diesen bleiben, doch ziehen die meisten Frauen es vor, mit ihren Männern zu sterben. Der Mann dagegen ist, wenn die Frau vor ihm stirbt, durch dieses Gesetz nicht gebunden, sondern kann eine andere heiraten. Bei diesem Volk ist es auch Sitte, daß die Frauen Wein trinken und sich den Bart scheren lassen, die Männer aber nicht.

Aus diesem Land kam ich nach zehn Tagereisen in ein anderes, welches Mylapur [Gegend von Madras] heißt und viele Städte und eine große Bevölkerung hat; hier ruht auch in einer Kirche der Körper des heiligen Apostels Thomas, die Kirche ist jedoch mit Götzen überfüllt und in derselben Gegend befindet sich auch ein merkwürdiges Götzenbild, welches so groß ist, wie wir den heiligen Christopherus darstellen und das ganz aus Gold besteht. Um den Hals hat es eine seidene Schnur mit den kostbarsten Edelsteinen, von denen mancher mehr wert ist als ein ganzes Königreich, und das Dach, der Fußboden und die Wände des Tempels, worin es thront, sind über und über mit Gold belegt. Zu diesem Götzenbild wallfahren die Inder wie wir zu dem heiligen Petrus. Einige dieser Pilger kommen mit einem Strick um den Hals, andere mit auf den Rücken gebundenen Händen und wieder andere mit einem im Arm oder in der Wade steckenden Messer; dürrt der Arm oder das Bein nach vollbrachter Wallfahrt ab, so glauben sie eine heilige, dem Götzen wohlgefällige Tat verrichtet zu haben. Neben dem Tempel sieht man einen von Menschenhänden angelegten und jedem zugänglichen See, in den die Pilger Gold, Silber und kostbare Steine als Opfer für den Götzen und zum Unterhalt des Gebäudes werfen. Soll nun an diesem etwas geändert oder ausgebessert werden, so fischen die Priester so viele dieser Weihegeschenke heraus, als ihnen zur Dek-

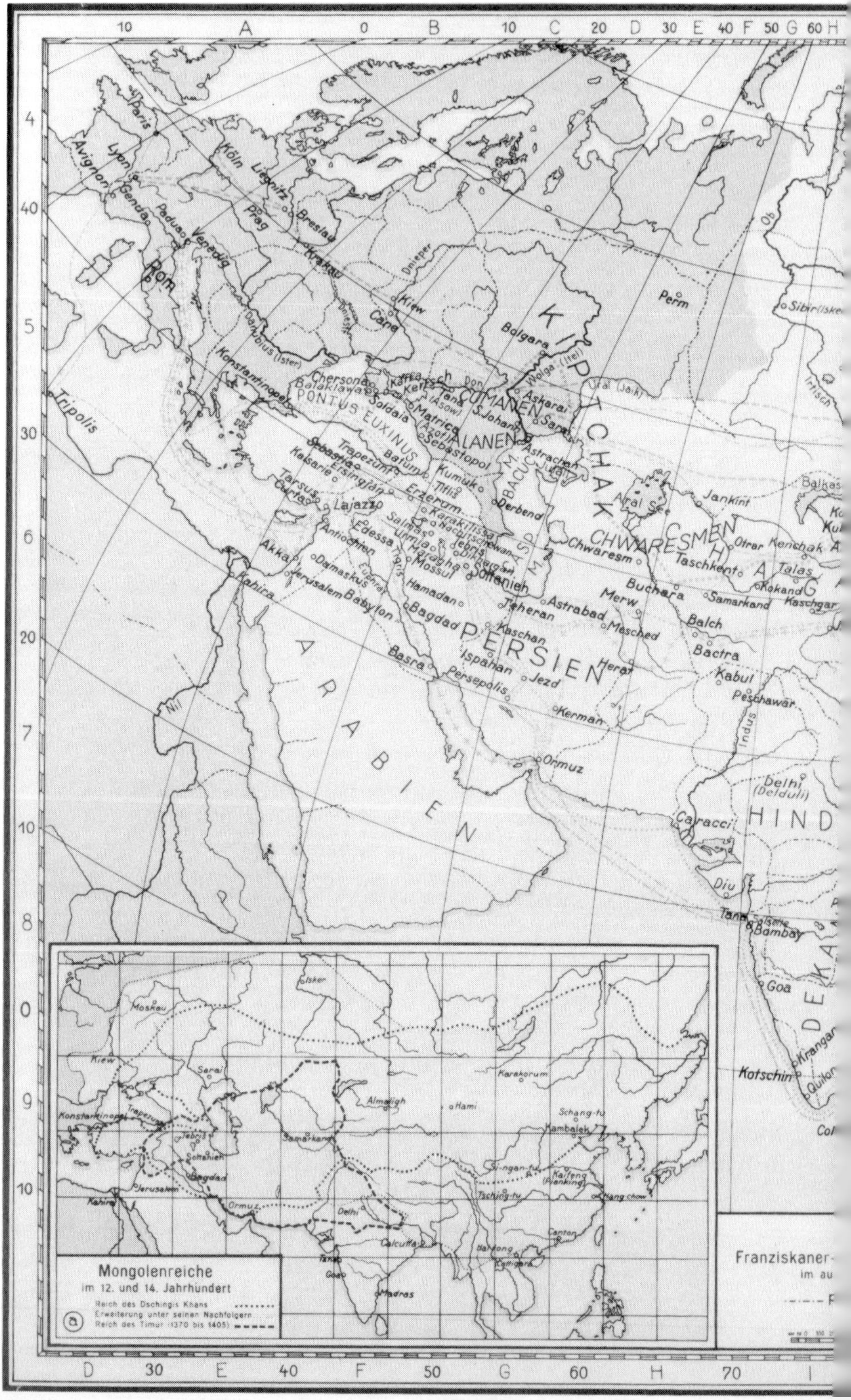
Paris
Avignon
Lyon
Genua
Padua
Venedig
Rom
Köln
Liegnitz
Prag
Breslau
Krakau
Kiew
Cane
Danubius (Ister)
Dnieper
Konstantinopel
Tripolis
Cherson
Balaklawa
PONTUS EUXINUS
Soldaia
Kaffa
Kerts
Tana (Asow)
Don
Matrica
Azof
Sebastopol
ALANEN
CUMANEN
S. Johann
Sarai
Askarai
Astrachan
Wolga (Itel)
Ural (Jaik)
Bolgara
KIPTCHAK
Perm
Trapezunt
Sebastea
Kaisarie
Ersingjan
Batum
Kumuk
Tiflis
Erzerum
Derbend
Tarsus
Lajazzo
Antiochien
Edessa
Akka
Damaskus
Jerusalem
Babylon
Kahira
Nil
Tigris
Euphrat
Mossul
Hamadan
Bagdad
Soltanieh
Teheran
Astrabad
Kaschan
Ispahan
Jezd
Persepolis
Basra
Kerman
Ormuz
PERSIEN
ARABIEN
Aral See
Jankint
CHWARESMEN
Chwaresm
Buchara
Merw
Meschad
Herat
Balch
Bactra
Kabul
Peschawar
Indus
Otrar
Kenchak
Taschkent
Samarkand
Talas
Kokand
Kaschgar
Ob
Irtisch
Sibir (Isker)
Balkas
Delhi (Delduli)
HIND
Caracci
Diu
Tana
Salsette
Bombay
Goa
Krangan
Kotschin
Quilon
DEKA
Mongolenreiche
im 12. und 14. Jahrhundert
Reich des Dschingis Khans
Erweiterung unter seinen Nachfolgern
Reich des Timur (1370 bis 1405)
Moskau
Isker
Kiew
Sarai
Karakorum
Almaligh
Hami
Schang-tu
Kambaleh
Konstantinopel
Trapezunt
Tebris
Samarkand
Soltanieh
Bagdad
Jerusalem
Kahira
Ormuz
Delhi
Si-ngan-fu
Kaifeng (Nanking)
Tsching-tu
Hang chow
Canton
Calcutta
Tana
Goa
Madras
Franziskaner-
im au

Lena
Nishnaja
Untere Tunguska
Aldan
Werchnaja
Lena
Arqun
Amur
Tunguska
Baikal See
Kerulun
Karakorum
TARTAREN
SANDU
Schang-tu
KHITAI
Kambalek
COREA
(KAOLI)
KERAITEN
Barkul
Hami
Thiante
HIA
TANGUTEN
TENDUC
Turfan
Sachu
Thai yüan
Kuang-Ping
Linching
Su-chow
Kan-chow
Ping-jang
Lop nor
Liang-chow
(Caramoran)
Kaifeng
Yang-chow
REICH
Si-ning
Lan-chow
CATHAY
Si-ngan-fu
Nanking
Hang-chow (Camsay)
DER
Jangtse-kiang
(Dotalay)
MING
Tsing-tu
Chung-king
Fu-chow
Sabuen
MANZI
Tshang-chow
Zayton
Formosa
Lhasa
Swatow
Canton
Tali
Yün-nan
Brahmaputra
Kin
Lei-chow
Irawadi
Ava
Haiphong
Hainan (Dandin)
Mekong
Pegu
Sabara
Saigon
BORNEO
Kota Radja
Malakka
Singapore
SUMATRA
JAVA
anerfahrten
nzen
km
Zeichenerklärung
Johannes von Piana del Carpino (1245 bis 1247)
Andreas von Lonjumeau (1249 bis 1251)
Wilhelm Rubruk (1252 bis 1255)
Johannes von Monte Corvino (1291 bis 1294)
Odorich von Pordenone (1318 bis 1330)
I. Reise der Brüder Polo (1260 bis 1269)
II. Reise der Brüder Polo (1272 bis 1274)
Reise des Marco Polo (1283)
III. Reise der Brüder Polo (1292 bis 1294)

kung der Kosten nötig erscheint. Am Jahrestag der Erbauung des Tempels aber kommen sämtliche Pilger in Begleitung des Königs und der Königin und des ganzen Volkes, stellen das Götzenbild auf einen überaus kostbaren Wagen und führen es in feierlichem Aufzug umher. Den Zug eröffnen zahlreiche Jungfrauen, welche zwei und zwei einherschreiten und zur Musik verschiedener Instrumente Lobgesänge anstimmen, während viele Pilger sich unter die Räder des schweren Wagens werfen und sich zermalmen lassen, wodurch sie eines seligen Todes zu sterben und die Gnade des Götzen zu erlangen glauben.

Fast jedes Jahr kommen ungefähr fünfhundert Leute auf diese Weise um, ihre Leichname verbrennt man und bewahrt, weil sie für ihren Gott gestorben sind, die Asche als einen heiligen Schatz. Es gibt auch noch eine andere Art der Aufopferung. Entschließt sich nämlich ein Mensch, für seinen Gott zu sterben, so kommen alle seine Freunde und Verwandten nebst einer Schar von Possenreißern zusammen, geben ihm ein großes Fest und hängen ihm danach fünf scharfe Messer um den Hals. Darauf wird er vor den Götzen geführt, wo er mit dem Ruf: Ich opfere dem Gott von meinem Fleisch, ein Stück aus demselben mit einem der Messer herausschneidet und es dem Götzen ins Gesicht schleudert. Durch den letzten Schnitt tötet er sich selbst mit den Worten: Ich erlaube mir, für meinen Gott zu sterben. Der Geopferte, dessen Leichnam man verbrennt, gilt fortan als ein Heiliger. Der König dieser Gegend besitzt die größten Schätze an Gold, Silber und Edelsteinen; auch gibt es hier die kostbarsten Perlen.

Von der Küste von Mylapur aus setzte ich meine Seereise in südlicher Richtung fort und erreichte nach einer Fahrt von fünfzig Tagen ein Land, welches Sumatra heißt und wo eine so unerträgliche Hitze herrscht, daß alle Bewohner, sowohl männliche als weibliche, völlig nackt gehen. Sie verlachten mich, als sie mich in Kleidern sahen, und erklärten mir, daß Gott Adam und Eva nackt geschaffen habe. Hier sind alle Frauen gemeinschaftlich, so daß niemand sagen kann: Dies ist meine Frau. Und gebiert eine ein Kind, so gibt sie es nach Belieben einem der Männer, von denen sie weiß, daß sie für das Kind Vater sein könnten. Auch der Grund und Boden ist gemeinschaftlich, doch hat jeder seine besondere Wohnung. Das Land ist sehr reich an Gold, Silber, Aloeholz, Kampfer, Reis, Getreide und eßbaren Tieren, und doch verzehrt dieses abscheuliche Volk Menschenfleisch, weshalb die Kaufleute ihm gemästete Menschen zuführen und verkaufen, wie man bei uns die Schweine verkauft. Auf dieser Insel liegt gegen Süden hin ein Reich, Sumatra genannt, wo die Einwohner, sowohl Männer als auch Weiber, sich an zwölf Stellen des Gesichtes mit einem glühenden Eisen ein Zeichen einbrennen. Sie sind sehr kriegerisch und liegen in beständigem Kampf mit den nackten Leuten in der zuerst erwähnten Gegend.

Von hier kam ich zu einer andern Insel, welche Java heißt [vielleicht ist hier auch Borneo gemeint] und dreitausend Meilen im Umfang hat; sie ist sehr gut bevölkert, und der sie beherrschende König hat sieben andere Fürsten unter sich. Sein Palast ist der prachtvollste und höchste, den ich je gesehen habe; die Stufen der zu ihm führenden Treppen bestehen abwechselnd aus Gold und Silber, und miteinander abwechselnde Tafeln von denselben Metallen bilden den Fußboden. Die innern Wände sind mit goldenen Platten belegt und darauf Reiter eingraviert mit großen, aus Edelsteinen gebildeten Ringen um den Kopf; das Dach aber besteht aus gediegenem Gold. Der Großkhan von Katai hat schon öfter mit diesem König Krieg geführt, wurde aber immer von ihm besiegt. In diesem Land wachsen die Gewürznelken, Kubeben, Muskatnüsse und andere Spezereien, so wie auch alle Lebensmittel, den Wein ausgenommen, im Überfluß.

Neben dieser Insel liegt ein anderes Land, welches Panten oder mit einem andern Namen Malamasmi heißt und dessen König über viele Inseln herrscht. Man findet in seinem Gebiet Bäume, welche Mehl, Honig und Wein tragen, zugleich aber auch das gefährlichste Gift der Welt, gegen das es nur ein einziges Mittel gibt, und zwar folgendes: Hat nämlich jemand durch einen Zufall dieses Gift verschluckt, so trinkt er mit Wasser verdünnten Menschenkot und führt es so wieder ab. Das Mehl gewinnt man von den dicken und hohen Bäumen. Und zwar so, daß man in den Stamm nahe am Boden mit dem Beil einen Einschnitt macht, woraus ein gummiartiger Saft hervorquillt, den man in kleinen, aus Blättern verfertigten Säckchen aufhängt und vierzehn Tage in der Sonne eintrocknen läßt. Nach dieser Zeit weicht man ihn in Seewasser ein, wäscht ihn dann in süßem Wasser aus, wodurch er zu einem guten und wohlriechenden

Teig wird, aus dem man Brot und andere Speisen nach Belieben bereitet. Ich habe selbst von diesem Brot gegessen, das äußerlich schön, im Innern aber etwas schwarz ist. In dieser Gegend gibt es auch einen windstillen Meeresstrich, wo das Wasser stets nach Süden strömt, und wenn ein Mensch hineinfällt, so kommt er nicht mehr zum Vorschein. In diesem Land wachsen Rohre, die über sechzig Schritte lang werden und über die Bäume hervorragen. Ein anderes Rohr, welches Cassan heißt, kriecht auf dem Boden hin, wie Gras, und aus jedem Knoten kommen Äste hervor, die sich ebenfalls auf dem Boden fast eine Meile weit hinziehen. In diesem Rohr findet man Steine, welche die Eigenschaft haben, daß der, der sie bei sich trägt, von keinem Eisen verletzt werden kann, weshalb die Eingeborenen gewöhnlich mit einem solchen Stein versehen sind. Die Eltern machen ihren Knaben schon in der Kindheit einen Schnitt in den Arm, legen einen dieser Steine hinein und heilen die Wunde mit einem sie schnell schließenden Pulver, welches aus einem mir unbekannten Fisch bereitet wird. Durch die Kraft des Steines siegen diese Leute gewöhnlich in ihren Kriegen zu Wasser und zu Land, da sie durch keine eiserne Waffe verwundet werden können. Ihre Gegner, welche dies wissen, bedienen sich deshalb gegen sie hölzerner Pfähle mit scharfer, gehärteter Spitze und hölzerner, vergifteter Pfeile, wodurch sie ihnen zuweilen großen Schaden zufügen. Aus dem Cassanrohr verfertigt man auch die Segel für die Schiffe, kleine Häuser und andere nötige Geräte.

Von hier gelangte ich nach vielen Tagereisen zu einem andern Reich, welches Campa heißt und durch eine herrliche Lage und seinen Überfluß an Nahrungsmitteln berühmt ist. Der König dieses Landes hatte zu der Zeit, als ich es besuchte, eine Menge Weiber und von ihnen über dreihundert Söhne und Töchter, auch besitzt er zehntausendundvier zahme Elefanten, welche auf der Weide gehütet werden, wie bei uns die Rinder. In dieser Gegend gibt es eine so große Menge von Fischen, daß sie zu bestimmten Zeiten das Meer bedecken und man auf einer weiten Strecke nichts sieht als ihre Rücken. Sie schieben sich sogar auf den Strand und bleiben dort drei Tage, so daß jeder sich mit einem beliebigen Vorrat versehen kann. Ist eine Art in das Meer zurückgekehrt, so folgt ihr sogleich eine andere, und auf diese Weise erscheinen nach und nach alle Arten, doch geschieht dies nur einmal im Jahr. Als ich die Eingeborenen nach der Ursache dieser sonderbaren Erscheinung fragte, antworteten sie mir, daß die Fische aus keinem anderen Grund kämen, als dem Beherrscher des Landes ihre Huldigung darzubringen. Hier gibt es auch Schildkröten, die nicht kleiner sind als ein Backofen, und andere Wunderdinge, welche man unmöglich glauben kann, wenn man sie nicht gesehen hat. In diesem Land verbrennt man die Toten, und die Frau muß dem verstorbenen Mann auf den Scheiterhaufen folgen, damit er jenseits mit ihr hausen kann und kein anderes Weib zu nehmen braucht.

Auf meiner weiteren Fahrt über den Ozean, nach Süden hin, kam ich noch an vielen andern Ländern und Inseln vorüber, von welchen letzteren eine Moumoran heißt und einen Umfang von zweitausend Meilen hat. Die Bewohner haben Hundsgesichter und beten einen Ochsen als ihren Gott an, weshalb auch jeder einen goldenen oder silbernen Ochsen auf der Stirn trägt. Alle, sowohl Männer als auch Frauen, gehen mit Ausnahme eines um die Hüften geschlungenen, leinenen Lappens völlig nackt. Die Männer sind sehr groß und stark und führen, wenn sie in den Krieg ziehen, einen langen Schild, der den nackten Körper vom Kopf bis zu den Füßen bedeckt. Gelingt es ihnen, im Kampf Gefangene zu machen, so nehmen sie keine Rücksicht, dieselben, wenn sie sich nicht durch eine annehmbare Summe auszulösen vermögen, zu verzehren. Der König dieser Insel trägt eine Schnur mit dreihundert sehr großen und schönen Perlen um den Hals und richtet jeden Tag dreihundert Gebete an seinen Gott; ferner trägt er am Finger einen Ring mit einem Stein, welcher etwa eine Spanne lang ist und jedem andern, der ihn ansieht, als eine Feuerflamme erscheint, weshalb niemand sich ihm zu nähern wagt. Es gibt in der ganzen Welt keinen kostbareren Stein, und der Großkhan der Tartaren in Katai hat bis jetzt weder durch Gewalt noch durch Geld noch durch List in den Besitz desselben gelangen können, so große Mühe er sich auch gab. Ich berührte auf meiner Fahrt noch eine andere Insel, welche Ceylon [heute Sri Lanka] heißt, und auf welcher man eine Unzahl von Löwen, Bären und andern wilden und reißenden Tieren, besonders aber von Elefanten antrifft. Auch zeigt man hier einen sehr hohen Berg [Adam's Peak], auf welchem nach der Behauptung der Eingeborenen Adam seinen Sohn Abel fünfhun-

dert Jahre lang beweinte. Ferner sieht man auf der Mitte des Berges einen kleinen, aber tiefen See, welcher aus den Tränen Adams und Evas entstanden sein soll, jedenfalls eine alberne Sage, da man das Wasser aus einer Quelle am See hervorsprudeln sieht. Er wimmelt von Blutegeln und birgt eine große Menge kostbarer Steine. Der König nimmt aber diese nicht für sich, sondern gestattet den Armen, sie einmal oder zweimal im Jahr einzusammeln, unter der Bedingung, daß sie für seine Seele beten; beim Untertauchen müssen sie jedoch Limonen mit sich nehmen, um die Blutegel von sich abzuhalten. Aus dem See entspringt ein Bach, welcher sich in das Meer ergießt und in dessen Bett man Perlen, Rubine, Diamanten und andere Edelsteine findet, weshalb auch allenthalben die Meinung verbreitet ist, daß der König dieser Insel einen größeren Reichtum an Edelsteinen besitzt als irgendein anderer in der Welt. Man findet hier fast alle Arten von Tieren und diese sollen, wie man mir versicherte, die Fremden nicht anfallen, sondern nur die Eingeborenen. Ich sah auf dieser Insel auch Vögel, die so groß sind wie unsere Gänse und zwei Köpfe haben, sowie auch noch andere Wunderdinge, die ich aber mit Stillschweigen übergehen will.

Weiter nach Süden hin landete ich an einer Insel, die den Namen Bodin führt, welcher in unserer Sprache Unrat bedeutet. Die Bewohner sind abscheuliche Menschen, welche sich in allem Schmutz, der nur denkbar ist, wälzen, denn der Sohn verzehrt den Vater und der Vater den Sohn und der Mann das Weib und umgekehrt. Erkrankt nämlich ein Familienvater, so geht der Sohn zu einem der Priester, der zugleich Sterndeuter ist, und ersucht ihn, ihren Gott zu fragen, ob sein Vater sich von dem Unwohlsein wieder erholen werde oder nicht. Darauf begeben sich beide zu dem goldenen oder silbernen Götzen und flehen zu ihm: »Herr, du bist unser Gott, wir beten dich an und bitten dich, uns zu sagen, ob der Vater an der Krankheit sterben oder ob er genesen wird.« Antwortet der Götze: »Er wird leben«, so eilt der Sohn zu seinem Vater und pflegt ihn sorgfältig bis zu seiner Genesung; lautet aber die Antwort verneinend, so geht der Priester zu dem Kranken, erstickt ihn durch einen Lappen, den er ihm in den Mund stopft, und zerschneidet ihn in Stücke, worauf alle Freunde und Verwandte eingeladen werden, um ihn mit Gesang und Jubel zu verzehren, die Knochen jedoch werden ehrenvoll begraben.

Welch abenteuerliche Vorstellungen man sich noch im 16. Jhdt. von Menschen in fernen Ländern machte, zeigt diese Abbildung aus S. Münsters „Cosmographei“ (1550). Die sachlichen Darstellungen der reisenden Franziskanermönche stießen eher auf Unglauben.

Als ich die Insulaner wegen dieses schändlichen Gebrauches tadelte und sie nach dem Beweggrund fragte, erwiderte mir einer, daß sie so verfahren müßten, weil sonst der Leichnam den Würmern zum Fraß diene, woraus dem Verstorbenen eine harte Strafe in der andern Welt erwachse; auch war es mir nicht möglich, sie von diesem Irrtum abzubringen. Außerdem sah ich daselbst noch viele sonderbare Dinge, die man nicht wohl glauben kann, wenn man sie nicht gesehen hat. Ich erzähle jedoch, so wahr mir Gott helfe, durchaus nichts, wovon ich nicht so vollkommen überzeugt bin, als nur ein Mensch überzeugt sein kann. Was überhaupt die um Indien liegenden Inseln betrifft, so stimmen alle sachkundigen Leute darin überein, daß es deren viertausendvierhundert gibt, daß vierundsechzig Könige über sie herrschen und daß sie größtenteils gut bevölkert sind.

Nachdem ich viele Tagereisen auf dem Ozean nach Osten hin zurückgelegt hatte, gelangte ich endlich zu der großen Provinz Manci [südlicher Teil des chinesischen Reiches], welche bei den La-

teinern India heißt. Diese zu Oberindien gehörende Provinz zählt, wie mir auf meine Erkundigung alle Christen, Sarazenen und Heiden sowie auch sämtliche im Dienste des Großkhans stehende Beamte versicherten, mehr als zweitausend bedeutende Städte und hat großen Überfluß an Reis, Getreide, Wein, Fleisch, Fischen und sonstigen Genußmitteln. Alle Bewohner dieses Landes sind Künstler oder Kaufleute, welche, solange sie ihre Hände zu gebrauchen vermögen, für ihren Unterhalt sorgen und von niemand ein Almosen begehren. Die Männer sind ziemlich wohlgestaltet, aber bleich und tragen nur einen kurzen und abgeschorenen Bart, die Weiber aber gelten als die schönsten in der ganzen Welt. Die erste Stadt, welche ich in diesem Indien erreichte, heißt Ceuskalon und liegt eine Tagereise vom Meere entfernt, an einem Fluß, dessen Wasser sich bei Überschwemmungen zwölf Tagereisen weit über das Land ausbreitet. Die Stadt, deren Bewohner Götzendiener sind, wie in allen Städten dieses Indiens, besitzt eine so große Menge von Schiffen, daß ihre Zahl jedem, der sie nicht gesehen hat, unglaublich erscheint. Ich sah hier dreihundert Pfund frischen und guten Ingwer für weniger als einen Groschen verkaufen und auf einem Markt eine Unzahl von schönen, fetten Gänsen, welche weiß sind wie Schnee und auf dem Kopf bzw. auf dem Schnabel einen blutroten Knochen von dem Umfang eines Eies, unten am Hals aber eine etwa einen halben Fuß lange, herabhängende Haut haben. Auch die Enten und Hühner sind doppelt so groß wie bei uns. Ferner gibt es hier sehr große Schlangen, welche man fängt und ißt, und wer ein Festessen geben wollte ohne Schlangen, würde als ein schlechter Hauswirt betrachtet werden. Übrigens ist hier auch an allen Lebensmitteln keineswegs Mangel.

Von hier aus kam ich noch durch viele Städte, ehe ich zu der Stadt Zaitum gelangte, wo die Mönche vom Orden des heiligen Franziskus zwei Klöster erbaut haben, in welchen ich, wie schon weiter oben bemerkt wurde, die Gebeine unserer als Märtyrer gestorbenen Brüder beisetzen ließ. In dieser Stadt, welche doppelt so groß ist als Bologna und Überfluß an allem Lebensnotwendigem hat, gibt es viele Klöster mit heidnischen Mönchen. In einem dieser Klöster, welches ich besuchte, wohnten, wie man mir sagte, dreitausend Mönche mit elftausend Götzen. Da die Mönche jeden Tag ihre Götter speisen, so ging ich einmal zur Zeit des Mahles in das Kloster und sah hier, wie gekochte Lebensmittel aufgetragen wurden, die so heiß waren, daß der Dampf zu den Götzen emporstieg. Nachdem diese auf diese Weise gesättigt worden waren, nahmen die Mönche die Speisen wieder hinweg und verzehrten sie.

Meine weitere Reise nach Osten hin führte mich in eine Stadt, welche Foochow heißt und einen Umfang von dreißig Meilen hat. Hier gibt es die größten und schönsten Hühner, und alle Hennen sind schneeweiß, haben aber statt der Federn Wolle, wie die Schafe. Die Stadt ist reizend schön und liegt am Meer. Weiterhin kam ich in achtzehn Tagereisen durch viele Länder und Städte und über einen Berg, wo ich bemerkte, daß auf der einen Seite die Tiere schwarz waren, wie Kohle, und auf der andern weiß, wie Schnee, und daß die Menschen diesseits eine völlig andere Lebensweise führten als die jenseits wohnenden. Auch tragen in dieser Gegend alle verheirateten Frauen zum Zeichen, daß sie Männer haben, eine große Röhre aus Horn auf dem Kopf. Achtzehn Tagereisen weiter erreichte ich einen breiten Fluß und eine Stadt, in der eine sehr große Brücke über ihn führt. Während meines Aufenthaltes fragte mich der Besitzer der Herberge, der etwas zu meiner Unterhaltung beizutragen wünschte, ob ich mit ihm fischen gehen wolle, und führte mich, da ich meine Bereitwilligkeit erklärt hatte, auf die Brücke. Hier sah ich, wie er mehrere Tauchervögel, die er an eine Stange gebunden auf den Armen trug und denen die Kehle so, daß sie nichts verschlucken konnten, mit einem Faden zugeschnürt worden war, losließ. Diese schossen sogleich ins Wasser und füllten in etwa einer Stunde mit den von ihnen gefangenen Fischen drei große Körbe. Darauf löste ihnen der Fischer den Faden am Hals und ließ sie für sich selbst auf Fang ausgehen. Sobald sie aber gesättigt waren, kamen sie herbei, um sich wieder an die Stange anbinden zu lassen. Ich aß von diesen Fischen und fand sie sehr wohlschmeckend.

Endlich erreichte ich die alte und berühmte Stadt Cambalec [das heutige Peking] in der Provinz Cathay. Die Tartaren haben, nachdem sie in ihre Hände gefallen war, vor ihren Toren eine andere Stadt erbaut, welche Tai-du heißt und zwölf Tore hat, von denen jedes zwei Meilen von dem andern entfernt ist. Auch im Raum zwischen diesen Städten haben sich Bewohner angesiedelt, so daß beide jetzt eine einzige Stadt bilden, deren Umfang mehr als vierzig

Meilen beträgt. Hier hat der Großkhan seinen Hauptsitz und einen großen Palast, der eine Fläche von vier Meilen einnimmt. Außerdem befinden sich hier noch viele andere Paläste für die Mitglieder seiner Familie. Im Hauptpalast erhebt sich ein lieblich anzusehender Berg, der mit Bäumen bepflanzt ist und deshalb der grüne Berg heißt, und auf dem Berg liegt ein schönes Haus, worin sich der Großkhan gewöhnlich aufhält. Am Fuße des Berges befindet sich ein großer See, über welchen eine prachtvolle Brücke führt und worin eine Menge Gänse, Enten und andere Wasservögel umherschwimmen. Auch das den Berg bedeckende Gehölz wimmelt von Wild, so daß der Großkhan, wenn er jagen will, seinen Palast nicht zu verlassen braucht. Der Hauptteil des Palastes, den er bewohnt und der sehr groß ist, hat im Innern vierzehn goldene Säulen und alle Wände sind mit roten Fellen bedeckt, welche die kostbarsten der Welt sein sollen. In der Mitte des Saales sieht man einen zwei Ellen hohen Brunnen, der ganz aus einem kostbaren Stein, Merdochas genannt, besteht und ringsum mit Gold eingefaßt ist. An jeder Ecke aber erhebt sich eine goldene Schlange, die mit dem Schwanz heftig ihren Kopf peitscht, und das Ganze ist mit einem Netz aus Perlen umwunden. Aus diesem Brunnen fließt durch verborgene Leitungen und Röhren das Getränk, welches im Saal gebraucht wird, und daneben hängen viele goldene Gefäße, in denen man das Getränk auffängt. In demselben Gemach sieht man auch viele goldene Pfauen, welche bei den Gelagen, wenn die Gäste vor Lust und Freude in die Hände klatschen, mit den Flügeln schlagen und die Schweife spreizen, als ob sie an dem Jubel teilnehmen wollten, was, wie ich glaube, durch Zauberkünste oder durch eine unterirdische Vorrichtung geschieht.

Wenn der Großkhan in seinem Palast Hof hält und auf dem Thron sitzt, so hat seine erste Gemahlin an seiner linken Seite ihren Platz; eine Stufe niedriger sitzen zwei andere seiner Weiber und auf der untersten Stufe die Frauen seiner Verwandtschaft. Alle verheirateten Frauen tragen auf dem Kopf einen Schmuck in Gestalt eines männlichen Fußes, der anderthalb Ellen hoch und oben mit Reiherfedern, ringsum aber mit sehr großen Perlen geschmückt ist. Zur rechten Seite des Großkhans thront sein erstgeborener Sohn, welcher nach ihm regieren wird, und weiter unten sitzen alle zu seinem Geschlecht gehörenden Prinzen sowie auch vier Schreiber, die jedes Wort, das der Großkhan spricht, niederschreiben. Ihm gegenüber scharen sich nach ihrem Rang die Fürsten und andere Vornehme des Reiches mit ihrem großen Gefolge. Keiner von ihnen wagt zu sprechen, ohne vorher die Erlaubnis des Großkhans eingeholt zu haben, mit Ausnahme der Hofnarren und Gaukler, welche die Aufgabe haben, ihn zu erheitern. Auch wagt keiner der Großen etwas anderes zu tun, als den Befehlen ihres Gebieters zu folgen, und mehrere von ihnen stehen stets vor dem Palast, um darüber zu wachen, daß niemand die Türschwelle berührt. Gibt der Großkhan ein Gastmahl, so sind mehr als vierzehntausend Vornehme mit goldenen Reifen und Kränzen auf dem Haupt um ihn versammelt, um ihm aufzuwarten, und jeder von ihnen trägt ein mit Gold und Perlen geschmücktes Kleid, welches mehr als zehntausend Gulden wert ist. Die Hofleute, deren Zahl erstaunlich groß ist, sind in Rotten von tausend, hundert und zehn eingeteilt, damit sie leichter überwacht werden können und jeder gezwungen ist, seine Pflicht zu tun und das ihm übertragene Geschäft zu verrichten. Ich habe dies alles mit eigenen Augen beobachtet, denn ich lebte drei Jahre in der Hauptstadt und wohnte häufig den Festlichkeiten bei, da die Brüder unseres Ordens am Hofe einen für sie bestimmten Platz hatten und wir immer dort erscheinen mußten, um dem Großkhan unsern Segen zu erteilen. Auf meine Erkundigung nach der Zahl der Hofbediensteten erhielt ich den Bescheid, daß man ungefähr achtzehn Thumans Gaukler, fünfzehn Thumans Hüter der Hunde, des Wildes und der Vögel und vierhundert Leibärzte, unter denen ein Sarazene und vier Christen seien, annehmen könne; und alle diese Leute bekommen die ihnen nötigen Lebensmittel und Kleider vom Hofe. Will sich der Großkhan aus einer Provinz in die andere begeben, so wird er von vier Reiterheeren begleitet, welche sich nach den vier Seiten hin eine Tagereise weit ausdehnen, so daß er sich zwischen diesen wie in der Mitte eines Kreuzes befindet. Alle haben ihre bestimmten Ruheplätze, wo die nötigen Lebensmittel für sie in Bereitschaft gehalten werden müssen. Der Großkhan sitzt in einem zweiräderigen Wagen auf einem aus Aloeholz verfertigten und mit Gold, Perlen und Edelsteinen geschmückten Thron. Der Wagen wird von vier abgerichteten Elefanten gezogen, und vor diesen gehen prachtvoll aufgezäumt vier der größten Pferde, welche den Zug eröffnen. Zu den beiden Seiten des

Wagens reiten vier Edelleute, die darüber zu wachen haben, daß niemand ihrem Herrn näher kommt, als die Weite eines Steinwurfs beträgt. Auf dem Wagen selbst sitzen zwei blendendweiße Geierfalken, welche der Großkhan, wenn er auf dem Weg Vögel sieht, die er fangen will, zu seiner Unterhaltung fliegen läßt.

Der Großkhan hat sein Reich in zwölf Provinzen eingeteilt. Zu jeder von ihnen gehören über zweihundert große Städte, und zusammen haben sie einen solchen Umfang, daß man zu einer Reise von dem einen Ende bis zum andern gut sechs Monate braucht, wobei jedoch die weiter entfernten Inseln nicht mitgerechnet sind, deren man etwa fünftausend zählt. Um den Reisenden in diesem großen Reich überall die Befriedigung ihrer Bedürfnisse möglich zu machen, hat sein Beherrscher auf den Landstraßen Herbergen einrichten lassen, wo man alles findet, was zum Lebensunterhalt gehört. Fällt in einem entfernten Teil des Reiches etwas Wichtiges vor, so eilen Boten auf Pferden oder Dromedaren mit der Meldung an den Hof. Ist der Bote müde, so stößt er, wenn er sich einer Herberge nähert, in sein Horn, und bei seiner Ankunft ist schon ein anderer Bote bereit, den Brief in Empfang zu nehmen und weiter zu befördern, so daß in dem ganzen Reich nichts von Bedeutung vorgehen kann, ohne daß es der Großkhan alsbald erfährt, denn ein solcher Eilbote durchfliegt im Laufe eines Tages eine Wegstrecke, welche man gewöhnlich kaum in dreißig Tagereisen zurücklegt.

Hat der Großkhan Lust zum Jagen, so begibt er sich nach einem zwanzig Tagereisen von Cambalec entfernten Wald, welcher einen Umfang von sechs Tagereisen hat und in dem eine erstaunliche Menge Wild und Vögel leben. Dies geschieht jedoch gewöhnlich in drei oder vier Jahren nur einmal, und er nimmt dann sein ganzes Gefolge mit, das den Wald umstellt und die Hunde losläßt, welche die Löwen, die Hirsche und andere wilde Tiere zu einer großen Lichtung in der Mitte des Waldes treiben. Alsdann nähert sich zuerst der Großkhan, welcher von drei Elefanten getragen wird, und schießt fünf Pfeile in den dicht gedrängten Haufen; ihm folgen die Fürsten und Großen des Reiches und diesen die übrigen Hofleute und schießen ihre Pfeile ab, welche alle mit einem bestimmten Zeichen versehen sind, so daß nach Beendigung der Jagd jeder das von seinem Pfeil getroffene Wild erkennt, das ihm als Jagdbeute zufällt.

10. Kapitel

Sie eroberten Gott eine neue Welt – die ersten Missionare in Amerika

Am 3. August des Jahres 1492 verließ Christoph Kolumbus den Hafen von Palos und segelte mit seinen Schiffen westwärts. Nach einer entbehrungsreichen, zwei Monate dauernden Fahrt erklang um zwei Uhr morgens endlich der Ruf aus dem Mastkorb herab: »Land«. Kolumbus nannte das neue Land »San Salvator«. Von dort aus fuhr er weiter bis Kuba und Hispaniola (Haiti).

Diese Fahrt war der Auftakt zu den großen Entdeckungen. In rascher Folge drangen nun die seefahrenden Nationen weiter in unbekannte Gegenden vor, um neue Länder zu entdecken und sie für ihren König in Besitz zu nehmen.

Den Entdeckern folgten die Eroberer. Tausende zogen Jahr für Jahr übers Meer, angelockt von den sagenhaften Schätzen und dem Wunsch, jenseits des Ozeans ihr Glück zu machen.

Mit den Eroberern kamen auch die Missionare, um das Land noch einmal, diesmal für den christlichen Glauben zu gewinnen. Die Missionare, geprägt von den Vorstellungen ihres Zeitalters, begannen zuerst die Tempel und heiligen Stätten der Eingeborenen zu zerstören, um alle Erinnerung an die alten Götter im Volk auszulöschen. Daß sie damit auch die Geschichte dieser Menschen zerstörten, konnten die Glaubensboten nicht ahnen.

Was sie allerdings bald sehr deutlich sahen, war die Unterdrükkung und Ausbeutung der Eingeborenen durch die Siedler. Die neuen Herren behandelten die Indianer wie Tiere.

Energisch ergriffen die Missionare die Partei der Unterdrückten und forderten in Eingaben, Bittbriefen und in Audienzen den Kaiser auf, auch für die Eingeborenen die Menschenwürde zu garantieren.

Ihr unermüdliches Eintreten hatte Erfolg. Kaiser Karl V. erließ am 20. November 1542 in Barcelona die »Neuen Gesetze«, die die Indianer zu freien Untertanen der spanischen Krone machten.

Zwar dauerte es noch eine geraume Zeit, bis diese Gesetze wirksam werden konnten, aber die Missionare hatten mit ihrem Engagement viele Menschen vor dem Untergang gerettet.

Kolumbus entdeckt Amerika:
„Land in Sicht!"

Bernal Boil

Daß er um 1455 in der spanischen Stadt Tarragona geboren wurde, ist die einzige Information über Boils Kindheit und Jugend.

Erst 1479 wird er wieder erwähnt und als Vertrauter und Sekretär des Königs Ferdinand II. von Aragonien (1452–1516) bezeichnet. Sein Lebenswandel ist so vorbildlich, daß ihn die »katholischen Majestäten« mit heiklen diplomatischen Missionen betrauen. Als aragonischer Gesandter am französischen Hof (1487 und 1492) lernte er Franz von Paula kennen, der einer Gemeinschaft vorstand, aus der sich später der Minimitenorden entwickelte. Begeistert von deren Inhalten und Zielen trat der Priester und Benediktiner Boil dieser Gemeinschaft bei.

Als Christoph Kolumbus 1493 zu seiner zweiten Fahrt nach Haiti aufbrach, begleitete ihn Bernal Boil auf ausdrücklichen Wunsch des Königs nach Aragonien.

Boil und seine zwölf Gefährten wirkten mit mäßigem Erfolg zwei Jahre unter den Inselbewohnern. Nach einem heftigen Streit mit der Admiralität verließ Bernal die Insel und kehrte 1494 nach Spanien zurück.

Zunächst war er als Botschafter für den Vatikan tätig, dann wählte ihn die Mönchsgemeinschaft von Cuxa in den Pyrenäen im Jahre 1498 zu ihrem Abt. Vermutlich starb er nach 1503 in diesem Kloster.

Eine kurze Betrachtung dieses Lebens genügt, um zu erkennen, daß Bernal Boil ein Suchender war. Verschiedenen Nachschlagewerken zufolge soll er sogar zweimal den Orden gewechselt haben. (Er soll Franziskaner, Benediktiner und Minimit gewesen sein.) Auch die Mission war für Bernard Boil nur eine mögliche Alternative. Trotzdem hat er sich mit Leib und Seele für die Mission eingesetzt.

Als die Rede darauf kam, wer die Mission nach Haiti leiten solle, wurde auch Bernhard Boil, aus Katalonien, Benediktiner der Abtei von Montserrat, ein Mann, der in hohem Ruf der Frömmigkeit und Gelehrsamkeit stand, von Ferdinand und Isabella dem Heiligen Vater vorgeschlagen. Alexander VI. (1492–1503) ernannte ihn mit der Vollmacht eines apostolischen Vikars zum Obern einer Mission, die aus zwölf Priestern bestand, von denen die einen Weltgeistliche waren, die anderen aber verschiedenen Orden angehörten. Der apostolische Vikar reiste mit Christoph Kolumbus, der diesmal eine Flotte von siebzehn Seglern nach Haiti führte, am 25. September 1493 von Cadiz ab.

Als sie am 26. November auf Haiti ankamen, fand Kolumbus weder die zurückgelassenen Spanier noch das Fort, das er nach seiner ersten Landung hatte errichten lassen. Was war geschehen? Der Admiral hatte bei seiner Abreise empfohlen, sich als Ehrenmänner und wahre Christen zu betragen, aber die Kolonisten hatten bald seine weisen Ermahnungen vergessen. Streit und Ausschweifungen führten die größten Unordnungen herbei. Ebenso habsüchtig als wollüstig verbreiteten sie sich wie reißende Wölfe über die nächsten Umgebungen und fielen mit Wut über das Gold und die Weiber der Indianer her. Mit Gewalttätigkeit verbanden sie die größte Grausamkeit, so daß endlich die Insulaner aus ihren aufrichtigsten Freunden ihre unversöhnlichsten Feinde wurden. Vergebens stellte der einheimische Fürst ihnen vor, daß sie alle Ursache hätten, seine Untertanen zu schonen, und daß er sie nicht mehr im Zaume halten könnte, wenn die Spanier sie bis aufs Äußerste trieben. Die Verblendeten setzten dessenungeachtet ihre Räubereien und Ausschweifungen fort. Sie gingen noch weiter und ließen überall die traurigsten Spuren ihrer Lasterhaftigkeit zurück. So viele Verbrechen blieben aber nicht lange ungestraft. Die Indianer, welche diese Fremdlinge nur aus ihren Gewalttaten kannten, stellten ihnen einen Hinterhalt. Einer der Kaziken der Insel überraschte einige, als sie gerade seine Weiber raubten, und machte sie alle nieder. Dies war gleichsam das Signal zu einem allgemeinen Aufstand. Keinem Spanier, den man entdecken konnte, wurde Pardon gegeben. Dieser Erfolg ermutigte die Indianer, die nun einsahen, daß es nicht so schwierig ist, sich von jenen Menschen zu befreien, die ihnen anfangs so schrecklich vorgekommen waren und deren bloßer Anblick sie zittern gemacht hatte. Ein Kazike rückte an der Spitze seiner Krieger bis zum Fort Natividad vor, wo nur noch fünf Soldaten sich befanden. Vergebens eilte der indianische Fürst seinen Freunden zu Hilfe. Von einem so plötzlichen Angriff überrascht, hatte er keine Zeit, sich darauf vorzuberei-

ten. Die weit stärkere Schar des Kaziken gewann leicht die Oberhand. Was konnten fünf Mann Besatzung gegen eine unzählige Menge von Barbaren ausrichten? Sie verteidigten sich zwar mit Löwenmut, und die Indianer wagten bei Tag nicht, ihnen nahe zu kommen, aber in der Dunkelheit der Nacht schlichen sie durch die Gräben heran und steckten das Fort in Brand.

Die schleunige Rückkehr des Admirals Kolumbus hätte die Ruhe wieder herstellen können; da er aber nur einen Haufen von Räubern, von denen man Spanien und die Gefängnisse befreit hatte, an Bord führte, so konnten Leute dieses Schlages das Übel nur noch verschlimmern.

Nach Christoph Kolumbus' Landung auf Haiti entbrannte der Krieg auf beiden Seiten und wurde mit Grausamkeit geführt. Die Kastilianer, außer sich über den Widerstand, den sie bei ihren neuen Untertanen fanden, gaben ihnen keinen Pardon. Ich will hier die Grausamkeiten, welche sie verübten und die von ihrem eigenen Volk verabscheut wurden, nicht berichten. Es kostete sie drei Jahre, die unglücklichen Insulaner zu unterdrücken. Wenn das Los des Krieges von der Anzahl der Krieger abhängig gewesen wäre, dann hätten sicher die Indianer ihre Freiheit errungen. Aber die Schwerter und Gewehre ihrer Feinde, welche auf nackte und schutzlose Körper trafen, richteten überall die furchtbarsten Blutbäder an, und mehr als die Hälfte der Eingeborenen kam in diesem Krieg um. Die Unglücklichen unterwarfen sich endlich dem Gesetz des Stärkern und verhielten sich eine Zeitlang ruhig. Die Macht und das Ansehen des indianischen Fürsten trugen viel zu dem Frieden bei. Dieser Mann, stets ein Freund der Kastilianer, trieb seinen Eifer so weit, daß er sie auf ihren Zügen begleitete. Durch seine Vermittlung wurden endlich die Gemüter beruhigt. Aber neue Grausamkeiten entzündeten bald wieder das nur schlecht gelöschte Feuer. Die Indianer faßten den Entschluß, ein Joch abzuschütteln, das ihnen unerträglich war; jedoch das Mittel, welches sie anwandten, wurde noch weit verderblicher für sie als für ihre Feinde. Sie entschlossen sich nämlich, den Ackerbau aufzugeben und weder Maniok noch Mais zu pflanzen, da sie dachten, sie würden in ihren Wäldern und Gebirgen von der Jagd und wildwachsenden Früchten sich ernähren können, während ihre Feinde durch Hunger genötigt werden würden, das Land zu verlas-

Harte Bestrafung der meuternden Spanier

sen. Aber sie täuschten sich. Die Kastilianer erhielten Proviant aus Europa und verfolgten die Indianer an den Orten, welche diese für unzugänglich hielten, nur mit desto größerer Wut. So unaufhörlich angegriffen, flohen die Unglücklichen von Berg zu Berg. Das Elend, die Mühseligkeiten und die beständige Angst, in der sie schwebten, rieben ihrer noch mehr auf als das Schwert. Die, welche diesem Elend entgingen, mußten sich endlich auf Gnade und Ungnade dem Sieger ergeben, der von seinen Rechten strengsten Gebrauch machte.

Nur die Gegenwart der Diener Jesu Christi hätte die europäische Zivilisation in den Augen der unterdrückten Amerikaner wieder zu Ansehen bringen können, aber Boil weilte nicht lange in ihrer Mitte. Streitigkeiten entstanden zwischen dem apostolischen Vikar und dem Admiral. Als Kolumbus sah, daß von seiten der Spanier die Handlungen des Ungehorsams gegen ihre Vorgesetzten sich täglich mehrten und daß auf der anderen Seite die Eingebornen durch strafbare Gewalttätigkeiten vieles zu leiden hatten, wollte er ein Exempel statuieren, um dadurch die Widerspenstigen nachdrücklich an ihre Pflicht zu erinnern. Er fällte also mehrere Todesurteile, deren Strenge zu keiner Zeit im Verhältnis zu den Verbrechen der Verurteilten standen, ihm aber unter den gegebenen Umständen nötig und gerechtfertigt erschien. Boil hingegen glaubte, ihn bei dieser Gelegenheit dem Bann kirchlicher Zensuren unterwerfen zu müssen. Schließlich versöhnten sich Boil und Kolumbus wieder und stellten das gute Einvernehmen bis zu dem Grad wieder her, daß, als der Admiral einen Administrationsrat unter der Präsidentschaft seines Bruders bildete, auch Boil daran teilnahm. Mit diesem apostolischen Vikar war ein katalonischer Edelmann namens Margarita gekommen, dem Kolumbus den Befehl über das Fort St. Thomas übertrug. Als der Admiral am 24. April 1494 nach der Insel Kuba ging, kehrte dieser Edelmann ohne Bevollmächtigung nach Spanien zurück. Mit ihm reiste auch Boil ab.

Johannes von Zumárraga

Johannes von Zumárraga wurde um 1468 in Durango unweit von Bilbao (Spanien) geboren. Er trat früh in das Franziskanerkloster zu Aránzuza ein und bekleidete bald innerhalb des Ordens verschiedene hohe Ämter.

Kaiser Karl V. (1500–1558) ernannte ihn 1527 zum Inquisitor für Navarra und am 20. Dezember 1527 zum ersten Bischof von Neuspanien (Mexiko). Im August des Jahres 1528 reiste Zumárraga im kaiserlichen Auftrag als Bischof und »Beschützer der Indianer« (sein offizieller Titel) nach Mexiko. Ohne Bistum und ohne kirchliche Weihen waren seine Möglichkeiten jedoch eng begrenzt. Im Jahre 1530 wurde er dann vom Papst zum Bischof der Diözese Mexiko erhoben und in Valladolid (Spanien) feierlich konsekriert. Danach begann er die Kirche und das kirchliche Leben in Neuspanien zu organisieren. Hier lag vieles im argen. Probleme wegen der Gültigkeit der Massentaufe, der Polygamie oder der Privilegien verschiedenster Orden nahmen ihn immer wieder in Anspruch. Dazu kam noch die offensichtliche Ausbeutung der Indios durch die eingewanderten Spanier.

Johannes von Zumárraga verlor den Mut nicht. Er baute Kirchen und Klöster, Schulen und Hospitäler, kümmerte sich um die Aus- und Weiterbildung der Bevölkerung und förderte Handwerk, Industrie und Landwirtschaft.

Zumárraga ließ 1539 durch Johann Cromberger die erste Druckerei des Landes errichten. Er selbst schrieb noch neben seiner Arbeit einen Katechismus (1544), kanonische Bücher und ein Geschichtswerk über Mexiko: »Memoria de la nueva España« (1540).

Wenige Jahre vor seinem Tod erhob ihn der Papst zum Erzbischof und zum Metropolit der mexikanischen Kirchenprovinz (1546).

Am 3. Juni 1548 starb Johannes Zumárraga in Mexiko. All seine Kräfte, Verbindungen und finanziellen Möglichkeiten setzte er zugunsten der Indios ein. Seit seiner Ernennung zum Bischof war sein Leben geprägt vom Engagement für die unterdrückten, ausgebeuteten und rechtlosen »Untertanen der spanischen Krone«.

Bischof Zumárraga stand, wie der Chronist Cuevas sagt, »in allen großen Werken der sozialen und politischen Ordnung an erster Stelle«. Einen besonderen Ehrenplatz verdient er in der Missionsgeschichte Mexikos, in der seine Arbeit und Bedeutung kaum überschätzt wird. Er kam 1528 als erster Bischof von Mexiko ins Land und wirkte dort bis zu seinem Tod im Jahre 1548. Daß die Eingeborenen nicht hier wie auf den westindischen Inseln ausgerottet wurden und verschwanden, nicht der Sklaverei und den Mißhandlungen erlagen, ist wohl zum größten Teil das Verdienst des Bischofs. Er hat den ihm vom Kaiser verliehenen Titel »Protektor der Indianer« ernstgenommen und sie mit Nachdruck und Erfolg gegen alle Beamten und spanischen Kolonisten verteidigt. Da alle seine Mahnungen und Bitten, selbst die von ihm über die Frevler verhängten Kirchenstrafen nicht halfen, setzte er in einem längeren Schreiben vom 27. August 1529 dem Kaiser die entsetzlichen Zustände auseinander und bat dringend um Abhilfe. Das Schreiben kam glücklich an und wurde, da der Kaiser abwesend war, der Kaiserin übergeben, die von

Kaiser Karl V.

den mitgeteilten Greueln, wie z.B. ein Spanier einen vornehmen Indianer, der die von ihm geforderte Menge Gold nicht ablieferte, kreuzigen ließ, zu Tränen gerührt wurde. Die Regierung von Mexiko, die sogenannte Audiencia, wurde abgesetzt und bessere Männer ernannt. Die Rache der gemaßregelten Beamten blieb nicht aus. Nach Spanien zurückgekehrt, verleumdeten sie den Bischof derart, daß ihn der Kaiser 1531 zurückrief. Es war ihm jedoch leicht, am Hof alle Anklagen zu widerlegen; er wurde glänzend gerechtfertigt und mit Ehren in sein Bistum zurückgesandt, nachdem er mehrere wichtige Verordnungen des Kaisers für den Schutz seiner Pflegebefohlenen erwirkt hatte.

Nach seiner Rückkehr widmete sich der Bischof mit stets steigendem Eifer der Sorge für die Indianer, die ihn mit großem Jubel empfangen hatten; sein ganzes Sinnen und Trachten galt ihrem leiblichen und geistigen Wohl. Er gab ihnen Arbeit, förderte die Seidenraupenzucht und den Anbau und die Verarbeitung von Leinen und Baumwolle, ließ landwirtschaftliche Geräte, Lasttiere und Schafe aus Spanien kommen und berief Handwerker für die Anleitung der Eingeborenen. Herzliche und tätige Liebe zeigte er für Alte und Kranke. Den Besuch des von ihm in der Hauptstadt gegründeten großen Hospitals »Amor de Dios« nannte er seine Erholung.

Große Sorge bereitete dem Bischof das schlechte Vorbild, das sittenlose Spanier den Indianern gaben; die Gefahr wurde vermehrt durch die Neger, die aus Afrika eingeführt wurden. So entstand ein buntes Gemisch mit verderbten Sitten; besonders griff das Laster der Trunkenheit in den Städten um sich. Bischof Zumárraga erkannte bald die große Gefahr, die von dieser Seite den Neubekehrten drohte. Schon am 24. August 1529 erwirkte er eine königliche Verordnung gegen Alkoholmißbrauch.

Vor allem lag dem Bischof die geistige Hebung der Indianer am Herzen. Er stand nicht auf dem eigennützigen Standpunkt spanischer Beamten, denen es genügte, wie Hieronymus López dem Kaiser 1541 empfahl, daß die Eingeborenen das »Pater Noster«, »Ave Maria«, »Credo«, »Salve« und die Gebote wußten, sondern sorgte, daß sie ausreichend in der Christenlehre unterrichtet wurden und lesen und schreiben lernten. Bereits um 1535 gründete er gemeinsam mit dem Vizekönig Antonio de Mendoza eine Buchdruckerei in Mexiko, die erste in der neuen Welt, und ließ auf seine Kosten, wie Bruder Petrus von Gent 1548 an den Kaiser schrieb, Bücher drucken, die er unter die Gläubigen verteilte. Der Vizekönig und Bischof Zumárraga trafen sich auch mit dem Präsidenten der Audiencia, Bischof Ramírez de Fuen Leal, um über die Ausführung des von letzterem bereits 1533 begonnenen Planes eines Kollegs für höhere Studien der Eingeborenen zu sprechen. Der Vizekönig baute das Kolleg in Tlaltelolco, einem Vorort der Hauptstadt, und Zumárraga stellte Mittel für den Unterhalt zur Verfügung. Das dem heiligen Kreuz geweihte Kolleg, in dem Franziskaner in »Latein, Rhetorik, Logik und Philosophie« unterrichteten, fand von Anfang an starken Widerspruch. Dieser wuchs, als 1539 der Kazike Don Carlos, ein früherer Schüler der Anstalt, häretische Sätze unter seinen Leuten verbreitete. Wie Geschichtsschreiber melden, führte man gegen das Studium der Indianer zwei Gründe ins Feld: es sei überflüssig, da es den Eingeborenen nichts nütze, und schädlich, da es zu Irrtümern und Ketzereien führe.

Zumárraga zog sich vom Unternehmen zurück, und das Kolleg verlor sein hohes schulisches Niveau. Gegen Ende des Jahrhunderts ist es nur noch eine Schule, in der man Schreiben, Lesen und Latein lernt.

Das 1539 unter dem Vorsitz des Bischofs Zumárraga gehaltene Provinzialkonzil schrieb den Mestizen und Indianern, die in den Pfarreien mitarbeiteten und die vier niederen Weihen empfangen hatten, Kenntnisse in diesen drei Fächern vor. Ein Beispiel zeigt, wie sehr sich Zumárraga um die Eingeborenen kümmerte.

Zu den Ruhmestiteln des Bischofs zählt auch, daß er 1537 die Gründung der Universität zu Mexiko angeregt und dem Kaiser empfohlen hat, es sollte eine Schule sein, an der Theologie und »alle Fakultäten und Wissenschaften« gelehrt werden. Die Universität, die 1553 eröffnet wurde, hatte als Hauptziel die Heranbildung des Klerus und kam daher für die auf die niederen Weihen beschränkten Indianer kaum in Betracht.

Nachdem er unter rastlosen Arbeiten zweiundachtzig Jahre erreicht hatte, starb er am 3. Juni 1548. Da er am 11. Februar 1546 zum Erzbischof von Mexiko ernannt worden war, konnte er die Organisation und einen gewissen Abschluß der mexikanischen Kirche noch miterleben.

Sein Leichenbegängnis war ergreifend; die Eingeborenen weinten und jammerten, so daß man meinen konnte, es sei der Tag des Gerichts gekommen. Die Indianer wußten, daß sie einen ihrer einflußreichsten Fürsprecher verloren hatten.

Bartholomäus de Las Casas

Als Sohn der wohlhabenden, ursprünglich aus Frankreich stammenden Familie Casaus wurde Bartholomäus 1474 in Sevilla (Spanien) geboren.

Während Christoph Kolumbus (1451–1506) mit seinen Schiffen auslief, um den Seeweg nach Indien zu entdecken, studierte Las Casas an den Universitäten von Sevilla und Salamanca. Nach Beendigung seines Studiums reiste er, wie so viele andere auch, in die neuentdeckte Welt. Er begleitete den Gouverneur von Hispaniola (Haiti) nach Santo Domingo und empfing hier, in der Fremde, im Jahre 1510 die Priesterweihe.

Während seiner priesterlichen Tätigkeit wurde Bartholomäus häufig Zeuge, wie Spanier die Ureinwohner unterdrückten und ausbeuteten. Seit dieser Zeit prangerte er unermüdlich die unmenschlichen Praktiken bei den sogenannten »Repartimientos« (Verteilungen) an. Damit das neue Land in ihrem Sinne besiedelt werde, pflegte die spanische Krone den Kolonisten Ländereien (encomiendas) und deren Bewohner »anzuvertrauen«. Die Ureinwohner sollten auf den Gütern und in den Silberbergwerken arbeiten, und der spanische Eigentümer war für ihren Unterhalt und die religiöse Unterweisung verantwortlich. Das war die Theorie. Die Praxis sah allerdings anders aus, denn die Spanier behandelten die ihnen »anvertrauten« Indianer wie Sklaven. Ihrer Grausamkeit und Habgier fielen Tausende zum Opfer, und ganze Landstriche wurden fast völlig entvölkert.

In dieser Situation wandte sich Las Casas zunächst an Ferdinand II., den Katholischen (1452–1516), und nach dessen Tod an Karl V. (1500–1558). Las Casas schwebte vor, persönliche Freiheit und menschenwürdige Behandlung der Indianer mit den vernünftigen und berechtigten Interessen der Kolonisten zu vereinigen. Allerdings verstieg sich Bartholomäus in seinem übergroßen Mitleid mit den Indianern zu dem Vorschlag, man möge die freie Einfuhr von Negersklaven nach Amerika erlauben, denn diese könnten die schwere Arbeit leichter ertragen als die Indianer. Später hat er sich von dieser Äußerung distanziert und sie zutiefst bedauert.

Im Jahre 1523 trat Las Casas dem Dominikanerorden bei und

Porträt des Las Casas

widmete sich nun hauptsächlich der Bekehrung der Indianer. Doch noch einmal, 1539, wurde er politisch tätig. Er erhielt von Kardinal Loaysa, dem Präsidenten des »Rates von Indien«, den Auftrag, an den »Neuen Gesetzen« für Amerika mitzuarbeiten. Mit allem Nachdruck trat Bartholomäus de Las Casas auch hier für die Freiheit der Indianer ein, und um seine Haltung allen verständlich zu machen, veröffentlichte er seine Schrift »Brevisima relacion de la destruccion de las Indias«. Darin schildert er in düsteren Farben die grausame und menschenunwürdige Behandlung der Indianer durch die spanischen Siedler. Dieses Werk erregte großes Aufsehen und trug ihm viele Vorwürfe ein. Doch Karl V. unterstützte Las Casas und genehmigte am 20. November 1542 in Barcelona die »Neuen Gesetze«. Die Indianer wurden zu freien Untertanen der spanischen Krone erklärt.

In Anerkennung seiner Verdienste trug man Las Casas 1543 die Bischofswürde an. Als Bischof von Chiapas versuchte Bartholomäus, die königlichen Gesetze in die Realität umzusetzen – er scheiterte jedoch dabei.

Im Jahre 1551 legte der inzwischen Siebenundsiebzigjährige sein Bischofsamt nieder. Aber seinen Kampf für die Freiheit und gegen die Unterdrückung der Indianer gab er nicht auf. Am spanischen Hof wirkte er als Berater bis zu seinem Tod, am 31. Juli 1566, für die Rechte der Indianer.

Unbeirrt, trotz Anfeindungen und Rückschlägen, hielt er an seiner Forderung nach Freiheit und Menschenwürde für die Ureinwohner der spanischen Kolonien fest. Sein mutiges Eintreten hat dieses Volk vor der gänzlichen Ausrottung bewahrt. Wie sich Las Casas die Christianisierung der indianischen Stämme vorstellte, das zeigt der folgende Bericht.

Das einzige Gebiet, welches innerhalb Guatemalas damals die Herrschaft der Spanier noch nicht anerkannte, war die Provinz Tuzulutlan; nicht nur die Schwierigkeiten der Bodenbeschaffenheit mit ihren Höhen und Tiefen, reißenden Strömen, Seen und Bergschluchten, sondern auch die außerordentliche Wildheit der Bewohner hatte es den Europäern bis jetzt unmöglich gemacht, sich darin festzusetzen. Drei kriegerische Versuche waren von den Eingeborenen blutig abgeschlagen worden, und seit Jahren hatte kein Europäer das Land betreten. Es wurde bezeichnenderweise »Kriegsland« genannt.

Die Feuerseele eines Casas scheute selbst vor dem Kühnsten nicht zurück; gerade dem Schwierigsten, dem Außerordentlichen war sie stets mit Vorliebe zugeneigt. Und so bot er sich denn an, das wilde Kriegsland Tuzulutlan dem König von Spanien zu unterwerfen und dort das Zeichen der Erlösung aufzurichten ohne Waffen und ohne Soldaten, einzig nur durch die Kraft und Wirkung der Lehre, Predigt und Ermahnung. Abermals erschien, wie schon so oft, das Evangelium der Welt als eine Torheit; doch Las Casas bestand auf seiner Bitte, und sie wurde ihm gewährt.

Er verlangte von der Regierung keinerlei Unterstützung irgendwelcher Art. Die zwei einzigen Bedingungen, die er stellte, bestanden darin, daß die Indianer, welche er auf seine Art gewinnen würde, niemals irgendeinem Spanier durch Repartimiento oder Encomienda zugeteilt werden dürften, sondern als nach ihren Verhältnissen abgabepflichtige, aber freie Untertanen des Königs von Spanien betrachtet und behandelt werden müßten. Zweitens, daß während der nächsten fünf Jahre ohne seine Einwilligung kein Spanier einen Fuß in das Land setzen dürfe, auf daß sein Friedenswerk nicht gestört oder gar vernichtet werde.

Am 2. Mai 1537 erfolgte die urkundliche Ermächtigung des Unternehmens von seiten der Regierung, wobei die von Casas gestellten Bedingungen ausdrücklich gutgeheißen wurden, und Casas nebst seinen Ordensbrüdern machte sich unverzüglich an die vorbereitenden Arbeiten. Als Mittel, um sich eine Verbindung mit den wilden Indianern zu schaffen, bedienten sie sich der Dichtkunst und der Musik. Die Sprache des Landes war allen Missionaren bekannt, und so wurde es ihnen nicht allzu schwer, die großen religiösen Tatsachen und Wahrheiten, so vor allem die Erschaffung der Welt durch den lebendigen Gott, den Sündenfall des ersten Menschenpaares, den Verlust des Paradieses, die Notwendigkeit der Erlösung, das Leben, die Wunder, das bittere Leiden und Sterben unseres Heilandes Jesus Christus, seine Auferstehung und seine Wiederkunft beim Weltgericht, für die Indianer in Liedform zu bringen. Ebenso gelang es ihnen, eine ansprechende Instrumentalmusik als Begleitung für ihre Dichtungen zu schaffen. Als diese erste große Arbeit vollendet war, suchte Casas vier getaufte Indianer, die als Kaufleute oder Hausierer regelmäßig die Indianer des Kriegslandes besuchten und mit ihnen Handel trieben. Diese mußten die religiösen Dichtungen der Dominikaner auswendiglernen und die Musikbegleitung einüben. Dann gab man ihnen einige spanische Nippsachen und sonstige Kleinigkeiten als Geschenke mit und schickte sie nach sorgfältiger Unterweisung über ihr einzuschlagendes Verhalten in Gottes Namen auf den Weg.

Die Hausierer zogen, Las Casas Rat befolgend, zunächst zum Wohnsitz eines Kaziken, der damals in den zwei Grenzprovinzen Zacápula und Quiché besonderes Ansehen und große Ländereien besaß. Sie wurden vor ihn gelassen, brachten ihm einige kleine Geschenke und legten dann ihre übrigen Waren zum Kauf aus. Als die Geschäfte vorüber waren, unterhielt man sich, und die Händler nahmen die Gelegenheit wahr, ihre religiösen Gesänge zu beginnen und mit den einfachen Musikinstrumenten des Volkes, bei dem sie sich befanden, ihren Gesang zu begleiten. Diese Lieder machten einen tiefen Eindruck auf die Gemüter der Indianer, welche mit gespanntester Aufmerksamkeit den Wahrheiten lauschten, die ihnen hier in einem für sie so höchst ansprechenden Gewand vorgestellt wurden. Die Händler wurden genötigt, acht Tage lang bei ihnen zu verweilen und ihre Gesänge immer von neuem zu wiederholen, teils stückweise, teils im ganzen Zusammenhang.

Der Kazike selbst nahm großen Anteil an der Sache und begehrte eine nähere Erklärung des Inhalts der Gesangstücke. Darauf erwiderten die Händler, daß sie nicht imstande seien, eine solche Erklärung zu geben, das könnten nur die Väter, von denen sie selbst die Lieder gelernt hätten. Das war ein Anlaß, um über die Dominikanermönche zu sprechen, ihre Ordenstracht zu schildern, ihre von dem Leben und Treiben aller anderen Spanier so ganz und gar verschiedene Handlungsweise hervorzuheben. Männer ohne Liebe zum Gold, die kein Fleisch essen, keine Frauen haben, in Verehrung vor schönen Bildern knien, Tag und Nacht Gott lobsingen, die seien wohl imstande, den Inhalt der gehörten schönen Verse besser zu erklären. Außerdem hätten die Väter eine solche Liebe für derartige Gesänge, daß sie nötigenfalls bis ans Ende der Welt gehen würden, um sie andern Menschen zu lehren.

Der Kazike wünschte in der Tat und sprach diesen Wunsch auch aus, diese tugendhaften, andersartigen und außerordentlichen Europäer kennenzulernen. Er gab den Handelsleuten, als sie nach Guatemala zurückkehrten, einen jungen Mann, seinen Bruder, mit, der

Brutales Vorgehen gegen die Indianer, von Las Casas immer wieder angeprangert

beauftragt war, den Vätern Geschenke zu überbringen und sie, wenn er die Erzählungen der Krämer in allen Beziehungen der Wahrheit gemäß finden sollte, zu einem Besuch beim Häuptling einzuladen.

Die Dominikaner nahmen begreiflicherweise diesen Boten und Kundschafter mit der größten Freundlichkeit und Zuvorkommenheit auf. Sie beschlossen, vorerst einen der Ihrigen, den Vater Luis Cancer, mit dem Indianer zu senden, auf daß er, wenn möglich, das Wohlwollen des Kaziken für die Dauer sichere, jedenfalls aber genau prüfe, ob und in welchem Grad die Eingeborenen Empfänglichkeit zeigten für die Religion und Kultur, die man unter ihnen verbreiten wollte.

Pater Cancer kam, von den Indianern aufs beste empfangen; der Häuptling nahm ihn mit allen Zeichen von Hochschätzung und Bewunderung auf. Der Pater wußte seinerseits diesen günstigen

Stand der Dinge mit Gewandtheit zu nützen und sowohl durch Worte als auch durch kleine Geschenke sein ganzes Zutrauen zu gewinnen. Schließlich teilte er ihm mit, seine Ordensbrüder hätten von der Regierung die feste Zusicherung erlangt, daß außer ihnen selbst kein Spanier das Land betreten dürfe, damit die Eingeborenen nicht belästigt würden. Außerdem errichtete er eine Art von Feldkapelle, in welcher er das heilige Meßopfer darbrachte, während der Häuptling mit seinen Indianern dem wunderbaren Schauspiel aus ehrerbietiger Ferne staunend zusah.

Eben dieses Schauspiel in seiner einfachen und erhabenen Schönheit, verglichen mit den teils schauerlichen, teils lächerlichen Übungen der heidnischen Religion, steigerte die Neigung des Häuptlings für den christlichen Glauben. Er ließ sich deshalb, im Anschluß an die früher gehörten Gesänge, durch den Pater Cancer die Lehren dieses Glaubens im geordneten Zusammenhang erklären, faßte den Entschluß, Christ zu werden, zertrümmerte und verbrannte die Götzenbilder und veranlaßte durch sein Beispiel, und zwar ohne Zwang, viele und hervorragende Leute aus seinem Stammesgebiet, das gleiche zu tun. Der Missionar selbst besuchte die ganze Umgegend, soweit die Herrschaft des ihm günstigen Kaziken reichte, und überall fand er bei den Eingeborenen dieselbe gute Stimmung, ihn aufzunehmen und anzuhören. Er fand die Leute auf einem niedrigen kulturellen Niveau stehen, er sah Unreinlichkeit, Armut und Elend, aber sie schienen weder verlassen von natürlichen Talenten, noch befleckt durch schwere Laster, namentlich auch nicht grausam oder blutdürstig, sondern den Lehren der Menschlichkeit und der Vernunft zugänglich.

Als Pater Cancer mit so erfreulichen Nachrichten nach Guatemala zurückkehrte, beschloß Casas im gewohnten Feuereifer sogleich, selbst in das fremde Land zu ziehen und in Begleitung seines Ordensbruders Pedro de Angulo das apostolische Werk zu unterstützen.

Gesagt, getan; Casas und Angulo fanden bei dem Häuptling dieselbe freundliche Aufnahme, wie sie auch Pater Cancer zuteil geworden war. Der Kazike ließ sich taufen und hieß von jetzt an Don Juan.

Die erste Maßregel, welche sie mit dem nunmehr befreundeten und bekehrten Häuptling verabredeten, bestand darin, daß die In-

dianer, welche bisher in einzelnen, zerstreuten Gehöften gelebt hatten, sich zu geordneten Dörfern und größeren Ortschaften vereinigen sollten. Der Kazike ging auf diesen Gedanken ein, weil er wohl erkannte, daß dessen Verwirklichung, ganz abgesehen von den religiösen Fragen, seinen Untertanen in bezug auf alle Verhältnisse des bürgerlichen Lebens die entschiedensten Vorteile bringen müsse. Die Untertanen aber waren anderer Meinung, denn weder den Befehlen ihres Fürsten noch den Bitten und Ermahnungen der Missionare mochten sie in diesem Punkt nachgeben. Um keinen Preis der Welt wollten sie den Berg oder das Tal, die Hütte oder Baracke verlassen, in welcher sie geboren waren und bisher gelebt hatten: das war ihre Heimat.

Schließlich war es im Laufe des Jahres 1538 soweit, daß ungefähr hundert Familien sich zu einem Dorf vereinigten, welches den Namen Rubinal erhielt. Es wurde vor allem eine Pfarrkirche gebaut, und die Annehmlichkeiten des regelmäßigen Gottesdienstes, des sicheren und geordneten Zusammenlebens, verbunden mit der beständig gleichen Freundlichkeit und Liebenswürdigkeit der Missionare, machten sogar bei denjenigen Indianern einen günstigen Eindruck, die sich der neuen Lebensweise noch nicht anzuschließen getrauten.

Petrus de Muer von Gent

Der Sohn eines Adligen wurde um 1480 in Ayghem-St.-Pierre nahe bei Gent geboren. An der Universität Löwen studierte er Staatswissenschaft und qualifizierte sich für den Hofdienst. Petrus, ein naher Verwandter Kaiser Karls V. (1500–1558), bekleidete hohe Ämter am spanischen und am kaiserlichen Hof.

Während dieser Zeit lernte er Pater Johannes Glapion kennen. Die beiden Männer verband bald eine tiefe Freundschaft, und Petrus de Muer, beeindruckt von der Lebenshaltung seines Freundes, beschloß, ebenfalls Mönch zu werden und trat in den Franziskanerorden ein. Als Laienbruder reiste er um 1522 mit zwei anderen Missionaren nach Mexiko. Fünfzig Jahre lang lebte er als Lehrer mitten unter den Indios. Er verfaßte einen Katechismus in der mexikanischen Bildersprache und einen weiteren in der Schriftsprache.

Die ihm von Papst Paul III. (1534–1549) angebotene Priesterweihe lehnte er ebenso ab wie die Bischofswürde, die ihm Karl V. immer wieder antrug. Er wollte nur »Erzieher« sein.

Im hohen Alter von neunzig Jahren starb Petrus am 20. April 1572.

Seine besondere Fürsorge galt den Jugendlichen. Er verstand es, auf sie einzugehen und ihre Fähigkeiten und Begabungen zu wecken und zu fördern.

Erste Sorge der Franziskaner war die Erlernung der Landessprache, der sie sich mit vielen Gebeten, rührendem Eifer und bestem Erfolge widmeten. Die »ersten Rudimente der christlichen Lehre« hatte bereits vorher Pater Johann Dekkers ins Aztekische übersetzt. Sie wurden von Bruder Petrus von Gent zu einem größeren Katechismus erweitert, der 1528 zum ersten Mal gedruckt wurde. Für die Indianer, die meist des Lesens unkundig waren, wurden von ihm die Gebete und ein Katechismus in Zeichenschrift (Hieroglyphen) geschrieben und von Pater Jakob von Testera illustriert.

Über die Art und die Früchte der durch das Leben der Brüder unterstützten Missionsarbeit gibt ein Brief Petrus' von Gent an seine belgischen Mitbrüder vom 27. Juni 1529 Auskunft: »Ich habe mit meinen Gefährten in dieser Provinz Mexiko mehr als 200 000 Menschen getauft; es sind ihrer so viele, daß mir unmöglich ist, die Zahl zu bestimmen. Wir haben manchmal an einem Tage 14 000 getauft, ein anderes Mal 10 000 oder 8000 Personen. Alle Orte und Pfarreien der Provinz haben jetzt ihre Kirchen und Kapellen, mit Bildern, Kreuzen und Fahnen, die alle große Liebe und Andacht gegen Gott bekunden... Wir arbeiten alle, jeder nach seinen Kräften und seinem Geiste, für die Bekehrung dieser Ungläubigen. Mir obliegt es, Tag und Nacht zu predigen. Tagsüber lehre ich lesen, schreiben und singen und nachts die Christenlehre und die Predigten. Weil dieses Land sehr groß und sehr volkreich ist und die hier lebenden Brüder nicht für den Unterricht einer solchen Menge ausreichen, haben wir in unsern Häusern die Söhne der Vornehmen und Großen dieses Landes gesammelt, um sie im katholischen Glauben zu unterrichten,

Aus der Frühzeit der Indianermission:
Mönche sterben als Märtyrer

und sie belehren später ihre Eltern. Diese Knaben können lesen, schreiben, singen und das göttliche Offizium nach Priesterweise verrichten. Hier in der Stadt Mexiko habe ich die Knaben in meiner Obhut. Es sind ihrer fünfhundert oder mehr. Aus ihnen habe ich etwa fünfzig talentierte ausgewählt, die ich jede Woche besonders in dem unterrichte, was sie am folgenden Sonntag predigen müssen. An allen Sonntagen ziehen diese Knaben hinaus und durcheilen predigend das Land, vier, acht, zehn, auch zwanzig oder dreißig Meilen, und verkünden den katholischen Glauben und bereiten durch ihren Unterricht das Volk auf die Taufe vor. Und wir ziehen mit ihnen und zerstören die Heidentempel und Götzenbilder und bauen Häuser des wahren Gottes.«

War Erzbischof Zumárraga der mächtige Protektor der Indianer gewesen, so war Petrus von Gent ihr Vater und treuer Freund, der ihnen half und sie vieles lehrte. Dabei kamen ihm sehr seine früheren

Studien, seine Welterfahrung, seine Fertigkeit in verschiedenen Künsten, im Singen und Spielen mehrerer Instrumente, zugute. Alles stellte er in den Dienst der Mission und erreichte so die höchsten Ziele. Eine glückliche Fügung war seine Liebe zur Jugend; ihr galt seine nächste Sorge; in ihrer Erziehung erntete er seine ersten Früchte und erkannte die beste Methode, um die Indianer zu bekehren, nämlich die Eltern durch die Söhne zu gewinnen. Durch diese Methode wurde er »die Seele und Hauptperson der unglaublichen Bekehrungsbewegung und des ersten Unterrichts.« Sein »System übernahmen nicht nur die Franziskaner, sondern auch die anderen Ordensleute und der Weltklerus«.

Seine Haupttätigkeit entfaltete er in der großen, von ihm errichteten Schule zu Mexiko. Die Regeln, die er für sie aufstellte, zeigen, wie genau er die schlechten Neigungen der Eingeborenen, ihren Hang zum Nichtstun, Müßiggang und zur Weichlichkeit, erkannt hatte. Erziehung zur Arbeit, körperliche Strenge, Abschluß von der Familie waren in den heidnischen Priesterschulen des Landes Regel gewesen; die gleichen Punkte nahm Petrus in sein Programm auf. Als man dieses nach seinem Tod verließ, sanken, wie P. Bernardino de Sahagún schrieb, Jugend und Schule.

Petrus hatte aber auch bald die guten Seiten und Neigungen der Eingeborenen erkannt, besonders ihre Liebe zur Musik und anderen Künsten, ihre Freude an schönem und prächtigem Gottesdienst, und er fand immer neue Mittel und Wege, seinen Indianern neue Freude zu machen. Schon gleich zu Anfang verfaßte er Verse, in denen die Hauptwahrheiten des Glaubens enthalten waren, und setzte sie in Noten, die von Kindern und Erwachsenen oft und gern gesungen wurden. Er sang mit seinen Indianern lateinische Messen in der Kirche und führte Bruderschaften zur Hebung der kirchlichen Feste ein. Auf jede Weise förderte er unter den kunstfertigen Indianern Malerei, Bildhauerei, Stickerei, Herstellung kirchlicher Gefäße und dergleichen, sowohl zu ihrem Besten als auch für die Kirchen und Bethäuser, die er in großer Zahl erbaut hatte. Mit innigem Eifer verbreitete er die Verehrung des heiligen Joseph und hatte die Freude, daß dieser auf dem 1555 gefeierten Nationalkonzil zum Patron der mexikanischen Kirche erwählt wurde.

Daneben versäumte er nicht, dem Volk christliche Unterhaltun-

gen zu bieten. Er lehrte die Indianer verschiedene Instrumente spielen, auf denen sie große Fertigkeit erlangten; es fehlten auch nicht die religiösen Schauspiele, die ebenso der Erbauung wie der Belehrung dienten.

Was er für das leibliche Wohl der Indianer, besonders der Kranken, unternommen, wie viele Schritte er zur Besserung ihrer Lage, Befreiung von Zwangsarbeit oder Sklaverei, zum Schutz gegen herzlose Beamte und Kolonisten getan hat, kann hier nur angedeutet werden. Mancher Brief wurde von ihm in diesen Anliegen an Kaiser Karl V. und König Philipp II. gerichtet, die er dabei gern an seine verwandtschaftlichen Beziehungen erinnerte, und manche Verordnung ist durch ihn angeregt worden. Kein Wunder, daß ihn die Indianer in allen ihren Nöten und Anliegen aufsuchten, daß er Vater aller wurde, so daß Erzbischof Alfons de Montufar sagte: »Nicht ich bin Erzbischof von Mexiko, sondern Petrus von Gent.« Sein Bild war im ganzen Land verbreitet und bei seinem Hinscheiden hielt jede Bruderschaft und jedes Dorf seine Exequien.

Bernardino de Sahagún

Eigentlich hieß er Bernardino Ribeira, aber bekannt wurde er unter dem Namen Bernardino de Sahagún. In Sahagún, einem kleinen Ort in Spanien, wurde er vermutlich um 1500 geboren. Über seine Familie, seine Kindheit und Jugend ist uns nichts bekannt. Auch über den Zeitpunkt seines Eintritts in den Franziskanerorden berichtet uns kein Dokument. Aus den Annalen des Ordens erfahren wir, daß Bernardino de Sahagún im Jahre 1529 als Missionar nach Mexiko ging.

Zunächst lebte er zwei Jahre in Tepeopulco und dann, bis zu seinem Tod, in Tlaltelolco (heute ein Stadtteil von Mexiko City).

Als er acht Jahre nach der Einnahme der Stadt Mexiko durch die Spanier in das Land kam, erkannte er bald, daß seine Versuche, die Mexikaner zu bekehren, nur dann Erfolg haben würden, wenn er sich zuvor intensiv mit der fremden Kultur auseinandersetzte. Die Priester und Weisen berichteten Sahagún in ihrer Sprache, die er bald völlig beherrschte, alles was sie über Religion, Mythen, über Staat, Kriegsführung und Priesterschaft, über Sitten und Gebräuche, über Kunst und Handwerk ihrer Vorfahren wußten. Junge Schüler, die bereits das lateinische Alphabet beherrschten, schrieben diese Berichte in aztekischer Sprache nieder.

Bernardino de Sahagún starb am 23. Oktober 1590 in Tlaltelolco.

Mit seinem Interesse für die Geschichte der Indios gewann Bernardino de Sahagún viele von ihnen für den christlichen Glauben, und für die Nachwelt wurde sein Buch: »Historia general de las cosas de Nueva España« (12 Bände) zum bedeutendsten Quellenwerk über die Kultur der indianischen Völker vor der spanischen Eroberung. Mit seiner Unvoreingenommenheit hat er sowohl den Eingeborenen als auch der Wissenschaft gedient.

Hier ein Bericht über die Kunst der Federverarbeitung:

Die Federarbeiter, die Federmosaik herstellen, deren Beruf es ist, Federarbeiten zu machen, beginnen ihre Arbeit in folgender Weise: Zuerst überlegen sie, wie sie das Muster entwerfen werden. Es sind zuerst die Maler, die es aufzeichnen.

Wenn sie gesehen haben, daß mit Fleiß und Geschick das Muster in den Einzelheiten genügend ausgeführt ist: Dann machen sie auf einem Agaveblatt eine (Doppel-)Schicht von Baumwolle (und Kleister) zur Verstärkung, genannt Baumwollschicht. Sie suchen gute Agaveblätter, solche, deren Oberfläche glatt ist, glänzend und ohne Aussatz (Krusten), deren Oberfläche gleichmäßig ist, ohne Risse, um die Baumwolle schichtweise aufzutragen.

Zuerst überstreichen sie (das Agaveblatt) mit Kleister. Dann legen sie darauf und befestigen die gekämmte Baumwolle. Aber zuerst kämmen sie sie gut, strecken sie, machen sie dünn, so daß sie nur noch wie ein Spinngewebe ist, wie ein Nebel, ehe sie sie auf der Agave befestigen. Und sie setzen sie der Sonne aus, aber lassen sie nur oberflächlich trocknen. Wenn sie trocken ist, überzieht man die Baumwolle ein zweites Mal mit Kleister, ebnet die Oberfläche, daß sie sehr glatt wird, daß es nicht mehr nötig ist, sie zu kämmen, daß der Kleister gut trocknen kann. Und wenn es gut trocken ist, löst man es ab (die Baumwollschicht von dem Agaveblatt). Dann legt man darauf die farbige Zeichnung, zieht mit Farbe das Muster

Sitten und Bräuche der Eingeborenen wurden von Bernardino von Sahagún einfühlsam geschildert – hier ein ritueller Tanz

nach, macht den schwarzen Umriß, daß es darauf (auf dem Baumwollpapier) erscheint. Und wenn das fertig, die Baumwolle in allen Teilen bemalt ist, nichts vergessen ist in der Zeichnung der gesamten Entwürfe, dann klebt man sie auf ein Rindenpapier, Baumrindenpapier, verdoppelt, verstärkt die Schicht der gekleisterten Baumwolle.

Und dann beginnt man mit einem kupfernen Schaber abzukratzen, bis auf den Grund fortzunehmen die Zeichnung, die eingedrungen ist (in das Papier) in alle Winkel. Man schneidet ab, entfernt auf einem kleinen Holzbrett, genannt Holzschneider. Auf diesem Brett schneidet man, verwandelt in kleine Stücke, kappt, schneidet rund die (verschiedenen) Federn. Und wenn die Papierschablone überall ausgeschnitten ist, dem gemalten Muster entspricht, dann legt man sie auf ein Agaveblatt, bemalt das Agaveblatt, indem man den Stellen folgt, wo die Schablone ausgeschnitten ist.

Wenn das Agaveblatt gemalt ist, dann überzieht man es mit Kleister, man legt Baumwolle darauf, man stellt so her, mit Kleister, die Baumwollage, worauf (die Federn) zu legen sind, die die schwarzen Umrisse und die Farben bilden.

Man läßt es nochmals an der Sonne trocknen. Dann tut man die Federn darauf, die man geschrumpfte, in Kleister eingeschrumpfte nennt. Aber man legt zuerst, gesondert von diesen eine Schicht auf das Agaveblatt, dies Geklebte von Federn, die in Kleister geschrumpfte heißen. Man faßt die Federn mit Kleister zusammen, dann leimt man sie fest auf dem Agaveblatt (der Baumwollschicht auf dem Blatt), man ebnet die Schicht mit einem Knochenschaber.

Die, welche man geschrumpfte Federn nennt, sind alles nur gewöhnliche Federn. Denn sie bilden den Anfang zur Vollendung der Federarbeit. Sie bilden die erste Lage, dienen als Bett den verschiedenen kostbaren Federn.

Zum Beispiel gelb gefärbte für das geringe Lager oder die des Reihers oder die (dunkelroten) des Chamolin oder die (blauen) vom Schwanz des Arara oder die (rötlichen) Cocho-Federn oder irgendwelche andere, einfarbige oder vielfarbige. Man gibt acht, sucht durch Erfahrung, Vergleichung herauszubringen, welche der kostbaren Federn man ihnen gesellen muß, welche (minderen Federn) als Unterlage dienen können. Den Türkisvogel-(Cotinga-)Federn gibt man ein Lager von den (blauen) Schwanzfedern des Guacamayo oder legt sie auf die Federn des Arara. Und den (leuchtenden schwarz und grünen) des Tzinitzcan gibt man ein Bett von den (dunklen) Federn des Cocho. Und für den (roten) Löffelreiher macht man ein Bett von demselben, flachschnäbeligen Löffelreiher oder von roten Federn. Und den gelben (leuchtenden) macht man ein Lager von gelb gefärbten Federn; ebenso macht man ein Bett von den Abfällen der leuchtenden gelben Federn. Die man gelbfarbene Federn nennt, sind gelb gefärbt. Im Feuer siedet, kocht man die Farbe (aus) »Grasfladen« (Flachsseide), man fügt Alaun hinzu und versetzt es mit Salpeter.

Wenn alle unteren Lagen aus geringen (Schrumpf-)Federn hergerichtet sind und die bemalte Baumwoll-Lage, die auf dem Agaveblatt liegt, in allen Teilen mit den geringen Federn bedeckt ist, dann nimmt man es ab. Und dann bringt man ein kleines Brett herbei, worauf ein Papier geklebt ist. Man zeichnet noch einmal das Muster darauf mit Hilfe der ausgeschnittenen Schablone. Auf ihm verfertigt man die Federarbeit, auf dem Brett klebt man die Federn. Sei es, daß man ein Gemälde von Blumen fertigen will, sei es eines von Pflanzen oder irgendein Bild, irgendeine Augenweide.

Wenn das Muster gemalt und umrissen ist auf dem Brett, beginnt man (die Federn) zu kleben, zu ordnen. Zuerst löst man im Wasser auf, mischt den Kleister. Die Lösung des Kleisters ist die Aufgabe der Kinder, der Lehrlinge; sie lösen ihn für (den Meister).

Dann schneidet man das Schwarze, den Umriß, mit dem man den schwarzen Umriß des Federbildes macht. Denn das ist das, womit man beginnt. Zuerst klebt man (die Federn für den Umriß), befestigt man sie auf dem Grunde mit einem Knochenfalzbein. Man macht den Umriß von den (schwarzen) Federn der Drossel oder von den geringen (geschrumpften) Federn des Chamolin.

Dann folgt der Schnitt der Federn, die die erste Lage bilden, das Bett, je nach der Beschaffenheit der Federn, je nachdem womit man beginnt, der Zeichnung gemäß. Sei es, daß man mit dem Türkisvogel (Cotinga) beginnt oder dem Tzinitzcan oder dem roten Löffelreiher oder dem Topasvogel, dem blauen Kolibri, dem gemeinen Kolibri, dem kostbaren Kolibri, dem Feuerkolibri. Je nach dem Aussehen der verschiedenen Federn, ihrem feurigen Glanze, ihrem Schimmer, stellt man sie zusammen, schneidet man sie (die Federn) der unteren Lage, die verschiedenen Federn, die das sogenannte geringe Bett bilden. Man läßt das Muster erscheinen, wie es gemalt ist (auf dem Papier), mit allen Farben, die darin vorkommen. Wenn die geringe Schicht mittels des Knochenfalzbeins geklebt ist, befestigt man die kostbaren Federn darauf, man ordnet sie, man klebt sie, man befestigt sie mit dem Knochenfalzbein, legt sie auf, immer fortschreitend, bedeckend die geringen Federn, die das Bett oder die Grundlage bilden. Und man bringt die ausgeschnittene Papierschablone herbei, macht die Probe, ob in irgendeinem Teile die Arbeit sich nicht verschoben habe, ob man keinen Fehler gemacht habe, ob die Schablone gut mit den geklebten Federn übereinstimmt.

So tut man, so beendet man die Federmalerei, die, die man mit Kleister macht.

Ludwig Bertran

Im spanischen Valencia wurde am 1. Januar 1526 Ludwig Bertran geboren. Seine Kindheit und Jugend ähnelte der der anderen Kinder seines Alters. Mit einem Unterschied allerdings: er wußte schon sehr früh, daß er Geistlicher werden wollte.

Mit achtzehn Jahren trat er in den Dominikanerorden ein. Hier erkannte man seine pädagogischen Fähigkeiten und ernannte ihn 1551 zum Novizenmeister.

Ludwigs sehnlichster Wunsch aber war, in der Mission mitarbeiten zu dürfen. Im Jahre 1562 endlich war es soweit. Der Orden schickte Ludwig Bertran als Missionar nach Neugranada (Kolumbien). Dort bekehrte er allein, nur mit der Bibel und dem Brevier ausgerüstet, viele Indianer. In Tubera, Cipacoa, in Paluato, Tenerife, Mompos und bei den Karaiben verbreitete er mit großem Erfolg das Wort Gottes.

Ludwig Bertrans Gesundheit war durch die Anstrengungen und durch sein ständiges Barfußlaufen so sehr geschwächt, daß man ihn bat, aus der aktiven Mission auszuscheiden und das Amt des Priors von Bogotá anzunehmen. Bertran kehrte jedoch aus unbekannten Gründen, im Jahre 1569, nach Spanien zurück. In seiner Heimat war er von 1571 an Prior in S. Onufrio unweit von Valencia und ab 1575 Vorsteher des Klosters in Valencia, wo er am 9. Oktober 1581 starb.

Seine Biographen, Pater Antist und Pater B. Aviñone, berichten übereinstimmend von Bertrans heroischer Mäßigkeit. Er ging stets barfuß, aß kaum etwas und lehnte für sich jede Annehmlichkeit ab. Der Verzicht auf unnötigen Luxus machte ihn frei, ganz für die Verkündigung des Wortes Gottes zu leben.

Tubera scheint die erste Missionsstation gewesen zu sein, in der Ludwig Bertran längere Zeit ständig arbeitete, doch war er nicht der erste Missionar dieses Ortes; denn er fand schon ein kleines Kirchlein aus rohgefügten Baumstämmen mit einem Dach aus Palmblättern und daneben eine ärmliche Hütte, die Wohnung seines Vorgängers in der Seelsorge der Wilden, vor.

Der Ort liegt auf halbem Wege zwischen Cartagena und dem Magdalenenstrom in den ungesunden und fast unerträglichen Nie-

derungen, zu weit von der Meeresküste entfernt, um die erquickende Seeluft zu empfangen, und doch nicht weit genug im Innern, um das mildere Klima der Höhenzüge zu genießen. Da brütete die Hitze der Tropen über den Sümpfen, und Wolken von Moskitos schwärmten in den Lüften.

Sobald Bertran von seinen Obern den Auftrag erhielt, nach Tubera zu gehen, so machte er sich mit seiner Bibel und seinem Brevier freudig auf den Weg. Von der ersten Stunde an führte er in der kleinen Hütte seines Vorgängers ein Leben des Gebets und der Buße, wodurch er Kraft und Segen auf seine Arbeit herabziehen wollte. Sein Bett war ein Holzschragen, sein Kopfkissen ein Stein; seine Nahrung erwartete er ganz wie auf seinen Reisen von der göttlichen Vorsehung und wollte nicht den geringsten Vorrat für sich zurücklegen. »Suchet zuerst das Reich Gottes und seine Gerechtigkeit, und alles andere wird Euch zugegeben werden«, diese Mahnung des Heilandes führte er oft im Munde.

Ein wunderbarer Vorfall stärkte seine Hoffnung auf die Bekehrung der Wilden gleich in den ersten Tagen seines Aufenthaltes zu Tubera. Er betete einmal ganz allein in seiner Hütte. Da trat plötzlich ein Wilder ein, welcher ein Kind auf seinen Armen trug und mit lautem Geschrei den Missionar anredete. Da Ludwig den Mann nicht verstand, rief er einen Dolmetscher herbei, und nun stellte sich heraus, daß das Kind im Sterben lag und daß der Wilde verlangte, der Priester möge es rasch taufen, bevor es seine Seele aushauche. Erstaunt fragte der Missionar den Wilden, einen Heiden, der vom christlichen Glauben durchaus keine Kenntnis hatte, wie er denn überhaupt etwas von der Taufe erfahren habe. Da antwortete der Indianer: »Dort auf jenem Berge stand ich; da verkündete mir ein guter Geist, du seiest in dieses Land gekommen, und sagte mir, wenn du Wasser auf des Kindes Haupt gössest, würde es gerettet werden.« Ludwig taufte also das Kind und gab ihm den Namen Michael; denn es war der Vorabend von St.-Michaels-Fest, und kurz danach stieg die Seele des Knäbleins zum Himmel empor. Dieser Vorfall tröstete und erfreute den Missionar. Er sah in dem Umstand, daß die erste Seele, welche er in den Schoß der Kirche aufnahm, auf so wunderbare Weise zu ihm gekommen war und dann so rasch in den Himmel aufgenommen wurde, ein außerordentliches Zeichen des göttlichen

Segens für seine Mission. Ludwig erzählte dieses Ereignis oft als ein Beispiel der Güte Gottes und des unerforschlichen Ratschlusses seiner Gnadenwahl.

Auch in Tubera behielt Bertran die Gewohnheit bei, alle Märsche zu Fuß und zwar gewöhnlich barfuß zu machen, trotz der elenden Wege, der unerträglichen Hitze und seines schlechten Gesundheitszustandes. Die offene Beinwunde, an der er schon in Valencia gelitten hatte, verursachte ihm unsägliche Schmerzen, und die Schwindelanfälle nötigten ihn oft genug, sich an eine Mauer oder an einen Baumstamm zu lehnen, um nicht zu Boden zu stürzen. Einmal schmerzte ihn seine Wunde ungewöhnlich heftig; da kam ein Bote, der ihn zu einem stundenweit entfernten Sterbenden rief. Obschon ein Reittier für den Missionar bereitstand, wollte er, so qualvoll es ihm auch wurde, doch keinen Gebrauch davon machen und schleppte sich wie gewöhnlich zu Fuß nach der Hütte des Kranken. Nach menschlicher Klugheit war eine solche Handlungsweise allerdings unbegreiflich. Er aber war fest davon überzeugt, daß diese außerordentliche Strenge den Segen Gottes auf seine Predigt herabziehen müßte und daß der Geist der Finsternis, der die Eingeborenen in seinen Fesseln hielt, nach den Worten des Heilandes »nur durch Gebet und Fasten ausgetrieben« werde.

Der Erfolg war großartig. Das Taufbuch von Tubera, das Ludwig eigenhändig schrieb, beweist, daß er alle Eingeborenen in die heilige Kirche aufnahm. Auch die Bulle der Heiligsprechung erzählt, daß er in Tubera »durch sein Gebet, sein Fasten und seine Geißelungen von Gott die Gnade der Bekehrung aller Heiden dieser Ortschaft erhielt«. In einigen Schriften wird die Zahl der Bekehrten mit 10 500 angegeben, andere Biographen meinen, es seien über 10 000 gewesen. Und man glaube nicht, daß der Ludwig die Katechumenen ohne gründlichen Unterricht und ohne ernste Prüfung zur heiligen Taufe zugelassen habe; gerade seine Neubekehrten zeigten sich in der Folge als die am besten Unterrichteten und im Glauben Stärksten. Freilich war das ein Werk der Gnade, aber es erforderte von seiner Seite angestrengte Arbeit und unermüdliche Geduld. Hundert- und hundertmal mußte er dieselbe einfache Wahrheit vortragen, erklären, bis sie von den Eingeborenen endlich erfaßt wurde. Diese Katechesen wechselten ab mit Predigten, die sich wohl zunächst an die

Ludwig Bertran

spanischen Ansiedler richteten und in denen die ganze Glut seiner übernatürlichen Begeisterung die Herzen der Zuhörer zur Bekehrung aufforderte. Nur selten verhallten seine Worte fruchtlos. Die Eingeborenen, die er bekehrte, wendeten sich aber nicht sofort dem christlichen Glauben zu. Es bildete sich anfangs eine feindliche Partei, die, gereizt durch die kühnen Worte des unerschrockenen Predi-

gers, der ihre Verbrechen so schonungslos anprangerte, beschloß, den Missionar zu vertreiben. Sie unternahmen allerlei gegen ihn, aber ohne Erfolg.

Ein anderes Mal wäre das Leben des Missionars beinahe seinem apostolischen Freimut zum Opfer gefallen. Ein Kazike oder Indianerhäuptling frönte offen und ungescheut der Vielweiberei. Da dieser häufig den Religionsunterricht besuchte, ermahnte ihn Ludwig wiederholt und eindringlich, und als seine Worte nichts fruchteten, stellte er in öffentlicher Predigt seine Sünde an den verdienten Pranger und drohte ihm mit Gottes Strafgerichten. Das war dem stolzen Kaziken zu viel. Außer sich vor Wut, stürzte er mit hocherhobener Keule auf den Dominikaner los, der mit keiner Wimper zuckend den Todesstreich erwartete. Die wuchtige Mordwaffe sauste nieder und grub sich zu den Füßen des Predigers tief in die Erde – ein unsichtbarer Arm hatte das Haupt Bertrans geschützt und den Schlag auf eine allen Zuschauern unerklärliche Weise abgewehrt. Alle diese Feindseligkeiten müssen aber, wie schon bemerkt, in den Anfang der Missionstätigkeit von Tubera verlegt werden; denn am Ende der drei Jahre besaß er die Liebe der Eingeborenen in hohem Grade.

Als Ludwig ganz Tubera zum Glauben bekehrt hatte, übergaben seine Obern die blühende Mission einem anderen apostolischen Arbeiter und sandten ihn selbst nach Cipacoa (Capicoa) und Paluato, um auch in jenen Gegenden mit Gottes Gnade eine ähnliche Ernte einzubringen.

Franz Sanciz, der spanische Gouverneur jener Gegend, wollte dem Missionar, von dessen Heiligkeit er viel gehört hatte und den er deshalb überaus verehrte, eine zahlreiche Dienerschaft geben. Aber Bertran sagte, er sei ein armer Mönch und solches gezieme sich nicht für ihn. Nach vielen Bitten erlaubte er endlich, daß zwei Knaben von Zeit zu Zeit zu seiner Hütte kämen und nachschauten, ob ihm nicht die notwendigste Nahrung fehle. Diese Knaben trafen Ludwig mehr als einmal bei seinen blutigen Geißelungen und erzählten Sanciz von der Strenge des Missionars. Natürlich blieben dessen Darstellungen, er möge doch seine schwachen Kräfte schonen, vergeblich. Ebenso unerbittlich zeigte sich Bertran den Eingeborenen gegenüber, die ihm Eier, Geflügel, süße und köstliche Früchte ihres Landes als

Geschenk für seine Arbeit in der Seelsorge anboten. Er hielt es hier wie früher in Tubera: Er wollte von Tag zu Tag ganz von Gottes Vorsehung leben.

Alfonso Mongrovejo Toribio (Turibius)

Am 18. November 1538 wurde Alfonso Turibius zu Mayorga (oder Villaquejida) im spanischen Königreich Leon geboren. Nach der damals üblichen Erziehung schickten die Eltern den aufgeweckten Alfonso an die Hochschule nach Valladolid (Spanien). Hier und an den Universitäten von Salamanca und Coimbra erwarb er sich wissenschaftliche Gelehrsamkeit, so daß er mit zweiunddreißig Jahren (1570) in das Gelehrtenkollegium Sankt Salvator in Oviedo aufgenommen wurde.

Mit dem wissenschaftlichen Studium wuchs auch seine tiefe Frömmigkeit. Deshalb berief man ihn im Jahre 1573 als Mitglied und zwei Jahre später als Präsident der Inquisition in Granada.

Sein tiefer Glaube war so bekannt und geschätzt, daß er im Jahre 1579 zum Erzbischof von Lima (Peru) ernannt wurde. Im Mai 1580 zog er unter großem Jubel des Volkes in seine Bischofsstadt ein. Viel Arbeit erwartete ihn; denn langanhaltende Unruhen und eine fünfjährige Vakanz des bischöflichen Stuhles hatten die kirchliche Ordnung in seiner Diözese aufgelöst. Sich auf die Beschlüsse desKonzils von Trient stützend, begann Turibius sein Reformwerk.

Unter unbeschreiblichen Beschwerden und häufiger Lebensgefahr visitierte der Erzbischof zweimal seine große Diözese. Bis in die entferntesten Wohnungen der Eingeborenen drang er vor, um das Evangelium zu verkünden, Mißbräuche abzuschaffen und segensreiche Anordnungen zu treffen.

Während der dritten Reise starb er am Gründonnerstag des Jahren 1606 zu Sagna. Seine Gebeine wurden 1622 von dort nach Lima gebracht.

Von Turibius erzählt man sich, daß er schon in seiner Jugend die größte Freude beim Almosenausteilen empfand. Diese Freigiebigkeit übte er sein Leben lang. Überall, wo er Not und Elend sah, griff er helfend ein.

Alfonso Turibius schiffte sich nach seiner Bischofsweihe ohne Verzug nach Peru ein und kam 1580 zu Lima an. Er war damals zweiundvierzig Jahre alt. Eine Diözese, welche sich hundertunddreißig Stunden weit längs der Küste hinstreckte und außer mehreren Städten eine unzählige Menge Dörfer und Weiler umfaßte, die auf der doppelten Kette der Anden zerstreut waren, bot seinem Eifer reichlich Nahrung.

Er trat sogleich seine Rundreise an. Man sah ihn steile, mit Eis und Schnee bedeckte Berge erklimmen, um Worte des Lebens in die armen Hütten der Eingeborenen zu tragen. Oft reiste er zu Fuß; und da die apostolischen Arbeiten nur insoweit Frucht bringen, als sie von Gott gesegnet werden, betete und fastete er ohne Unterlaß, um die göttliche Barmherzigkeit auf die seiner Sorge anvertrauten Seelen herabzuziehen. Die Begeisterung, die in seinen Predigten lag, fand eine glänzende Stütze in der Gabe der Wunder und Sprachen; denn wenn er auch vor so vielen verschiedenen Volksstämmen gewöhnlich nur spanisch redete, so verstand ihn doch jeder so deutlich, als hätte er sich in der Muttersprache des Zuhörers ausgedrückt. Überall stellte er gelehrte und eifrige Seelsorger an und verschaffte den Bewohnern auf den unzugänglichen Felsen den Beistand des Unterrichts und der Sakramente. Überzeugt, daß die Handhabung der Disziplin großen Einfluß auf die Sittlichkeit ausübe, wandte er hauptsächlich ihr seine Aufmerksamkeit zu und ordnete an, daß man in Zukunft alle zwei Jahre Diözesansynoden und alle sieben Jahre Provinzialsynoden abhalten sollte. Und in der Tat, wenn die Abhaltung von Provinzialkonzilien, welche die Väter von Trient allen Metropoliten zur Pflicht gemacht haben, in der katholischen Kirche stets von Nutzen ist, so fällt ihre Notwendigkeit in denjenigen Ländern, in denen die Religion erst Wurzel schlägt, von selbst ins Auge. Hauptsächlich in den noch im Entstehen begriffenen Kirchen müssen die Oberhirten ihre Weisheit und Autorität zusammenwirken lassen, um die Reste des Aberglaubens und der heidnischen Bräuche vollends auszurotten, um Ärgernisse zu unterdrücken und die von den Predigern irrtümlich geduldeten oder geheiligten Mißbräuche abzuschaffen und um Gleichförmigkeit in der Verwaltung der Sakramente herzustellen. Da die Diözesen in diesen ungeheuren südamerikanischen Landschaften sehr ausgedehnt waren, mußten auch die bischöflichen

Stühle sehr weit voneinander entfernt sein, und die Bischöfe konnten deshalb im Falle der Not einander nicht zu Rate ziehen: ein neuer Beweggrund für sie, sich auf die Einladung ihres Metropoliten gern nach Lima zu begeben, um seltene oder kaum vorkommende Fälle zu entscheiden und gemeinschaftliche Regeln für Lehre und Praxis aufzustellen. Turibius konnte seine Bischöfe nur dreimal zusammenrufen, in den Jahren 1582, 1591 und 1601; dagegen versammelte er die Priester der zweiten Weihe vierzehnmal in ebensoviel Diözesansynoden.

Um seinen Eifer und seine Nächstenliebe auch der Nachwelt zu erhalten, gründete Turibius Seminare, Kirchen, Hospitäler, ohne jedoch zu gestatten, daß sein Name in die Stiftungsurkunden eingetragen wurde. Solange er in Lima war, besuchte er die Kranken in den Hospitälern täglich und reichte ihnen selbst die Sakramente. Als ein Teil seiner Diözese von der Pest heimgesucht wurde, entzog er sich auch das Notwendigste, um den Bedürfnissen der Unglücklichen abzuhelfen, empfahl die Buße als dasjenige Mittel, den erzürnten Himmel zu versöhnen, wohnte tief bewegt den Prozessionen bei und opferte sich, die Augen auf ein Kruzifix gerichtet, für die Erhaltung seiner Herde dem Herrn auf. Damit verband er, solange die Pest wütete, Gebet, Nachtwachen und außerordentliches Fasten. Wenn es sich darum handelte, einer Seele den geringsten, ihr Heil betreffenden Dienst zu leisten, trotzte er den größten Gefahren. Furchtlos durchwanderte er die entsetzlichen Einöden, die nur von wilden Tieren bewohnt wurden. Wenn man ihn auf die Gefahren aufmerksam machte, denen er sein Leben aussetzte, antwortete er, nachdem Jesus Christus zur Erlösung der Menschen vom Himmel herabgestiegen sei, müsse ein Seelenhirt bereit sein, alles für seine Verherrlichung zu leiden. Er machte dreimal die Rundreise in seiner Diözese. Die erste dieser Reisen dauerte sieben Jahre, die zweite fünf, die dritte etwas weniger. Mehr als einer Million Neubekehrter soll er das Sakrament der Firmung erteilt haben; aber die Zahl der Ungläubigen, die er durch seine oder seiner Missionare Predigten in den Schoß der Kirche führte, war noch beträchtlicher. Auf der Reise beschäftigte er sich mit Gebet oder Gesprächen über geistliche Gegenstände. Wenn er irgendwo angekommen war, ging er vor allem in die Kirche und schüttete sein Herz vor Gott aus.

Die Unterweisung der Armen hielt ihn oft zwei bis drei Tage an demselben Ort zurück, auch wenn er dort an den notwendigsten Lebensbedürfnissen Mangel litt. Jeden Tag las er die Messe mit engelgleicher Andacht und stellte vor und nach der heiligen Handlung lange Betrachtungen an. Gewöhnlich beichtete er jeden Morgen. Die Ehre Gottes war das Ziel all seiner Worte und Handlungen. Seine Demut stand seinen übrigen Tugenden in nichts nach. Seine Mildtätigkeit war so groß, daß er im Laufe seiner Rundreisen mehr als zweimal hunderttausend Pesos austeilte; seine Freigiebigkeit erstreckte sich auf alle Armen ohne Unterschied.

Turibius konnte sich rühmen, die Kirche von Peru neu organisiert zu haben, und war er auch nicht ihr erster Apostel, so war er wenigstens der Wiederhersteller der Frömmigkeit, die allgemein erloschen war. Auf seiner Hirtenreise erkrankte er zu Sagna, einer hundertzehn Stunden von Lima gelegenen Stadt. Er sagte seinen Tod voraus und versprach demjenigen eine Belohnung, der ihm zuerst die Nachricht brächte, daß die Ärzte an seinem Weiterleben zweifelten. Seine persönlichen Dinge gab er seinen Dienern, das übrige wurde den Armen vermacht. Er wollte sich in die Kirche tragen lassen, um dort die heilige Wegzehrung zu empfangen; aber man mußte ihm die Letzte Ölung im Bett geben. Beständig wiederholte er die Worte des heiligen Paulus: »Ich möchte der Bande des Leibes ledig werden, um mich mit Christo zu vereinigen.« In seinen letzten Augenblicken mußten ihm die Umstehenden die weiteren Worte singen: »Ich freue mich, daß zu mir gesagt ist: Wir wollen in das Haus des Herrn gehen.«

11. Kapitel

Die Anfänge der Gesellschaft Jesu

In Paris schlossen sich Ignatius von Loyola und sechs Studienfreunde am 15. August 1534 zu einer Ordensgemeinschaft, der Gesellschaft Jesu (Societas Jesu, SJ), zusammen. Sie gelobten ein gemeinsames Leben in Armut und Ehelosigkeit und stellten sich die Aufgabe, im Heiligen Land zu missionieren.

Da die damalige Situation eine Palästinamission nicht zuließ, unterstellte Ignatius den Orden unmittelbar dem Papst. Dieser bestätigte ihn 1540 und änderte dessen Zielsetzung. Ausbreitung des Glaubens durch Predigt, Exerzitien, karitative Werke, Seelenführung und Schultätigkeit sind seither die Schwerpunkte der Gesellschaft Jesu. Seine Mitglieder, allen voran Franz Xaver, waren die Bahnbrecher für ein neues Missionsverständnis. Planmäßig wurde das zu missionierende Land erforscht. Die Missionare bemühten sich, die Sprache zu erlernen und die Religion, die Sitten und Gebräuche der Bevölkerung zu verstehen. Sie errichteten Schulen und bildeten Einheimische zu Helfern für die Missionsarbeit aus. Die Mission wurde straff organisiert und die Berichterstattung über die Arbeit war Pflicht eines jeden Missionars.

Ehe wir jedoch das beispielhafte Wirken einiger großer Missionarsgestalten des Jesuitenordens würdigen, ist es notwendig, einen Blick auf die welt- und kirchengeschichtlichen Entwicklungen jener Zeit zu werfen.

Der Protestantismus war in den deutschen Ländern durch den Augsburger Religionsfrieden von 1555 auf Dauer als religiöse und auch politische Institution anerkannt worden. Anschließend sahen Kirche und katholische Fürsten eine wesentliche Aufgabe in der Gegenreformation, bei der wiederum die Jesuiten bald eine führende Rolle in den europäischen Staaten spielten. So wurde 1622 die Congregatio de propaganda fide mit der ausdrücklichen Zielsetzung begründet, zu wirken »für die Mission und die Rückführung der Protestanten«.

In Frankreich hatte sich der Kalvinismus seit Mitte der vierziger Jahre des 16. Jahrhunderts vor allem in der Oberschicht verbreitet; nach der Verfolgung während der grauenvollen Hugenottenkriege erreichte er 1598 im Edikt von Nantes (1685 durch Ludwig XIV. aufgehoben) offizielle Duldung. – In England schließlich setzte 1534 Heinrich VIII. die Trennung der dortigen Kirche von Rom durch.

Seit der Wende vom 15. zum 16. Jahrhundert war Portugal zur zweiten führenden Kolonialmacht aufgestiegen – 1500 wurde durch Cabral Brasilien für Portugal in Besitz genommen, wenig später wurden durch den Portugiesen Magalhães die Philippinen entdeckt. Die Konkurrenz der Seemächte Portugal und Spanien hatte schon 1493 Papst Alexander VI. veranlaßt, die neu zu entdekkenden Länder in eine spanische und eine portugiesische Einflußsphäre aufzuteilen, und durch die Verträge von Tordesillas 1494 und Saragossa 1529 erfolgte eine entsprechende Ergänzung. Damit waren Brasilien, aber auch Afrika, Japan, China, Indien und der Indische Ozean portugiesischer Bereich. Von 1580 bis 1640 waren dann freilich Portugal und Spanien unter den gleichen Herrschern vereinigt.

Entscheidend dafür, daß Franz Xaver nicht den ursprünglichen Entschluß verwirklichen konnte, im Heiligen Lande zu wirken, war die Machtentfaltung des Osmanischen Reiches. 1453 schon war die ehemalige christliche Hauptstadt der Welt, Konstantinopel, in die Hände der Türken gefallen und wurde für lange Jahrhunderte neue Hauptstadt des Osmanenreiches. 1529 standen die Türken vor Wien – sie wurden zwar, wie auch später wieder, vertrieben, doch setzten sie sich auf Dauer in Südosteuropa (Griechenland, Serbien, Ungarn) fest. Für die katholische Kirche und das Papsttum war es für eine lange Zeit beherrschende Aufgabe, die europäischen Fürsten zur Abwehr der Türkengefahr zu bewegen. Große Schwierigkeiten entstanden dabei durch die Gegnerschaft Habsburgs und Frankreichs – 1526 schlossen die Franzosen mit den Türken ein Handelsabkommen, und auch später gingen wiederholt innereuropäische und dynastische Interessen dem gemein-

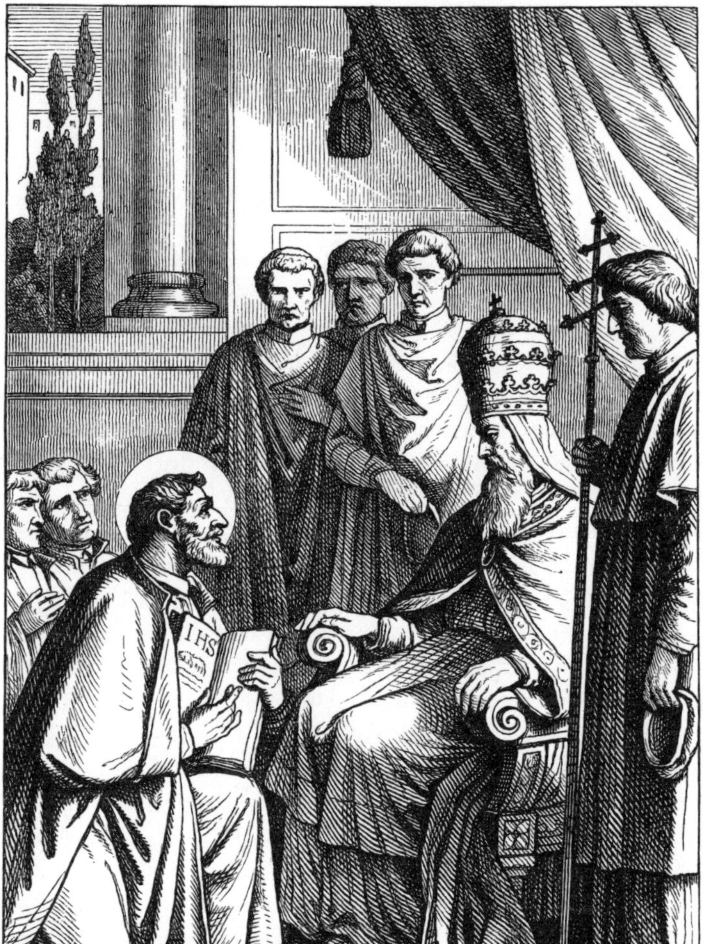

Ignatius von Loyola vor Papst Paul VII., der seine Ordensregel bestätigt und die Zielsetzung seiner „Gesellschaft Jesu“ gutheißt.

samen Abwehrkampf gegen die Moslems bei weitem vor. – An der vom Papst 1537 gebilligten Reise des Ignatius ins Heilige Land hinderte diesen der Krieg zwischen Venedig und dem Osmanischen Reich.

Franz Xaver

Dem Vorsitzenden des Königlichen Rats von Navarra wurde am 7. April 1506 ein Sohn geboren. Francisco de Jassu y Javier, so lautet sein spanischer Name, wuchs auf Schloß Javier bei Sangüesa (Navarra) auf, behütet und erzogen von seinen Eltern und Hauslehrern.

Mit achtzehn Jahren ging er nach Paris, um dort seine Studien fortzusetzen. Am selben Kolleg studierte auch Ignatius von Loyola, und beide Männer freundeten sich an. Als Ignatius im Jahre 1534 seine Idee, einen neuen Orden zu gründen, in die Tat umsetzte, gehörte Franz zu den ersten, die dieser Gemeinschaft beitraten.

Nach Beendigung seines Studiums ging Franz Xaver nach Venedig, wo Ignatius sich aufhielt, um dort 1537 die Priesterweihe zu empfangen. Er blieb bei Ignatius und half mit, 1539 in Rom die erste Ordenssatzung auszuarbeiten.

An seinem fünfunddreißigsten Geburtstag schiffte er sich im Hafen von Lissabon ein, um nach Ostindien zu segeln. Er hatte für diese Mission sowohl die päpstliche Vollmacht als auch die Zustimmung des Königs von Portugal. Am 6. Mai 1542 landete er in Goa, und damit begann seine zehnjährige Missionsarbeit.

Er kümmerte sich um die Portugiesen, um Neubekehrte und Heiden, reiste zu den Parava-Perlfischern an der Südostspitze Indiens und taufte in Travancore (Landschaft an der Südspitze Indiens) 10000 Makua-Fischer. Im Jahre 1545 fuhr er von Mylapur (Madras) nach Malakka (Insel im Südchinesischen Meer, heute Malaya), 1546 zu den Molukken-Inseln und zu den Neubekehrten auf die Insel Ambon (Amboina) und auf die Moro-Inseln (Halmahera, Morotai, Rau). Von dort kehrte Franz Xaver 1547 nach Malakka zurück.

Hier hörte er auch Berichte über das neuentdeckte Land Japan.

Spontan beschloß er, auch dort das Christentum zu verbreiten. Er begann, alles für diese Fahrt Notwendige zu organisieren und fuhr, 1549, mit drei bereits getauften Japanern und zwei Gefährten nach Japan.

Franz Xaver wirkte ein Jahr in Kagoshima, dann kurz in Hirado und, nachdem er vergebens versucht hatte, am Kaiserhof in Miako (Kyoto) Fuß zu fassen, in Yamaguchi. Hier gelang es ihm, nach langen zähen Streitgesprächen mit den Bonzen (japanische Priester) und Gelehrten, eine christliche Gemeinde aufzubauen. Rastlos wie er war, zog er nach diesem Erfolg weiter und predigte am Hof von Bungo.

Im Jahre 1552 kehrte er nach Goa zurück, um sein Amt als Provinzial der indischen Jesuitenprovinz anzutreten. Aber lange blieb er nicht in der Stadt. Er begann aufs neue, alles für eine Seereise Notwendige zu organisieren. Dieses Mal war China sein Missionsziel. Er sollte das Land aber nicht erreichen. Franz Xaver starb am 3. Dezember 1552 auf der Insel Sancian (San Tschao) bei Kanton.

Was dieser Missionar in nur zehn Jahren seines Wirkens geleistet hat, ist schier unglaublich. Wagemutig und ausdauernd ergriff er jede Gelegenheit, die sich ihm bot, um das Evangelium zu verbreiten. Es war ihm klar, daß er vieles riskieren mußte, denn nur dann hatte er Aussicht auf Erfolg.

Aus einem Brief Franz Xavers an seine Ordensbrüder in Rom (29. Januar 1552)

Während ich mich mit Kosmus Turrian und Johann Ferdinand zu Amanguzi (Hirado) befand, bat mich der machthabende König von Bungo schriftlich, ich möchte zu ihm kommen, um mit ihm zu reden. Ein portugiesisches Schiff sei in seinem Hafen gelandet, und er wünsche mit mir über bestimmte Angelegenheiten zu reden. Somit reiste ich alsbald, nachdem ich Kosmus Turrian und Johann bei den Christen zurückgelassen hatte, nach Bungo, teils um des Königs Gesinnung gegen den Glauben ans Christtum auszuforschen, teils um die Portugiesen zu besuchen. Der König empfing mich großartig. Ich hatte an der Zusammenkunft mit den Portugiesen ein großes Vergnügen.

Indem ich zu Bungo weilte, erregte der Teufel einen großen Krieg in Amanguzi. Ein durch seinen Reichtum mächtiger Fürst bekriegte seinen eigenen König, jagte ihn aus seiner Residenzstadt und beraubte ihn des Reiches. Als der König sah, daß er nicht mehr fliehen konnte, stieß er sich einen Dolch in die Brust und gab sich selbst den Tod, um nicht lebendig in die Hände seines bittersten Feindes zu fallen. Zugleich ließ er seinen eigenen Sohn, den er bei sich hatte, umbringen, und befahl, ihrer beider Leichname zu verbrennen, damit seine Feinde keine Gelegenheit zur Beschimpfung fänden. Es geschah, wie er es befohlen hatte.

Nach Beendigung des Krieges sahen die Fürsten ein, daß das Staatswesen von Amanguzi ohne König keinen Bestand haben könne, und schickten die Vornehmsten und Angesehensten des Reiches zum König von Bungo mit der Bitte, daß er seinen leiblichen Bruder nach Amanguzi senden wolle, damit dieser das Reich regiere. Der König tat ihnen sogleich den Willen. So erlangte jener die Herrschaft über Amanguzi.

Der König von Bungo, der über zahlreiche kriegerische Truppen gebietet, achtet den Namen »Portugiese« verwundernswert hoch. Wie er nun der Reichtümer und Sitten des Königs von Portugal gewahr geworden war, bat er ihn schriftlich, daß er ihn unter die Zahl seiner Freunde aufnehmen möchte, und schickte dem portugiesischen König einen Brustharnisch als Beweis seiner Freundschaft. Auch versprach der König von Bungo vor meiner Abreise aus Japan den Portugiesen und mir feierlich, mit seinem Bruder, dem König von Amanguzi, unterhandeln zu wollen, daß er Kosmus Turrian und Johann Ferdinand ehren solle. Auch der nachfolgende König von Amanguzi versprach uns, dasselbe zu tun, sobald er einen Fuß in das Gebiet seines Reiches gesetzt haben würde.

Solange wir uns in Japan befanden, wurden wir von den Geldern des freigebigen Königs von Portugal unterhalten. Dieser nämlich gab den Auftrag, daß man uns über tausend Dukaten für unsere Reise nach Japan unter dem Namen »Almosen« anweisen sollte. Unglaublich ist es, wie sehr uns der beste König begünstigt und was für große Kosten er auf unsere Kollegien, Gebäude und Bedürfnisse verwendet hat und täglich verwendet. Zu Bungo hatte ich mich einige Tage aufgehalten, da beschloß ich, eingeladen durch eine passende Gelegenheit von einem portugiesischen Schiff, von Bungo aus nach Indien zu segeln, um die geistlichen Mitarbeiter und Brüder zu besuchen und andere notwendige Dinge zu besorgen.

Am 24. Januar landete ich zu Kochin und wurde dort vom Unterkönig sehr menschenfreundlich aufgenommen. Ich erfuhr auch, daß im April einige Väter aus Indien nach Japan geschickt werden. Große Hoffnung bemächtigte sich meiner, daß es, mit Christi Willen, an jenen Orten eine sehr reiche Ernte geben werde.

Die Hochschule zu Bandua auf der Insel »Japan« (welche dem Land den Namen gab) ist recht berühmt. Dorthin kommen eine große Menge Bonzen, um ihre eigenen Gesetze kennenzulernen. – Diese kommen von den Chinesen her und sind mit chinesischen Buchstaben aufgezeichnet, die von den japanischen sehr verschieden sind. In Japan nun sind die Buchstaben von doppelter Art, die einen für die Männer, die anderen für die Weiber. Größtenteils haben sowohl die Männer als auch die Frauen, vorzüglich aber die Adligen und Kaufleute Kenntnisse. Die Bonzinnen lehren in ihren Klöstern den Mädchen, die Bonzen den Knaben die Wissenschaften, wiewohl die Adligen und Begüterten ihre Kinder meistenteils Hauslehrern zum Unterricht übergeben. Die Bonzen sind mit sehr scharfsinnigem Geist begabt, verlegen sich meistens auf die Betrachtung zukünftiger Dinge, erwägen bei sich, wie es um sie selber zukünftig stehen werde, was für einen Tod sie haben werden und dergleichen mehr. Unter der Zahl dieser gab es viele, die aufgrund ihrer Betrachtungen zu dem Schluß kamen, in ihren eigenen Lehren befände sich keine Gewährleistung fürs Seelenheil. Sie suchten nämlich bei sich folgende Vernunftschlüsse zu machen: Es müsse eine Ursache aller Dinge geben. Davon geschehe aber in ihren Büchern keine Erwähnung. Denn es herrsche über die Entstehung dieses Weltalls bei allen ein auffallendes Stillschweigen. Offensichtlich haben diejenigen, welche vielleicht die Erkenntnis über diesen Urgrund empfangen haben, da sie es durch kein schriftliches oder menschliches Ansehen versichern konnten, es für sich behalten und es ihren Nachkommen verheimlicht. Somit erfreute das göttliche Gesetz diese Art Menschen ganz besonders. Aus dieser Zahl schloß sich zu Amanguzi ans Christentum einer an, der sich mehrere Jahre auf der Hochschule zu Amanguzi aufgehalten hatte und durch das Lob über seine Gelehrsamkeit in großem Ansehen stand. Dieser gedachte vor unserer Ankunft in Japan Bonze zu werden, änderte aber später seinen Entschluß und heiratete. Als Grund für seinen Übertritt gab er an: daß er einsehe, daß die Religionen der Japaner falsch und nichtig wären, darum hätte er für sie keinen Glauben, er aber müßte den Werkmeister und Urheber der Welt verehren. An dieses Mannes Beitritt erfreuten sich die Christen sehr, da er nämlich nicht allein der Gelehrteste unter der ganzen Bürgerschaft war, sondern auch dafür gehalten wurde.

Später wird man jährlich neue apostolische Mitarbeiter nach Japan senden und ein Gebäude für die Gesellschaft zu Amanguzi errichten, damit dort die Väter die Landessprache, die Grundsätze und Einrichtungen jeder Sekte kennenlernen mögen. Wenn nun andere Brüder aus der Gesellschaft kommen wollen, um die Hochschule zu Bandua zu unterstützen, werden sie apostolische Mitarbeiter finden, welche in der japanischen Sprache und Religion erfahren sind. Kosmus Turrian und Johann Ferdinand sind gegenwärtig ganz damit beschäftigt, die christlichen Geheimnisse zu verkündigen und über die herrlichen Taten Christi zum Volk zu reden. Und viele unter diesen werden durch die Erwähnung von dergleichen Dingen so ergriffen, daß sie Christi Kreuzigung und Tod mit Schluchzen und Tränen beehren. Kosmus schreibt seine Kanzelvorträge in unserer Landessprache, jene übersetzt nachher Ferdinand, welcher in ihrer eigenen Landessprache hinreichend erfahren, ins Japanische. Durch deren Bemühung machen die Christen in der Frömmigkeit große Fortschritte. In der Verehrung Gottes sind sie so überaus sorgfältig und neugierig, daß, wenn sie sich mit dem Kreuz zu bezeichnen gelehret werden, sie danach forschen, was es bedeute: »Im Namen des Vaters und des Sohnes und des heiligen Geistes.« Was es für einen Grund habe, daß man bei Hinhebung der rechten Hand zuerst an den Kopf sage: »Im Namen des Vaters«, dann nach Herabsenkung zur Brust hinzufüge: »Und des Sohnes.« Zuletzt bei dem Hinüberfahren von der rechten Schulter zur linken anschließe: »Und des heiligen Geistes.« An der Erklärung dieser Dinge erfreuen sie sich wunderbar. Wenn man sie »Kyrie eleison, Christe eleison« sagen läßt, fragen sie um die Bedeutung dieser Worte. Diese Gebete nun

Der heilige Franz Xaver ruft mit seinem Glöckchen die Kinder zum Unterricht

und die übrigen sowie auch das Apostolische Glaubensbekenntnis lernen sie nach und nach aus ihrer Schrift auswendig.

Es gibt einen Umstand, welcher die Gemüter der Japaner sehr sticht und peinigt. Sie haben von uns gehört, daß der Kerker der höllischen Geister ringsum verschlossen sei, so daß durch keine Hilfe irgend jemand daraus entrissen werden könne. Es schmerzt sie nämlich das Schicksal ihrer verstorbenen Kinder, Eltern, Verwandten und Vorfahren, und sie geben ihren Schmerz durch Tränen zu erkennen. Daher fragten sie uns: Ob es etwa eine Hoffnung, ob es einen Weg gäbe, das ewige Elend von jenen abbitten zu können. Ihnen antwortete ich dergestalt, daß ich es gänzlich in Abrede stellte. Diese Kümmernis ängstigte sie auf eine verwundernswerte Weise und beunruhigte sie ganz so, daß sie vor Schmerz beinahe vergehen wollten. Allein an diesem Übel ist das Gute, daß Hoffnung vorhanden, sie werden dadurch mehr an ihrem Heil arbeiten, um nicht, wie ihre eigenen Vorfahren, zu ewigen Strafen verdammt zu werden. Sie fragten sogar oft, ob nicht Gott diese von den Geistern der Hölle zu befreien imstande sei und warum wohl die Qual für sie kein Ende haben werde? Auf diese Dinge haben wir genügend geantwortet. Aber dennoch ließen jene nicht nach, das Unglück der Ihrigen zu beweinen, so daß ich mich der Tränen kaum enthalten konnte, als ich die mir so sehr gewogenen Menschen von ihren innigsten Gefühlen geängstigt sah.

Japan gegenüber befindet sich das sehr große und auch friedfertige Land China, und (insofern ich es von portugiesischen Handelsleuten gehört habe) es übertrifft alle christlichen Königreiche durch das Lob seiner Gerechtigkeit und Billigkeit. Die Chinesen, welche ich sowohl in Japan als auch an andern Orten gesehen habe, sind ähnlich wie die Japaner, in Ansehung der Farbe weiß, scharfsinnig und lernbegierig, an Größe des Geistes aber übertreffen sie sogar ohne Schwierigkeit selbst die Japaner. Das Land hat ferner Überfluß an allen Dingen und ist durch viele sehr große und vornehme Städte zahlreich bewohnt. Die berühmtesten davon sind aber nach Geschmack auch mit Steindächern versehen. Beständig geht das Gerücht, das Land sei reich und habe sowohl an andern Dingen als auch insbesondere an Baumseide Überfluß.

Von den Chinesen selbst habe ich erfahren, daß in ihrem Land viele Nationen und Sekten leben, und in soweit ich nach ihrem Gerede zu schließen vermocht habe, so vermute ich, daß sich selbst Juden und Sarazenen dort befinden. In betreff der Christen weiß ich nicht, was ich vermuten soll. Ich hoffe, 1552 dorthin fahren zu können und bis zum König von China vorzudringen. Überhaupt ist dieses Reich so beschaffen, daß man das Evangelium, wenn es einmal angepflanzt ist, überall verbreiten könnte. Wenn nun aber auch die Chinesen die christliche Religion für gut befunden haben, so werden auch die Japaner die von jenen übernommenen Religionen hintansetzen und fahren lassen. Japan ist von Liampo, einer vorzüglichen Stadt in China, ungefähr dreihunderttausend Schritte entfernt. Sehr große Hoffnung bekomme ich, daß Gott die Tür und den Zugang nach China hinein nicht nur unserer Gesellschaft, sondern auch unseren geistlichen Familiengliedern aller Orden dereinst öffnen werde, um frommen und heiligen Leuten jeglicher Art die Möglichkeit zu geben, viele Menschen zum christlichen Glauben zu bekeh-

ren. Daher bitte ich alle, welche vom Eifer für die Ausbreitung der christlichen Religion eingenommen werden, inständig, daß sie durch ihre heiligen Opfer und Gebete alle meine gegenwärtigen Unternehmungen, von welcher Art sie auch immer seien, unterstützen mögen, um dadurch einen Landstrich zu gewinnen, wohin ihre eigene, gottgefällige Betriebsamkeit ausströmen könne.

Es ist kein Grund vorhanden, über Indien etwas zu schreiben; denjenigen apostolischen Mitarbeitern nämlich, welche sich dort befinden, ist das Geschäft übertragen worden, Euch über dasjenige zu benachrichtigen, was dort ausgeführt wird. Vor nicht allzu langer Zeit kehrte ich aus Japan nach Indien zurück. Ich brachte ziemlich große Leibes-, beinahe keine Tugend- und Geisteskräfte zurück. Allein all meine Hoffnung habe ich auf Gottes Güte und auf die unsterblichen Verdienste Christi, des Herrn, gesetzt, um die gegenwärtige, sehr beschwerliche Reise nach China meinem Wunsch gemäß ausführen zu können. Denn obschon ich über und über grau, bin ich dennoch so wohl und rüstig wie niemals zuvor. Unser Erfolg in Japan hat mich ungemein gestärkt. Durch diese Dinge hatte ich Überfluß an einem so großen Seelenvergnügen, daß es jegliche Empfindung von Mühseligkeiten erstickte. O daß man doch, von den gegenwärtigen Tröstungen des Himmels, die uns mitten in unseren Anstrengungen zuteil wurden, ein Muster davon nicht nur zum Anhören, sondern auch zum Kosten an die Hochschulen in Europa übersenden könnte. Bestimmt würden mehrere von diesen dort studierenden Jünglingen all ihre Sorgfalt und Wissenschaften auf die Bekehrung der Heiden verwenden.

Da ich Kochin gerade zu der Zeit erreichte, als die Schiffe Vorkehrungen zu ihrer Abfahrt trafen, die zahlreiche Menge Freunde aber, welche mich grüßten, diesen Brief öfters unterbrachen, so schrieb ich dieses flüchtig und unordentlich. Ich will daher des Schreibens ein Ende machen, wenn ich gleich kein Ende zu finden vermag, wenn ich an meine teuersten Väter und Brüder schreibe, und besonders über meine Ergötzungen in Japan, von denen ich auf keinerlei Weise, wie sehr ich es auch wollte, alles erzählen könnte. Ich beendige also meinen Brief und bitte und flehe Gott darum, daß Er uns dereinst in der himmlischen Glückseligkeit vereinigt wissen möge. Amen.

Manuel da Nóbrega

Manuel da Nóbrega, neben José de Anchieta (siehe den folgenden Beitrag) der zweite große Missionar Brasiliens, wurde am 18. Oktober 1517 in Portugal geboren und gehörte seit 1544 der Gesellschaft Jesu an. Zunächst absolvierte er seine Studien an den Universitäten von Salamanca und Coimbra.

Im Jahre 1549 traf er in Bahia ein. Später gründete er von dort aus die erste brasilianische Diözese. Als Provinzial seines Ordens – dieses Amt bekleidete er von 1553–1559 – förderte er insbesondere die Indianermission. Mit allen Mitteln setzte er sich für die Menschenrechte der Eingeborenen ein. Als Mitbegründer der Städte Salvador, São Paulo und Rio de Janeiro übte Manuel da Nóbrega auch kolonisatorischen Einfluß aus.

Dreiundfünfzigjährig starb er am 18. Oktober 1570 in Rio de Janeiro.

Daß nicht nur die Seele der Ureinwohner, sondern auch ihr Körper Hilfe brauchte, war dem Missionar schon bald nach seiner Ankunft klar. Mit aller Entschiedenheit trat er für deren Rechte und Freiheiten ein. Nichts konnte Nóbrega von einmal gefaßten Plänen und Handlungen abhalten. Denn sobald er das Recht und die Wahrheit auf seiner Seite wußte, vermochten weder Anfeindungen und Widerspruch noch Furcht oder falsche Rücksichtnahme ihn abzuschrecken.

In einem Brief vom 10. August 1549 an seinen ehemaligen Lehrer Dr. Navarrus in Coimbra berichtet Pater Nóbrega ausführlich über die ersten Arbeiten und Erfolge unter den Eingeborenen. »Wir durchwandern ihre Dörfer, um diesen Armen die frohe Botschaft zu bringen, und bedienen uns dabei folgender Methode: Wir laden die Kinder ein, lesen und schreiben zu lernen, und benützen dann die Gelegenheit, um ihnen die christliche Lehre beizubringen. Auf diese Weise wenden wir denselben Kunstgriff an, dessen sich der Feind des Menschengeschlechtes so erfolgreich bediente, als er sprach: ›Ihr werdet sein wie Gott und das Gute und Böse erkennen‹, so daß er mit seinen eigenen Waffen geschlagen wird. Die Indianer sind nämlich voll Bewunderung für unsere Lese- und Schreibkunst und sehr begie-

rig, sie zu lernen. Das große, fast unüberwindliche Hindernis ihrer Bekehrung bilden ihre tief eingewurzelten schlechten Gewohnheiten; diese auszurotten ist unsere Hauptarbeit. Doch zu Ehren unseres Herrn sei es gesagt, in den der Stadt naheliegenden Dörfern, die wir besuchen, ist die schreckliche Unsitte, die Gefangenen zu schlachten und zu verzehren, allmählich am Verschwinden. Überall, wo wir hinkommen, werden wir bereitwillig und freundlich aufgenommen, besonders von den Kindern, die wir unterrichten... Von denen, die im Guten auszuharren versprachen, haben wir zu Pfingsten (also zwei bis drei Monate nach der Ankunft) bereits ungefähr 1000 Personen getauft. 600–700 Katechumenen befinden sich im Unterricht.

Wir pflegen Mann und Weib zugleich zu taufen und segnen dann ihre Ehe ein, nachdem wir sie über die Pflichten christlicher Eheleute unterrichtet haben.

Wie willig diese Menschen sind, zeigt unter anderem folgender Vorfall. Eines Tages unterrichtete Pater Navarro die Kinder im Lesen und lehrte sie dann das dreifache kleine Kreuzzeichen machen. Die Kinder trugen nach Indianerart in ihren durchbohrten Lippen schöne bunte Steinchen, auf die sie nicht wenig stolz waren. Diese hinderten sie aber daran, das Kreuzzeichen (über den Mund) zu machen. Da trat auf einmal die Mutter eines der Kinder herbei, zog ihrem Buben das Steinchen aus der Lippe und warf es auf das Dach des Hauses; sofort taten die anderen Kinder dasselbe.

Pater Navarro hält sich beständig in den Dörfern der Wilden auf, ißt und schläft dort, damit es ihm leichter möglich sei, in der Abendstunde zu predigen. Um diese Zeit sind nämlich alle zu Hause und haben Muße, ihn zu hören. Er versteht ihre Sprache, welche dem Baskischen ähnlich zu sein scheint, bereits sehr gut und übertrifft uns alle an Eifer und Geschick.

Vor kurzem haben wir in einem der nahegelegenen Dörfer ein Haus mit Kapelle erbaut, wo einer von uns sich niedergelassen hat, um die Neugetauften weiter zu unterrichten und die zahlreichen Katechumenen auf die Taufe vorzubereiten. Die Häuptlinge werden wir taufen, sobald wir sie dazu veranlassen können, sich mit derjenigen ihrer Frauen rechtmäßig zu verbinden, welche am meisten Aussicht auf Beharrlichkeit bietet. Denn bisher haben sie sich aus Ehebruch nichts gemacht und ganz nach Belieben ihre Frauen genom-

men und wieder entlassen ... Einer dieser Häuptlinge ist eifrig damit beschäftigt, lesen zu lernen. Täglich nimmt er Unterricht; in zwei Tagen hatte er das ABC geläufig inne. Er ist überhaupt sehr willig und hat versprochen, ein Christ zu werden.

Leider ist unser Häuflein zu klein, als daß wir den zahlreichen Einladungen, die von allen Seiten an uns ergehen, entsprechen könnten. Ich glaube, daß sich auf der ganzen Welt kein Land findet, das so bereit ist, die Lehre des Heiles aufzunehmen, wie dieses hier. Wir sehen die Seelen zugrunde gehen, nur weil niemand da ist, der sie auf den rechten Weg führt. Darum suchen wir bei denen, die wir zunächst noch nicht unterrichten können, wenigstens das Verlangen zu wecken, christlich zu werden, damit ihnen, falls sie vor Empfang der Taufe sterben sollten, Gott barmherzig sei.

Ich begreife nicht, wie Männer, welche Gott lieben und für seine Ehre begeistert sind, nicht vor heiliger Ungeduld brennen, sofort sich einzuschiffen und hierher zu kommen, um in diesem endlosen, aber an Arbeitern so armen Weinberg des Herrn zu wirken. Große Gelehrsamkeit ist hier nicht erforderlich. Dieses Volk der Wilden gleicht einem unbeschriebenen Blatt: Man hat nichts anderes zu tun, als die christlichen Tugenden darauf zu schreiben. Nur eines ist nötig: ein feuriges Verlangen, Gott den Herrn auch von diesen seinen Geschöpfen erkannt zu sehen ...« »Es ist wunderbar«, fügt Nóbrega hinzu, »welchen großen Trost der Herr in seiner Güte uns Missionaren täglich mitteilt.«

Zu Beginn der Missionsarbeit ereignete sich ein seltsamer Vorfall. »Fast alle, die wir tauften«, so meldet Pater Nóbrega, »wurden krank. Die einen bekamen Leibschmerzen, andere begannen an ihren Augen, wieder andere an Geschwüren zu leiden. Das nahmen ihre Medizinmänner zum Anlaß, das Gerücht auszustreuen, wir brächten ihnen die Krankheiten durch das Taufwasser bei und den Tod durch unsere Lehre. Doch wurden diese Lügenpropheten bald überführt, weil alle Kranken nach kurzer Zeit wieder gesund wurden.«

Da wir hier zum erstenmal den Zauberern begegnen, so dürfte es am Platze sein, einiges über die abergläubischen religiösen Vorstellungen dieser Stämme aus den Berichten der Missionare zusammenzustellen. Was zunächst ihre Gotteserkenntnis angeht, so beten sie

„Götzendienst" der Indianer nach einer alten Darstellung

nach den Berichten der Glaubensboten kein Geschöpf als Gottheit an. Nur den Donner, den sie »Tupâne« nennen, halten sie für etwas Göttliches, ohne ihm jedoch eine besondere Verehrung zu erweisen. »Daher haben wir«, so schreibt Nóbrega, »zur Bezeichnung des einzig wahren Gottes keinen bessern Ausdruck zu finden gewußt, als ›Tupâne Tuba‹, d.h. ›Donnervater‹.«

Zwei Dinge beherrschen das ganze religiöse und soziale Leben der Eingeborenen. Das erste ist eine schreckliche Furcht vor den bösen Geistern, die nach ihrer Meinung in Wald und Feld, zu Wasser und Land ihr heimtückisches Unwesen treiben. »Um dieselben zu versöhnen, lassen die Wilden, wenn sie an gewissen verrufenen, unheimlichen Orten vorüberkommen, einen Pfeil, einige bunte Federn oder sonst etwas als Opfergabe zurück. Das zweite sind ihre Zauberer, die sie ›Pagés‹ nennen. Diese Betrüger erfinden von Zeit zu Zeit neue Tänze und neue Gesänge, ziehen dann im ganzen Lande umher... und machen überall ihre Gaukeleien...« Naht sich ein berühmter Zauberer, so gehen ihm die Eingeborenen entgegen und empfangen ihn mit großem Gepränge. Ehe er noch das Dorf betritt, versammeln sich die Frauen paarweise in den Hütten, klagen sich offen ihrer Vergehen gegen ihre Männer an und bitten um Verzeihung. Sobald der Zauberer unter festlichem Jubel seinen Einzug gehalten hat, begibt er sich in einen dunklen Raum und stellt dort einen an einer Stange befestigten Kürbis auf, der wie ein Menschenkopf geformt ist, wobei er natürlich einen Platz wählt, der für seine Betrügerei der geeignetste ist. Dann versteckt er sich hinter dem Kürbiskopf, rasselt mit den Steinchen, die darin verborgen liegen, ahmt die Stimme eines Kindes nach und schwatzt den armen Wilden nun alles mögliche vor. Zum Beispiel: Sie brauchten gar nicht mehr daran zu denken, das Feld zu bestellen; denn die Früchte würden von selbst wachsen, und es werde ihnen nie an Nahrung fehlen. Alles käme ihnen von selbst ins Haus geflogen; die Spaten würden von selbst hingehen und den Boden umgraben, die Bogen von selbst in den Wald auf die Jagd gehen; sie würden viele Feinde erlegen und zahlreiche Gefangene machen als Leckerbissen für ihre Schmausereien. Ferner verspricht der Geist ihnen langes Leben, den alten Weibern Verjüngung, den jungen gute Heirat und dergleichen mehr. Dies alles soll das arme Volk auf den Glauben bringen, in dem Kürbiskopf stecke etwas Heiliges und Göttliches, und es ist töricht genug, all die wunderbaren Dinge zu glauben und dem geheimnisvollen Wesen reichliche Opfergaben zu bringen.

Um den Leuten Schrecken einzujagen, verbreiten die Medizinmänner, sie hätten in sich einen Geist, mit dem sie Menschen töten könnten. Wer sich ihnen anschließt, dem teilen sie diesen Geist durch Anräuchern und Anhauchen mit. Wirklich geraten die an dieser kultischen Handlung Beteiligten bisweilen in einen Zustand, den die Missionare nur als einer Art Besessenheit erklären können. Sie werfen sich auf den Boden, zittern, Schaum tritt ihnen vor den Mund, und sie geraten in heftigen Schweiß. Vielleicht daß bei der Räucherung giftige Dämpfe mit eine Rolle spielen. Pater Anchieta freilich meint, daß es hauptsächlich Teufelswerk sei.

José de Anchieta

Auf den Kanarischen Inseln, in der Stadt La Laguna wurde am 19. März 1534 José de Anchieta geboren. Über die Kindheit und Jugend dieses späteren Gründers der brasilianischen Kirche wissen die Chronisten nichts zu berichten.

Nach den Annalen der Jesuiten trat er 1566 in die Gesellschaft Jesu ein. Voll Begeisterung für die Mission bat er, schon als Frater in ein fremdes Land reisen zu dürfen, um dort das Wort Gottes zu verkündigen und die Menschen im Namen des Vaters, des Sohnes und des Heiligen Geistes zu taufen.

In Brasilien, wohin sein Orden ihn schickte, half er bei der Gründung von São Paulo (Piratininga) und missionierte bis 1577 bei den Tapuas in São Vicente.

Um der Glaubensausbreitung größere Wirksamkeit zu verleihen, übersetzte Anchieta den Katechismus in die Tupi-Guarani-Sprache. Darüber hinaus betrieb er Sprachstudien, und das Ergebnis dieser Beschäftigung war die erste brasilianische Grammatik und ein Wörterbuch.

Im Jahre 1578 ernannte der Orden diesen fähigen Mann zum Provinzial in Bahia. Anchieta hatte dieses Amt bis 1586 inne.

Der von den Brasilianern heute noch als Heiliger und Wundertäter verehrte Missionar starb am 9. Juni 1591 in Retiriba.

Pater Anchieta warb mit Begeisterung für die Kirche Gottes. Diese Begeisterung machte ihn überdies besonders aufgeschlossen für das Land und seine Bewohner. Er machte sich gründlich und nachdrücklich mit beiden vertraut und brachte die gewonnenen Erkenntnisse in seine Missionsarbeit ein.

Im Jahre 1584, dreißig Jahre nach der Ankunft Anchietas, besaß die Gesellschaft Jesu in Brasilien drei Kollegien und fünf andere Häuser. In einem der Kollegien mußte scholastische Theologie und Philosophie gelehrt werden, in allen drei Moral und klassische Sprachen für die Ordensgenossen und Auswärtigen. Unterricht in den Elementarfächern aber wurde der portugiesischen Jugend in allen Häusern und Kollegien gegeben. Dazu kam das Predigtamt mit Katechismus und Beichthören für die Portugiesen, die Seelsorge für die schwarzen

Sklaven und die Indianer. Indianer und Schwarze wohnten sowohl in den Städten als auch besonders auf Dörfern im Umkreis von zehn und mehr Meilen von den Städten, bebauten dort zu Tausenden die Zuckerpflanzungen der Portugiesen oder hatten andere schwere Dienste. In solchen Dörfern hatten gewöhnlich zwei Patres ihren ständigen Wohnort. Ferner mußten die noch in der Wildnis lebenden Indianer aufgesucht werden, um sie wenn möglich zu bewegen, ihre Wälder und Berge zu verlassen und Dörfer zu gründen, in denen sie vom Missionar leichter zu Christus geführt und an ein gesittetes Leben gewöhnt werden konnten.

Zahlreich und groß waren die Schwierigkeiten, die sich diesen Unternehmungen entgegenstellten. Schwierigkeit machte zunächst die ungeheure Ausdehnung des Gebietes; dann die Unwegsamkeit der Urwälder und Berge; selbst zu den Dörfern war der Zugang höchst beschwerlich. Schwierigkeiten machten die Heiden, besonders ihr tiefverwurzelter Kannibalismus und die unglaubliche Sittenlosigkeit. Dazu kam eine solche barbarische Wildheit und Mordgier der Stämme, die weiter im Innern des Landes wohnten, daß sie von den andern Indianern selbst den Namen Papuyas, d. h. Feinde, erhalten hatten. Schwierigkeiten – und diese waren nach dem Urteil Anchietas die größten von allen – machten die meisten Portugiesen. Ihre Unsittlichkeit war nicht geringer als die der Heiden. Ihre Habgier war unersättlich und ihre Sklavenjägerei grausam; es war eine harte Aufgabe für Missionare, die Eingeborenen gegen diese himmelschreienden Ungerechtigkeiten zu schützen und zu verteidigen. Ja, die verbrecherischen Machenschaften mancher Portugiesen stachelten die Eingeborenen an, sich gegenseitig zu befehden und buchstäblich zu verzehren. Leider waren auch die meisten Weltpriester, die von Portugal nach Brasilien gezogen waren, von der Höhe ihres Standes herabgesunken.

Pater Anchieta mußte in seinen Berichten öfter darauf hinweisen, daß die Weltpriester durchschnittlich weder die Sprache der Eingeborenen noch eine der Schwarzen lernten, daß die Taufe ohne jede Vorbereitung gespendet werde und daß infolgedessen die Neger und Indianer vielfach bei ihrem Empfang nicht einmal wüßten, worum es sich handle. So lag der Unterricht und die Bekehrung der Indianer und Schwarzen fast ausschließlich in den Händen der Jesuiten, ebenso das Amt, den Portugiesen die Beichte zu hören. Denn andere Ordensleute waren damals keine in Brasilien.

Der erste Posten, den der zwanzigjährige Frater Anchieta 1553 nach seiner Landung in Brasilien erhielt, war der eines Lehrers und Erziehers in Piratininga, das bald São Paulo genannt wurde. Dort war eine kleine Anstalt von den Jesuiten gegründet worden, in der Waisenknaben aus Portugal und Indianerknaben zusammen unterrichtet und erzogen wurden. Man hoffte, in ihr eine Art Knabenseminar zur Bildung von Katecheten und Priestern zu haben. Zugleich studierten dort mehrere junge Männer, die den Nachwuchs des Ordens bildeten.

In einem Brief vom August 1554 schreibt der Diener Gottes an den heiligen Ignatius über dies »Kolleg«: »Seit Januar wohnen wir hier, manchmal mehr als unser zwanzig – unsere Knabenkatecheten teilen nämlich mit uns den Raum – in einer mit Stroh bedeckten Hütte aus Lehm und Bretterwerk, die nur vierzehn Fuß lang und zehn Fuß breit ist. Und doch dient sie uns als Hörsaal, Krankenzimmer, Schlafzimmer, desgleichen als Speisesaal, Küche und Vorratskammer. Wir sind aber ganz zufrieden und beneiden unsere Mitbrüder in Europa keineswegs um ihre geräumigen Wohnungen. Unser Herr Jesus Christus hat sich ja mit einem engeren Raum begnügt, als er sich würdigte, in einem Kripplein zwischen Ochs und Esel zu liegen, mit einem noch viel engeren und unbequemeren, da er am Holze des Kreuzes starb. Der Wohnung entsprechend ist auch unsere Kleidung. Sie besteht aus Stücken rauhen Segeltuches, die uns von den Matrosen überlassen wurden und aus denen wir, nachdem wir sie schwarz gefärbt, mit eigenen Händen uns Kleider verfertigt haben. Wasser, in dem etwas Hirse abgekocht wird, ist unser Trank, Gemüse und Maniok unsere Speise.« In diesem großartigen »Kolleg« lehrte nun Anchieta seine Mitbrüder und andere Portugiesen die Sprachen. Bücher gab es aber nur wenige. Darum schrieb er selbst in den stillen Nachtstunden für jene, die keine Grammatik und ähnliche Hilfsmittel hatten, mit eigener Hand einen kurzen Auszug der Sprachregeln. So gewöhnte er sich schon in jungen Jahren daran, die meisten Stunden, die andere der Ruhe gönnen, der Arbeit zu widmen.

Mit dem Amt als Lehrer der klassischen Sprachen verband der

eifrige Frater eine vielfache Tätigkeit bei den Indianern, die dort von Tag zu Tag zahlreicher erschienen. Die Katechisten, die sich unter den Indianerknaben gebildet hatten, zogen mit Patres oder auch allein zu ihren Bekannten aus, bewogen sie, sich bei Piratininga anzusiedeln und so ständig die christliche Predigt zu hören. Hier nun war Anchieta am rechten Platz. Er leitete den Bau von Hütten und einer größeren Kirche, legte selbst mit seinen Schülern Hand an, erfand und verfertigte eine Art von Schuhwerk aus Kordeln, ließ die Kranken nach dem damaligen medizinischen Brauch zur Ader und unterrichtete die Indianer in ihrer eigenen Sprache.

Aber sein Blick ging weiter. Mit großer Vollkommenheit erlernte er schon damals die Landessprache von seinen Schülern, verfaßte dann im gleichen Kolleg eine Grammatik der Tupiguarani-Sprache. Er gab darin die Sprache wieder, die von der Mündung des Marañón bis nach Paraguay gesprochen wurde, und vermerkte überall die Dialektverschiedenheiten. Seine Grammatik wurde noch bis zum Ende des 18. Jahrhunderts gedruckt. Dazu gab Anchieta in derselben Sprache ein Wörterbuch heraus, übersetzte einen kleineren und einen größeren Katechismus, stellte einen Beichtspiegel und eine Weise, den Sterbenden zu helfen, zusammen und verfaßte Unterweisungen für Katechumenen.

Kolonisten und Eingeborene waren an zotenhafte Gesänge gewöhnt. Auch hier griff Anchieta ein. Für sie alle bestimmte er seine Erzählungen und Gesänge, die er in vier Sprachen zugleich veröffentlichte, in Latein, Portugiesisch, Spanisch und Tupi, und bald erklangen überall seine leicht ins Ohr gehenden heiligen Gesänge.

Noch einen weiteren Schritt tat der seeleneifrige Frater, der ihn schon vor der Priesterweihe nach Aussage eines Mitbruders zum Prediger für alle machte. Die Verderblichkeit der herrschenden Laster und die Schönheit der Tugend brachte er auf die Bühne. Das erste dieser heiligen Theaterstücke wurde in S. Vicente aufgeführt. Es dauerte drei Stunden und erntete solchen Beifall, daß es überall an der Küste wiederholt werden mußte. Wichtiger aber waren die vielen Bekehrungen, die er bewirkte und die den jungen Ordensmann mit himmlischem Trost erfüllten.

1560 endete die Lehrtätigkeit des Frater Anchieta. Seine Wirksamkeit in dieser Zeit war ebenso vielseitig als erfolgreich gewesen.

Der Provinzial da Nóbrega erwählte ihn darum zum Gefährten und Gehilfen in seinem Amt als Provinzial und Indianermissionar.

Die erste weitere Missionsreise unternahm Anchieta mit Pater da Nóbrega in das Gebiet der Tumuyas. Diese belästigten schon jahrelang die Niederlassung von S. Vicente. Jetzt hatten sie bei den französischen Hugenotten Unterstützung gefunden und drohten mit Krieg. Beide Missionare zogen 1563 aus, um Frieden zu stiften. Aber die Verhandlungen mit diesen Wilden zogen sich in die Länge, weil die französischen Kalvinisten das Übereinkommen zu hintertreiben suchten. Nach drei Monaten mußte Nóbrega abreisen. Anchieta blieb allein zurück. Bei den wilden und unsittlichen Menschenfressern war er großen Gefahren ausgesetzt. Sein Leben der göttlichen Vorsehung anvertrauend, suchte er die Seele gegen alle Versuchungen zu wappnen. Er wandelte stets in der Gegenwart Gottes, vermied sorgfältig jeden neugierigen Blick, unterdrückte durch strenges Fasten und blutige Geißelung alle sinnlichen Neigungen. Den größten Teil der Nacht widmete er dem Gebet. Besonders empfahl er sich dem Schutz der reinsten Jungfrau Maria und versprach ihr auch, wenn sie ihm beistehe, wolle er ihr Leben in Versen beschreiben. Und um sicherer seinen Geist von all den niedrigen Eindrücken abzuwenden, die seine Sinne fortwährend aufnehmen mußten, machte er sich, obwohl ohne Tinte und Papier, daran, im Geiste das Gedicht, das er versprochen, zu verfassen und vertraute die Verse zuerst dem Sand und so seinem treuen Gedächtnis an. Es umfaßte 2086 Distichen und wurde, nachdem er es nach seiner Rückkehr in S. Vicente niedergeschrieben hatte, zuerst im 17. Jahrhundert und später im 19. Jahrhundert nochmals gedruckt. Alle Zeit, die ihm frei blieb, verwandte er auf die Bekehrung des Volkes. Die Wilden hörten aufmerksam auf seine Unterweisungen und sahen staunend die Wunder, die an ihm geschahen.

Da die Friedensverhandlungen aus dem bereits erwähnten Grund nicht zum Abschluß kamen, wurden die Wilden der Sache überdrüssig. Eines Tages sagten sie zum Missionar: »Joseph, halte dich bereit, du sollst unser Festschmaus sein.« Ruhig antwortete er: »Ihr werdet mich nicht töten, meine Stunde ist noch nicht gekommen.« Auf die Frage, woher er das wisse, sagte er: »Die liebe Mutter Gottes hat mir versprochen, ich würde nicht sterben, bevor ich alles ausgeführt, was ich ihr gelobt habe.« Ganz verdutzt ließen sie von ihrem Vorhaben ab. Statt seiner sollten nun einige gefangene Portugiesen verzehrt werden. Das verlangte Lösegeld war nämlich ausgeblieben. Schon war man im Begriff, sie zu schlachten, da eilte Anchieta herbei und bat um einen Tag Aufschub. Wirklich kam am folgenden Morgen alles, was die Wilden gefordert hatten. Die Unglücklichen wurden vor dem Tode gerettet und freigelassen. Drei Monate nach der Abreise Nóbregas kam der Friede zustande, und Anchieta konnte zurückkehren.

Im Jahre 1566 wurde Anchieta von Pater da Nóbrega nach Bahia (heute Salvador) gesandt, um vom Bischof von Brasilien, Pedro Leitão, die heiligen Weihen zu empfangen. Zugleich sollte er auf dem Weg im Namen des Obern alle Niederlassungen der Gesellschaft bis zu den kleinsten Indianerposten in den Capitanias S. Vicente und Espirito Santo visitieren, damit er allen, nach einer eben erst überstandenen ansteckenden Krankheit, Trost spende und alles, was er für gut halte, anordne. Die Rückreise von Bahia machte Anchieta mit dem seligen Ignatius von Azevedo, dem ersten Visitator der brasilianischen Ordensprovinz. Dieser ernannte Nóbrega zum Rektor des Kollegs von Rio de Janeiro, von dem S. Vicente, Piratininga, Espirito Santo und alle Dörfer der Indianer, die mit diesen Niederlassungen verbunden waren, abhingen. Aber Pater da Nóbrega war alt und kränklich, und so ruhte die Hauptarbeit bei der Gründung und Leitung des Kollegs auf den Schultern von Anchieta.

Von 1569–1575 war er der Obere von S. Vicente, dann lebte er dort als einfacher Missionar, bis er 1577 die feierliche Ordensprofeß ablegte. Im folgenden Jahr wurde ihm die Verwaltung der aufstrebenden Ordensprovinz übertragen, die er bis 1585 führte. Wohl spornte er als Oberer alle zur Tugend und zum Eifer in den apostolischen Arbeiten an, auch wußte er zur rechten Zeit die Autorität des Oberen ohne Ansehen der Person zu zeigen, aber der Grundzug seines Wesens und Handelns war die Liebe. Einmal sagte man ihm, daß der Minister eines Hauses schroff und rauh mit seinen Untergebenen umgehe. Er ließ ihn rufen und mahnte ihn eindringlich, die Liebe Christi nachzuahmen. Ein anderes Mal hörte er jemand sagen, ein Oberer müsse seinen Untergebenen gleich auf jeden Fehler aufmerksam machen und strafend einschreiten. »Da denke ich anders«,

Pater José Anchieta

entgegnete er, »ich glaube, ein Oberer soll seinen Untergebenen nicht eher wegen eines Fehlers ermahnen, bevor er selbst denselben zwei- bis dreimal am Fuße des Kreuzes beweint hat.« Seine Geschäftsführung war sehr geschickt. Auch der Verwaltung der zeitlichen Dinge wandte er große Sorgfalt zu und suchte mit offenem Blick und väterlichem Herzen den geziemenden Unterhalt seiner Mitarbeiter zu verschaffen. Besonders galt seine Sorge den Kranken. Er wachte gerne persönlich bei ihnen und leistete ihnen die niedrigsten Dienste. Als einst ein Kranker ihn bat, sich doch zu schonen, antwortete er ihm: »Ich bin nicht gekommen, bedient zu werden, sondern zu dienen.« Das Vertrauen seiner Untergebenen zu ihm war so groß, daß während seines Rektorates keiner sich fand, der ihn nicht zugleich zu seinem geistlichen Führer und Beichtvater genommen hätte.

Da die körperlichen Gebrechen des ohnehin schwächlichen Mannes immer mehr zunahmen, erhielt er nach etwa siebenjähriger Amtstätigkeit als Provinzial einen Nachfolger. Der neue Obere glaubte, dem verdienten alten Pater Ruhe gewähren zu müssen. Er stellte ihm deshalb anheim, sich selbst einen geeigneten Aufenthalt in Brasilien zu wählen. Aber Anchieta bestand darauf, nur dorthin zu gehen, wohin der Gehorsam ihn riefe. »Seitdem ich ins Noviziat eingetreten bin«, sagte er, »und mich ganz dem Gehorsam übergeben habe, war ich immer glücklich und zufrieden. Nichts hat mich so getröstet und gestärkt als das Bewußtsein, daß ich im Gehorsam tat, was Gott will.«

Zuerst wurde Anchieta wieder nach Rio de Janeiro versetzt, wo er in der Stadt und auf den umliegenden Dörfern der Indianer arbeitete und auch weitere Expeditionen unternahm. Aber bald wurde er in das Indianerdorf Reritiba in der Capitania Espirito Santo gesandt. Mit großer Herzensfreude zog er dorthin; arbeitete er doch, wie er damals einem Bekannten schrieb, lieber unter den Indianern als unter den Portugiesen. Und wiederum, wie in jüngeren Jahren, machte er mit einem Missionar Expeditionen bis zu hundert Stunden und mehr, um Wilde aufzusuchen und in das Dorf zu führen. Und als seiner Kränklichkeit wegen die Kräfte nicht mehr zu solchen Expeditionen genügten, nahm er sich mit mütterlicher Liebe der Wilden an, die andere herbeigeführt hatten, leitete sie an, Menschen und Chri-

sten zu werden, und nahm zugleich die tägliche Sorge für die schon christlichen Indianer auf sich.

Sein Leben war reich an Opfern und Arbeiten gewesen. Wenn er nicht Oberer war, wollte er nicht einmal ein Zimmer im Hause haben. Er schlief auf einer Bank in der Nähe der Pforte, angekleidet wie er war, seine ineinandergeschobenen Schuhe als Kissen gebrauchend. So war er sofort bereit, wenn es galt, zu einem Kranken oder Sterbenden zu eilen. Auch als Provinzial hatte er kein Bett. Etwa zwei Stunden Schlaf genügten ihm; die übrigen widmete er dem Gebet, das er, wenn möglich, vor dem heiligen Sakrament, sonst vor einem Kruzifix verrichtete.

Vielfach half er den Laienbrüdern bei ihren Hausgeschäften, damit so die Brüder früher frei würden, um ihn, der Regel gemäß, bei den apostolischen Arbeiten begleiten zu können.

In schlechtem, kurzem Kleid, einen Stab in der Hand, den Rosenkranz um den Hals, nur mit dem Kruzifix bewaffnet, oft barfuß, so zog er aus. Mochten seine Wanderungen zu den Indianerdörfern gehen, mochte er als Provinzial alle Häuser der weiten Provinz visitieren, mochte er seine Wanderungen bis in die Gebiete der Wilden unternehmen, immer ging er zu Fuß, selbst wenn, wie so oft, Flüsse zu durchwaten waren oder steinige Klippen am Meer oder rauhe Felsenpfade im Gebirge seine Füße verwundeten. Und das trotz der sengenden Hitze, die nicht selten mit empfindlicher Kälte abwechselte. Dazu trug er selbst das Gepäck, ja oft noch das der Genossen. Nicht Tiger oder Panther schreckten ihn ab oder giftige Schlangen, nicht Gefangenschaft, in die er mehrmals geriet, nicht Lebensgefahr, die von den Wilden drohte. Dabei nahm er grundsätzlich nie etwas an Mundvorrat mit; war mit dem zufrieden, was man ihm gab oder was er fand, und mochten es nur Wurzeln und Kräuter der Wildnis sein. »Vertrauen wir auf Gott, und nichts wird uns fehlen«, das war sein Wort.

Gewöhnlich ging er den Begleitern voraus oder folgte ihnen nach, um sich ungestört mit Gott unterhalten zu können. »Nichts«, so pflegte er zu sagen, »darf unsere Gedanken von Gott abwenden.« Kam man dann abends in die Nähe eines Kirchleins, so pflegte er die Stunden der Nacht vor dem Tabernakel zu verbringen. Machte man aber draußen halt, so war er es, der nötigenfalls im Wald Holz suchte, um gegen die Kälte ein Feuer anzuzünden, es unterhielt, in der Nähe sich hinsetzte oder kniete, um auch hier den größten Teil der Nacht zu beten.

Bei diesem Missionsleben feierten seine Beredsamkeit, seine Gabe, die heiligen Geheimnisse zu erklären, seine herzliche Liebe zu den Sklaven, den Schwarzen wie den Indianern, der Eifer, mit dem er auf der Kanzel und im Beichtstuhl das Seelenheil der Portugiesen suchte, wahre Triumphe. Oft belohnte eine besondere Vorsehung auch offensichtlich seine Bemühungen. Eines Tages trafen Nóbrega und Anchieta einen Heiden, der über hundert Jahre alt war. Anchieta begann sofort, ihm von Christus zu erzählen. Der Greis hatte eine solche Freude daran, daß er seine Kinder und Kindeskinder hereinrief. Diese sollten zu Hause ihm das Gehörte wiederholen, damit er es besser behalte. Nach einigen Tagen wurde er zur Kirche gebracht und getauft. Bald darauf starb er. Ein anderes Mal ließ Pater Anchieta die Begleiter zurück und ging, wie von einer unsichtbaren Hand gezogen, in den Wald hinein. Dort saß ein alter Brasilianer, der ihm zurief: »Komm hierher, schon lange habe ich auf dich gewartet. Eine innere Stimme hat mich hierher geführt, damit ich das wahre Leben fände.« Bei näherem Nachfragen erkannte der Pater, daß der Alte immer ein (für einen Heiden) sündenfreies Leben geführt hatte. Er unterrichtete ihn in den Hauptwahrheiten des Glaubens. Alles dieses bemerkte der Greis, habe er sich schon unklar vorgestellt, aber er habe keine Ausdrücke dafür gewußt. Anchieta taufte ihn mit Regenwasser, das er in einer nahen Mulde fand. Freudestrahlend hob der Alte Augen und Hände zum Himmel und dankte Gott und dem Pater für die große Gnade. Bald darauf starb er. Bei einer anderen Gelegenheit heilte Anchieta einen alten Heiden durch die Taufe vom Aussatz des Körpers und der Seele.

Aber nicht nur heroische Tugenden unterstützten das Apostolat des Paters Anchieta. Gott selbst empfahl es durch die Wunder, die seine Schritte begleiteten.

Man erblickte ihn in der Predigt schwebend und zugleich von Licht umflossen. Man sah des Nachts Ströme des Lichts aus einem verlassenen Kirchlein fluten, wo er betete, und hörte von dort himmlische Musik herüberhallen. Man traute seinen Augen kaum, als er, über die Erde schwebend, schnell dahin getragen wurde, wohin ihn sein Eifer trieb. Bei einem Schiffbruch traf ihn der Taucher, wie er ruhig auf dem Grund des Flusses saß und aus seinem Brevier betete; er war nicht einmal naß geworden. Zu Hause in São Paulo verhandelte er ausführlich mit einem Obern und Untergebenen, zwischen denen Meinungsverschiedenheiten ausgebrochen waren, und zu gleicher Zeit sah man ihn in S. Vicente ruhig seinen Geschäften nachgehen und mit verschiedenen verkehren.

Gottes Weisheit wählte die Zeichen, wodurch sie ihre besonderen Diener verherrlichen will, gern so aus, daß sie in denen, für deren geistliches Wohl diese Wundertaten gewirkt werden, besonderes Erstaunen wachrufen. Welch einen unauslöschlichen Eindruck mußte also auf diese Naturkinder die Herrschaft machen, die Gott dem heiligen Mann über die Tierwelt verliehen hatte! Er rief die Singvögel zu sich, damit sie auf seinen Händen Gott so lange lobsängen, als es ihm gefiel; dann segnete er sie und gab ihnen Erlaubnis, davonzufliegen, und sie flatterten wieder auf die Bäume. Auch Tiger, Panther und giftige Schlangen befahl er zu sich und spielte mit ihnen. Ja, selbst dienen mußten sie ihm und seinen Pflegebefohlenen. Einst brannte während einer Flußfahrt die Sonne sengend auf das Kanu hernieder, in dem er fuhr, so daß die Gefährten sehr klagten. Da rief der Diener Gottes einigen Guaranes, die auf den Bäumen am Ufer saßen – es sind brasilianische Vögel von der Größe unserer Hühner – zu: »Was macht ihr da? Warum geht ihr nicht, eure Kollegen zu rufen, damit sie uns etwas Schatten spenden?« Sofort flogen sie auf, kreisten ein wenig herum, flogen dann davon, kehrten bald mit vielen Kollegen zurück; alle breiteten dann ihre Flügel über das Kanu aus und flogen so lange schützend mit, bis nach etwa einer Meile ein frischer Wind zu blasen begann. Da segnete sie Anchieta und entließ sie. Ein anderes Mal konnten die Einwohner eines Dorfes am Meer trotz mehrfacher Versuche keine Fische fangen, das Meer war zu unruhig. So waren sie traurig und hungerten. Da kam Anchieta. Er ging mit ihnen zum Meer, ermunterte sie zum Vertrauen auf den göttlichen Vater und fragte die einzelnen Gruppen, welche Art Fische sie wünschten. Dann wies er jeder Gruppe ihren Ort an, wo sie im aufgeregten Meer fischen sollten, und siehe, jede erhielt gerade dort, was sie wollte und reichlich. Wenn sie ihn nach seinem Tod bezeichnen wollten, gaben sie an: Der Pater, auf dessen

Gebet wir so viele Fische fingen, der uns in jeder Gefahr zu Hilfe kam, der uns oft vor dem Tod rettete.

Auch die Elemente, Krankheit und Tod gehorchten dem »neuen Adam«, wie der bischöfliche Vikar von Espirito Santo den Pater Anchieta nannte. Die Bewohner einer Gegend klagten dem guten Pater, wie trüb und ungesund das Wasser ihres einzigen Brunnens sei. Mitleidig hörte der Diener Gottes sie an. Dann nahm er zu Ehren der heiligen Dreifaltigkeit drei Steinchen, senkte sie in den Brunnen und segnete ihn. Von dem Augenblick war das Wasser klar und gesund, und noch lange nach dem Tod des Dieners Gottes wallfahrtete man zum Brunnen des »heiligen Anchieta«. Tief rührte ihn zu Reritiba der Anblick eines Heiden, der seine Glieder so wenig gebrauchen konnte, daß er den langen Weg von dem Gebiet des wilden Stammes zum Christendorf auf Händen und Füßen kriechend hatte zurücklegen müssen, um die Taufe empfangen zu können. Ein mitleidiges »Steh auf« von den Lippen Anchietas, und der Indianer war gesund. Nicht zuletzt erfuhren die Hausgenossen seine Liebe. So heilte er den Missionar Franz Pinto plötzlich und sagte ihm dabei das Martyrium voraus, das dieser Anfang des 17. Jahrhunderts auch wirklich erlitt.

Das Licht, das Gott einst seinen Propheten verlieh, schien wie beständig die Seele Anchietas zu erleuchten. So schaute er oft das Abwesende, entdeckte die Geheimnisse der Gewissen, enthüllte die Zukunft. Er rief in Espirito Santo die Einwohner mit der Glocke zu den Waffen, als niemand eine Gefahr ahnte. Doch der Feind nahte und wurde besiegt. Einst las er an einem Festtag die heilige Messe in rotem Gewand zu Ehren einer Märtyrin. Der Rektor des Hauses fragte ihn, was das zu bedeuten habe. Die Antwort war, die und die Indianerfrau sei als Märtyrin der Keuschheit gestorben. Die spätere Kunde gab dem Seher recht. Ein Freund des Dieners Gottes, ein Portugiese, wollte an einer Sklavenjagd teilnehmen, verheimlichte aber dem seligen Mann wohlweislich seinen Plan. Anchieta traf ihn zufällig, sprach ihn offen auf sein geheimes Vorhaben an und warnte ihn vor der Sünde. Schon auf der Fahrt, kehrte der Mann schließlich doch reuig zurück. Einen Ehemann, der mit einem andern Weib unerlaubte Beziehungen unterhielt, hatte der eifrige Diener Gottes oftmals gewarnt. Als sein Wort wieder trotzig verschmäht wurde, sagte er im Namen des Herrn voraus, beide würden in zwei Tagen vor Gottes Richterstuhl stehen. Beide starben tatsächlich, wie es der Pater vorausgesagt hatte.

So hatten sich in Joseph Anchieta viele natürliche Gaben, heldenmütige Tugend, gottgewirkte Wunder vereinigt, um ihn zu einem großen Apostel der jungen Kirche Brasiliens zu machen.

Aus Pater Anchietas Berichten

»Ganz Brasilien ist ein großer Garten voll des üppigsten Baumwuchses. Man sieht das ganze Jahr hindurch keinen kahlen Baum oder Strauch. Die Wälder steigen in wunderbarer Höhe und Stärke zu den Wolken empor und bergen die verschiedensten Baumarten. Viele tragen eßbare Früchte. Was ihnen einen besonderen Reiz verleiht, das sind die vielen Vögel in ihren Zweigen von großer Schönheit und Mannigfaltigkeit, die mit ihrem Gesang den Nachtigallen und Distelfinken, Drosseln und Kanarienvögeln Portugals nicht nachstehen. Und wenn man des Weges kommt, führen sie ein Konzert auf, daß man zum Lobe des Herrn unwillkürlich angeregt wird. Diese Wälder sind so frisch, daß die schönsten künstlich angelegten Haine Portugals ihnen nicht das Wasser reichen können. Es gibt viele Zedern, Aquila- und Nadelholzbäume und andere Holzarten von feinem Geruch und mannigfaltigem Blätter- und Blütenwerk, daß das Auge wegen des reichen Wechsels nicht müde wird, sich ihrer zu erfreuen.«

»Es ist ein schlaffes und sorgloses Land und etwas melancholisch«, schreibt Pater Anchieta weiter, »daher kommt es, daß die Sklaven und Indianer wenig arbeiten und die Portugiesen fast gar nichts, und alles geht in Festen und Schmausereien und Gesängen auf.« Wozu noch arbeiten, wo die Natur so freigiebig und kostenlos spendet?

»Die Mitglieder eines Stammes«, fährt Pater Anchieta fort, »leben untereinander sehr friedlich. Selten haben sie Streit, höchstens kommt es zum Wortgefecht oder zum Faustkampf. Wenn aber in der allzu großen Hitze berauschender Getränke ernste Streitigkeiten auszubrechen drohen, dann verstecken die Frauen sogleich die Bogen und sonstigen Mordwaffen und selbst die Feuerbrände, damit

die Rasenden sich nicht verwunden oder totschlagen. Denn durch einen solchen unüberlegten Totschlag kann es geschehen, daß die Stammesgenossen blutige Bürgerkriege gegeneinander führen und sich bis auf den letzten Mann töten und auffressen, wie es bei den Tamoios von Rio de Janeiro der Fall war.

Dem Genuß berauschender Getränke sind sie sehr ergeben. Seine Zubereitung aus Mandiokwurzeln, Mais und anderen Früchten ist Sache der Frauen. Nachdem diese die Wurzeln oder den Mais gekocht haben, zerkauen sie den Brei mit den Zähnen; denn dadurch soll der Trank, so sagen sie, einen feinern Geschmack bekommen und leichter gären. Dann füllen sie viele und große Töpfe mit diesem Absud und trinken ihn, nachdem er zwei Tage lang gegoren hat, fast heiß. So schadet er ihnen nämlich weniger und berauscht sie nicht so stark, und obschon sie, besonders die Alten, sehr viel davon trinken, sind sie doch selten betrunken. Sie werden nur etwas hitzig und lustig davon. Dagegen berauscht der aus Früchten bereitete Wein, der sehr stark ist, sie leicht und raubt ihnen das Bewußtsein. Doch dieser Früchtewein wird nicht in so großen Mengen getrunken. Außerdem kann er nur zubereitet werden, wenn das Obst reif ist.

Den gewöhnlichen Mandiok- und Maiswein jedoch trinken sie in solchen Mengen, daß sie bisweilen zwei Tage und Nächte damit zubringen und manchmal länger, besonders beim Abschlachten gefangener Feinde. Bei diesen wilden Saufgelagen singen und tanzen sie die ganze Zeit ohne Rast und Ruh. Diesen Wein setzen sie gewöhnlich so dick und breiartig an, daß er ihnen zugleich als Nahrung dient. Überhaupt essen sie beim Trinken nichts und wollen umgekehrt unterm Essen nichts von einem Getränk wissen. Sie fühlen sich ganz wohl dabei und haben keine Beschwerden. Erst nach dem Mahl gehen sie, falls sie kein Wasser zu Hause haben, zu der Quelle oder einem Wassertümpel, um zu trinken, bisweilen selbst des Nachts mit einer Spanfackel in der Hand. Dabei machen sie keinen Unterschied zwischen gutem oder schlechtem Wasser; mit jedem begnügen sie sich. Die kleinen Jungen dürfen von dem erwähnten Wein nicht trinken. Zur Zeit aber, da die Burschen zum Trinken zugelassen werden, bereitet man ihnen ein großes Fest, schmückt sie mit Federn und bemalt sie mit allerlei Farben zum Zeichen, daß sie jetzt Männer werden.

Diese Wilden halten oft mehrere Tage lang ohne die geringste Nahrung aus. Haben sie aber Nahrung in Fülle, dann hören sie nicht eher auf zu schmausen, als bis sie alles vertilgt haben. So leben sie in den Tag hinein und sorgen nicht von einem zum andern. Sparen und Aufbewahren sind unbekannte Dinge. Sie geben ihren Kindern auch keine Mitgift zur Heirat mit und denken auch nicht daran, ihnen ein Erbe zu hinterlassen, obschon sie ihre Kinder zärtlich lieben.

Wegen der vielen Schlangen schlafen sie in hochschwebenden Hängenetzen, die aus Baumwollschnüren gefertigt sind. Sie sind, wie gesagt, an sich nicht streitsüchtig, sondern freigebig und gastfreundlich. Jeder, der ins Haus kommt, darf sich ohne Umstände mit ihnen zum Mahl niederlassen. Sie haben eine große natürliche Offenherzigkeit und Unbefangenheit. In vielen Dingen beobachten sie das Naturgesetz. Was ihr Temperament angeht, so sind sie etwas zur Melancholie geneigt und wollen sich manchmal das Leben nehmen nur aufgrund ihrer lebhaften Phantasie vom Tod. Ein Zeichen dieser Stimmung ist es, wenn sie Erde essen. Wenn man ihnen sagt, sie würden sterben, und ihnen Furcht vor dem Tod einflößt, nehmen sie es sich so zu Herzen, daß sie wirklich in kurzer Frist hinwegsterben.

Ihre Hautfarbe ist rötlich; an Gestalt sind sie von mittlerer Größe; Gesicht und Gliederbau sind gut proportioniert; das Haupthaar fließt bei Männern und Frauen glatt herab.

Sie sind sehr geschickte Fischer, bewegen sich im Wasser wie die Fische, tauchen bis auf den Grund und bleiben so lange unter Wasser, bis sie das gefunden haben, was sie suchen.

In Feld und Wald streifen sie umher wie das Wild. Sie sind sehr kriegstüchtig und ausgezeichnete Bogenschützen. Das unbedeckte Auge eines Menschen ist ihnen Ziel genug, um es mit tödlichem Pfeil zu treffen. Sie sind so geübt darin, daß ihnen auch nicht das kleinste Vögelchen entwischt, und selbst die Fische im Wasser erlegen sie mit Pfeilen.«

»Die Bildungsfähigsten unter den Wilden«, so führt Pater Anchieta seinen Bericht weiter, »sind die Tubinambas, die in Bahia, und die Tupinaquins, welche südlich davon ansässig sind, sowie jene Stämme, welche früher der Meeresküste entlang wohnten. Trotz-

dem sind auch diese von sehr geringer natürlicher Begabung, obwohl sie Verständnis genug haben, um ihr Heil zu erkennen. Sie sind lange nicht so stumpfsinnig und roh, wie man sich das in Portugal einbildet.

Diese Wilden haben keine Schrift, keine Buchstaben, keine Zahlen und auch keine Geldmünze. Kauf und Verkauf geschieht durch Tauschhandel.

Ihre Sprache jedoch ist fein, reich und bildsam; sie besitzt größere Fähigkeit zu Zusammensetzungen und Synkopen (Verkürzungen) als selbst das Griechische; die Eigenschaftswörter sind alle unveränderlich, die Zeitwörter dagegen haben ihre verschiedenen Zeiten und Konjugationen. In der Aussprache sind sie genau. Sie sprechen so leise, daß es scheint, als verständen sie einander kaum, und doch hören und erlauschen sie alles.

Die Buchstaben f, l, v sowie jede Verbindung eines Konsonanten und r fehlen gänzlich in ihrer Sprache, ebenso alle Doppelkonsonanten.

Sie legen viel Wert auf Beredsamkeit, wie einst die Römer, und nennen einen Redner ›Herrn des Wortes‹. Ein guter Redner kann bei ihnen alles durchsetzen, was er will. Im Krieg folgen sie immer seinen Weisungen; er entscheidet, ob sie den Feind töten sollen oder nicht, ob sie sich hierhin oder dorthin wenden sollen usw. In seine Hand ist das Geschick über Leben und Tod gegeben. Sie hören ihn die ganze Nacht hindurch an, manchmal auch den Tag über, ohne zu essen oder zu schlafen. Um zu erproben, ob er ein wahrer ›Herr des Wortes‹ ist, führen sie lange Streitgespräche mit ihm, prüfen seine Argumente oder versuchen ihn zu ermüden. Bringen sie dies nicht zustande, so gilt er als ein großer Mann und Redner. Daher finden sich unter ihnen auch immer berühmte Wortführer, welche sie zum Krieg, zum Hinschlachten von Menschen und anderen ähnlichen Heldentaten begeistern.«

12. Kapitel

Die Welt der Inseln: Augustiner, Franziskaner, Karmeliter und Jesuiten als Glaubensboten in Japan, auf Sumatra und den Philippinen

Als Franz Xaver nach Japan gekommen war – dieses Reich, in dem seit der Taku-Reform von 645 ein »Beamtenstaat« unter dem Einfluß chinesischer Kultur bei gleichzeitiger Verdrängung des Schintoismus durch den Buddhismus entstanden war, der dann 1192 durch einen von den Schogunen (erblichen Kronfeldherren) beherrschten Feudalstaat abgelöst wurde –, war er auf günstige Bedingungen gestoßen. Zwar herrscht von etwa 1480 bis 1600 der Bürgerkrieg im Land, das zerrissen ist von den Machtkämpfen der großen Territorialherren, der Daimyos. Doch einige von ihnen erhoffen sich durch Handelsbeziehungen mit den Europäern Vorteile – und auch das ist ein Grund dafür, daß Franz Xaver sie für das Christentum gewinnen kann. Beispiel und Einfluß dieser Adligen führt dann dazu, daß sich das christliche Bekenntnis rasch ausbreitet.

Auch der berühmte Oda Nobunaga, der 1573 den letzten Schogun aus der Familie Aschikaga stürzt und die Einigung des Landes einleitet, fördert das Christentum – freilich nicht etwa aus innerer Überzeugung. Es scheint ihm vielmehr nützlich als Gegengewicht gegen die starke weltliche Macht der Buddhistenklöster, und außerdem ist auch er aus wirtschaftlichen Gründen an einer Belebung des Handels mit Europa interessiert. In seinem Todesjahr 1582 wird sogar mit allem Gepränge eine Gesandtschaft an den Papst geschickt, und gegen 1600 soll es in Japan eine halbe Million Christen gegeben haben. Unter seinem Nachfolger Toyotomi Hideyoshi,

Der Tod des heiligen Franz Xaver

von vielen Japanern als ihr größter Staatsmann überhaupt betrachtet, ändert sich die Einstellung – er untersagt die Tätigkeit der Jesuiten und läßt im Februar 1597 sechsundzwanzig Christen kreuzigen, unter ihnen Paul Michi. Hideyoshis Nachfolger als Schogun, Tokugawa Ieyasu, in älteren Quellen oft Daifusama genannt, ist zumindest zunächst wieder den Christen geneigt und schätzt den bedeutenden Franziskanermissionar Ludwig Sotelo auch persönlich. Aufgrund ungünstiger Entwicklungen, unglücklicher Zufälle und auch von Intrigen anderer europäischer Vertreter, denen es vorwiegend um politischen und wirtschaftlichen Einfluß geht, verschlechtert sich die Situation der Christen zusehends, und 1613 wird ein Edikt erlassen, das nicht nur weitere Missionierung verbietet, sondern förmlich die Ausrottung der christlichen Religion befiehlt. Ältere Berichte über diese Zeit sind nicht immer sehr zuverlässig und genau. So wird oft nicht nur vom »Herrscher«, sondern ausdrücklich vom »Kaiser« gesprochen, wenn eigentlich der Schogun gemeint ist; Gebietsfürsten werden oft als Könige oder Vizekönige bezeichnet. Zur Verwirrung tragen auch Vorgänge bei, die selbst heute noch recht unterschiedlich dargestellt werden: So heißt es etwa in einem Buch, Ieyasu habe bereits 1605 zugunsten seines Sohnes Hidetada auf die Würde des Schoguns verzichtet, aber bis zu seinem Tode 1616 großen Einfluß behalten; ein anderes schreibt, Ieyasu – dem bei seinem Tode Hidetada gefolgt sei – habe 1605 diesen schon als Nachfolger bestätigen lassen. So ist also z.B. in Berichten über das Wirken Sotelos in dieser Zeit unklar, ob nun die eine oder andere Maßnahme von Ieyasu oder von Hidetada verfügt wurde.

Daß Hidetada – er starb erst 1633, sein Sohn Iemitsu trat die Nachfolge jedoch schon 1623 an – den Christen feindlich gesinnt war, ergibt sich aus seinen Verfügungen unzweifelhaft. Die tatsächliche Ausrottung des Christentums fand jedoch vor allem unter Ieyasus Enkel Iemitsu (er regierte bis 1651) statt, die Schlußszene sozusagen war die Erstürmung des Kastells von Shimabara 1638.

Bevor Sotelo, der große Japanmissionar, dort seine Verkündigungsarbeit begann, war er schon auf den Philippinen tätig gewesen. Vor ihm hatten die Augustinerpatres Rada und Urdaneta in diesem gebirgigen Inselreich gewirkt, das 1521 der Portugiese Magalhães für den spanischen König in Besitz genommen und nach ihm genannt hatte. Diese Besitznahme war aber eher ein bloßer Anspruch – die Einwohner setzten sich kriegerisch zur Wehr, erst von 1565 an können die Spanier allmählich Erfolge erringen. 1571 erobern sie die schon früh gegründete Handelsniederlassung der Chinesen auf Luzon, doch erheben sich 1603 die dortigen Chinesen erfolglos gegen die spanische Herrschaft. Die Philippinen, das Reich der 7000 Inseln, dürfen wohl das eindrucksvollste Beispiel der christlichen Mission im asiatischen Raum genannt werden – 85 % der Bevölkerung des Landes sind heute katholisch.

In Indonesien, in manchen Quellen auch als »Insel-Indien« oder Insulinde bezeichnet, war der Glaubensverbreitung trotz großen Einsatzes der Missionare ein ähnlicher Erfolg dagegen nicht beschieden. Dies muß sicherlich auch vor dem kulturgeschichtlichen Hintergrund gesehen werden: Im siebten Jahrhundert schon herrschte in dem damals blühenden Reich der Schailendras (dessen Hauptstadt Schrivijaya mit dem heutigen Palembang auf Sumatra identisch ist) der Mahayana-Buddhismus, dessen Tempelberg Borobudur auf Java – erbaut um 800 – noch heute zu den großen Kulturdenkmälern der Welt zählt. Dann erstarkte der Hinduismus – das seit 860 selbständige Hindu-Reich von Majahapit auf Java übernahm schließlich 1377 nach dem Zusammenbruch des Reiches von Schrivijaya die Macht in ganz »Insel-Indien«. Im fünfzehnten Jahrhundert dann dringt der Islam ein.

Sumatra selbst begegnete uns schon im Reisebericht des Odorich von Pordenone. Marco Polo dann erzählt von acht verschiedenen »Reichen« auf der Insel. Eines davon ist Achén (Atschin, genauer Atjeh) an der Nordspitze der Insel, seine Bewohner waren die kriegerischen Batak. Von 1205 bis in die siebziger Jahre des neunzehnten Jahrhunderts konnte dieser kämpferische Malaienstaat seine Selbständigkeit bewahren.

Entscheidend für den Verlauf der Missionsarbeit in Insulinde wurde es dann, daß im Laufe des sechzehnten Jahrhunderts die vorher dort tätigen Portugiesen von den Holländern verdrängt wurden; 1602 wurde die Niederländisch-Ostindische Kompanie gegründet, 1610 erfolgte die erste Niederlassung in Djakarta, seit 1619 Batavia genannt. Vorübergehend werden auch englische Ansprüche erhoben, doch bleibt schließlich der ganze indonesische Archipel als »Niederländisch-Indien« holländischer Kolonialbesitz – bis nach dem Zweiten Weltkrieg.

Paul Michi

Das Christentum, von Franz Xavier 1549 nach Japan gebracht, fing eben an sich dort auszubreiten, als Paul Michi im Jahre 1564 unweit der damaligen Hauptstadt Miako (Kyoto) geboren wurde. Seine Eltern, vornehme Japaner, konvertierten 1568 zum katholischen Glauben. Sie schickten Paul mit elf oder zwölf Jahren zur Erziehung an das von Jesuiten geleitete Seminar in Anzukiama.

Michi war zweiundzwanzig Jahre alt, als er um Aufnahme in den Jesuitenorden bat. Nach Beendigung seines zweijährigen Noviziats legte er 1588 die Ordensgelübde ab. Die folgenden Jahre verbrachte er auf der Insel Amacusa, wo die Jesuiten eine »Universität« unterhielten, um sich auf seinen künftigen Predigerberuf vorzubereiten.

Erfolgreich verkündete er seinen Landsleuten das Wort Gottes und gewann viele Menschen für Christus.

Paul Michi wurde am 5. Februar 1597 zusammen mit sechs spanischen Franziskanern, zwei Jesuitenbrüdern und siebzehn japanischen Christen gekreuzigt.

Als Grund für die Hinrichtung wurde der Verstoß gegen das Predigtverbot des Kaisers Hideyoshi angegeben. Denn der Jesuitenpater Michi ließ sich das Wort nicht verbieten. Er predigte, häufig im geheimen, weiterhin das Evangelium, und nichts, ausgenommen der Tod, konnte seine Verkündigung beenden.

Nach Vollendung seiner Studien trat Paul, endlich mit Wissenschaft und Tugend ausgerüstet, öffentlich auf, um Menschen für Christus zu gewinnen. Er besaß eine ausgezeichnete Kenntnis und Gewandtheit in der japanischen Sprache, und nicht bloß wie sie beim gewöhnlichen Volk üblich war, sondern auch in der Sprache der Gelehrten, die von den höheren Ständen gesprochen wurde. Er kannte ganz genau ihre besondere Eigentümlichkeit, Zierlichkeit und Ausspra-

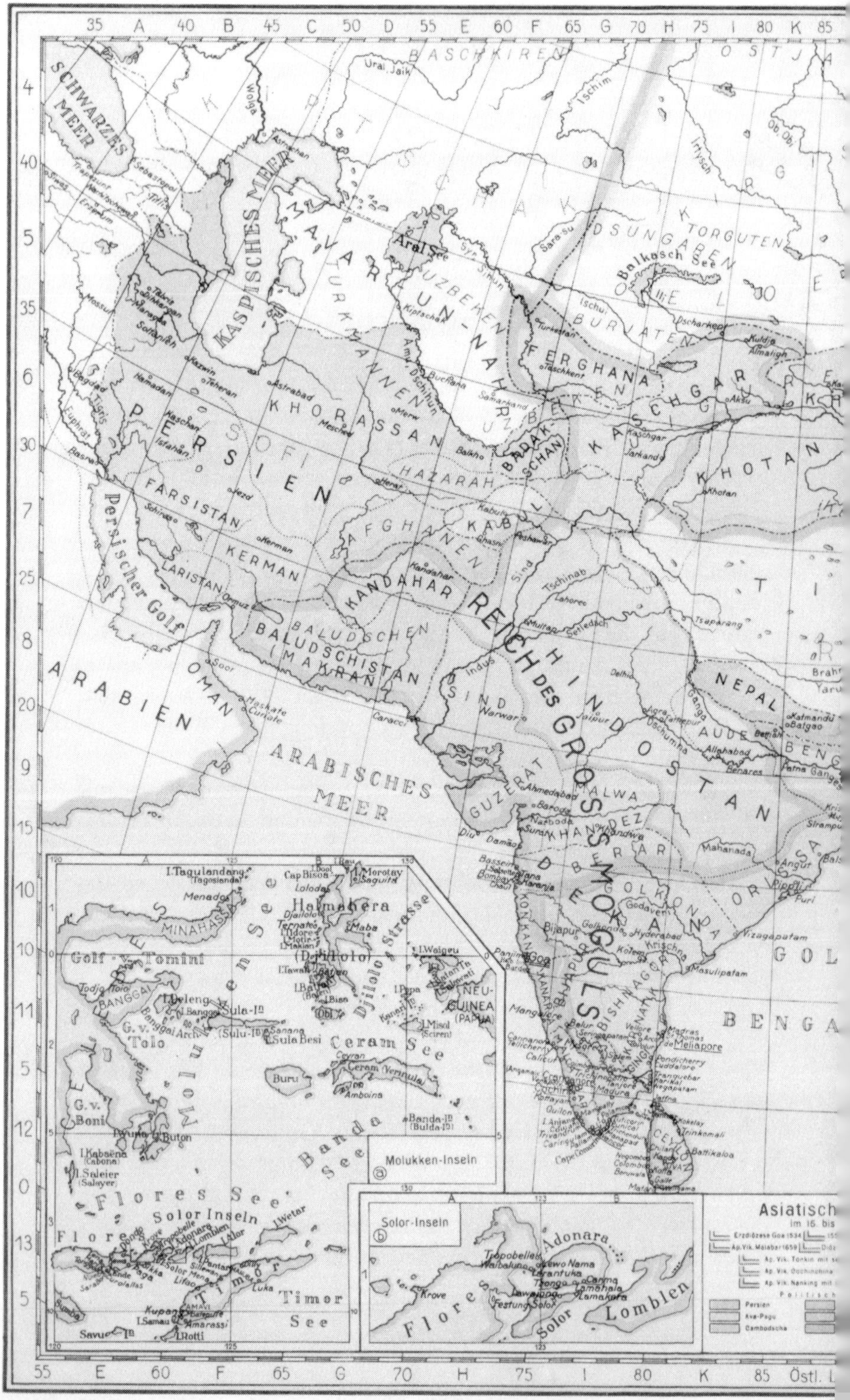

SCHWARZES MEER
KASPISCHES MEER
BASCHKIREN
OSTJ
Urai Jaik
Wolga
Astrachan
Ischim
Irtysch
Ob, Obi
Sebastopol
Trapezunt
Tiflis
Erzerum
Aral See
Syr, Sihun
DSUNGAREN
TORGUTEN
Balkasch See
Sara-su
UZBEKEN
MAVAR UN-NAHR
TURKMANNEN
Kiptschak
Amu, Dschihun
Buchara
Samarkand
BURIATEN
Ischui
Dscharkent
Kuldja
Almatigh
FERGHANA
Taschkent
KASCHGAR
Aksu
Kaschgar
Jarkand
KHOTAN
Khotan
BADAKSCHAN
Tabris
Aschkaran
Maragha
Soltanieh
Mossul
Bagdad
Tigris
Euphrat
Basra
Kazwin
Teheran
Hamadan
Astrabad
Meschhed
Merw
KHORASSAN
PERSIEN
SOFI
Kaschan
Isfahan
Jezd
Balkh
Herat
HAZARAH
FARSISTAN
Schiraz
KERMAN
Kerman
LARISTAN
Ormuz
AFGHANEN
KABUL
Kabul
Ghasni
Peschawar
Kandahar
KANDAHAR
BALUDSCHEN
BALUDSCHISTAN (MAKRAN)
Persischer Golf
ARABIEN
OMAN
Soor
Maskate
Curiate
Caracci
ARABISCHES MEER
Sind
Tschinab
Lahore
Multan
Setledsch
Tsaparang
Indus
SIND
Narwar
Delhi
REICH DES GROSSMOGULS
HINDOSTAN
NEPAL
Katmandu
Batgao
Ganga
Agra
Fatehpur
Dschumna
Jaipur
AUDE
Allahabad
Benares
Patna
Ganges
BENG
GUZERAT
Ahmedabad
MALWA
Baroda
Narbada
Surat
KHANDEZ
Khandwa
BERAR
Diu
Damao
Bassein
Bombay
Chaul
DEKAN
Mahanada
ORISSA
Angul
Pipli
Puri
GOLKONDA
Godaveri
Golkonda
Hyderabad
Bijapur
Krischna
Vizagapatam
Panjim
Goa
Masulipatam
BISHNAGAR
Mangalore
Cannanore
Tellicherry
Calicut
Cranganore
Cochin
Vellore
Madras
Meliapore
Pondicherry
Cuddalore
Tranquebar
Karikal
Negapatam
Madura
Jaffna
Tanjore
CEYLON
Kokelay
Trinkomali
Battikaloa
Colombo
Negombo
Beruwala
Galle
Matara
Cape Comorin
Trivandrum
GOLF
BENGAL
Brahm
Yaru
Molukken-Inseln
I. Tagulandang (Tagosianda)
Cap Bisoa
Morotay
Saguita
Menado
MINAHASSA
Loloda
Halmahera
Djailolo
Ternate
Tidore
Motir
Makian
Maba
(Djilolo)
Djilolo Strasse
I. Waigeu
Golf v. Tomini
I. Tawali
Batjan
I. Bisa
Obi
I. Papa
Salawati
NEU-GUINEA (PAPUA)
Todjo
Tola
BANGGAI
I. Peleng
I. Banggai
Banggai Arch.
Sula-In
(Sulu-In)
Sanana
I. Sula Besi
Kaneri
I. Misol (Sciren)
G. v. Tolo
Ceram See
Buru
Ceram (Vennula)
Amboina
Molukken See
G. v. Boni
Banda-In (Bulda-In)
Banda See
Buton
I. Kabaena (Cabona)
I. Saleier (Salayer)
Flores See
Solor Inseln
I. Wetar
Flores
Adonara
Lomblen
I. Alor
Timor
Solor
Luka
Timor See
Kupang
I. Samau
Amarassi
I. Rotti
Savu-In
Sumba
Solor-Inseln
Tropobelle
Walbaluno
Wewo Nama
Larantuka
Thenga
Carma
Lamahala
Lamakara
Krove
Festung Solor
Lomblen
Asiatisch
im 16. bis
Erzdiözese Goa 1534
Ap. Vik. Malabar 1659
Ap. Vik. Tonkin mit
Ap. Vik. Cochinchina
Ap. Vik. Nanking mit
Politisch
Persien
Ava-Pegu
Cambodscha
Östl. L

MONGOLEI
NINGTSIA
KANSU
SHANSI
CHILI
SHENSI
HONAN
SHANTUNG
HUPE
SZECHWAN
KWEICHOW
YUNNAN
KWANGSI
KWANGTUNG
FOKIEN
KIANGSI
HUNAN
LIAUTUNG
KOREA
TIBET
TON-KIN
D. Macao
Macao
Patronatsdiözesen
Makao
Nanking
Peking
Apost. Vikariate:
Fokien, Chekiang, Kiangsi
Hupe, Honan, Schensi, Schansi
Szechwan, Kweichow, Yünan
DAUREN
MANDSCHU
MONGOLEN
TSCHAHAR
Amur
Sakhalian
Heiungkiang
Sungari
Sira muren
Liao-ho
Peking
Yung-ping
Pjöng-jang
Teng-chow
Han-jang (Söul)
KOREA
JAPANISCHES MEER
JAPAN
JESSO
NIPPON
Akita
Sendai
Kanazawa
Meako
SHIKOKU
KIUSIU
Nagasaki
Kagoshima
Quelpart
GELBES MEER
OST-CHINES. MEER
Riu-kiu Inseln
REICH DER MING
KOSCHODEN
Su-chow
Kan-chow
Hoang-ho
KANSU
Lanchow
SHENSI
Si-ngan
Tungyuen-fange
Han-chung
Yünyang
Taiyuan
Fen-chow
Ping-yang
HONAN
Kaifeng
Nan-yang
SHANTUNG
Tsinan-fu
NANKING
Hangchow
Ning-po
Nanking
HUPE
Hankow
Wu-chang
SECHUAN
Chungking
Shun-king
Cheng-tu
KWEI-CHOW
Kwei-yang
YUNNAN
Yün-nan
Ta-li
KWANGSI
Kweilin
CANTON
Canton
Macao
FOKIEN
Fu-chow
Chuan-chow (Zaytun)
Amoy
Formosa (Tung-fan)
TONKIN
Hainan
SÜD-CHINESISCHES MEER
GROSSER OCEAN
PHILIPPINEN
LUZON
Manila
Nueva Cáceres
Mindoro
Panay
Cebu
Samar
Negros
MINDANAO
Palawan
Sulu See
Sulu In.
(ST. LAZARUS IN.)
Celebes-See
Menado
CELEBES
Makasser
Makasser Str.
BORNEO
Brunei
Sambas
Sukadana
BIRMA
AVA
PEGU
Chittagong
Mandalay
Bhamo
Pegu
Rangoon
Andamanen
Nicobaren
SIAM
Ayuthia
Bangkok
Golf von Siam
KAMBODSCHA
Saigon
CHIAMPA
Chiampa
COCHINCHINA
Hue
Turan
LAOS
I. Phu quoc
I. Jongselang
Patani (Paten)
MALACCA
Malacca
JOHORE
SUMATRA
ATSCHIN
MENANGKABU
Pedir (Pedro)
Pacem
Salwin
Mekong
Kinscha-kiang
Assam
95 N 100 O 105 P 110 Q 115 R 120 S 125 T 130 U 135 V 140 W 145
Greenwich 95 N 100 105 P 110 Q 115 R 120 S 125
Tibet
Tonkin
China

che: alles Dinge, die von Ausländern selbst nach vieljähriger, mühevoller Anstrengung kaum jemals erreicht werden. Überdies besaß er eine natürliche Beredsamkeit und eine Anmut im Vortrag, die, verbunden mit einer tiefen Frömmigkeit und Bescheidenheit, zu gleicher Zeit gefiel, überzeugte und rührte. Er begann seine Wirksamkeit zunächst als Katechet, indem er die Neubekehrten in den Geheimnissen des Glaubens unterrichtete, stieg aber dann zum Rang eines Predigers auf.

Zuerst verkündete er das Wort Gottes im Gebiet von Scimo, d.h. in den südlich gelegenen Staaten und Inseln; vorzüglich aber im Reich von Arima und im Fürstentum von Omura, wo bereits eine große Christengemeinde bestand. Von da zog er nordwärts und durcheilte viele Reiche bis nach Miako (Kyoto), ja sogar noch etwa hundert Meilen über Miako hinaus, bis an die äußersten Grenzen Japans. Auf seinen apostolischen Wanderungen wurde er immer von einem oder mehreren Priestern der Gesellschaft Jesu begleitet. Er mußte predigen, unterrichten, die Einwände der Götzendiener widerlegen und seine Zuhörer auf den Empfang der Taufe vorbereiten. Die andern Patres spendeten das Sakrament der Buße, brachten das heilige Meßopfer dar, segneten die Ehe ein und standen den Sterbenden bei.

Wie viele Mühseligkeiten, Leiden und Gefahren er auf diesen langen und beschwerlichen Reisen zu erdulden hatte, kann man sich leicht denken. Beim Anblick einer so reichen Ernte jedoch, wie er sie überall sammelte, wurde ihm alles nicht nur leicht, sondern auch höchst süß und angenehm. Man weiß, daß er auch von heidnischen Fürsten und Adligen geschätzt und geliebt wurde und daß er eine große Anzahl von ihnen, besonders in den Reichen von Mori, für den Glauben an Christus gewann.

Den noch vorhandenen Briefen über die damaligen Verhältnisse in Japan kann man entnehmen, daß dort der christliche Glaube innerhalb der fünfundvierzig Jahre, die seit seiner ersten Einführung durch den großen Apostel, den heiligen Franz Xavier, verflossen waren, niemals so viele und so hochgestellte adlige Persönlichkeiten zu seinen Bekennern zählte als in den Jahren um 1593. Niemals hatten sich so viele Fürsten erboten, mit ihren Reichen zum Christentum überzutreten. Daß aber Paul Michi an diesen zahlreichen und wichtigen Bekehrungen einen großen Anteil hatte, das beweist uns, von den Berichten der Jesuiten selbst zu schweigen, das öffentliche schriftliche Zeugnis des Paters Marcellus Ribadeneira aus dem Orden des heiligen Franziskus, welcher sich in Japan befand und Paul Michi persönlich kannte. Er sagte, es sei die einstimmige Überzeugung aller gewesen, daß Paul vor allen andern die reichlichsten Früchte von seinen apostolischen Arbeiten geerntet habe.

Erhalten geblieben ist auch folgende Äußerung eines Zeitgenossen über Pater Paul Michi: Die Unschuld und Aufrichtigkeit seiner Seele spiegelten sich in seinen Worten wider; er war in allen Dingen schlicht und einfach. Unbesorgt um sein eigenes Leben, war er stets bereit, es aufs Spiel zu setzen, so oft er hoffen durfte, irgendeine Seele zu retten. Zudem besaß er eine unerschöpfliche Geduld. Die Leiden und Beschwerden, welche von seinem apostolischen Amt, besonders zur Zeit der Verfolgung, unzertrennlich waren, ertrug er ohne zu klagen.

»Wir führen hier in Japan ein Leben«, schrieb um dieselbe Zeit ein Pater, »welches, Gott sei Dank, dem der Apostel (Hebr. 11, 37.) sehr ähnlich ist. Wir gehen umher in Schafspelzen und Ziegenfellen, Mangel leidend, gedrängt und mißhandelt; wir irren in Wäldern und Tälern umher, und Höhlen dienen uns zur Wohnung. Die Nacht benutzen wir teils zum Reisen, teils zu den Amtsverrichtungen, welche das Bedürfnis und das Seelenheil der Christen erheischen, denen wir das Wort Gottes predigen und die Sakramente spenden; den Tag über bleiben wir verborgen, oder halten uns in ziemlicher Entfernung von den Häusern auf.« Dieser Bericht zeigt sehr deutlich, welch ein Leben Paul Michi mehrere Jahre hindurch während der ersten Verfolgung Taicosamas führen mußte.

Um endlich alles kurz zusammenzufassen, wollen wir das glänzende Zeugnis wörtlich anführen, das der schon genannte Pater Marcellus Ribadeneira in seiner Geschichte der japanischen Inselgruppe über Michi abgelegt hat. »Ich habe ihn gekannt«, sagt er, »als einen strengen Beobachter des Stillschweigens und der Bescheidenheit, als einen Mann, der durch seine Taten bewies, eine wie hohe Vollkommenheit er in seinem elfjährigen Ordensleben in der Gesellschaft Jesu erreicht hatte. Dieser heilige Märtyrer stand bei den Christen im Rufe eines tüchtigen Predigers, und es herrschte überall

Der Kreuzestod der ersten japanischen Märtyrer
im Februar 1597

die einstimmige Überzeugung, daß er besonders vor allen andern die reichlichsten Früchte des Heils geerntet habe. Sein brennender Seeleneifer verriet sich nicht bloß in der Kraft seiner Worte, sondern auch in dem Feuer seiner Gefühle. Er wurde selbst von den Vätern der Gesellschaft als ein guter und demütiger Arbeiter des Evangeliums gelobt, der mit ernstem Eifer das Seelenheil des Nächsten und den eigenen Fortschritt in der Jugend suchte.« So lautet das Zeugnis des Paters Ribadeneira.

Nicht nur durch sein lebendiges Wort, sondern auch durch seine Schriften hat der Jesuit Paul Michi für die Ausbreitung des christlichen Glaubens Großes und Wunderbares geleistet. Da er, wie schon bemerkt, mit der Sprache und der Schreibweise der Japaner sehr vertraut und in der Theologie der Bonzen (japanische Priester) sehr bewandert war, verfaßte er verschiedene Bücher, in denen er sich mit der Nichtigkeit der Götzen und der Falschheit der Sekten auseinandersetzte, die im Gegensatz zum wahren und heiligen Gesetz Christi nichts anderes seien, als ein verworrenes Gewebe von Fabeln, Irrtümern und Widersprüchen. Und ihre Grundsätze liefen sowohl der menschlichen Vernunft als auch dem natürlichen Schamgefühl zuwider. Es gab damals in Japan zwölf große religiöse Sekten, die das arme Volk spalteten; und jede von ihnen hatte ihre eigenen Universitäten, Lehrer, Tempel, Gottheiten, Priester und Prediger.

Ludwig Sotelo

Am 6. September des Jahres 1574 wurde Ludwig Sotelo in Sevilla geboren. Er erhielt die damals übliche Erziehung und begann sein Studium an der Universität zu Salamanca. Ludwig war gerade zwanzig Jahre alt, als er beschloß, in den Franziskanerorden einzutreten.

Auf eigenen Wunsch schickte ihn der Orden 1599 auf die Philippinen. Ludwig wollte dort nur ein ganz einfacher Seelsorger sein, doch schon 1602 bat man ihn, das Amt des Ordenslektors für Philosophie in Manila zu übernehmen. Sotelo dagegen wollte nicht wissenschaftlich, sondern missionarisch arbeiten, und so reiste er 1603 nach Japan.

In Meako und in der Stadt Mutsu (auch Voxu genannt, an der Nordspitze Honshus), dessen Gebietsfürst – in alten Quellen König genannt – Idate Masamune durch ein Edikt vom 23. November 1611 die christliche Predigt in seinem Reich erlaubt hatte, war Sotelos Missionsarbeit besonders erfolgreich. Das rasche Ansteigen der Taufbewerber nahm Fürst Masamune zum Anlaß, Sotelo zu bitten, an der Spitze einer Gesandtschaft nach Rom zu reisen und um weitere Missionare nachzusuchen. Nebenbei sollte Ludwig Sotelo auch die handelspolitischen Interessen des Herrschers vertreten.

Der Franziskanerpater wurde von Papst Paul V. (1605-1621) herzlich begrüßt und zum Bischof von Ostjapan ernannt; der Nuntius von Madrid sollte ihn noch in Rom konsekrieren. Die Weihe fand jedoch nicht statt, da verschiedene Kreise gegen ihn intrigierten. Angefeindet und verdächtigt kehrte er ohne Weihe 1618 nach Manila zurück. 1622 wagte Sotelo, trotz ungünstiger politischer Zustände, die Überfahrt nach Japan. Er wurde bald nach seiner Ankunft von den Soldaten des Kaisers Hidetada, der den Missionaren bei Todesstrafe verboten hatte, das Land zu betreten, gefangengenommen und nach zweijähriger Haft in Omura mit vier seiner Gefährten am 25. August 1624 verbrannt.

Ludwig Sotelo litt unter den Anfeindungen und Verleumdungen aus den eigenen kirchlichen Reihen mehr als an den körperlichen Wunden, die man ihm später zufügte. Trotzdem wurde er nicht kleinmütig und verzagt, sondern blieb seinem Glauben und seiner Missionsarbeit treu.

Merkwürdigerweise sollte dieser Mann, dessen Herz vor Arbeitsdrang verging, nicht als eigentlicher Missionar, sondern als Sekretär einer spanischen Gesandtschaft Japan betreten. Diese Gesandtschaft wurde angeführt von dem Franziskaner Didakus Bermeo und sollte wegen weitgehender Handelsverbindungen zwischen Spanien und Japan verhandeln. Daifusama [= Hideyoshi] nahm die Gesandten sehr gut auf, denn sein Bestreben, Japans Reichtum durch geeignete Handelsverträge zu mehren, war so groß, daß er zu sagen pflegte: »Wenn die Teufel aus der Hölle kämen, um mit mir des Handels wegen anzuknüpfen, ich würde sie bestens aufnehmen.« Doch fürs erste war das noch anders. Pater Bermeo fand nicht nur die freundlichste Aufnahme, die aufmerksamste Behandlung; die Erfolge der Sendung waren für Spanien und Japan gleich vorteilhaft.

Der als Sekretär gekommene Pater Ludwig durfte als Missionar bleiben. Daifusama hatte ihn förmlich liebgewonnen. Die Gewandtheit in der Handhabung der japanischen Sprache, das tiefe Verständnis der Eigentümlichkeiten des Japaners, die feinen, weltmännischen Manieren, die den Halbbarbaren besonders fesselten, gewannen dem klugen Priester ganz und gar die Gunst des Kaisers. Er erhielt die Erlaubnis zu predigen, wo er wolle. Als ruhig abwägender Mann, der alles in den Dienst der Religion zu stellen suchte, ging Ludwigs Bestreben dahin, die angeknüpften Handelsverbindungen zu erweitern und neue Handelswege der spanischen Krone zu eröffnen. Wie Daifusamas Stimmung damals war, mußte eine festere politische Verbindung zwischen Spanien und Japan auch der Religion zugute kommen. In den Tagen, da Pater Ludwig mit dem Herrscher in dieser Angelegenheit verhandelte, kam eine Gesandtschaft vom Vizekönig zu Mexiko an den japanischen Kaiserhof. Ein edler Spanier namens Sebastian war ihr Führer. Diesem und Ludwig Sotelo gab

Japanisches Teezeremoniell

nun Daifusama die Erlaubnis und den Auftrag, Häfen, die für die Ein- und Ausfuhr geeignet seien, auszukundschaften. Während Don Sebastiano mehr sein Auge der Lage der Häfen, der Frage, ob sie für den Handelsweg zwischen Spanien und Japan günstig lägen, zuwandte, schaute der Missionar eifrig nach unsterblichen Seelen aus, sann er auf Wege, zu diesen Eingang zu finden.

Nach dieser mehr vorbereitenden Reise ging Ludwig an die eigentliche Missionsarbeit. Die erste Kirche, die er baute, lag vierzehn Meilen von Yedo [Edo, das heutige Tokyo] entfernt in der Hafenstadt Urangava; hier taufte er viele Heiden und gründete dort eine recht eifrige Christengemeinde. In Yedo und Fushimi richtete er das, was die vorausgehende Verfolgung zerstört hatte, wieder auf.

Ludwig Sotelo empfahl sich durch seine gründliche Gelehrsamkeit, durch seine vornehm bescheidenen Umgangsformen, durch seine erstaunliche Kenntnis der japanischen Sprache und Verhältnisse nicht nur dem Kaiser Daifusama; alle japanischen Großen, mit denen Pater Ludwig zusammenkam, schienen von der Persönlichkeit dieses hervorragenden Mannes gefesselt zu sein. Vor allem hatte Ludwig es dem Fürsten von Voxu angetan. Durch ruhiges und wohlüberlegtes Vorgehen gewann er die Gunst des edlen Herrschers in solchem Maße, daß er nicht nur die Erlaubnis erhielt, im ganzen Land frei zu predigen, sondern daß er es sogar wagen durfte, dem Fürsten selbst die Wahrheiten des Christentums darzulegen, und zwar mit solchem Erfolg, daß Idate Masamune – so nennen die alten Quellen den Herrscher von Voxu – sich unter die Katechumenen aufnehmen ließ. Dieses Ereignis machte auf das Volk von Voxu einen großen Eindruck und erleichterte dessen Bekehrung ungemein. Bald hatte Pater Ludwig vier kleine Klöster gegründet, die sich schnell zu Mittelpunkten blühender Christengemeinden entwickelten. Von hier aus entstanden dann viele Kapellen und Gebetshäuser, um die sich wiederum kleinere Gemeinden sammelten. Ludwigs Eifer kannte nun keine Grenzen. Rastlos eilte er mit seinen Genossen von Gemeinde zu Gemeinde, um brennenden Eifers neue Eroberungen für Christus zu machen. Voxu war durch Sotelo auf dem besten Weg, ein christliches Königreich zu werden. Idate Masamune sah mit Freude den Fortschritt der katholischen Religion in seinem Land, und alles Drohen und Drängen der besorgten Bonzen konnte ihn in seiner Liebe zu dem Missionar, in seiner Ehrfurcht vor dem Christentum nicht erschüttern. Tagtäglich sah ja der König, wie der Geist des Christentums in Wirklichkeit das Angesicht seines Landes erneuerte.

Gestützt auf die Liebe Idate Masamunes und auf die Verehrung, die er beim Hochadel Japans genoß, konnte Pater Ludwig Sotelo ganz anders auftreten als ein gewöhnlicher Missionar. Als man einst die Jesuitenpatres beim Kaiser in schmählicher Weise verleumdet und verdächtigt hatte und das Verbannungsdekret gegen sie schon ausgefertigt war, ging Ludwig hin und verteidigte mit besonnenem Freimut die verdächtigten Missionare so, daß die Verordnung zurückgenommen wurde und die bedrohten Männer frei und unbehindert bleiben durften.

Als 1609 Hidetada, der Sohn und Nachfolger Daifusamas, tödlich erkrankte, erboten sich einige vornehme Freunde, um dem jungen Herrscher die Gesundheit von den Göttern zu erflehen und ihrem

Im Norden Honshus

kaiserlichen Freund ihre Anhänglichkeit zu bezeigen, den Harakiri an sich vorzunehmen. Sobald Pater Ludwig davon hörte, eilte er in den Palast des Thronfolgers, um dies grausame Spiel mit Menschenleben zu verhindern. Es gelang ihm auch. Freilich zog er sich damit den Haß des jungen Tyrannen zu, den er so um das ekelhafte Schauspiel und um das Vergnügen brachte, das man in Japan an solch grausamem Selbstmord zu haben vermeinte. Stand der Missionar damals auch noch zu fest in der Gunst Daifusamas, so sollte er später in reichstem Maße die Rache des blutdürstigen Hidetada zu fühlen bekommen.

Einstweilen konnte der Missionar ruhig weiterarbeiten im Weinberg des Herrn. Neben Sendai, der Hauptstadt Voxus, bildete Yedo das vorzüglichste Arbeitsfeld des eifrigen Mannes. 1599 hatte ja Pater Hieronymus a Jesu in Yedo die Gemeinde gegründet; Ludwig brachte sie zu voller Blüte. Er dehnte sie auf die ganze Umgebung von Yedo aus und suchte den Eifer der ausgedehnten Gemeinde zu erhalten und zu steigern. Beides gelang ihm durch Pflege der Gürtelbruderschaft und des dritten Ordens in hervorragendem Maße. Die Christen von Yedo galten als Muster, und in allen Verfolgungen hielten sie, von wenigen Ausnahmen abgesehen, sich tapfer und treu. In den Spitälern, die der Diener Gottes gründete, wetteiferten sie miteinander in Werken der christlichen Liebe.

1613 brach die Verfolgung in Yedo aus. Pater Sotelo stand damals beim Kaiser noch so sehr in Gunst, daß der Thronfolger es für geratener hielt, noch nicht offen gegen den Missionar vorzugehen. Er verbot Pater Sotelo deshalb nur, die Stadt zu verlassen. Während er noch hin und her überlegte, kam ein Schreiben Idates an den Kaiser, doch den Missionar freizugeben. Auf einen Wink des Kaisers ließ sein klug berechnender Sohn den Geistlichen frei und übergab ihm noch obendrein die reichsten Geschenke und die beste Empfehlung an den Fürsten von Voxu mit auf den Weg.

So war nun Pater Ludwig wider Erwarten gerettet. Er blieb noch einige Zeit in Yedo, um noch einmal alle Christen aufzusuchen, zu stärken und zu trösten. In Sendai, wo man von dieser freiwilligen Verzögerung nichts wußte, hielt man den Missionar schon für einen Märtyrer, und Idate war untröstlich, daß er sich mit seiner Bitte nicht genug beeilt hätte. Währenddessen war der Missionar wohlbehalten auf dem Weg nach Sendai.

Kaum hatte Pater Ludwig die Grenzen des Reiches Voxu überschritten, da betrat der bescheidene Ordensmann einen wahren Triumphweg. Je näher er der Hauptstadt kam, desto jubelnder wurde die Freude über die Rettung und Heimkehr des Apostels von Sendai. Sobald der König vom Nahen seines priesterlichen Freundes hörte, sandte er ihm zur Begrüßung die edelsten Hofleute entgegen. In Sendai selbst glich Ludwigs Einzug der Heimkehr eines Siegers. Ein großes Fest mit echt japanischer Fröhlichkeit, mit Spiel und Tanz beschloß den Jubel über die glückliche Rettung des beliebten Franziskaners.

Da der folgende Bericht über die von Ludwig Sotelo angeführte Gesandtschaft ein sehr lebendiges Bild vom Ablauf und den Formen einer solchen Unternehmung zur damaligen Zeit gibt, haben wir ihm etwas breiteren Raum gewidmet.

Idate Masamune hatte schon lange den Gedanken mit sich herumgetragen, eine Gesandtschaft an den Heiligen Vater und an den König von Spanien abzuordnen. Vom Vater der Christenheit wollte er sich neue Missionskräfte erbitten, mit dem Träger der spanischen Krone gedachte er ein Handels- und Freundschaftsbündnis abzuschließen. Im Glauben, Pater Ludwig sei dem Hasse Hidetadas zum Opfer gefallen, hatte er den Pater Didakus Ibanez zum Führer der Gesandtschaft bestimmt. Nun, da sein gewandter Freund wohlbehalten wieder bei ihm war und Pater Didakus obendrein um Enthebung von dem schwierigen Amt bat, ernannte der Fürst Sotelo mit Freuden zum Führer der geplanten Gesandtschaft an Papst Paul V. und König Philipp III. von Spanien. Zur Seite gab ihm der König den Hofmann Hasecura (Faxecura nennen ihn die alten Berichte) und Rocugemon aus der Adelsklasse der Samurai. Das Gefolge der Gesandtschaft bestand aus hundertfünfzig vornehmen oder doch besser gestellten Japanern. Die ganze Abordnung war Ludwig Sotelo unterstellt, der zu seinen persönlichen Begleitern Pater Didakus Ibanez und den Geistlichen Ignatius a Jesu und einige Terziaren auswählte.

Ein wohlausgerüstetes Schiff trug, nach herzlichem Abschied vom Fürsten und vom Hof, unter den besten Segenswünschen der Christen die Gesandtschaft am Fest der heiligen Apostel Simon und Judas, dem 28. Oktober 1613, in das gefahrvolle Meer hinaus. Nach mancherlei Zwischenfällen, wie sie eine damalige Seereise mit sich brachte, landeten sie am 15. Januar 1614 glücklich im mexikanischen Hafen Acapulco. Schon hier fand die japanische Gesandtschaft eine großartige Aufnahme. Ihr Weg nach Mexiko glich einem Triumphzug, eine spanische Ehrentruppe gab ihr das Geleit. Als Ludwig an der Seite seines noch heidnischen Freundes Hasecura, gefolgt von den hundertfünfzig einheimisch gekleideten Japanern, in Mexiko einzog, war die ganze Stadt auf den Beinen. Der Vizekönig, der Erzbischof, viele geistliche und weltliche Würdenträger standen zum Empfang an dem herrlich geschmückten Stadttor bereit. Da gab's ein Verwundern und Tuscheln bei den heißblütigen Mexikanern über die trotz allen Lärms und aller Neuheit so ruhig dreinschauenden Japaner. Doch allmählich kamen auch diese ins Erstaunen, als sie das herrliche Mexiko, seine Reichtümer und großartigen Bauten kennenlernten. Und erst der Gottesdienst! Sie hatten die kirchlichen Zeremonien nur in kleinen Kirchen, nur in einfachen, vielleicht armen Gewändern, nur von wenigen Priestern verrichtet gesehen und waren nun ganz außer sich, als sie in der reichen Hauptstadt, die eben der blühende Frühling mit tausend Kränzen und abertausend duftenden Blüten umgab, die Geheimnisse der Religion mit einer Pracht, mit einer Würdigkeit gefeiert sahen, wie sie nur die Kar- und Osterwoche kennt, wie sie nur die spanische Grandezza begehen kann. Achtundsechzig Japaner empfingen bei dieser Gelegenheit die Taufe und das Sakrament der Firmung aus der Hand des Erzbischofs; der vornehme Adel Mexikos stand zur Feier Pate.

Über Puebla, Veracruz, Habanna ging es auf einer kleinen spanischen Flotte Sevilla zu. Das japanische Schiff blieb im Hafen von Acapulco, um dort auf die Rückkehr der Diplomaten zu warten. Am 5. Oktober 1614 landete man an der Küste Andalusiens. Der Herzog von Medina-Sidonia empfing sie mit großer Ehrenbezeigung und bekleidete das Gefolge Pater Ludwigs mit neuen Gewändern. Sobald die Gesandtschaft den Boden Spaniens betreten hatte, galten übrigens ihre Mitglieder auf ausdrücklichen Wunsch Philipps III. als dessen Gäste.

Unterdessen rüstete sich Sevilla zum Empfang der fremden Männer, an deren Spitze ja ein Kind Sevillas stand, auf das die feurigen Einwohner nicht wenig stolz waren. Eine Abordnung der Stadt, angeführt von Don Diego de Cabrera, dem Bruder Ludwigs, begrüßte die seltene Gesandtschaft am Hof des Herzogs von Medina und geleitete sie dann den Guadalquivir hinauf durch Andalusiens herbstlichen Reichtum zur stolzen Königin des südlichen Spaniens. Am 21. Oktober, um die Mitte der Morgenstunden, kam Sevilla in Sicht. Sechs Stunden weit zog eine unabsehbare Volksmenge den Japanern entgegen, die natürlich ebenso erwartungsvoll auf Spaniens feurige Kinder, wie diese voll Staunen auf die Männer aus Asiens fernstem Osten sahen. Je näher man der Stadt kam, desto unheimlicher wurde das Gedränge. Der Empfang am Eingang in die Stadt war ein glänzender. Die Japaner waren sprachlos ob all der Wunder, die sie da schauten. Als es nun galt, den hohen Besuch unterzubringen, stritt sich der Adel Sevillas fast um die Ehre des Quartiers. Nachdem Pater Ludwig und seine Begleitung ein wenig ausgeruht hatten, empfing das Oberhaupt der Stadt, der Graf von Salvaterra, die Botschafter des Fürsten von Voxu im herrlich geschmückten Saal des Rathauses. Ludwig Sotelo überreichte mit einem schmeichelhaften Brief die

Geschenke Idates und bat dann um Unterstützung der damals noch so aussichtsvollen Mission. Unter dem rauschenden Beifall des Volkes versprach der Graf von Salvaterra die Gewährung der Bitte.

Zwei Monate blieb die Gesandtschaft in Sevilla. Dann reiste man über Cordoba und Toledo nach Madrid. Am 20. Dezember betrat der stattliche Zug Spaniens Hauptstadt. Im großen Kloster der Observanten fand er Unterkunft. Auf den Plätzen und Straßen Madrids erregten die Männer aus dem Land der aufgehenden Sonne nicht geringeres Aufsehen als im fernen Mexiko und im nahen Sevilla. Wo sich ein Japaner in seiner schlichten, kleidsamen Tracht sehen ließ, da hatte er bald ein paar neugierige Spanier hinter sich – das waren schöne Tage für die schaulustigen Bewohner Madrids!

Als gar erst der feierliche Aufzug zur Audienz bei Philipp III. kam! Es war am 30. Januar 1615. In den besten Gewändern zogen die Gesandten vom Franziskanerkloster zum königlichen Schloß. Den seltsamen Zug eskortierten die Soldaten der königlichen Wache in ihrer prunkvollen Uniform. Das Volk bildete, neugierig staunend, in unabsehbaren Reihen Spalier. Stehend und umgeben von seinem glänzenden Hofstaat, empfing der König die fremden Gesandten. Zuerst sprach Hasecura im Namen des Königs von Voxu die ergebenste Bitte um ein Handels- und Freundschaftsbündnis aus. Dann ergriff Pater Ludwig das Wort. Er sprach im Namen des Kaisers Daifusama, der trotz des Wandels in der Stimmung gegen Spanien und trotz seiner wachsenden Abneigung gegen das Christentum noch immer nicht ganz mit beiden brechen wollte. Der kluge Missionar hatte noch immer einen gewissen Einfluß auf ihn. Er bat nun den Träger der spanischen Krone, durch eine baldige Gesandtschaft den locker gewordenen Faden mit Japan wieder fester zu knüpfen. Spanien sowohl wie die Religion würden durch ein Bündnis nur gewinnen. Philipp III. versprach, die Wünsche des eifrigen Missionars zu erfüllen, werde ihm ernsteste Herzenssache sein. In einer späteren ebenso prunkvollen Audienz nahm dann der König die Geschenke der Gesandtschaft entgegen.

Am 17. Februar empfing auch Hasecura, der Führer der Gesandtschaft, in feierlicher Weise die Taufe. Vom Franziskanerkloster bewegte sich am Morgen dieses Tages ein prächtiger Zug nach der Klosterkirche der Klarissen; Hasecura selbst fuhr in goldstrotzender königlicher Kutsche zur heiligen Handlung. Diese nahm, da der Kardinalerzbischof von Toledo erkrankt war, der königliche Hofkaplan vor. Der König und die ganze königliche Familie wohnten der Feierlichkeit bei. Hasecura, der nun als Christ zurückkehrte, empfingen die Franziskaner mit brennenden Kerzen am Portal ihrer Kirche, und ein feierliches »Te Deum« mit echt spanischer Musik schloß den erhebenden Akt. Der Neugetaufte konnte sich kaum fassen vor Glück und Herzensfrieden.

Nach achtmonatigem Aufenthalt in Madrid ging es über Alcala und Saragossa nach Barcelona. Während Pater Ludwig voll der Hoffnung für Japans Kirche romwärts zog, machte sich die von Philipp III. ausgerüstete Gesandtschaft auf den Weg nach Japan.

Daifusama war nach der Abreise des Ludwig Sotelo jedoch ganz und gar in die Hände der Holländer und Engländer geraten; unverrichteter Sache kehrte die Abordnung über Mexiko nach Spanien heim.

Auf dem Weg nach Barcelona besuchte Pater Ludwig mit seiner Begleitung das Heiligtum unserer lieben Frau von Monserrat, um sich für seine schweren Aufgaben den besonderen Segen der hier vor allem so huldreichen Himmelskönigin zu erbitten. Er sollte ihn noch sehr gebrauchen können.

In Barcelona fand der Diener Gottes beim Vizekönig, dem Herzog von Almanzan, die beste Aufnahme. Trotz seines Unwohlseins war der Herrscher um die Botschafter und ihr Gefolge in jeder Weise bemüht.

Über Savona und Civitavecchia erreichte die Gesandtschaft endlich die Ewige Stadt. An einem herrlichen Oktobertag sahen die fremden Männer zum erstenmal Rom im Glanz der milden Herbstsonne vor sich liegen. Welche Gefühle mögen da die Brust der Asiaten erfüllt haben! Wie groß und erhaben muß ihnen das Rom vorgekommen sein, das auch ein abgestumpftes Gemüt in seinen tausendjährigen Bann zieht.

Pater Ludwig hatte den Sekretär der Abordnung, Scipio Amati, und seinen Bruder, den Geistlichen Johannes Sotelo, der ihn von Sevilla ab begleitete, vorausgeschickt, um die Ankunft auf päpstlichem Gebiet dem Heiligen Vater zu melden. Kardinal Borghese, ein Neffe des Papstes, der schon in Civitavecchia die japanischen Ge-

sandten begrüßt hatte, war während des Aufenthalts in Rom der eigentliche Vermittler zwischen der Gesandtschaft und dem Heiligen Stuhl. Er führte sie auch in Rom ein. Es war an einem herrlichen Oktobersonntag, als Pater Ludwig, Hasecura und ihr Gefolge das herrliche Rom betraten. Szenen, wie sie sich in Mexiko, in Sevilla und in Madrid abgespielt hatten, wiederholten sich hier, nur ungleich großartiger. Paul V. empfing die Diplomaten sofort in sogenannter kleiner Audienz, entließ sie aber dann nach kurzer Begrüßung in den großen Franziskanerkonvent Ara coeli auf dem berühmten Kapitol, wo damals der Ordensgeneral seine Residenz hatte. Der Pater Guardian empfing die Gesandtschaft am Portal der schönen Kirche, inmitten seiner Brüder, mit brennenden Kerzen und führte sie zum Hochaltar, wo dann ein jubelndes »Te Deum« den Dank für den Schutz auf zweijähriger, gefahrvoller Reise zum Himmel sang. Gerade läuteten die Glocken Roms den Angelus. Der Gruß an die Himmelkönigin, hinausgerufen von ehernem Mund, wurde so zugleich zum Willkommengruß für die fremden, weitgereisten Gesandten und Pilger.

An einem der folgenden Tage fand dann der feierliche, offizielle Einzug der Gesandten in die Hauptstadt der Christenheit statt. Bei der Engelsburg begann der Zug. Die Straßen waren mit Teppichen, Fahnen und Kränzen geschmückt, und von der Engelsburg bis zum Kapitol, wo die feierliche Begrüßung geschehen sollte, stand das schaulustige Rom, vornehm wie gering, um ein so seltenes Schauspiel an sich vorüberziehen zu lassen. An der Spitze des Zuges ritten festlich gekleidete Diener die weißen päpstlichen Zelter. Danach folgten fünfzig Reiter aus den Häusern der Kardinäle und der fremden Botschafter. Dann unterbrachen vierzehn Trommler und fünf Trompeter den langen Zug. Ihnen schlossen sich hoch zu Roß, zwischen edlen Römern, die Vornehmen der japanischen Gesandtschaft mit ihren Pagen an. Die nun folgenden vier japanischen Ehrenritter in überaus reicher Kleidung lenkten vor allem die Augen der Römer auf sich. Gleich hinter diesen ritt rechts von Mark Antonius Borghese, dem Neffen des Papstes, Philipp Franziskus Hasecura, der weltliche Führer der japanischen Gesandtschaft; zu beiden Seiten ritt die Schweizergarde. Zuletzt fuhr in der Hofkutsche des Kardinals Borghese Pater Ludwig Sotelo. Als am Kapitol der Neffe des Papstes die

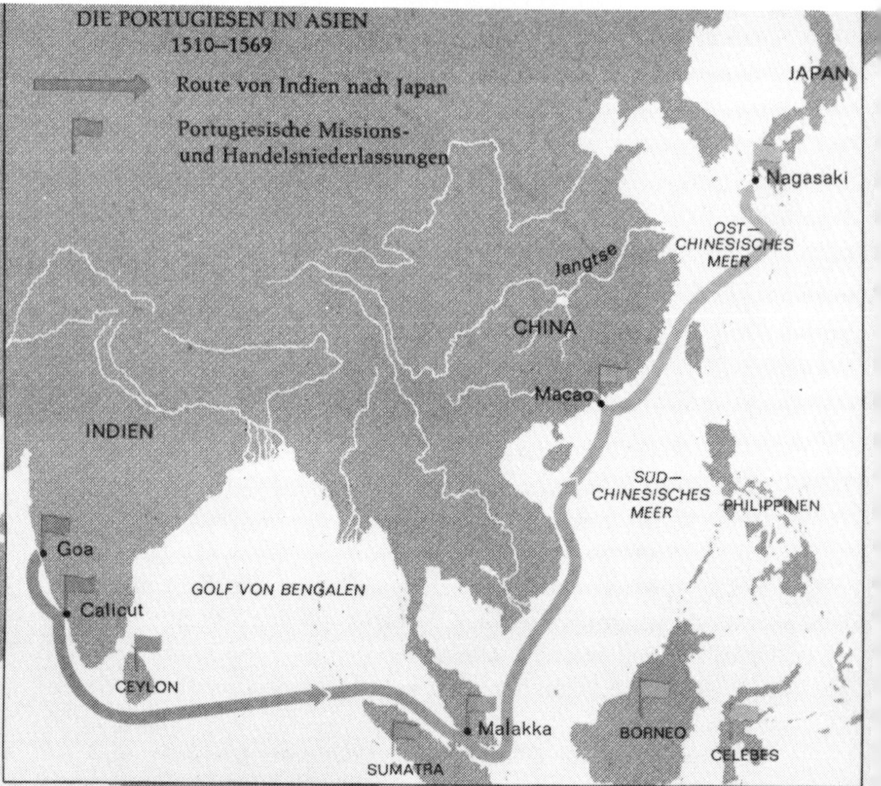
DIE PORTUGIESEN IN ASIEN
1510–1569
Route von Indien nach Japan
Portugiesische Missions-
und Handelsniederlassungen
JAPAN
Nagasaki
OST-
CHINESISCHES
MEER
Jangtse
CHINA
Macao
INDIEN
SÜD-
CHINESISCHES
MEER
PHILIPPINEN
Goa
GOLF VON BENGALEN
Calicut
CEYLON
Malakka
BORNEO
CELEBES
SUMATRA

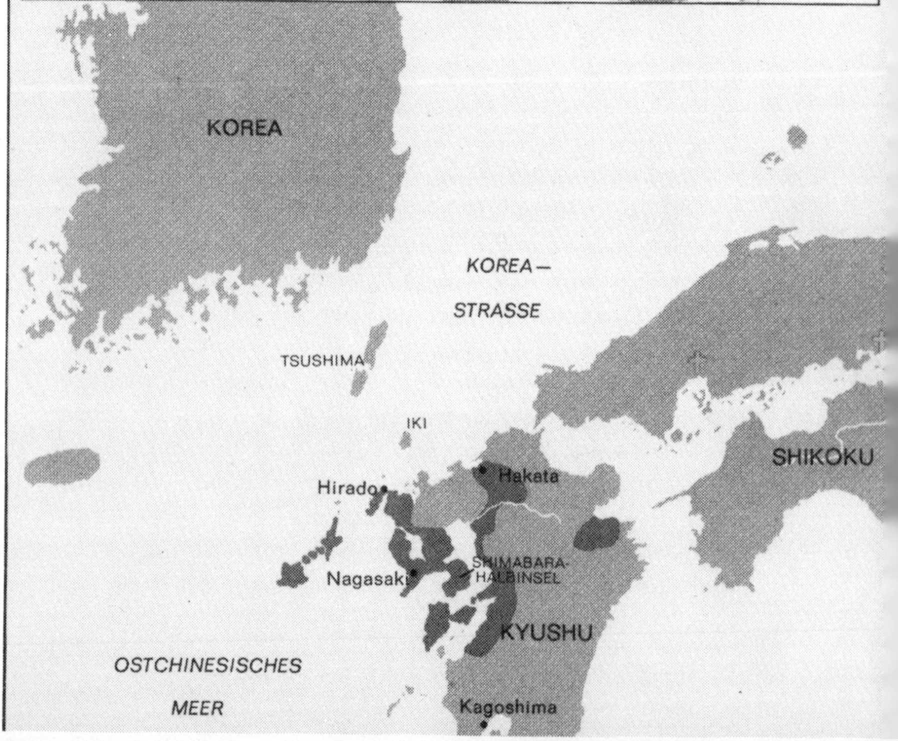
KOREA
KOREA-
STRASSE
TSUSHIMA
IKI
SHIKOKU
Hakata
Hirado
Nagasaki
SHIMABARA-
HALBINSEL
KYUSHU
OSTCHINESISCHES
MEER
Kagoshima

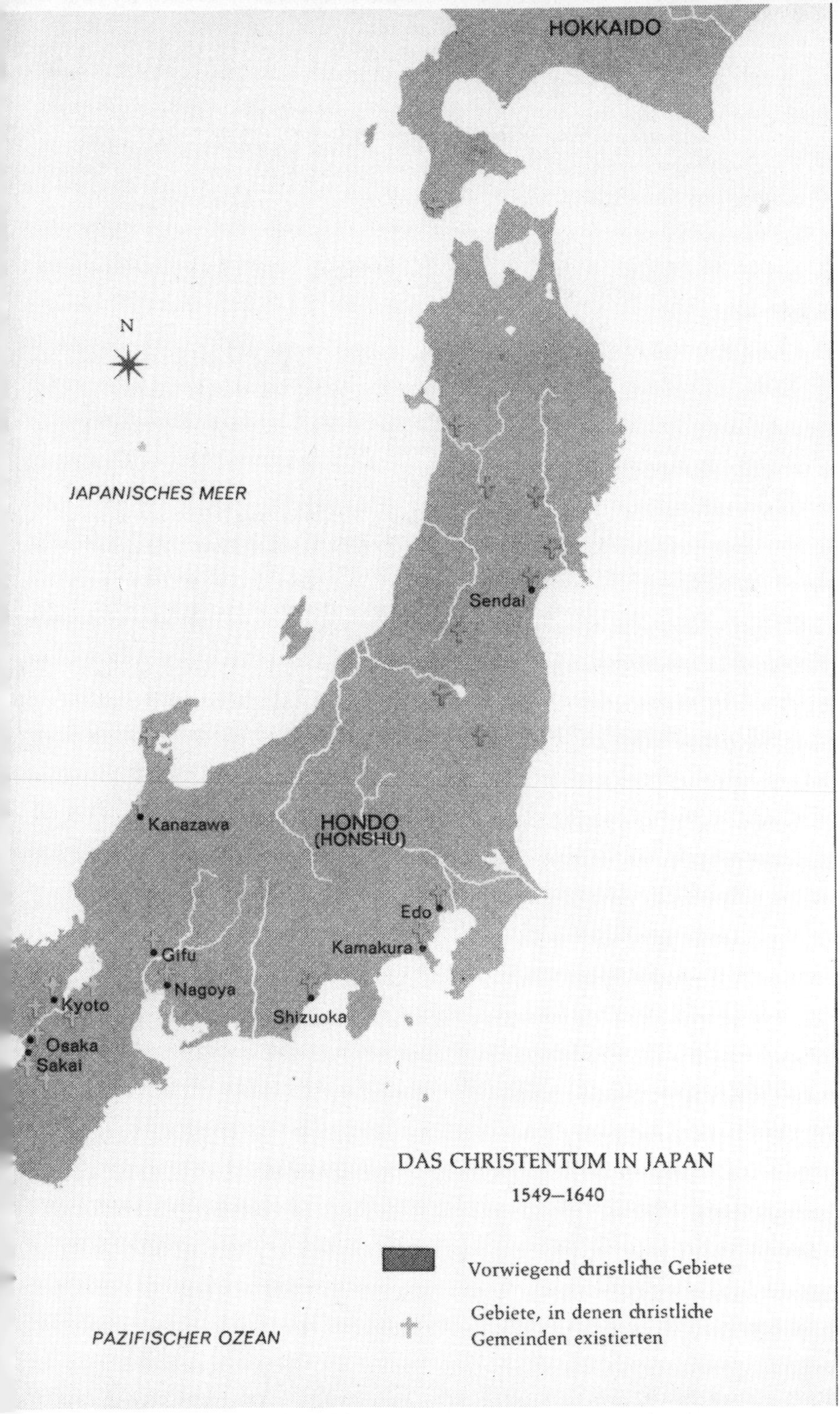
HOKKAIDO
N
JAPANISCHES MEER
Sendai
HONDO
(HONSHU)
Kanazawa
Edo
Kamakura
Gifu
Nagoya
Kyoto
Shizuoka
Osaka
Sakai
DAS CHRISTENTUM IN JAPAN
1549–1640
Vorwiegend christliche Gebiete
Gebiete, in denen christliche
Gemeinden existierten
PAZIFISCHER OZEAN

Gesandtschaft im Namen des Heiligen Vaters öffentlich und feierlich begrüßte, wurden die Trommeln gerührt, die Kanonen der Engelsburg abgefeuert, und alles Volk brach in laute Hoch- und Jubelrufe aus.

Am Fest Allerheiligen hielt in der neuen Peterskirche der Dekan des Heiligen Kollegiums, Kardinal Gallo, Bischof von Ostia, unter Assistenz des Heiligen Vaters ein feierliches Hochamt, dem die fremden Gesandten von besonders hergerichteten Plätzen aus beiwohnten. Feierlichst hatte man sie vorher am Portal des großartigen Gotteshauses empfangen, feierlichst wurden sie auch am Schluß des Gottesdienstes auf den majestätischen Petersplatz entlassen.

Der 3. November wurde vom Papst zur öffentlichen großen Audienz bestimmt. Um elf Uhr morgens verließen die Gesandten in einfacher Kleidung das Kloster Ara Coeli und fuhren zum Vatikan. Hier legten sie ihre besten Kleider an und begaben sich dann unter Führung Pater Ludwigs und Hasecuras in den großen Saal, wo der Heilige Vater die Konsistorien abzuhalten pflegte. Hier empfing sie Paul V. im päpstlichen Ornat, auf herrlichem Thron, umgeben von den Kardinälen, Erzbischöfen, Bischöfen und den anderen Würdenträgern. Nach dreimaliger tiefer Verneigung, wie man sie in Japan vor dem Kaiser macht, überreichte Ludwig Sotelo in kunstvoll gearbeiteten Umhüllungen den Brief des Königs Idate Masamune in japanischer und lateinischer Sprache. Der König lobt darin die Missionsarbeit der Franziskaner, die einen großen Teil seines Volkes schon bekehrt, ihn selbst für die wunderbare Religion Christi begeistert hätten. Zwar sei er noch nicht getauft, aber wenn die ungünstigen Verhältnisse, die ihn vom Empfang dieses heiligen Sakramentes noch zurückhielten, geschwunden seien, wolle er sich gerne ganz der christlichen Religion hingeben. Flehentlich bitte er um neue Arbeiter für den Weinberg des Herrn in Ostjapan aus dem Franziskanerorden, der ihm so lieb und wert sei. Auch würde es von größtem Nutzen für die Kirche Ostjapans sein, wenn sie einen eigenen Bischof erhalte, auch darum bitte er dringend. Nach Verlesung des Briefes in beiden Sprachen hielt Pater Gregor Petroche von Mantua, später Bischof von Alba, eine längere Rede, worin er die Bitte des japanischen Fürsten begründete und erklärte. Der päpstliche Protonotar, Petrus Strozzi, antwortete im Namen des Papstes und versprach in weitgehendster Weise Erfüllung der Bitte. Mit Erteilung des Segens schloß die feierliche Audienz. Am Sonntag, dem 15. November, wurde dann der japanische Sekretär der Gesandtschaft in der Laterankirche getauft und gefirmt, Kardinal Borghese war selbst sein Pate.

In der Zeit vom 3. bis 15. November besuchten die Diplomaten die einzelnen Kardinäle und sonstigen Würdenträger und Fürstlichkeiten Roms.

Der Heilige Vater erwog, Pater Ludwig zum Kardinal zu machen und dann als Kardinallegat nach Japan zu senden. Leider wurde dieser Plan hintertrieben; dennoch ernannte Paul den eifrigen Missionar zum Bischof von Ostjapan und beauftragte den päpstlichen Nuntius in Madrid mit der Konsekration des ernannten Prälaten.

In der letzten Audienz überreichte Ludwig Sotelo die Geschenke Idates, die der Papst durch herrliche Gegengeschenke erwiderte. Mit den besten Segenswünschen des Heiligen Vaters trat dann die Gesandtschaft über Spanien und Mexiko die Heimreise an. Voll der Hoffnung und Zuversicht ging Pater Ludwig der Zukunft entgegen, er dachte sich diese als reich an Arbeit, aber auch an herrlichen Erfolgen. Er ahnte nicht, daß er einem langen Martyrium entgegenschritt…

Eine andere Quelle berichtet dann vom Wirken Pater Sotelos nach der Rückkehr von dieser Gesandtschaft zu Papst Paul V.:

Während der Abwesenheit Sotelos hatte in Japan die schon länger vorbereitete allgemeine Christenverfolgung begonnen. Vorher war wiederholt von einzelnen Vizekönigen Christenblut vergossen worden; auch Hidetada, Sohn und später Nachfolger des Schoguns Ieyasus, hatte 1613 mehrere Mitglieder der von Pater Sotelo in Yedo errichteten Gürtelbruderschaft des heiligen Franziskus hinrichten und Sotelo einkerkern lassen. Der Schogun Ieyasu selbst hatte aber seine Huld den Christen zunächst noch bewahrt und den Einflüsterungen der Holländer und Engländer gegenüber, die seit mehreren Jahren alles aufboten, um den Handel mit Japan an sich zu reißen, standgehalten. Pater Didakus Pardo aus dem Franziskanerorden, der Geschichtsschreiber dieser Verfolgung, nennt die Intrigen der genannten Nationen als die Hauptursachen der Gesinnungsände-

rung Ieyasus, während Sotelo in einem Brief vom 4. August 1621 verschiedene Tatsachen aufzählt, die nicht unerheblich auf den Herrscher eingewirkt haben. Da 1608 in Mekao mehr als vierzig Japaner ermordet worden waren, beschloß der Herrscher, das portugiesische Schiff »Madre de Dios«, das am 29. Juni 1609 in Nagasaki landete, zu beschlagnahmen und sich so Genugtuung zu verschaffen. Der Kapitän Pesoa sprengte jedoch das Schiff in die Luft, wobei viele Japaner das Leben verloren. Der Gouverneur von Nagasaki warf beim Herrscher die Schuld auf die Jesuiten; sie seien die Herren von Nagasaki und des ganzen Handels. Daraufhin wollte Ieyasu alle Jesuiten verbannen und ihre Kirchen den Franziskanern übergeben. Sotelo eilte indes an den Hof und wußte den Herrscher so zu besänftigen, daß er sich mit der Ausweisung von zwei Patres begnügte. Eine unheilvolle Tat beging sodann der christliche Edelmann Johann Faramondo, der eine Palastdame des Herrschers entführte. Es war, sagte Sotelo, ein in Japan unerhörtes Verbrechen, das dem christlichen Gesetz zur Last gelegt wurde. Den letzten Anstoß gab das Komplott des Vizekönigs von Arima, in das auch Christen verwickelt waren, und das von Holländern, die 1612 am Hofe anlangten, den Jesuiten und anderen Missionaren zugeschrieben wurde. So kam das Dekret vom 7. Dezember 1613 zustande, das die christliche Religion auszurotten, alle Missionare zu verbannen und sämtliche Kirchen zu zerstören befahl.

Bekannt ist, daß die japanischen Christen trotz aller von den Machthabern ersonnenen Martern nicht ausgerottet wurden und der Glaube sich ohne Priester von Geschlecht auf Geschlecht zwei Jahrhunderte insgeheim erhielt. Das Los der Mission wäre vielleicht ein anderes gewesen, wenn man sich früher zur Ausbildung einer geistlichen Hierarchie entschlossen und den einheimischen Klerus mehr gefördert hätte. Gerade das Fehlen beider ist später als Hauptgrund für den traurigen Ausgang bezeichnet worden.

Ludwig Sotelo erkannte sehr genau diese Schwäche und beklagte sich darüber in seinem aus dem Kerker an den Papst geschriebenen Brief. »Wie kann man«, schreibt er, »ein so großes Volk allein mit europäischen Priestern versorgen? Wie können sich diese, besonders in der Zeit der Verfolgung, allenthalben bewegen, ohne alsbald von den Häschern erkannt und verhaftet zu werden? Schon ihr Gesicht verrät sie sofort. Die Christen müssen sie überall verbergen, während japanische Priester sich frei bewegen, den Nöten des Nächsten Hilfe bringen, mitten unter den Verfolgern und in den Kerkern die Schwachen stärken, die Starken trösten, die Ungläubigen leichter und gründlicher belehren können, da sie in der Sprache gewandter sind.«

Glaubensboten auf den Philippinen: Pater Andreas de Urdaneta und Pater Rada

Die deutschsprachigen Nachschlagewerke geben über Person und Leben der beiden Augustinermönche Pater Urdaneta und Pater Rada fast keine Auskunft.

Beide Missionare landeten 1565 auf den Philippinen, einer Inselgruppe, die Magellan (Magalhães) im Jahre 1521 für Spanien in Besitz nehmen wollte – er scheiterte aber am heftigen und gutorganisierten Widerstand der einheimischen Fürsten – und die dann 1542 nach König Philipp II. benannt wurde.

Den Spaniern gelang es im Jahre 1565, nach mehreren vergeblichen Versuchen, sich endlich auf den Philippinen festzusetzen. Auf der Insel Cebu gründeten sie die erste spanische Niederlassung. Von dort aus zogen die Glaubensboten Urdaneta und Rada aus, um den Bewohnern der Inseln das Evangelium zu verkünden.

Pater Urdaneta, der darüber hinaus ein ausgezeichneter Seefahrer und Kartograph war, mußte schon bald auf königlichen Befehl seine Missionsarbeit einstellen und wieder in See stechen.

Wenn uns auch die näheren Lebensumstände der beiden Augustinermissionare nicht bekannt sind, so dürfen wir doch sicher sein, daß sie sich der Mission mit all ihren Kräften widmeten. Sie waren es, die immer wieder beim spanischen König vorstellig wurden und die Missionierung der Inselgruppe forderten, die seinen Namen trägt.

Der Augustinerorden, der schon nach der ersten Fahrt (1521) auf Cebu das Evangelium verkündet hatte, verlor die Philippinen nie aus dem Auge. Endlich – 45 Jahre nach Magellans Tod – konnten die Augustiner sich durchsetzen. Andreas de Urdaneta, vor seinem Eintritt in den Orden als Seefahrer berühmt, drang in Philipp II., den seinen Namen tragenden Inseln die Wohltaten des Christentums zuteil werden zu lassen. Der König ließ in Amerika eine Flotte ausrüsten, die unter anderem auch Pater Urdaneta und vier weitere Augustinermönche nach Cebu bringen sollte. Sie erreichten am 13. Februar 1565 die Insel Leyte, am 27. April – am heiligen Ostertag – den Hafen von Cebu und begannen noch an diesem Tag ihr Apostolat.

Die Eingeborenen kamen ihnen nicht so freundlich entgegen wie das erste Mal. Die Spanier mußten mit ihren Geschützen drohen, um sich die Landung zu erzwingen. Dabei gingen sie in der Hitze des Kampfes weiter, als nötig war, steckten zum Teil die Häuser der Bewohner in Brand, plünderten die andern und pflanzten diesmal nicht das Kreuz, sondern die spanische Flagge auf. Der Führer der Expedition, Miguel Lopez de Lagaspi, beschloß, an der Landungsstätte eine befestigte Stadt zu gründen, und führte diesen Plan im Laufe des Jahres 1566 aus, während sein Unterbefehlshaber Mateo del Sauz die Inseln Bohol und Panay untersuchte. Pater de Urdaneta wurde zur Rückfahrt nach Amerika beordert, um einen sicheren Seeweg in dieses Land auszukundschaften und Karten darüber anzufertigen. Seine Fahrt dauerte vier Monate (vom 1. Juni bis 3. Oktober 1565). Sie wurde für die Geographie und die Handelsschiffahrt sowie für das Missionswerk dadurch wichtig, weil Pater de Urdaneta seine Vermutung bestätigt fand, daß im Stillen Ozean die regelmäßig wiederkehrenden Westwinde vorherrschen müßten. Diese wichtige Entdeckung der westlichen Passatwinde (vendavales) erleichterte den Seeweg zwischen den Philippinen und Mexiko. Während der seekundige Augustiner diese wichtige Entdeckung machte, verhinderten seine Ordensbrüder in Cebu, daß die Eingeborenen demselben traurigen Schicksal anheimfielen, wie die Indios in Mittel- und Südamerika. Von ihrem ersten Kloster aus, das sich gleichzeitig mit der Stadt erhob, predigten sie mit großem Eifer das Evangelium unter den noch heidnischen Insulanern.

Ihr Eifer war groß, ihre Zahl zu klein. Doch gewannen die beiden ersten Provinziale der Augustiner, Diego de Herrera und Martin de

Die Zauberlagune auf Luzon

Rada, nach und nach viele Menschen. Anfangs folgten sie den kriegerischen Unternehmungen und machten die neu angelegten Kolonien und Festungen zu Stützpunkten ihrer Missionstätigkeit. Bald aber drangen sie, mutig geworden, ganz allein bis tief in die heidnischen und mohammedanischen Völkerschaften ein und betraten Inseln, die noch nie ein Europäer betreten hatte. Als auch Luzon in den Bereich der spanischen Herrschaft kam, richteten die Missionare auf diese Insel ihr besonderes Augenmerk. Allein es wollten die Kräfte und die Zahl der Glaubensboten nicht mehr ausreichen. Da landeten unerwartet im Jahre 1577 siebzehn Franziskanermissionare unter der Führung von Pedro de Alfaro. Mit der innigsten Freude nahmen die Augustiner diese neuen, obwohl einem andern Orden angehörenden Genossen auf und teilten mit ihnen das Feld. Ihnen folgten dann noch die Kapuziner, die Dominikaner und Jesuiten, welche nach und nach fünf Ordensprovinzen bildeten. Durch solchen Zuwachs sahen sich die Missionare in der Lage, ihre Unternehmungen mit jedem Jahr weiter auszudehnen.

Über das Leben auf dieser Inselgruppe berichtet ein Missionar seinen Mitbrüdern folgendes:

»Die Hauptnahrung der philippinischen Küstenbewohner bildete der Reis, sorgfältig gereinigt, in Wasser gesotten oder auch zu Brotkuchen gebacken. Die Spanier nannten diesen einfachen Reisbrei Morisquera, Mohrenspeise. Fehlte der Reis, so wurde er durch Bataten [Süßkartoffeln] und andere Erdfrüchte und Kräuter ersetzt. Zweite Hauptspeise bildeten kleinere Fische, ebenfalls einfach in Wasser gesotten, das nachher zugleich für den Reisbrei als Sauce diente. Bei Festgelagen trat zu dieser einfachen Nahrung noch Wildbret hinzu, das um so mehr schmeckte und gesucht war, je mehr es schon etwas Hautgoût hatte. Die Tagalen [malaiischer Volksstamm, v.a. auf der Insel Luzon] speisten an kleinen runden oder viereckigen Tischchen, ohne Tisch- und Tellertuch, alle gemeinsam aus denselben Schüsseln. Diese vielen Tischchen mit ihren kleinen Gruppen boten bei großen Mahlzeiten ein buntes, farbenprächtiges Bild. Was ihnen am meisten mundete, waren scharfe Speisen und Gewürze. Selbst für die Kranken wußten sie nichts Köstlicheres als gesalzene Brühen, Essig, saure Saucen und unreife Früchte. Sie waren übrigens im Essen wie im Trinken durchweg mäßig, begnügten sich mit wenig und pflegten selbst bei großen Schmausereien und Gastereien nur so viel zu trinken, daß die allgemeine Redseligkeit und Heiterkeit sich etwas steigerte. Eigentliche Trunkenheit kam nicht vor; selbst bei Streitereien blieb man noch innerhalb der Grenzen des geselligen Anstandes. Ihre Hauptgetränke bereiteten sie aus dem Saft des Zukkerrohrs, aus dem Saft verschiedener Palmen und aus Reis. Das erste dieser Getränke, Kwilang genannt, wurde einfach dadurch bereitet, daß man den Saft des Zuckerrohrs einmal sieden ließ. Die Palmen wurden, ehe sie zu blühen begannen, mit einem Rohr angezapft, der Saft in ein Gefäß geleitet, nachdem er etwas sauer geworden, mit gewissen Baumrinden versetzt, die ihm Farbe und schärferen Geschmack gaben, und so getrunken.

Eingeborener der Philippinen

Die Mahlzeiten wurden durch Gesänge und Tänze unterbrochen. Die Gesänge, ihrem Inhalt nach meist alte Volkssagen, wurden rezitativartig von einer oder zwei Stimmen vorgetragen und von Zeit zu Zeit durch Chöre unterbrochen. Als Begleitung dienten verschiedene Instrumente, vor allem mehrere Arten Harfen mit verschiedener Besaitung, als Tanzmusik Glöckchen, Zimbeln und metallische Schalen, die im lebhaften Rhythmus aneinandergeschla-

gen wurden. Die Tänze waren zum Teil wilde Kriegstänze mit Lanzen und Schild, zum Teil kunstreiche mimische Reigen von friedlicherem Charakter, die den Spaniern sehr gefielen und als durchaus anständig beibehalten werden durften.«

Märtyrertod auf Sumatra: Dionysius von der Geburt, Kartograph und Missionar

Am 12. Dezember des Jahres 1600 wurde Pierre Berthelot, so hieß der Missionar vor seinem Ordenseintritt, in Honfleur (Departement Calvados, Frankreich) geboren.

Seit seiner Jugend fuhr er zur See, und so ist es nicht verwunderlich, daß er seinen Beruf vollkommen beherrschte. Pierre Berthelot stand als erster Pilot im Dienste der Könige von Frankreich und Portugal. Als Seefahrer war er selbstverständlich an guten Karten interessiert, und da es diese damals nicht zu kaufen gab, mußte er sie selbst herstellen. Seine Seekarten waren begehrt, denn Berthelot galt als zuverlässiger Kartograph.

Trotz aller beruflichen Erfolge war Pierre Berthelot nicht glücklich. Er fühlte schon lange, daß er zu etwas anderem als dem Seemannsleben berufen sei. Während einer Reise, die ihn nach Goa (Indien) führte, trat er 1635 in den Karmeliterorden ein, legte am 25. Dezember 1636 die Gelübde ab und wurde am 24. August 1638 zum Priester geweiht.

Im selben Jahr begleitete er eine portugiesische Gesandtschaft an den Hof des neuen Königs von Achén im Norden Sumatras. Im November erreichten sie den Hafen von Achén. Kaum waren die Männer gelandet, da ließ sie der Herrscher festnehmen. Dionysius und sein Gefährte Redemptus vom Kreuz wurden bald darauf getötet.

Pierre Berthelot gab eine glänzende Karriere auf, um Gottes Ruf zu folgen. Sicher ist dem sechsunddreißigjährigen Mann dieser Entschluß nicht leicht gefallen. Trotzdem hat er Gottes Ruf angenommen und war ihm gehorsam bis zum Tod.

Seit Monaten – es war im Jahr 1636 – blockierten die Holländer wieder einmal den Hafen von Goa und fingen die ein- und auslaufenden Schiffe ab. Um den lästigen Feind loszuwerden, rüstete der Vizekönig eine Schlachtflotte. Wer sollte sie führen? Die allgemeine Stimme bezeichnete den ehemaligen Großpiloten als den rechten Mann und holte den nichts ahnenden Novizen aus den friedlichen Klosterräumen. Was ihn tröstete, war der Gedanke, daß er im Gehorsam handle und daß der geplante Schlag zugleich den Feinden des wahren Glaubens gelte.

An dem zur Schlacht bestimmten Tag empfing Dionysius mit großer Andacht den Leib des Herrn, erbat und erhielt den Segen seines Obern und begab sich dann, von einem Ordensbruder begleitet, barfuß, barhaupt mit der Mönchstonsur und in den weißen malerischen Ordensmantel gehüllt, an Bord des Admiralschiffes, wo er mit lautem Jubel empfangen wurde. Die seltsame, echt mittelalterliche Verschmelzung von Mönch und Krieger weckte gleichzeitig Ehrfurcht und Vertrauen. Mit fester Hand und klarem Blick nahm er seinen Posten ein und gab das Zeichen zur Ausfahrt und zum Kampf. Sein erprobtes Geschick in der Manövrierung der Flotte bewährte sich auch diesmal. Im dichten Pulverrauch und Kugelregen stand er, das Kreuz emporhaltend, mitten unter den Seinen, sie durch seinen Zuruf und seinen Flammenblick ermunternd. Sein unerschrockener Mut begeisterte die Soldaten. Drei Tage lang dauerte der erbitterte Kampf. Er endete damit, daß der Feind aus der Hafenbucht vertrieben wurde und die Flotte wohlbehalten wieder zurückkehrte. Bescheiden wies der tapfere Mönch alle Auszeichnung und Ehre von sich und kehrte unverweilt in sein Kloster zurück. Am Weihnachtsfest des Jahres 1636 wurde der Novize nach den üblichen Prüfungen zur Ablegung der Profeßgelübde zugelassen und begann nun, durch das Studium der Philosophie und Theologie sich auf die Priesterweihe vorzubereiten. Diese wurde durch ein bedeutsames Ereignis beschleunigt. Im Jahre 1638 starb nämlich der Sultan von Achén [im nördlichen Sumatra] ohne Erben. Sein Nachfolger war, so lautete das Gerücht, den Portugiesen freundlich gesinnt. Es schien also die beste Gelegenheit, mit ihm ein Schutz- und Trutzbündnis zu schließen. Eine feierliche Gesandtschaft sollte den neuerwählten Fürsten zu seiner Thronbesteigung beglückwünschen und das Bünd-

Grabmal des heiligen Franz Xaver in Goa

nis betreiben. Die Wahl des Vizekönigs fiel auf den königlichen Rat und Komtur von San Miguel da Lorada, Don Francesco da Sousa da Castro, einen großen Freund des Karmeliterordens. Dieser stellte an den Prior des Karmeliterklosters die Bitte, daß Pater Dionysius von der Geburt ihn als Beichtvater begleite, dessen genaue Kenntnis jener fernen Meere, Inseln und Völker und dessen Vertrautheit mit der malaiischen Sprache für den glücklichen Ausgang des Unternehmens von großer Bedeutung wäre. Umsonst schützte Dionysius, unterstützt durch seinen Prior, vor, daß er mitten in seinen Studien und noch nicht einmal zum Priester geweiht sei. Don Francesco wandte sich nun direkt an den Vizekönig, und damit war die Sache entschieden. Pater Dionysius blieb nichts übrig, als sich zu fügen und sich auf die Priesterweihe vorzubereiten, die er bald darauf am 24. August empfing. Am 8. September feierte er das erste heilige Meßopfer, nicht ahnend, daß er kaum zwei Monate später sich selbst als blutiges Opfer seinem Herrn und Gott darbringen sollte.

Der Tag der Abreise war auf den 25. September festgesetzt. Als Begleiter wurde Dionysius der Laienbruder Redemptus vom Kreuze mitgegeben. Er stammte aus Paredes in Portugal und hieß von Hause aus Thomas Rodriguez de Cugna. Er war als junger Mann nach Indien gekommen, hatte in der portugiesischen Kolonialarmee Dienste getan und sich bis zum Hauptmann der Leibwache des Don Rodriguez Diez da Lampajo, des Stadtkommandanten von San Thomé, heute Meliapur genannt, emporgeschwungen, war dann in den Karmeliterorden eingetreten und weilte seit 1631 im Kloster von Goa als Sakristan.

Am 25. September lichtete die kleine Flotte ihre Anker. Sie bestand aus zwei Kriegsfregatten und einem Proviantschiff. Die Fahrt war stürmisch, aber glücklich. Am 25. Oktober warf man die Anker an dem kleinen Eiland Dos Degradados, nur wenige Meilen von Achén entfernt. Hier stieß man auf zwei holländische Schiffe. Es entspann sich ein heftiger Kampf. Zwar zwangen die portugiesischen Batterien den Feind zur Flucht, doch hatte man auch auf portugiesischer Seite mehrere Tote und Verwundete zu beklagen; unter letzteren befand sich auch der Gesandte Don Francesco da Sousa. Dieser gab nun Befehl, die Flotte am Eingang des Hafens von Achén vor Anker zu legen. Die Hauptstadt lag etwa eine Meile weit landeinwärts. Sie zählte nach den zeitgenössischen Berichten an 1000 Häuser, meist im leichten Landesstil aus Bambus und Schilfrohr erbaut. Die Basare in der Mitte und im Norden der Stadt waren mit Waren aller Art gut versehen, der Handel lebhaft. An Pagoden für die Heiden und Moscheen für die Mohammedaner, die hier herrschende Klasse, war auch kein Mangel. Der Palast des Sultans, beinahe ganz aus Stein ausgeführt, bildete mit seinen prächtigen Gärten und Teichen, seinen zahllosen Scharen von Höflingen, Frauen, Leibwachen usw. einen eigenen, mit Gräben und Wällen geschützten Stadtteil. Der Handel mit den reichen Produkten des Landes war Monopol des Sultans und lag seit Jahren fast ganz in den Händen der Holländer, die in Achén mehrere Faktoreien besaßen.

Die Ankunft der portugiesischen Flotte erregte sofort ihre Eifersucht. Es galt, um jeden Preis zu verhindern, daß zwischen dem Sultan und den verhaßten Nebenbuhlern irgendein günstiger Handelsvertrag zustande komme. Die Gesandtschaft, so redeten sie dem Sultan ein, verfolge ganz andere Zwecke, als bloß ihm zu seinem Regierungsantritt Glück zu wünschen. Das beweise schon der Umstand, daß man katholische Mönche und Missionare mitbringe. Es handle sich offenbar um eine geheime Mission der römischen Kirche, zum Zweck, auf Sumatra die Religion der Portugiesen einzuführen, durch diese dann auch politischen Einfluß zu gewinnen und so das Land allmählich in die Hände zu bekommen.

Es bedurfte nicht mehr, um den Sultan, der von Natur aus argwöhnisch und grausam und ein fanatischer Mohammedaner war, in Wut zu versetzen. Er schwor beim Barte des Propheten, daß, solange er lebe, die Portugiesen niemals sich rühmen sollten, auf Sumatra den Koran des Propheten durch das Kreuz zu verdrängen. Sofort faßte er den Plan, durch Hinterlist sich des portugiesischen Gesandten und seines Gefolges zu bemächtigen, um die einen als Geiseln zurückzuhalten, die andern durch Androhung des Todes zum Abfall vom christlichen Glauben zu zwingen.

Einer seiner Minister begab sich an Bord des portugiesischen Admiralschiffes, beglückwünschte Don Francesco zu seiner glücklichen Ankunft und versicherte ihm, daß sein Herr, der Sultan, sich durch die Gesandtschaft überaus geschmeichelt fühle. Er schätze die portugiesische Nation vor allen andern und hege den aufrichtigen Wunsch,

Nicht immer wurden auf den Inseln Indonesiens die Fremden mit solchen Tänzen willkommen geheißen, deren besondere Anmut schon die ersten Entdecker rühmten.

mit ihr einen ewigen Friedens- und Freundschaftbund zu schließen. Am folgenden Tag erschien der schlaue Höfling von neuem und lud den Gesandten ein, mit seinem ganzen Gefolge an den Hof zu kommen. Um seinen heimtückischen Anschlag besser zu verdecken, hatte der Sultan seine eigene prachtvoll vergoldete, mit dem königlichen Wappen, mit Fähnchen und prächtigen Vorhängen verzierte Barke sowie reiche und kostbare Erfrischungen entgegengesandt.

Don Francesco war über diese glänzende Aufnahme ganz entzückt. Die gut gespielte Heuchlerrolle des malaiischen Hofmannes und die Unverletzlichkeit des Völkerrechtes, das den Gesandten schützt, ließen in ihm keinen Zweifel aufkommen. Er gab also den Befehl, in den Hafen einzulaufen und an Land zu gehen. Am Gestade standen zur Bewillkommnung Hofleute und Diener des Sultans und mehrere Elefanten mit Tragtürmen auf dem gewaltigen

Rücken. Auf ihnen sollten die Portugiesen ihren Einzug halten. Mit Rücksicht auf seine noch frischen Wunden lehnte indes Don Francesco die Benutzung der Reittiere ab und zog, von seinen Matrosen in einer Sänfte getragen und von seinem Gefolge zu Fuß begleitet, nach der Stadt. Man ließ sie ruhig ziehen, bis sie an die Stelle gelangten, wo der Sultan seine Leute in einen Hinterhalt gelegt hatte. Plötzlich sahen sich die Portugiesen von einer bewaffneten Übermacht umzingelt und merkten zu spät, daß sie einem schmählichen Verrat zum Opfer gefallen waren. Einige eingeborene Inder mit Ausnahme ihrer Frauen und Kinder ließ man frei, alle übrigen, über sechzig Personen, wurden ergriffen und in Ketten gelegt.

Pater Dionysius war einem vornehmen Hofmann zugeteilt. Dieser wies dem christlichen Mönch als Aufenthaltsort ein elendes Loch unweit des Toreinganges zu, in welches alle Arten Schmutz und Unrat hineingeworfen wurden. Die Vorübergehenden spuckten hinein, und die Diener schütteten dort das Spülwasser und dergleichen aus und besudelten absichtlich die kärgliche Nahrung, welche dem Gefangenen gereicht wurde, und die knapp genügte, um ihn am Leben zu halten. Der Karmelitermönch trug alles schweigend und mit himmlischer Geduld. An ihm wurde wie bei den übrigen der Versuch gemacht, ihn durch Vorspiegelung irdischer Freuden und Genüsse zum Abfall zu bewegen. Ruhig wies er dergleichen Anträge zurück. Er sei Priester und Ordensmann und als solcher Christus, seinem Heiland, durch unauflösliche heilige Bande verknüpft. Sein Leib sei in ihrer Gewalt, nicht aber seine Seele. Er sei bereit, für Christus alles, auch den Tod zu leiden. Mehrfach ließen die mohammedanischen Geistlichen sich mit ihm in einen religiösen Wortstreit ein; er nutzte diese Gelegenheit, um öffentlich und mit Eifer die christliche Religion zu verkünden, und überführte sie so siegreich ihrer Irrtümer, daß sie beschämt von ihm abließen. Mehr als sein eigenes Schicksal aber berührte den Diener Gottes dasjenige seiner Leidensgefährten. Auf seine flehentlichen Bitten hin gestattete ihm sein Herr, die Gefangenen zuweilen zu besuchen. Obschon die eisernen Kettenringe bei jedem Schritt ihm ins Fleisch schnitten, scheute er nicht diese schmerzlichen Rundgänge, um überallhin Trost und Hilfe zu tragen, die Mutlosen aufzurichten, ihre Beichte zu hören und durch den Hinweis auf die ewige Krone zur Ausdauer zu ermuntern. Da er der malaiischen Sprache mächtig war, konnte er manches zur Erleichterung ihrer Lage beitragen; er bat um Almosen für sie und trug ihnen die Speisen zu, welche der Gesandte durch seine Diener ihm zugedacht hatte. Selbst die Heiden und Mohammedaner bewunderten diese hingebende Liebe und gaben Pater Dionysius den schönen Namen: Vater der Portugiesen.

An einem bestimmten Tag wurden die gefangenen Christen aus ihren Kerkern herausgeführt und unter Schlägen und Verwünschungen zum Ort der Hinrichtung gebracht, ein jeder von zehn Henkersknechten und einigen mohammedanischen Geistlichen umgeben, die einen letzten Versuch machten, die Verurteilten zum Abfall zu bewegen. Eine große Volksmenge hatte sich am Strand des Meeres, wo die Hinrichtung stattfinden sollte, eingefunden.

Als würdiger Führer der kleinen Heldenschar erbat sich Pater Dionysius die Gnade, als letzter sterben zu dürfen, um seine Genossen, wenn nötig, durch seinen Zuruf zu ermutigen. Nun begann die Hinrichtung. Um die Bekenner möglichst lange leiden zu lassen, wurden sie zuerst aus der Ferne mit Pfeilen angeschossen, dann aus größerer Nähe mit Wurfspießen gespickt und schließlich mit Krisen, den scharfen, schlangenförmig gebogenen malaiischen Dolchen, erstochen.

Begeistert sprach Pater Dionysius den Sterbenden Mut zu und sprach ihnen die Gebete des Glaubens, der Hoffnung, der Liebe und Reue vor. Bruder Redemptus war eines der ersten Opfer gewesen. Schließlich war nur noch Dionysius übrig, zu Tode erschöpft, aber voll Trost und Freude darüber, daß alle seine Schutzbefohlenen siegreich den Kampf bestanden hatten. Heitern Antlitzes kniete er sich nieder, um den Vorangegangenen zu folgen. Da geschah etwas Unerwartetes. Die Henker, sei es durch ein Wunder behindert, wie der alte Bericht annimmt, sei es aus Ehrfurcht vor einem solchen Mann, weigerten sich zu schießen und warfen Pfeil und Bogen von sich. Der malaiische Befehlshaber ließ den Vorfall dem Sultan melden, der sofort Weisung gab, den Karmeliter durch die grausame Tortur der Elefanten zu töten. Diese besteht darin, daß der Verurteilte sich flach mit dem Antlitz nach oben auf die Erde legt. Der Koloß wird herangeführt, setzt seinen mächtigen Fuß auf Kopf oder Brust des Liegenden und zerstampft ihn zu Brei.

Während die Vorbereitungen dazu getroffen wurden, fuhr Dionysius fort, den Umstehenden die christliche Religion zu verkünden. Da eilte ein vom wahren Glauben abgefallener Mann, ungeduldig über die Verzögerung und von dem Haß getrieben, herbei, zog sein Schwert und führte einen so furchtbaren Schlag, daß das Haupt des Märtyrers bis zu den Ohren gespalten wurde. Blutübergossen sank er nieder, während einige nahestehende Henker ihm mit ihren Kris den Todesstoß gaben. Mit letzter Kraft hatte der Bekenner das Kruzifix noch einmal an seine Lippen gepreßt und den heiligsten Namen Jesu angerufen. So starb der tapfere Streiter Jesu Christi, erst achtunddreißig Jahre alt.

13. Kapitel

Hofastronom und Missionar – die Jesuiten in China

In einem früheren Kapitel berichteten wir von Johannes von Monte Corvino, dem ersten Bischof von Kambaluk, dem heutigen Peking, wo seit 1215 die Mongolen herrschten. Ihr Großkhan Kubilai (Kublai-Khan) zeichnete sich durch religiöse Toleranz aus. Die von ihm begründete mongolische Yüan-Dynastie wird jedoch 1368 gestürzt durch den Chinesen Tschu Yüan-tschang (Tsai-tu), einen buddhistischen Mönch, der sich als Kaiser Hung-wu nennt und die bis 1644 regierende Ming-Dynastie begründet. Der Sturz der Mongolen führte auch zur Vernichtung der Christengemeinden, da man sie als von den Mongolen gefördert betrachtete. Die allgemeine »Rückbesinnung« auf Chinesisches, die Förderung des Buddhismus durch den Kaiser, das Aufblühen des Neu-Konfuzianismus und der zunehmende Abschluß nach außen taten ein übriges.

Erst allmählich öffnete man sich wieder der Außenwelt – 1516 kamen die Portugiesen ins Land und begründeten 1567 ihre noch heute als »Chinesisches Territorium unter portugiesischer Verwaltung« blühende Kolonie Macao. Die Spanier folgten, und 1604 dann auch die Holländer.

1583 war der Jesuitenpater Matteo Ricci nach China gekommen, dessen Wirken im folgenden ausführlich geschildert ist. Ihn dürfen wir als Neubegründer des Christentums in China betrachten, das trotz vieler Prüfungen und Rückschläge bis heute, wenn auch nie in einer beherrschenden Rolle, dort überdauert hat.

Nach ihm verdankte auch der deutsche Jesuitenpater Schall von Bell seine Wirkungsmöglichkeiten in Peking seinen wissenschaftlichen Kenntnissen und Leistungen. Er stieg zum Hofastronomen auf (sein Amt übernahm nach ihm sein belgischer Ordensbruder Ferdinand Verbiest), und anders als 1368 änderte während der Tätigkeit Schall von Bells ein radikaler Wechsel in den Machtverhältnissen nichts an der Stelle der Christen in China.

1644 nämlich errangen wieder Mongolen die Herrschaft über das Reich der Mitte. Im Verlauf innerer Auseinandersetzungen hatte der sich gegen Kaiser Hwai-tsu empörende Li-tze-tschöng die Mandschu zu Hilfe gerufen, hervorgegangen aus einem ehemaligen Tungusenstamm, der andere mongolische Völkerschaften teils aufgesogen, teils unterworfen und sich in Nordchina festgesetzt hatte. Die Mandschu übernahmen in ganz China die Herrschaft, die von ihrem Kaiser Schun-tschi begründete Ta-ching-Dynastie regierte bis 1912.

Dem durch das Wirken dieser drei Jesuiten aufblühenden Christentum in China blieben Rückschläge nicht erspart, nicht zuletzt auch durch den unglückseligen »Ritenstreit« darüber, wie weit man die Anpassung der katholischen Lehre an eine fremde Kultur, an fremde Lebensumstände treiben darf. (Ein konkretes Beispiel: Wie sinnvoll ist es, ein Volk um das tägliche Brot beten zu lassen, dessen Hauptnahrungsmittel der Reis ist.) Das Überdauern aber wurde bestätigt z.B. dadurch, daß 1945 der erste chinesische Kardinal ernannt wurde als Vertreter von etwa dreieinhalb Millionen Katholiken in zwanzig Erzbistümern und neunundsiebzig Bistümern.

Matteo Ricci

Der Italiener Matteo Ricci, geboren am 6. Oktober 1552 in Macerata (Italien) gilt als Begründer der modernen Chinamission.

Nach einem vierjährigen Theologiestudium in Goa, wohin ihn der Jesuitenorden, dem er seit 1571 angehörte, geschickt hatte, begab sich Pater Ricci nach Macao (Macau). Von dort aus fuhr er mit Michele Ruggieri 1583 nach Shaoking, der Hauptstadt der Provinz Kwangtung. Hier entstand 1585 seine erste Niederlassung, hier baute er seine erste Kirche, und hier erschien auch die erste Ausgabe seines berühmten Mappamondo. Zehn Jahre später missionierte er in Nanchang (Provinz Kiangsi).

Matteo Ricci

Er war damit seinem Ziel, die Kaiserstadt Peking zu betreten, zwar geographisch nähergekommen, aber sein 1598 unternommener Vorstoß nach Peking scheiterte. Mit seinem zweiten Versuch hatte er Erfolg. 1601 erlaubte Kaiser Wan-li Ricci und seinem Begleiter Diego Pantoja, sich zwecks astronomischer und mathematischer Studien in Peking niederzulassen. Seine wissenschaftlichen Leistungen machten ihn schnell berühmt, und zahlreiche Mandarine und Intellektuelle kamen zu seiner Station.

Bis an die Grenzen seiner Belastbarkeit angespannt, brach der erst achtundfünfzigjährige Pater unter der Last seiner Arbeit und der psychischen Beanspruchung durch den »Ritenstreit« (die innerkirchliche Diskussion darüber, wie weit die Anpassung gehen dürfe) am 11. Mai 1610 in Peking zusammen und starb.

Matteo Riccis Missionsmethode bestand einerseits darin, durch die äußere Anpassung des Christentums (Akkomodation) an die chinesische Tradition, vor allem an den Konfuzianismus, die Menschen für den katholischen Glauben zu gewinnen und andererseits die gebildeten Schichten für die westliche Wissenschaft und Literatur zu interessieren und ihnen auf diese Weise den Glauben nahezubringen. Heftig wurden innerhalb der Missionsorden diese Methoden diskutiert, und schließlich setzten die Dominikaner deren Verbot (1742 bzw. 1744) durch. Erst viel später sah man ein, daß diese Entscheidung die Ausbreitung des katholischen Glaubens stark behinderte.

Matteo Ricci erkannte sehr schnell, daß das Leben der Chinesen von anderen Normen als das des abendländischen Menschen geprägt wurde. Um ihnen die Annahme der katholischen Religion zu erleichtern, kam er ihnen ein Stück weit entgegen und akzeptierte verschiedene religiöse Bräuche, zum Beispiel die Ahnen- und Konfuziusverehrung. Seiner Toleranz und Achtung verdankte er zum großen Teil seine Missionserfolge.

Nachdem Pater Cataneo in Macao eine ansehnliche Sammlung europäischer Gemälde, Vasen, Leinenstoffe, Uhren, Karten, Spiegel, mechanischer und optischer Instrumente geholt hatte, die als Geschenke bei Hof dienen sollten, unternahm Li-Ma-Tëu-Si-Tai (so wurde Ricci von den Chinesen genannt) zu Beginn des Jahres 1600 seine dritte Reise nach Peking. Die Anregung dazu gab ein Beamter aus Peking, der die europäischen Wunderdinge in Augenschein genommen hatte und versicherte, die Kunde davon sei bereits an den kaiserlichen Hof gedrungen. Einer der ersten Eunuchen des Palastes, welcher den Seidentribut aus dem Süden nach Peking zu bringen hatte, stellte Pater Ricci eine der sechs kaiserlichen Dschunken zur Verfügung und geleitete ihn und Pater Diego Pantoja mit der zuvorkommendsten Artigkeit den Kaiserkanal hinab in die Stadt Tsing-Ning, wo sie von dem Vizekönig glänzend aufgenommen wurden. Etwas unterhalb Tsing-Ning aber lieferte er sie mit ihren Geschenken in die Hände eines gewalttätigen Höflings, des Eunuchen Ma-Tang, der sie gefangen nach Tien-Tsin führte und von dort um Verhaltensmaßregeln nach Peking schrieb. Die Absicht dieses hinterhältigen Räubers war, die Missionare solange festzuhalten, bis man in Peking die Sache vergessen hätte, dann die Missionare nach Macao zurückzuschicken und die für den Kaiser bestimmten Geschenke selbst zu behalten. Umsonst bemühte er sich, die Missionare durch Drohungen und Verbreitung falscher Gerüchte dazu zu bewegen, die Geschenke im Stich zu lassen. Nachdem sie ungefähr ein halbes Jahr mit standhaftem Gottvertrauen die Haft ertragen hatten, erinnerte sich der Kaiser selbst an die Note, welche Ma-tang an ihn gerichtet hatte, und verlangte die Wunderglocke zu sehen, die von selbst die Stunden anzeigte. Als sich herausstellte, daß der abendländische Fremde mit der Wunderuhr noch in Tien-Tsin verweilte, sandte der Kaiser einen Boten dahin, und da es eben Winter und der Kaiserkanal zugefroren war, stellte man den Fremden acht Pferde und 30 Lastträger zur Verfügung.

Im Januar 1601, nahezu fünfzig Jahre nach dem Tod des heiligen Franz Xaver, nach siebzehnjähriger eigener Tätigkeit in China und nach zweimal gescheitertem Versuch, zog Matteo Ricci endlich in den Kaiserpalast zu Peking ein und erfüllte den großen Plan, mit dem der Apostel von Indien aus diesem Leben geschieden war. Es war einer der merkwürdigsten Triumphe, welche die Missionsgeschichte überhaupt zu verzeichnen hat, sowohl ein Werk planmäßiger Tätigkeit als auch heldenmütigsten Gottvertrauens, vorbereitet und ermöglicht durch unermüdliche wissenschaftliche Arbeiten von staunenswertem Umfang, vollendet und geheiligt durch den reinsten Seeleneifer und die Feuerprobe zahlloser Leiden.

Auch diesmal fehlte es indessen keineswegs an Widerwärtigkeiten. Der Hof des Kaisers Wang-Li stand unter dem Einfluß zahlreicher Eunuchen, in deren Eifersüchteleien, Ränken, Gewalttätigkeiten und habsüchtigen Bestrebungen der größere Teil der Tagespolitik aufging, während ein steifgedrilltes Beamtenheer die zahlreichen Gerichte und Verwaltungen der Kaiserstadt überflutete und mit den jeweiligen Günstlingen des Herrschers über Kompetenz und Etikette, Gewohnheitsrecht und Sitte, die Bilanzen der Reichsrechnung und die Besetzung der Reichsämter sich zankend in den Haaren lag. Der Kaiser selbst, ein schwacher Monarch, regierte so gut wie gar nicht, und gab, um keine Zeit für seine Unterhaltungen zu verlieren, nicht einmal mehr die großen, durch das Hofzeremoniell vorgeschriebenen Audienzen. Da die Macht der Sitte nicht erlaubte, diese Aufwartungen abzuschaffen, wurden sie mit ängstlicher Beobachtung des Zeremoniells in einem viele tausend Menschen fassenden Saal in Gegenwart aller Hofbeamten vor dem leeren Thron gemacht.

In dieses Nest sklavischer Menschenvergötterung und Palastintrigen das Evangelium der Demut und des Kreuzes zu tragen, war ein fast noch hoffnungsloseres Unternehmen, als die Reise nach Peking. Kaum angekommen, erregten die Missionare auch schon die Eifersucht der Stadtbeamten von Peking, die es den Höflingen nicht gönnten, so merkwürdige Geschenke an den Hof gebracht zu haben. Sie wurden von einer Truppe Polizisten in ihrer Wohnung aufgegriffen, mit einem Strick um den Hals vor Gericht geschleppt und zur Verantwortung an das Kolonialamt (Ly-Fan-Yum) übergeben. Erst nachdem Pater Ricci durch kluge Beantwortung der Vorwürfe die Eifersucht des obersten Mandarins der Kolonialbehörde einigermaßen beschwichtigt hatte, wurden die beiden Missionare gewürdigt, im Anschluß an eine mohammedanische Gesandtschaft aus Tibet und Kaschmir, erst dem leeren Thron im Kaiserpalast und dann dem Premierminister ihre Aufwartung zu machen. Letzterer empfing sie mit ausgesuchter Höflichkeit, unterbreitete aber sofort nach ihrem Empfang dem Kaiser eine Order, der zufolge die Fremden geehrt und mit Gegengeschenken reichlich versehen, nach Kanton zurückgeschickt werden sollten. Der Kaiser gab keine Antwort. Nach einem Monat wurde der Vorschlag wiederholt. Wieder keine Antwort. Auf

Matteo Ricci, von den Chinesen Li Ma-Tou genannt, vor dem Kaiserpalast in Peking

den Rat einiger Freunde, die in dem Stillschweigen des Kaisers nicht ohne Grund eine allerhöchste Mißbilligung des gemachten Vorschlags sahen, reichte Matteo Ricci selbst beim Kaiser ein Gesuch ein, in Peking bleiben zu dürfen. Schon nach wenigen Tagen erhielt er durch einen hohen Würdenträger den offiziellen Bescheid, daß der Kaiser selbst ihm erlaube, in Peking zu wohnen, daß es Seine Majestät nur ungern sehen würden, wenn er das Land oder auch nur die Hauptstadt verließe, daß ihm in Zukunft aus dem Staatsschatz eine monatliche Pension ausgezahlt werden solle, die ihn in den Stand setzte, mit seinen Angehörigen und Begleitern standesgemäß zu leben. So hatten die Geschenke denn doch gewirkt. Besonders waren es die europäischen Uhren, welche das Interesse des Kaisers und des ganzen Hofes aufs lebhafteste erregten. Drei Hofbeamte wurden damit betraut, sie aufzuziehen, und dieses Geschäft förmlich zu einem Hofamt erhoben. Der Kaiser selbst verliebte sich so sehr in die kleinen Tse-ming-tschung (Glocken, die von selber schlagen), daß er sie seiner Mutter auf deren Bitten erst zusandte, als sie abgelaufen waren, damit diese sie ja langweilig finden und bald zurückschicken möchte, eine List, die ihm bestens gelang. Bei solcher Huld des Kaisers war es für die betreffenden Palastbeamten eine Lebensfrage, die Europäer in Peking zu halten. Denn was wollten sie anfangen, wenn die Uhren etwa stillstanden und der Mechanismus versagte? Bevor noch dieser Fall wirklich eintrat, überzeugten sie sich schon in Gedanken an dessen Möglichkeit von der Unentbehrlichkeit Pater Riccis. So kindisch und lächerlich auch die Liebhaberei erscheinen mag, auf welche die Gunst des Kaisers für die europäischen Missionare sich gründete, diese Gunst war mächtig und fest genug, um den Fremdenhaß in den offiziellen Kreisen der Beamten wie in der Volksmeinung entscheidend zu beeinflussen. Wie ein Lauffeuer drang die Nachricht davon durch die Stadt und durch das Reich, umgab die schon als Gelehrte hochgeachteten Missionare in Nanking, Nan-Tschang-fu und Tschao-Tscheu mit dem Ansehen kaiserlicher Gewogenheit und sicherte gleichzeitig, wie in der Hauptstadt, auch in diesen drei wichtigen Städten die Predigt des Evangeliums und die einflußreiche Stellung seiner Verkünder.

In Peking selbst wurde Matteo Ricci, sobald die kaiserliche Verfügung bekannt geworden war, von den Mandarinen aller Rangstufen mit Höflichkeitsbezeigungen überschüttet. Man machte ihm feierliche Besuche, gab ihm zu Ehren Bankette und bereitete ihm Ovationen der verschiedensten Art. Jedermann wollte sein Freund sein. Mochten unter den Höflingen und Palastbeamten auch viele sein, die sich nur für die europäischen Luxusgegenstände, Gemälde und dergleichen interessierten, und andere wiederum, die nur die Gunst des Kaisers zu ihren Artigkeiten bewog, so fehlte es unter den höheren Würdenträgern und Staatsbeamten doch auch nicht an solchen, die weit mehr des Missionars Wissen und gelehrte Bildung an sich zog. Mathematiker und Astronomen, Geschichtsschreiber und Geographen, Philosophen und Juristen drängten sich zu ihm, um sich mit ihm über wissenschaftliche Fragen ihres Fachs zu besprechen, da er nicht nur viel Neues aus dem Abendland mitzuteilen wußte, sondern auch in hohem Grad mit der chinesichen Literatur und Wissenschaft vertraut war. Einige der Hervorragendsten unter ihnen rechneten es sich zur Ehre an, ihm bei seiner eigenen schriftstellerischen Tätigkeit, die er schon in Tschao-Tscheu begonnen hatte und nun eifrigst fortsetzte, behilflich zu sein. Besondere Sorgfalt verwandte er auf die Ausarbeitung seines schon früher begonnenen Katechismus. Wieder und wieder bearbeitete er den Text, um ihm durch vollkommenste Genauigkeit und Schönheit des Stils die Anziehungskraft eines klassischen Buches zu verleihen. Erst als ihn ein Mitglied der Akademie der Han-Lin (der Reichsannalisten) wiederholt dazu drängte, gab er das heute noch wegen seiner stilistischen Vorzüge geschätzte Buch heraus. Die anderen Missionare, deren Zahl sich in Jahren 1604 bis 1607 um elf vermehrte, ahmten dieses Beispiel nach, zogen durch mathematische und geographische Publikationen das gelehrte Publikum an sich und streuten durch gediegene katechetische und apologetische Schriften den Samen des Evangeliums aus.

Johann Adam Schall von Bell

Die adlige Familie Schall von Bell besaß in Köln unweit der Apostelkirche einen Edelhof, und hier wurde am 1. Mai 1592 Johann Adam geboren.

Über seine Kindheit und Jugend gibt es nichts Außergewöhnliches zu berichten. 1611 reiste der junge Adlige nach Rom, und beeindruckt von der Gesellschaft Jesu und deren Wirken trat er noch im selben Jahr dem Orden bei.

Der Jesuitenorden engagierte sich damals sehr stark in der Chinamission, und auch Pater Schall von Bell wollte seinen Teil zur Christianisierung dieses Volkes beitragen. Am 16. April 1618 bestieg er in Lissabon ein Schiff und reiste über Macao (Macau) in die Kaiserstadt Peking, wo er am 25. Januar 1623 endlich eintraf. Der lange Aufenthalt in Macao war nötig geworden, da im Land der aufgehenden Sonne eine Christenverfolgung wütete. Schall von Bell wirkte zunächst in Sian (Provinz Shensi).

Der chinesische Kaiser hörte von den mathematischen und astronomischen Kenntnissen des Jesuitenpaters und berief ihn im Jahre 1630 an den Hof zu Peking, um zusammen mit Pater Rho und zwei chinesischen Gelehrten den Kalender zu reformieren und nach westlichem Muster umzugestalten. Unter der Leitung Rhos und Schalls gab eine Gruppe, zu der sowohl katholische als auch heidnische Wissenschaftler gehörten, 1636 eine Sammlung der mathematischen Forschungen in 150 schmalen Bändchen heraus.

Johann Adam Schall von Bell blieb auch nach Rhos Tod (1638) am kaiserlichen Hof. Er wurde nach dem Sieg der Mandschudynastie über das bisher herrschende Haus Ming (1644) zum Präsidenten des astronomischen Instituts ernannt, was Papst Alexander VII. (1655–1667) ausdrücklich guthieß.

Schall von Bell konstruierte für den Kaiserhof astronomische und optische Geräte. Darüber hinaus baute er auch Musikinstrumente und überwachte im Auftrag des Kaisers die Herstellung von Kanonen.

Mit Hilfe von drei bekehrten Eunuchen gelang es Pater Schall von Bell, die kaiserlichen Damen in ihren Gemächern zu besuchen. Seine Gespräche über Christus fielen auf fruchtbaren Boden, und bald ließen sich viele vornehme Frauen des kaiserlichen Hofes taufen. Schall von Bells Einfluß auf den Kaiser war so groß, daß er sogar die Erlaubnis erhielt, innerhalb des Palastes eine Marienkapelle zu errichten. Als Vertrauter des jungen Herrschers Shuh Chi (Schuntschi) beeinflußte er in den Jahren 1651–1661 dessen Politik.

Nach dem Tod dieses Kaisers (1661) holte die Gegenpartei zum Schlag aus. Man machte dem Hofastronom und Jesuitenpater Schall von Bell wegen Hochverrats den Prozeß und verurteilte ihn am 15. April 1665 zum Tode. Das Urteil wurde zwar nicht vollstreckt, aber Schall von Bell starb im darauffolgenden Jahr, am 15. August 1666, in Peking.

Auf dem Umweg über die Wissenschaft erreichte Bell, daß die chinesischen Herrscher nicht nur ihm, sondern vor allem der Mission gewogen blieben. Während er geachtet am kaiserlichen Hofe lebte, konnten die Missionare ungehindert den katholischen Glauben verbreiten. Oft ist solch ein zunächst fragwürdig oder gar bedenklich erscheinender Umweg die einzige Möglichkeit, um das gesteckte Ziel zu erreichen.

Johann Adam Schall von Bell als Präsident
des astronomischen Institus in Peking

Der Ruf seiner Gelehrsamkeit verbreitete sich durch die ganze Provinz. Ein Gelehrter steht bei den Chinesen in hohem Ansehen, und Pater Schall galt in kurzer Zeit als der gelehrteste Mann der Provinzstadt Sian. Darum bauten die Heiden mit an seiner Kirche. Auch wollten sie sich dankbar erweisen für die kunstreichen mathematischen und physikalischen Apparate und Instrumente, die ihnen Schall verfertigt und in deren Handhabung er sie unterrichtet hatte. Hier in dieser Stadt wurde der Grund gelegt zu seinem wissenschaftlichen Ruf, der sich bald über ganz China ausbreitete. Schon kamen die chinesischen Gelehrten, ihren neuen Kollegen um Rat zu fragen oder eine wissenschaftliche Unterredung mit ihm anzuknüpfen. In der ganzen Stadt galt er schon als der gelehrte Europäer. Seine Sache war eigentlich schon gewonnen, bevor er noch die kaiserliche Hauptstadt Peking betreten hatte. Es dauerte nicht lange, so war auch dorthin sein Ruf gedrungen, und der Kaiser wünschte den Wissenschaftler zu sehen.

Der Kaiser, der letzte der Dynastie Ming, ein großer Verehrer der Wissenschaften, welcher besonders auf die Berichtigung der Zeitrechnung bedacht war, lud den Jesuitenpater an seinen Hof nach Peking ein, damit er den kaiserlichen Kalender verbessere. Günstige Aussichten für die Sache des Glaubens waren damit eröffnet. Der Ordensmann sah sich die Tore der Hauptstadt und das Herz des Kaisers erschlossen. Alsbald schickte er sich an, der Einladung zu folgen, aber mit Wehmut schied er von seiner Umgebung. In der Stadt und der Umgegend hatte man ihn liebgewonnen. Alle zollten ihm Achtung und Ehrfurcht. Sie brachten ihm ihre Glückwünsche dar, versahen ihn mit Proviant, Zugvieh, Sänften und sonstigen Reisebedürfnissen und begleiteten ihn eine Meile weit auf der Straße nach Peking. Dort angekommen, hatte er eine Audienz beim Kaiser und wurde von ihm mit ausgesuchter Höflichkeit empfangen. Alsbald vertiefte er sich in die astronomischen Studien, verfaßte eine Abhandlung über die Sonnen- und Mondfinsternisse, welche er beim Kaiser einreichte. Der Herrscher ließ bald darauf folgendes erklären: »Ich weiß, daß der erste Kaiser aus unserer Familie den Kalender, welchen uns die Tataren hinterlassen hatten, verbessern wollte. Durch den Krieg verhindert, konnte er sein Vorhaben nicht ausführen, wenigstens nicht vollenden. Das Tribunal möge zusehen, was da zu tun sei und uns darüber Bericht erstatten.« Die Folge davon war, daß Johann Adam Schall und Pater Jakob Rho, ein Italiener, als die tüchtigsten in diesem Fach an die Stelle des verstorbenen Jesuitenpaters Ricci berufen wurden. Beide waren schon längst übereingekommen, daß sie sich, bevor sie öffentlich auftraten, durch ein größeres, wissenschaftliches Werk einführen wollten. Die ganze Mechanik des Himmels wurde in chinesischer Sprache auseinandergesetzt. Das bedeutende Werk umfaßte drei Teile. Der erste Teil enthielt die Einleitung in die Astronomie und eine Enzyklopädie aller Hilfswissenschaften dieses Faches. Der zweite Teil die Theorie der Planeten, der Fixsterne und der Sonnen- und Mondfinsternisse sowie die Art der erforderlichen Berechnung und Messung. Der dritte Teil bestand aus genauen Übersichtstabellen, um die Berechnung zu erleichtern. Das kenntnisreiche Werk hatte hundertfünfzig Hauptstücke und wurde innerhalb von fünf Jahren vollendet.

Damit nicht zufrieden, hatte Schall von Bell einen Himmelsglobus mit einer Planisphäre und einem, den Äquator und den Tierkreis darstellenden Ring angefertigt. Das Ganze war künstlich aus Erz gegossen und vergoldet. Ferner hatte er eine horizontale zierliche Sonnenuhr, wie man sie in China noch nie gesehen, auf einem weißen Marmorblock angebracht. Mit Erlaubnis des Kaisers wurden diese Instrumente innerhalb der ersten Mauer des kaiserlichen Palastes aufgestellt, zur Freude des ganzen Hofes. Der Kaiserpalast von Peking hat nämlich drei Ringmauern. Innerhalb der ersten sind Haine, Teiche, Rennbahnen und Waldungen, worin Hirsche, Rehe und Hasen herumstreifen. Innerhalb der zweiten sind Häuser und Gartenanlagen; die dritte umschließt den eigentlichen Palast. Im Jahre 1638 starb Pater Jakob Rho und Schall wurde nun der alleinige Vorsteher oder Präsident des astronomischen Tribunals.

Im kaiserlichen Palast befand sich ein Klavier. Der Monarch schickte zu Adam Schall, damit er es stimme und ein zweites anfertige. Freudigen Herzens machte sich Pater Schall an die Arbeit und fügte eine Anweisung zum Gebrauch des Instrumentes bei sowie eine Melodie aus den Psalmen. Die Jesuiten hatten einst von dem berühmten Herzog von Bayern, Maximilian I., dem Haupt der katholischen Liga und dem Sieger in der Schlacht auf dem Weißen Berg bei Prag 1620, ein prachtvolles Gemälde zum Geschenk erhalten, das

Begebenheiten aus dem Leben Christi darstellte, außerdem eine die Anbetung der Heiligen Drei Könige darstellende Wachsgruppe. Beide Geschenke wurden dem Kaiser verehrt, der darüber entzückt war. Unterdessen blühten die Missionen überall im Land. Während Schall für den Kaiser studierte und arbeitete, konnten die anderen Glaubensboten ungestört das Evangelium verkünden. Der Kaiser war dem Christentum günstig gesonnen. Pater Schall hoffte auf seine Bekehrung, aber diese Hoffnung ging nicht in Erfüllung.

Zur Verteidigung der Hauptstadt wollte der Kaiser große Feuerschlünde aus Erz gießen lassen. Wer sollte den Plan ausführen? Wieder Adam Schall! In einer besonderen Bittschrift stellte ihm der Kaiser das gesamte Material zur Verfügung, wies ihm einen geräumigen Platz an und teilte ihm eine große Anzahl Arbeiter zu, über die er verfügen konnte. Es war also nichts dagegen zu machen, und Pater Schall mußte die Arbeit beginnen. Bevor er jedoch die Hand an das Werk legte, rief er durch inbrünstiges Gebet den Segen Gottes über das Unternehmen herab. Auf einen Altar stellte er das Bild des Gekreuzigten, und mit Chorrock und Stola angetan, betete er vor. Auch die Werkleute mußten vor dem wahren Gott ihre Knie beugen. Dann erst ließ er arbeiten. Zwanzig- und Vierzigpfünder wurden gegossen. Der Kaiser stellte Offiziere und Soldaten auf, um die Geschütze zu erproben. Sie bewährten sich vortrefflich, so daß der Kaiser sehr zufrieden war und dem Pater dankte.

Leider kamen jetzt andere Zeiten. Aber Schalls Ansehen im ganzen Land war so sehr befestigt und so hoch gestiegen, daß selbst der Ausbruch der Revolution und der Sturz der Dynastie ihm nicht schaden konnten. Die wilden Tataren [Mandschu] brachen in das Reich; der Kaiser, von Empörern umgeben und von allen Seiten verlassen, gab sich selbst den Tod. Feuer und Schwert wüteten in der Hauptstadt. Und die Missionare, wo blieben sie? In der Kapelle hatte Pater Adam Schall die Seinigen versammelt. Betend wollten alle die Räuber und Mörder erwarten. Allein während die Missionare im Gebet versammelt waren und sich auf den Tod vorbereiteten, verkündete ein Herold von den Mauern, daß der Kampf zu Ende sei. Schall von Bell ließ die Pforte öffnen und empfing die wilden Gäste. Am anderen Tag las man am Stadttor den Befehl, den Europäern kein Leid zuzufügen. Die Sache des Christentums war gerettet. Am dritten Tag nach dem Einzug der Empörer wurde Johann Adam Schall vom Rebellenhäuptling zur Tafel geladen. Nun wagte es keiner mehr, ihn oder sein Haus zu beunruhigen.

In den Provinzen wüteten noch die Kämpfe, und mancher Missionar kam mit seiner Christengemeinde in Not und Bedrängnis. Pater Schall tröstete, stärkte, half, wo er konnte. Indes noch größeres Unglück drohte der Hauptstadt. Peking wurde geplündert und dann in Brand gesteckt. Wie erging es den Vätern der Gesellschaft Jesu in diesen Schreckenstagen? Gott der Allmächtige hatte seine schützende Hand über sie ausgebreitet. Mitten im allgemeinen Brand blieb das Haus der Väter unversehrt. Siebenmal sah Schall mit eigenen Augen, wie man Feuerbrände auf sein Haus warf und wie die Flamme erlosch, so oft sie den trockenen Stoff ergriffen hatte.

Ein neuer Kaiser, tatarischer Abkunft, bestieg den Thron, mit Namen Schun-Tschi [auch Li Tzu-ch'eng]. Pater Schall wurde von ihm im Amt bestätigt und mit Ehrenbezeigungen überhäuft, erhielt den Titel: »Meister himmlischer Geheimnisse«, wurde Lehrer des Kronprinzen und Ratgeber des Kaisers. Dieser aber begab sich jedes Jahr einmal nach Schalls Wohnung, um dessen Arbeitszimmer, welches mit mathematischen und physikalischen Instrumenten, mit Büchern, Landkarten, Zeichnungen und sonstigen Raritäten angefüllt war, genau in Augenschein zu nehmen. Der Kaiser ließ sich dann auf ein Ruhebett nieder, unterhielt sich mit dem Ordensmann in der freundschaftlichsten Weise, kostete von den Früchten aus dem Klostergarten und besichtigte auch die Kapelle, die sich an die Wohnung der Missionare anschloß. Stundenlang weilte er bei den Jesuiten in der ungezwungensten und gemütlichsten Weise und fuhr dann wieder in seinen Palast zurück. Das Christentum machte ungeheure Fortschritte im Reich. Alle Bittschriften von Missionaren oder von Christengemeinden an den Kaiser gerichtet und von Pater Schall empfohlen und befürwortet, wurden auf der Stelle huldvoll genehmigt.

Pater Schall von Bell war ein Mann, der vorausplante. Bisher hatte man sich in Peking mit einer Kapelle begnügt. Da die Zeiten und die Umstände sehr günstig waren, so dachte man jetzt an eine schöne, öffentliche katholische Kirche. Im Jahre 1650 wurde der Bau begonnen und in kurzer Zeit vollendet. Ein bedeutendes Areal wur-

de von der Regierung als Bauplatz geschenkt. Zwei Drittel bestimmte Pater Schall für die Kirche und die dazugehörigen Nebengebäude, ein Drittel für eine Muttergotteskapelle, worin sich die Frauen und Jungfrauen, getrennt von den Männern, versammeln sollten, um besonderen Religionsunterricht zu erhalten. Dieser Raum war achtzig Fuß lang und fünfundvierzig Fuß breit und von der Gestalt eines Kreuzes. Der ganze Flächenraum der Kirche war in drei kleinere Räume eingeteilt. Die beiden Seitenschiffe hatten eine gewölbte Decke. Der mittlere Teil erhob sich zu einem Bogen mit einer Kuppel, die herrlich ausgemalt war. Die Vorderseite schmückte ein bekränzter Monolith. In der Fassade waren hohe, breite Fenster. Der Vorhof, mit Steinen und Ziegeln gepflastert, bildete ein Quadrat, wovon jede Seite hundert Fuß Länge hatte. Von der Straße auf den Vorhof führten fünf Stufen. In der Mitte des Vorhofes erhob sich ein durchbrochenes Gewölbe aus weißem Marmor mit Bildhauerarbeiten geschmückt. Einen herzerhebenden Anblick gewährt dieser mächtige Bau! Tritt man in das Innere, so erblickt man fünf Altäre. Auf dem Hauptaltar ist das Bild des göttlichen Heilandes in sitzender Stellung, von Engeln und von knienden Aposteln umgeben; in der einen Hand hält Christus die Weltkugel, mit der anderen segnet er das Volk. Rechts und links vom Hochaltar erheben sich die beiden Nebenaltäre, welche dem heiligen Ignatius und dem heiligen Franz Xaver geweiht sind. Der vierte Altar gehört der Mutter Gottes, Maria, der fünfte dem Erzengel Michael. Alle Altäre sind mit einem Gitter umgeben. In den Wänden sieht man vergoldete Tafeln, auf denen die Gebote Gottes, die Gebote der Kirche, die sieben leiblichen und geistlichen Werke der Barmherzigkeit, die acht Seligpreisungen und andere Kapitel aus dem Katechismus in chinesischer Sprache geschrieben stehen. Der Fußboden ist mit Steinen bedeckt, darüber sind Teppiche gelegt, die an Festtagen gegen kostbarere ausgetauscht werden.

Abschließend ein Zitat aus einem Brief Schall von Bells:

»Die Chinesen kommen schon am frühen Morgen, wenn die Kirchentüren noch verschlossen sind, und legen das, was sie bei sich tragen, im Vorhof nieder und beten, in Demut auf den Boden

hingeworfen, mit der glühendsten Andacht zu Gott. Dann verlassen sie den Vorhof mit derselben Ehrfurcht wie die Kirche selbst und scheuen sich, dem heiligen Ort im Weggehen den Rücken zu kehren. In den ersten Jahren, da der öffentliche Ruf sie aus den benachbarten Städten und Dörfern herbeilockte, kamen sie so zahlreich, wie wenn sie einen Bittgang versprochen hätten. Diese fromme Gewohnheit setzen sie auch jetzt noch fort, da sie sich schon zum Christentum bekennen. Sie pilgern jährlich zwei- oder dreimal scharenweise sieben bis acht Tagereisen weit her. Kein Tag vergeht, an dem nicht der Almoseneinnehmer auf dem Tisch, wo das Rauchwerk steht, hundert kleine Geldstücke aufzählt, welche sowohl von den Gläubigen als auch von den Heiden freigebig gespendet werden, um sie unter die Armen zu verteilen.«

Ferdinand Verbiest

Die Nachfolge Schall von Bells im Amt des Präsidenten des astronomischen Instituts trat der am 26. Oktober 1623 in Pitthem (Belgien) geborene Ferdinand Verbiest an.

Ebenfalls Astronom und Mitglied der Gesellschaft Jesu (seit 1641), war auch er bereit, den katholischen Glauben in China zu verbreiten.

Nur ein Jahr (1659) wirkte er in der Provinz Shensi, dann berief ihn Pater Schall von Bell als Mitarbeiter nach Peking. In der Christenverfolgung, die nach dem Tod des Herrschers Shuh Chi (1661) ausbrach, wurde er im Jahre 1664 verhaftet und ins Gefängnis geworfen. Mit Hilfe eines Experiments bezwang er seine Gegner und stellte damit auch das Ansehen der europäischen Astronomie und der Mission wieder her.

Der Kaiser K'anghsi schenkte ihm sein Vertrauen und verlieh ihm den Titel eines Ehrenmandarins des ersten Grades der zweiten Ordnung. Papst Innozenz XI. (1676–1689) würdigte seine Verdienste durch die Breve vom 3. Dezember 1681. In den Jahren 1676–1680 hatte Verbiest auch das Amt des Vizeprovinzials der Gesellschaft-Jesu-Mission inne. Er verfaßte viele Schriften über die verschiedensten Wissensgebiete, zum Beispiel über Physik, Astronomie, Mechanik, und natürlich schrieb er auch Abhandlungen über die Religion. Sein Leitfaden der christlichen Lehre (Peking 1669), ließ Kaiser Ch'ienlung in den Katalog der kaiserlichen Bibliothek aufnehmen.

Ferdinand Verbiest starb hochgeachtet am 28. Januar 1688 in Peking.

Seine nicht zu erschöpfende Energie, mit der er sich den Problemen der Mission und der Wissenschaft widmete, basierte auf einem grenzenlosen Gottvertrauen. Auf dieses Vertrauen bauend, vermochte er Großes zu leisten.

Verbiest wurde mit einer Menge von Geschäften überhäuft, die freilich meistens außerhalb seines eigentlichen Berufes lagen, aber doch von höchster Bedeutung für ihn waren, weil er sich dadurch das Kaiserhaus verpflichtete. Er opferte sich mit seinen Genossen im Dienst des Kaisers auf. Wem kam es aber zugute? Den Missionen! In seinem speziellen Amt als Präsident des astronomischen Tribunals war er unausgesetzt tätig. Zahlreiche Instrumente und Maschinen wurden von ihm erfunden und aufgestellt, die das Staunen der Heiden erregten. Der Kaiser bestimmte, daß die alten Instrumente beseitigt und die neuen an deren Stelle treten sollten. Hier wollen wir gleich auf die Tatsache hinweisen, daß Pater Ferdinand Verbiest sich den Kaiser und das Reich durch den Guß eiserner Kanonen für den Gebirgskrieg in außerordentlicher Weise verpflichtete, wie es kein inländischer und kein ausländischer Gelehrter und Techniker je getan hatte. Die Sache verhielt sich folgendermaßen: Die Geschütze, welche der frühere Kaiser hatte gießen lassen, waren in einem schlechten Zustand. Verbiest erhielt den Auftrag, neue Kanonen anfertigen zu lassen. Der Kaiser stellte ihm die erforderlichen Arbeiter zur Verfügung, und so ungeschickt und böswillig sie auch sein mochten, die Herstellung gelang trotzdem. Pater Verbiest war so glücklich, dem erstaunten Kaiser im Jahre 1681 dreihundert Kanonen übergeben zu können. Kaiser K'anghsi ließ alsbald Versuche mit dieser neuen Artillerie anstellen, und nachdem er ihre Wirkung geprüft und bewundert hatte, zog er sein kostbares, mit Marderpelz gefüttertes Oberkleid aus und legte es zum Zeichen seiner größten

Alte astronomische Instrumente aus der ehemaligen Sternwarte der Jesuiten in Peking

Zufriedenheit mit eigenen Händen dem Pater um die Schultern. Damit war die Anerkennung nicht erschöpft. Wie einst sein kaiserlicher Vater Shuh Chi dem Pater Johann Adam Schall von Bell, so ließ er Ferdinand Verbiest wegen seiner großen Verdienste um das Reich Adelsbriefe ausfertigen, wie sie in China gebräuchlich sind. Dazu kam noch, daß Pater Verbiest im Jahre 1683 dem Kaiser ein großes, wissenschaftliches Werk, die Frucht jahrelanger Bemühungen, persönlich überreichte. Diese bedeutende Arbeit bestand in einer Berechnung der Sonnen- und Mondfinsternisse auf zweitausend Jahre. Es umfaßte zweiunddreißig Bände mit allen zur Erklärung erforderlichen Karten.

Der Kaiser war so dankbar, daß er ihm von da an keine Bitte mehr abzuschlagen wagte. Des seeleneifrigen Priesters Gedanken aber gingen höher. Sie waren in dem Wort des Herrn enthalten: »Gehet

hin und lehret sie alles halten, was ich euch befohlen habe, und siehe, ich bin bei euch alle Tage bis ans Ende der Welt.« (Matth. 28, 19. 20.) Dieses große Wort des Herrn zu erfüllen, dahin zielten alle seine Gedanken, Worte und Handlungen. Alles, was nicht diesem erhabenen Ziel diente, wurde von ihm als Eitelkeit verachtet und verworfen. Keine Erholung gönnte er sich, die unschuldigste Freude versagte er sich. So sehr war er dem Dienst Gottes und des Nächsten hingegeben, daß er sich nicht einmal die Zeit nahm, die aus Europa kommenden Zeitungen zu lesen.

Die große Tatkraft und Ausdauer des Paters Verbiest wurzelten im Vertrauen auf Gott, welcher uns alle nicht verläßt, wenn wir redlich das Unsrige tun. Nicht auf seine Klugheit und Erfahrung stützte er sich, sondern auf die Hilfe Gottes. Für das Gottvertrauen hatte er drei Hauptregeln aufgestellt:

1. Wenn alle Umstände für den glücklichen Ausgang einer Sache sprechen, Gott aber dagegen ist, so hilft alles nichts, denn die Sache wird nicht gut enden.

2. Wenn Welt und Hölle sich vereinigen, um eine Sache zu hintertreiben, Gott aber unterstützt das Vorhaben, so ist der glückliche Erfolg gesichert.

3. Vor dem Geschäft muß man die göttliche Erleuchtung und Hilfe mit einem solchen Vertrauen auf seine Gnade erflehen, als wenn Gott alles allein bewirken sollte, ohne unsere Mitwirkung, dennoch aber einen solchen Fleiß anwenden, als wenn alles von uns allein abhinge. Je unmöglicher eine Sache uns vorkommt, desto herrlicher kann Gottes Allmacht sich erweisen, wenn der Mensch durch sein Vertrauen Gott den Herrn ehrt. Wer aber Mißtrauen Gott entgegenbringt, setzt sich in Gefahr, von Gott verlassen zu werden, gleichwie er es auch verdient.«

Darum ließ sich Ferdinand Verbiest durch keine Hindernisse und durch keine scheinbare Unmöglichkeit von einer zur Ehre Gottes unternommenen Sache abschrecken, sondern ging immer mutig voran, so daß es nicht verwunderlich war, wenn ihm wider Erwarten große Taten gelangen.

Die außerordentlichen Arbeiten und Anstrengungen verzehrten endlich seine Kräfte. Die Erschöpfung und Ermattung waren so groß, daß er am chinesischen Neujahrstag, den 13. Februar 1687, als er vom Hof nach Hause ritt, vom Pferde stürzte und eine geraume Zeit liegen blieb. Kaum hatte er sich etwas erholt, so war er wieder mitten in seinen Arbeiten, bis in den Sommer, wo sich ein Magenleiden einstellte, dem sich im Herbst ein Anschwellen der Füße zugesellte. Nachdem der chinesische Arzt durch eine Medizin die Schmerzen in den Füßen beseitigt hatte, verschlimmerte sich das Magenübel, und der ganze Körper wurde sehr entkräftet. Die Abmagerung des Körpers nahm stetig zu, so daß nur noch Haut und Knochen an ihm waren. Der Kaiser schickte auf die Kunde der Verschlimmerung hin seine Leibärzte. Diese taten, was sie konnten, aber sie vermochten keine Besserung herbeizuführen. Am 26. Januar stellte sich hohes Fieber ein. Am folgenden Tag legte Verbiest noch einmal eine Generalbeichte über sein ganzes Leben ab, empfing die heilige Wegzehrung und die heilige Ölung und verschied sanft und gottselig am 28. Januar 1688, im fünfundsechzigsten Jahr seines Lebens, im sechsundvierzigsten seines Ordenslebens, im achtundzwanzigsten seines Missionslebens in China, wovon er die meiste Zeit am kaiserlichen Hof zubrachte. Weil am Tag vorher die kaiserliche Großmutter gestorben und der Hof mit dieser Leichenfeier beschäftigt war, hatte der Kaiser befohlen, das Begräbnis des Paters Ferdinand Verbiest bis zum 28. Februar zu verschieben. An diesem Tag erschienen zwei kaiserliche Minister im Jesuitenkloster, um ihr Beileid zu bezeigen und die vom Kaiser verfaßte Grabschrift zu verlesen, die so lautete:

»Ich, Kaiser von China, erkläre nach reiflicher Überlegung, daß Nanhoaigin, d.i. Pater Ferdinand Verbiest, in diese weit entlegenen Länder freiwillig gekommen und viele Jahre in meinem Dienst unentgeltlich zugebracht und in dieser Zeit alles, was zur Astronomie und zum Kalender gehört, so gut eingerichtet und verwaltet hat, daß er vom Lauf der Gestirne nie abwich, sondern mit demselben genau übereinstimmte. So hat er auch die Gießerei der Kanonen, wodurch die aufrührerischen Untertanen zum Gehorsam zurückgeführt wurden, durch bestimmte Regeln in einen vollkommenen Zustand versetzt und auch alle Ämter, die er bekleidete, mit großer Sorge, Fleiß, Aufrichtigkeit und Standhaftigkeit verwaltet, daß er von Anfang bis zu Ende mit unverbrüchlicher Treue mir gedient hat. Sobald ich von seiner Unpäßlichkeit Nachricht erhielt, schickte ich ihm, um ihn wieder aufzurichten, einen meiner erfahrenen Leibärzte. Da er aber

Ein chinesischer katholischer Missionar liest auf einer Barke sein Brevier

nun entschlafen und von uns geschieden ist, so ist mein Herz in tiefe Betrübnis versunken. Ich übersende für sein Leichenbegängnis zweihundert Dukaten und einige Stücke Seide. Dieses Edikt aber lasse ich veröffentlichen, um meine große Zuneigung zu dem Entschlafenen und meinen Schmerz über den Verlust dieses aus fernen Ländern hierher gereisten und nunmehr leider verstorbenen Fremdlings hiermit zu bezeugen.«

Peking, den 28. Februar 1688.

K'anghsi
Kaiser von China

Dem Beispiel des Kaisers, der so großen Anteil an der allgemeinen Trauer über den Tod des Paters Verbiest nahm, folgten die vornehmsten Mandarine. Sie erschienen im Kollegium, und einige hatten auf Seide gezeichnete Grabschriften, die sie nach chinesischer Sitte zu Ehren des Verstorbenen aufhingen. Die königlichen Prinzen und deren Hofmeister, die besten Freunde des Paters, sandten ihre Bediensteten mit dem Befehl, in ihrem Namen dem gelehrten Toten die gebührende Ehre zu erweisen. Am 11. März, am Tag, an dem die Leiche in der Grabstätte beigesetzt werden sollte, welche Pater Ricci vom Kaiser Wan-li geschenkt worden war, schickte der Kaiser in aller Frühe seinen Schwiegervater nebst dem ersten Hofmandarin und sechs weiteren Beamten, welche den Kaiser bei der Leiche vertreten und diese zum Grab begleiten sollten. Nachdem sie von den kaiserlichen Gesandten auf tatarische Art beweint und gehoben worden war, wurde sie mit großer Pracht und musterhafter Ordnung zum Grab getragen. Die Grabstätte lag vor dem Stadttor. Tausende von Menschen sammelten sich auf den Straßen, Gassen und öffentlichen Plätzen, welche der Leichenzug berührte. Die Volksmenge verhielt sich sehr ruhig und anständig. Vorangetragen wurde eine große Tafel, welche den Namen des Verstorbenen in chinesischen Buchstaben enthielt. Dann folgte unter einem zierlichen Baldachin ein schön geschmücktes Kreuz, welches, wie auch andere Heiligenbilder, von weißgekleideten Christen, die brennende Kerzen in ihren Händen hielten, in langer Doppelreihe begleitet wurde. Hierauf erschien wieder unter einem Baldachin das Bild der gebenedeiten Jungfrau und Gottesmutter Maria, in einiger Entfernung das Bild des Erzengels Michael. Endlich wurde die Inschrift und Lobschrift des Kaisers über den Verstorbenen, die eben erwähnt wurde, auf gelber Seide sichtbar. Es folgte jetzt die von sechzig Männern abwechselnd getragene, prachtvoll geschmückte Totenbahre, begleitet zu beiden Seiten und hinter der Bahre von den kaiserlichen Gesandten hoch zu Roß in glänzenden Uniformen. Endlich kam man am Totengarten, der Grabstätte der Jesuiten an. Eine Mauer umschloß ihn, und eine kleine, hübsche Kapelle stand darin.

Hier wurde nun die Leiche nach römisch-katholischem Ritus eingesegnet und dann in die Gruft gesenkt. Die Volksmenge weinte und schluchzte. Dann trat der kaiserliche Schwiegervater mit seiner

Die Gräber der Jesuiten-Missionare in Peking, rechts und links vorne jene der Patres Ricci und Schall

Begleitung näher hinzu und sprach im Namen seiner Majestät des Kaisers folgendes: »Sehr groß sind die Verdienste des Paters Ferdinand Verbiest um den Kaiser und das ganze Reich. Weil Seine Majestät der Kaiser dies dankbar anerkennt, hat er mich mit diesen meinen Gefährten abgesandt, damit ich die Zuneigung und Gewogenheit des Kaisers gegen den Verstorbenen öffentlich bezeuge.« Darauf antwortete dem hohen Herrn ein Mitglied der Gesellschaft Jesu in chinesischer Sprache: »Es ist uns allerdings unmöglich, der kaiserlichen Majestät für diese allergnädigste Gewogenheit, womit wir beehrt werden, den gebührenden Dank abzustatten, da der Kaiser sich nicht damit begnügt, uns, solange wir leben, wie ein Vater seine Kinder mit großer Liebe und Sorge zu beschützen, sondern auch nach unserem Tod seine Wohltaten und seine Freigebigkeit uns angedeihen läßt. Es geht also unsere einzige Bitte dahin, Seiner Majestät dem Kaiser zu sagen, daß wir im Leben und im Tod zu Gott, dem Herrn des Himmels und der Erde beten werden, daß er Kaiser und Reich immer beschützen und in Wohlstand erhalten möge.«

14. Kapitel

Bei den Indianern des Nordens – frühe Missionare in Kanada und Nordamerika

Ehe wir uns mit den großen Leistungen der frühen katholischen Missionare in Kanada und in Nordamerika beschäftigen, sollten wir uns vertraut machen mit der geschichtlichen Entwicklung dieser Länder und vor allem der Situation zu jener Zeit. Während nämlich die Länder Lateinamerikas trotz aller politischen Entwicklungen bis heute immer im Einfluß der iberischen Kulturen und Sprachen blieben, hat sich für den nordamerikanischen Kontinent durch umwälzende politische Ereignisse und Entwicklungen eine grundlegende Veränderung diesbezüglich ergeben. Keineswegs nämlich war das nördliche Amerika, wie es heute scheinen mag, von vornherein eine britische Einflußsphäre. Es war vielmehr, wenn auch Spanier, Holländer und Engländer an seiner Entdeckung und Erforschung beteiligt waren, zunächst ganz wesentlich französischer Kolonialbereich. Einige wichtige Daten aus der frühen Erforschungsgeschichte wollen wir hier anführen.

1523 nimmt in französischem Auftrag der Italiener Giovanni Verazzani von der Küste des heutigen Nordkarolina aus das Land für König Franz I. in Besitz. Der Portugiese E. Gomez erreicht in spanischem Auftrag 1525 die nordamerikanische Küste etwa in der Höhe von Boston, 1528 dringt der Spanier Narvaez bis zu dem Apalachendorf Tallahassa vor, in den Jahren 1530 bis 1536 erforscht der Spanier A. N. Cabeza die Flußgebiete des Mississippi, Arkansas und Colorado. Sein Landsmann de Soto erforscht 1539 bis 1542 Florida und das Gebiet des heutigen US-Staates Alabama und erreicht den Mississippi beim heutigen Memphis in Tennessee; ein anderer Spanier, Vizcaino, gelangt von Süden her bis Monterey südlich von San Franzisco.

In den Diensten der Holländisch-Ostindischen Kompanie nahm 1609 der Engländer Hudson das Gebiet um das heutige New York in Besitz, das die Holländer als Neu-Amsterdam begründeten.

1579 schon hatte Drake für die englische Krone das sogenannte Neu-Albion in Besitz genommen, nördlich von San Franzisco, 1584 dann Raleigh das Gebiet des heutigen Virginia für seine »jungfräuliche Königin« (daher der Name) Elisabeth I. 1620 schließlich gründeten die mit der Mayflower gekommenen Auswanderer Plymouth am Cape Cod, und 1632 begründeten andere englische Kolonisten Maryland.

Bestimmend in dieser Zeit war jedoch das Wirken der Franzosen, gefördert später auch durch Ludwig XIV. und seinen Finanzminister Colbert. 1534/35 erforschte Jacques Cartier den St.-Lorenz-Strom und Kanada und kam dabei bis zur Indianersiedlung Stadacone, aus der dann Quebec erwuchs; 1541 machte er weitere Reisen in diesem Gebiet. 1604/05 fand Champlains erste Reise statt, 1615 gelangte er in das Gebiet der »Großen Seen«. Auch die drei im folgenden vorgestellten Jesuitenpatres Jean de Brébeuf, Isaak Jogues und Jacques Marquette waren nicht nur Missionare, sondern auch Forscher und Entdecker; bleibenden Ruhm erwarb sich vor allem der letztere durch die Erstbefahrung des Mississippi bis zur Einmündung des Arkansas im Jahre 1673. 1682 dann befuhr La Salle, der am Ohio schon 1669 gewesen war, als erster Europäer in seiner ganzen Länge den Mississippi (den er zu Ehren des französischen Finanzministers »Colbert« tauft) bis zu seiner Mündung. Dort im Delta gründet er das zu Ehren Ludwigs XIV. benannte französische Kolonialreich Louisiana.

Auf älteren historischen Karten grenzen dann das von Norden her immer weiter nach Süden ausgreifende Kanada und das umgekehrt von Süden immer weiter nach Norden sich erstreckende Louisiana unmittelbar aneinander – das heißt also, daß mit Ausnahme eines schmalen Streifens an der Ostküste, der in englischer Hand ist, Nordamerika von der Hudson-Bay bis zum Golf von Mexiko als französischer Besitz betrachtet wird.

Nachdem aber schon 1713 im Frieden zu Utrecht Neufundland, Neuschottland und die Gebiete um die Hudson-Bay an England abgetreten werden mußten, folgte 1763 als Ergebnis des Siebenjährigen Krieges das verheerende Resultat des Friedens zu Paris: das restliche Kanada und das gesamte nordamerikanische Gebiet bis zum Mississippi verliert Frankreich an England, die Länder westlich des Mississippi dagegen an Spanien. Dieses spanisch gewordene Louisiana fällt dann zwar 1800 an Frankreich zurück, das es aber schon 1803 an die jungen Vereinigten Staaten verkauft.

Diese Entwicklung bringt es mit sich, daß dann die Mission im nördlichen Amerika in starkem Maße von verschiedenen protestantischen Glaubensrichtungen geprägt ist.

Doch auch schon zu jener Zeit, in der die im folgenden ausführlicher vorgestellten französischen Glaubensboten wirkten, gab es kriegerische Auseinandersetzungen mit den Briten, in die auch schon Glaubensgegensätze hineinspielten. Ein bedauerliches Ergebnis dieser Auseinandersetzungen war die Tatsache, daß beide Seiten die ihrem Einfluß zugänglichen Indianerstämme gegeneinander aufhetzten (z.B. Irokesen und Huronen) und zu Untaten gegen die Weißen der jeweils anderen Seite anstachelten, womit sie selbst ein gerütteltes Maß Schuld an den so beklagten Grausamkeiten der Indianer in diesen Kämpfen trugen.

Andererseits dürfen wir diese Grausamkeiten nicht nur mit unseren europäischen Augen betrachten. Solche Grausamkeiten waren oft auch Mutproben, und auch die Initiationsriten, denen sich die jungen Männer zum Beweis ihrer Standhaftigkeit bei der Aufnahme in den Stand der Krieger unterwerfen mußten, scheinen uns grausam. Wenn man einen gefangenen Feind marterte, war dies keineswegs bloßer Sadismus – es war zugleich eine Ehre für ihn, wenn man ihm zutraute, schlimme Folterungen zu ertragen.

Ein Wort noch zu dem in einem Bericht von den Medizinmännern geäußerten Verdacht, die Missionare würden die Pest einschleppen: so völlig unsinnig war dies wieder nicht, denn aus dem vierzehnten Jahrhundert ist durchaus bekannt, daß die Einschleppung von Seuchen ins gegnerische Lager bewußt betrieben wurde. Und um 1765 verbreiteten die Briten in Kanada mit Hilfe verseuchter Decken die Pocken bei feindlichen Indianerstämmen.

Abschließend jedoch zu Erfreulicherem. Schönste Früchte zeigte die Verkündigungsarbeit der französischen Glaubensboten bei einer jungen Indianerin, die zur »Lilie der Mohawks« heranwuchs –

Huronen-Masken bei den Medizintänzen

Tekakwitha, der ersten einheimischen Heiligen des nordamerikanischen Kontinents. Wir berichten über sie in Form eines Auszugs aus einem neueren Werk von Franz Weiser.

Jean de Brébeuf

Am 25. März 1593 wurde Jean de Brébeuf in dem kleinen französischen Ort Condé-sur-Vire (Normandie) geboren. Wie er seine Kindheit und Jugend verbrachte und wann er in den Jesuitenorden eintrat, ist nicht bekannt. Mit zweiunddreißig Jahren schickte ihn der Orden als Missionar nach Kanada, und zwar in das französisch besetzte Gebiet um den Sankt-Lorenz-Strom. Bei dem indianischen Stamm der Algonkins fand er Aufnahme und aufmerksame Zuhörer. Trotz der Kürze seines Aufenthalts, von 1625–1628, gelang ihm die Gründung einer Missionsstation am Huron-See.

Bei der Belagerung Quebecs, im Jahre 1629 durch die Engländer, wurden alle französischen Glaubensboten festgenommen und des Landes verwiesen. Auch Jean de Brébeuf mußte in seine französische Ordensprovinz zurückkehren. Nach diesem unfreiwilligen Studienaufenthalt in Frankreich schiffte er sich im März 1633 in Dieppe ein und landete am 22. Mai desselben Jahres wieder in Kanada. Von neuem begann er seine Mission unter den Huronen. Er gründete mehrere Stationen, erarbeitete ein Wörterbuch und eine Grammatik der Huronensprache und schrieb einen Katechismus in diesem indianischen Dialekt.

Beim Kampf der heidnischen Irokesen gegen die überwiegend christlichen Huronen wurde auch Jean de Brébeuf gefangengenommen und starb am 16. März 1649 nach langen qualvollen Martern.

In Jean de Brébeuf vereinigten sich ganz verschiedene Talente. Er war Organisator und Finanzier, sportlich und spirituell, Sprachwissenschaftler und Völkerkundler. Seine größten Tugenden jedoch, mit denen er die Indianer überzeugte, waren Güte und Gelassenheit.

Das Land um den Huron-See in Kanada war die Heimat der Huronen. Der Name ist französischen Ursprungs. Einige meinen, er habe seine Entstehung dem struppigen Kopfhaar dieser Wilden zu verdanken, weil die Franzosen bei ihrem ersten Anblick ausgerufen hätten: »Quelles hures! Welche Strubbelköpfe!« Andere sind der Auffassung, er wäre die Übersetzung des Namens Attignawantam (Attigouantans), d. h. Nation des ours, »Nation der Bären«, den einer ihrer Stämme führte. Vier, später fünf zusammengehörende Stämme bildeten das Volk der Huronen. Im Jahre 1659, kurz vor der Katastrophe, der das Volk zum Opfer fiel, veranstalteten die Jesuiten eine Zählung; sie ergab zweiunddreißig Dörfer oder Weiler mit etwa 700 Häusern, 4000 Familien mit 12000 Erwachsenen und einer Gesamteinwohnerzahl von 20–30000 Seelen. Manche ihrer Dörfer, welche häufig den Einfällen der Irokesen ausgesetzt waren, wurden von rohen Befestigungswerken umgeben. In der Nähe der Dörfer wurde der Wald gerodet, der Boden urbar gemacht. Korn, Bohnen, Kürbisse, Tabak, Sonnenblumen und Huronenhanf pflanzten die Indianerfrauen nicht nur für den eigenen Bedarf, sondern sogar für den Markt und zum Verkauf an andere Stämme an.

Auch ihre Wohnungen waren den gewöhnlichen, aus einem mit Tierfellen bedeckten Stangengerüst bestehenden Wigwams der Indianer weit überlegen, wenn sie auch das einfache Blockhaus der europäischen Ansiedler keineswegs erreichten. Sie hatten Ähnlichkeit mit den Laubgängen unserer Gärten. Ihre Wände bestanden aus einer Doppelreihe junger, starker Bäume, deren obere Enden zusammengebogen und mit Stricken aus Lindenbast verbunden waren. Wie Dachschindeln übereinander gelegte Stücke Eichen- und Fichtenrinde bildeten das Dach und bekleideten die Wände. Ein solcher Bau hatte gewöhnlich eine Länge von zehn bis zwölf Meter; es gab jedoch Huronenhäuser von achtzig Meter Länge. Ein so großes Haus beherbergte oft zwanzig Familien, je zwei Familien lagerten sich im Winter um einen Herd, so daß zehn in einer Reihe lodernde und qualmende Feuer die Wohnung mit Rauch füllten, der nur teilweise durch eine Dachspalte abziehen konnte und das Innere mit einer dicken Rußschicht überzog. Die Dachluke und zu beiden Seiten eine schmale Tür, das waren die einzigen Öffnungen, durch welche Licht und Luft eindringen konnten. Man muß diese rauchgeschwängerte Atmosphäre von Jugend an gewöhnt sein, um sie erträglich zu finden, und auch so erzeugte sie oftmals schlimme Augenübel, ja selbst

Nachkommen der alten Huronen um 1880

Erblindung. In der Sommerzeit lagerten sich die Huronen nicht um die Herdfeuer, sondern auf Pritschen, die längs der Wände liefen und, aus Pflöcken und Flechtwerk hergestellt, mit Matten und Tierfellen bedeckt waren. Unter diesen Lagerstätten bewahrten sie ihren Vorrat an Brennholz auf; darüber hingen an Stangen ihre Waffen, ihre Wampumgürtel, Maiskolben, getrocknete Fische und gedörrtes Büffelfleisch.

Für ihre festen Plätze wählten sie das Ufer des Sees, den jäh abfallenden Gipfel eines Hügels, eine Landspitze am Zusammenfluß zweier Ströme. Nicht zufrieden mit einfachem Wall und Graben, errichteten sie drei- bis vierfache, kreuzweise gestellte Palisaden, die oben mit hölzernen Galerien versehen waren. Große Mühe mußte es den Wilden verursachen, mit ihren Steinäxten die Baumstämme zu diesen Befestigungen zu fällen. Sie brachten es dennoch mit Hilfe des Feuers zustande, indem sie die Bäume rundum langsam anbrannten und das verkohlte Holz mit den stumpfen Werkzeugen weghackten. Ähnlich stellten die Frauen ihre großen hölzernen Maismörser her. Ein Meisterwerk in seiner Art bildete das aus Birkenrinde gefertige Kanu; die Irokesenfahrzeuge kamen ihm weder an Leichtigkeit noch an Festigkeit gleich. Auch die zahlreichen Stein- und Tonpfeifen geben Zeugnis von ihrer Kunstfertigkeit. Wie sie aber die Wampumgürtel mit ihren rohen Werkzeugen verfertigten, ist kaum begreiflich. Die weißen und purpurnen Perlen, die sie aus der Innenseite verschiedener Muscheln anfertigten, durchbohrten und auf Schnüre reihten, waren zugleich ihr Schmuck, ihr Geld, ihr Brief und das Buch ihrer Geschichte.

Die zweite Reise Jean de Brébeufs und seiner Gefährten zu den Huronen war ein Martyrium. Barfuß kauerten die Missionare in den Kanus, um nicht etwa mit ihren schweren Schuhen den dünnen Boden aus Birkenrinde zu beschädigen; mit ungeübter Hand versuchten sie das Ruder zu führen, um den Indianern behilflich zu sein. Die Kähne trennten sich bald, und mehr als einen Monat hatten die Missionare nicht mehr den Trost, sich gegenseitig Mut zusprechen zu können. Pater Brébeuf zählte fünfunddreißig Stellen, an denen sie das Kanu auf ihren Schultern an Stromschnellen und Wasserfällen vorbeitragen mußten; noch öfter hatten sie im Strom zu waten und den Kahn gegen die reißend dahinschießenden Wasser voranzuschieben. Mehr als einmal meinte sogar Brébeuf, seine Kraft reiche nicht mehr aus, und doch hatte er eine eiserne Gesundheit und eine große Energie. Alle Missionare wurden von den Wilden verlassen und verraten. Pater Davost stahlen sie einen Teil seines Gepäcks, warfen seine Bücher und fast alle Schreibmaterialien über Bord und ließen ihn auf der Allumette-Insel zurück. Gezeichnet von fast übermenschlichen Strapazen, erreichte er dennoch endlich das Land der Huronen. Ganz ähnlich erging es Pater Daniel. Jean de Brébeuf wurde erst an den einsamen Ufern des Huron-Sees verlassen. Er fiel auf seine Knie, nicht um zu klagen, sondern um Gott zu danken, daß er ihn bis dahin gnädig geleitet. Dann suchte er die Stelle auf, wo vor Jahren seine Hütte und seine Kapelle gestanden hatten; er fand nur noch verkohlte Pfähle. Die Huronen hatten den Ort verlassen, nachdem dort Stephan Brulé, Brébeufs ehemaliger Dolmetscher, ermordet worden war. Der Missionar schreibt: »Ich sah die Stelle, wo der arme Stephan Brulé in barbarischer und haarsträubender Weise den Tod erlitt; das legte mir den Gedanken nahe, daß man es auch uns eines Tages so machen könnte und rief in mir die Begierde wach, daß wir in diesem Falle die Ehre Gottes vermehren möchten.«

Endlich fand er die neue Huronenstadt Ihonatiria. Die Indianer erkannten ihn und liefen ihm jubelnd entgegen, seinen Huronennamen rufend: »Echom, Echom ist wieder gekommen!«, und führten ihn gastfreundlich in ihre Stadt. Nach und nach trafen auch die beiden anderen Missionare dort ein. »Auf unserer Reise mußten wir durch diese Leiden uns an das Kreuz gewöhnen, welches unser Heiland zu seiner Ehre und zum Heil dieser armen Barbaren uns auferlegt. Es ist wahr, ich fühlte mich manchmal so zerschlagen, daß der Leib nicht mehr konnte. Aber auf der anderen Seite jubelte meine Seele vor übergroßen Tröstungen, indem ich bedachte, daß ich für Gott leide. Niemand versteht das, der es nicht erfahren hat«, so schreibt Pater Brébeuf in seinem Reisebericht.

Ebenfalls eine Frucht dieser Reise, und wahrscheinlich von Jean de Brébeuf entworfen, ist die kurze Unterweisung für Missionare, die sich der Huronenmission widmen wollten. Das Blatt wurde 1638 zu Paris gedruckt.

»Ihr sollt die Indianer wie Brüder lieben, mit denen ihr den Rest eures Lebens zubringen müßt. Laßt sie nie auf euch warten, wenn sie das Kanu besteigen. – Nehmt Feuerstein und Stahl mit, um ihre Pfeifen und abends ihre Feuer anzuzünden, denn diese kleinen Dienstleistungen gewinnen ihr Herz. – Versucht ihren Maisbrei zu essen, wie sie ihn kochen, so unschmackhaft und ekelerregend er auch sei. – Hebt den Saum eures Kleides auf, damit ihr nicht Sand und Wasser mit in den Kahn schleppt. – Tragt im Kanu weder Schuhe noch Strümpfe, doch könnt ihr sie bei den Gängen über Land anziehen. – Hütet euch, auch einzelnen Indianern lästig zu werden. – Tragt schweigend ihre Fehler und zeigt euch immer munter. – Stellt nicht zu viele Fragen an sie. Kauft für sie Fische bei den Indianern, durch deren Gebiet die Reise geht, und nehmt zu diesem Zwecke Pfriemen, Messer, Glasperlen, Angelhaken mit. – Den Indianern gegenüber dürft ihr euch nicht zieren; nehmt gleich, was sie euch bieten; Umstände machen, beleidigt sie. – Achtet darauf, daß euer breiter Hutrand sie im Kahn nicht störe; es wäre vielleicht besser, eine kleine Mütze zu tragen. – Nehmt den Indianern keine Unart übel. Erinnert euch daran, daß ihr Christus und sein Kreuz sucht; wenn ihr irgend etwas anderes wünscht, werdet ihr nur geistige und körperliche Trübsal ernten.«

Zu Ihonatiria siedelten sich die drei Priester an. Die Huronen erbauten ihnen eines ihrer Rindenhäuser; der Bau war etwa zwölf Meter lang und sieben Meter breit. Von außen unterschied er sich nicht von den übrigen Wohnungen der Huronenstadt. Im Innern aber richteten die Missionare sich zum Staunen der Wilden anders ein. Sie teilten das Haus durch Querwände aus Baumrinde in drei Zimmer, die durch Türen abgeschlossen werden konnten. Der erste Raum war eine Art Vorzimmer und zugleich Vorratskammer; der zweite wurde als Küche, Werkstatt, Speisezimmer, Schul- und Schlafzimmer benutzt. Hier brannte in der Mitte nach Huronenart das Feuer, dessen Rauch durch eine Dachluke abziehen konnte. An den Wänden standen auf einer Art Gerüst einige Schränke mit den Meßgewändern und den Werkzeugen der Missionare. Darunter hatten sie sich aus Rindenstücken und Pelzen eine Lagerstätte bereitet. Ein roh gearbeiteter Tisch, ein paar schwerfällige Bänke, eine Handmühle und ein Huronenholzmörser zum Zerstampfen des Maises, endlich eine Wanduhr – das größte Wunder des Huronenreiches – vollendeten die Einrichtung dieses Raumes. Das dritte Zimmer war die Kapelle. Hier stand ein schlichter Altar mit einigen Heiligenbildern und mit dem Tabernakel, in dem der Herr des Himmels und der Erde unter den Gestalten des Brotes seine Wohnung aufgeschlagen hatte und seine Diener mit Trost und Gnade ausstattete, damit sie unverdrossen ihrer harten Arbeit lebten.

Die Wunder des Missionshauses lockten die Huronen scharenweise in die Wohnung der Schwarzröcke. Da war ein Vergrößerungsglas, das einen Floh in ein Ungeheuer verwandelte; eine vervielfältigende Linse, welche aus einem Huronen ihrer elf machte; ein Prisma, das die Farben des Regenbogens an die Wand zauberte; ein Magnet, der kleine Eisenstücke anzog und festhielt; dann die Handmühle, welche die Indianer nicht müde wurden zu drehen. Das größte aller Wunder aber war die Wanduhr, die die Stunden schlug. Die Huronen staunten und staunten. Sie nannten die Uhr den »Häuptling des Tages«, meinten, es sei ein lebendiges Wesen, fragten, was es esse, und hockten stundenlang vor ihr auf dem Boden, um sie »reden zu hören«, wie sie das Schlagen nannten. Als aber einer der vier französischen Schützen, welche der Gouverneur ihnen als Hilfe gegen die Irokesen gesandt hatte, sich den Spaß machte, der Uhr beim letzten Schlag »Halt« zu gebieten und das Schlagwerk nun wirklich ruhte, meinten

Indianer-Hütten am Huronensee

sie, das Ding habe auch Gehör und Verstand. »Was sagt der Häuptling?« fragten sie häufig die Missionare. »Wenn er zwölfmal schlägt, sagt er« ›Hängt den Kessel über das Feuer‹, und wenn er viermal schlägt, sagt er: ›Steht auf und geht nach Hause!‹« antwortete man ihnen.

Tag für Tag bemühten sich die Missionare, die schwierige Huronensprache zu erlernen. Pater Brébeuf gab seinen Mitbrüdern den ersten Unterricht, aber viel wußte er auch nicht, und sie mußten sich im Umgang mit den Wilden ihren Wortschatz erwerben. Das war eine schwierige Methode. Die Patres beklagten sich namentlich darüber, daß man ihnen oft die schmutzigsten Zoten in den Mund legte, wenn sie nach den huronischen Wörtern für geistliche Dinge fragten. Doch ihre Geduld siegte über alles. Bald waren sie imstande, den Kindern Christenlehre zu erteilen, und so oft sie nur konnten, versammelten sie die Dorfjugend in ihrer Hütte. Zuerst sangen sie das Vaterunser, welches Pater Daniel in huronische Reime übersetzt hatte, mit allen Kindern gemeinsam. Denn lehrte der Missionar die Kleinen das Kreuzzeichen, das Ave Maria, das Glaubensbekenntnis, stellte Fragen über den letzten Unterricht und entließ sie endlich mit einer neuen kleinen Aufgabe, nicht ohne vorher diejenigen, welche die besten Antworten gegeben hatten, mit ein paar Glasperlen oder einigen Rosinen zu belohnen. Dadurch entstand ein großer

Eifer unter dem kleinen Huronenvolk, und die Missionare hatten bald den Trost, zu sehen, wie die Kinder in Gruppen die Gebete wiederholten.

Auch der Unterricht der Erwachsenen wurde in Angriff genommen. An Sonntagen durften dem alten Kirchenbrauch gemäß alle Besucher der heiligen Messe bis zur Opferung beiwohnen. Die Ältesten und Häuptlinge wurden ferner zu ganz besonderen Beratungen in das Haus der Missionare berufen. Jean de Brébeuf legte ihnen die christlichen Glaubenswahrheiten vor und forderte sie auf, ihre Bedenken dagegen auszusprechen. Die Zuhörer schienen rasch überzeugt; auf alles antworteten sie: »gut« oder »Du hast recht«. Wenn nun aber der Missionar in sie drang, den Glauben anzunehmen, den sie für gut und wahr erklärt hatten, so kehrte immer die gleiche Antwort wieder: »Der Glaube ist gut für die Franzosen, wir jedoch sind Huronen und haben unsere eigenen Sitten.«

Isaak Jogues

Isaak Jogues, geboren am 10. Januar 1607 in Orléans (Frankreich), Mitglied des Jesuitenordens, reiste zur Unterstützung seines Landsmanns und Mitbruders Jean de Brébeuf nach Kanada.

Dort arbeitete er in der Huronenmission mit. In den Kämpfen zwischen den verschiedenen Indianerstämmen wurde er gefangengenommen, konnte aber fliehen und kehrte für kurze Zeit nach Europa zurück.

1644 ging er erneut nach Kanada, um die Missionstätigkeit wieder aufzunehmen. Die zunächst wohlwollende Gesinnung der Indianer verhärtete sich infolge von Hungersnöten, Mißernten und anderen widrigen Umständen. Sie überfielen Jogues, nahmen ihn gefangen und erschlugen ihn schließlich nach langen Qualen.

Isaak Jogues erlitt den Martertod am 18. Oktober 1646 an der Stelle, wo sich heute die Stadt Auriesville ausdehnt.

Pater Jogues, der sich schon einmal in der Gewalt der Irokesen befunden hatte, wußte, was ihn bei einer neuerlichen Gefangennahme erwartete. Trotzdem ging er in das unruhige Missionsgebiet um den Huron-See zurück. Er hatte Gott versprochen, den Indianern die christliche Botschaft zu bringen, und das Versprechen wollte er, auch wenn er dabei sein Leben verlieren sollte, unbedingt halten.

Der Missionar Isaak Jogues war ebenfalls, nach längerem Wirken unter den Huronen, in die Gefangenschaft der grausamen Irokesen geraten und hat wirklich Schmerzliches erdulden müssen. Kurz nachdem sie ihn gefangen hatten, rissen ihm die Barbaren mit ihren Zähnen fast alle Nägel an Händen und Füßen aus, zerbissen ihm einige Finger und schlugen ihn mit Kolben so gewaltig, daß er halbtot liegen blieb. Dann schleppten sie ihn in ihr Land, fast nackt, ein Bild des Jammers. Dort wurde er von Dorf zu Dorf geführt, überall mit Schlägen empfangen und auf Schaubühnen gebracht, wo ihm mehrere Finger abgeschnitten und Qualen aller Art angetan wurden. Wenn er dann mit wundem Körper in einem elenden Zustand in eine Hütte gebracht wurde, empfingen ihn die Knaben und mißhandelten ihn mit mutwilliger Grausamkeit. Kaum hatte er sich niedergelegt, bewarfen sie ihn mit glühender Asche, weil er der Wärme zu bedürfen schien. Täglich mußte er darauf gefaßt sein, lebendig gebraten zu werden. Die Mißhandlungen nahmen kein Ende. Aber bei all diesen Leiden, welche die menschlichen Kräfte zu übersteigen schienen, verlor er nie den Mut, sondern pries Gott für seine Leiden in Lobgesängen, wie »vexilla Regis prodeunt«; und er, der selbst am Verzweifeln zu sein schien, hörte nicht auf, seine Leidensgenossen, gefangene Franzosen und christliche Huronen, zu trösten, mit einer Liebe, einem Eifer, einer Freudigkeit und einer Seelenruhe, wie sie nur höchste Christenbegeisterung bei solchen Leiden einzugeben vermag. – Ja sogar unter seinen Henkern suchte er das Evangelium auszubreiten, um so mehr, da er längere Zeit als Gefangener unter ihnen leben mußte. Wohl hätte er öfters in die benachbarten belgischen Kolonien entfliehen können, aber obschon er gleich einem Lasttier gehalten wurde, zog er es doch vor, zu bleiben, um wenigstens die Gefangenen, deren immer neue ankamen, trösten, unterrichten, taufen und stärken zu können. Und die härteste Gefangenschaft wurde ihm versüßt durch das Glück, in einem Jahr mehr als siebzig Personen, teils Gefangene, teils Irokesen, getauft zu haben. Erst als er eines Tages erfuhr, daß er unfehlbar bestimmt sei, als

Racheopfer für einige erschlagene Irokesen verbrannt zu werden, beschloß er zu entfliehen, nicht weil er sich scheute, das Märtyrertum zu vollenden, sondern weil er noch mehr zu wirken hoffte. Denn kaum war er nach glücklicher Flucht in Frankreich, wohin er zurückgekehrt war und wo er allgemein bewundert wurde, wieder hergestellt, als es ihn drängte, aufs neue zu den Irokesen zurückzugehen. Aber ehe er noch seine Mission beginnen konnte, wurde er nach grimmiger Mißhandlung von den Wilden erschlagen, weil ihre Medizinmänner ihnen eingeredet hatten, daß er die Pest in das Land bringe.

Vom Krieg der Irokesen gegen die Indianer Kanadas waren die Franzosen zwar nicht betroffen, aber bei der Auslieferung einiger Gefangener im Jahre 1640 gab es einen Zusammenstoß, der die Mohawks in Wut versetzte und zu einem völligen Wechsel ihres Benehmens führte. Von nun an, erklärten sie, sollten Franzosen und Huronen gleich behandelt werden, und Kriegsbanden besetzten alle Wasserverbindungen des Nordens, bereit, beide ihre Waffen fühlen zu lassen. Die Huronenmissionare gerieten dadurch in eine mißliche Lage, und im Jahre 1642 machten sich die Patres Jogues und Raymbaut, welche eben das Kreuz in Michigan aufgepflanzt, nach Quebec auf den Weg, der Gefahr sich wohl bewußt, aber bereit, ihr entgegenzugehen.

Sie erreichten mit ihrem Indianertrupp sicher den Handelsplatz Quebec. Jogues entledigte sich seiner vielfältigen Aufträge, und man trat die Rückreise an. Gott befohlen zogen sie dahin und entdeckten nach zwei Tagen frische Spuren am Ufer. Ungewiß, ob sie von einer freundlichen oder feindlichen Partei waren, befahl Ahasistari, der Anführer der Huronen, in allzu großem Vertrauen auf seine Stärke, die Geleitmannschaft gerade in die Mitte eines Hinterhalts. Eine Salve vom nächsten Ufer durchlöcherte ihre Kanus und enthüllte die Gefahr. Die Huronen eilten ans Land. Der Missionar, nachdem er solange gewartet hatte, um einen Verwundeten in seinem Kanu zu taufen, folgte den Flüchtlingen, fand sich aber bald allein auf der Uferbank, während von fern der Lärm der Verfolger und Verfolgten an sein Ohr drang. Er hätte wohl fliehen können; aber durfte er, ein Diener Christi, die Verwundeten und Sterbenden verlassen? Während er sich umsah, erblickte er mehrere Gefangene in der Obhut

Pater I. Jogues, Gründer der Irokesenmission

weniger Mohawks, ging auf sie zu und ergab sich. Ahasistari und der Franzose Couture hatten einen Teil der Leute in Sicherheit gebracht. Couture, da er den Missionar nicht fand, kehrte zurück, um sein Los zu teilen.

Als die Verfolgung vorüber war, sammelten sich die Mohawk-Krieger allmählich um ihre Gefangenen. Außer Pater Jogues und dem braven Couture war auch René Goupil dabei, vormals ein Novize, nun ein Mitarbeiter der Mission, ein Mann, der sich ohne Hoffnung auf irdische Belohnung in den Dienst des Patres begeben hatte. Ahasistari und neunzehn andere Huronen vollendeten die Gruppe. Die Marter begann. Couture hatte einen Häuptling getötet; er wurde entkleidet, geschlagen und verstümmelt, Jogues, der ihn tröstete, wütend angefallen und geschlagen, bis er ohnmächtig hin-

stürzte. Sie fielen wie die Wölfe über ihn her, rissen ihm die Nägel aus und nagten die Finger bis auf den Knochen ab.

Verfolgung ahnend, zogen die Sieger nun hastig nach ihrem Dorf ab, auf eiligem Marsch durch die Waldöden ihre Gefangenen mit sich schleppend, alle mit Wunden bedeckt, von Hunger, Hitze und nimmer endender Grausamkeit leidend, mit immer sich aufs neue öffnenden Wunden, Pfriemen in ihrem Fleisch, mit ausgerauftem Bart und Haar. Während sie über den Champlainsee fuhren, tauchte ein anderer Trupp auf. Jetzt fühlten sich die Indianer stark, landeten auf einer Insel und errichteten ein Schafott. Doch zunächst bildeten sie eine doppelte Linie, und die Gefangenen, mit Jogues am Schluß, mußten hintereinander durchlaufen, während es Schläge regnete. Der fromme Gottesmann sank zu Boden unter den Keulen und Eisenruten. »Gott allein«, rief er aus, »um dessen Liebe und Verherrlichung es süß und glorreich ist, zu leiden, weiß, welche Grausamkeiten sie damals an meinem armen Leibe verübten.« Zum Blutgerüst geschleppt, wurde er abermals wund geschlagen und gebrannt; seine kaum vernarbten Wunden klafften aufs neue, seine noch übrigen Nägel wurden beinahe alle ausgerissen und die Hände so ausgerenkt, daß sie nie wieder ihre natürliche Haltung annahmen. Unter all diesen Prüfungen schwieg der Glaubensbote. Sein eigner Schmerz verstummte vor dem Kummer um seine Genossen im Unglück und um die Huronenkirche, deren älteste Mitglieder nun ihrem Tod entgegensahen.

Ein neuer Trupp am Champlainsee brachte neue Grausamkeiten. Sie verließen nun den See, traten die Fußreise an und kamen am 14. August an das erste Mohawkdorf. Der Freudenschrei der Krieger, als sie aus Waldestiefe auftauchten, wurde im Dorf beantwortet. Alle strömten herbei, die Gefangenen in Empfang zu nehmen. Wieder Spießrutenlauf – »dieser schmale Pfad zum Paradies«, wieder Keulen und Eisenstäbe, wieder das Martergerüst, wo neue Grausamkeiten ihrer harrten! Des Missionars linker Daumen wurde von einem Algonkinsklaven abgehackt; ebenso Renés rechter vermittels einer Muschelschale. Keiner entging der Qual. Die Nacht brachte keine Linderung. An den Boden gefesselt, mit ausgespannten Armen und Beinen, wanden sie sich vergebens, um den glühenden Kohlen zu entgehen, welche Kinder auf sie warfen.

Noch in zwei andere Dörfer geführt, wurde ihnen überall die gleiche Behandlung zuteil; auf dem Blutgerüst im dritten standen bereits die gefangenen Huronen, darunter mehrere Katechumenen. Der Glaubensbote trat zu ihnen. Er hörte den Christen Beichte und andere bereitete er zur Taufe vor. Aber wehe, selbst Gefangener, konnte er sich keinen Tropfen Wasser verschaffen. Da ging just ein Indianer vorüber und warf einen Maisstengel nach ihm; es war Morgen, seine breiten Blätter blitzten im Tau. Die kostbaren Tropfen mit der Hand auffangend, tauft er zwei auf der Stelle, und als sie das Schafott verließen, beim Überschreiten eines Wässerchens, noch einen dritten. Der Anfang der Mission am Mohawk!

Eine Ratsversammlung der Sachems beschloß ihren Tod. Bei weiterer Überlegung wurden jedoch die gefangenen Franzosen aufgespart, und von den Huronen nur drei für den Marterpfahl ausgewählt. Eustach Ahasistari, Pauli und Stephan waren es, die mit der herkömmlichen Barbarei in den Dörfern des Stammes den Martertod erfuhren. Couture ward adoptiert, Pater Jogues und René, um welche sich niemand mehr kümmerte, verfielen in eine Art Wahn, dem sie beinahe erlagen. Vergebens sammelten die barmherzigen Holländer in Fort Oranien eine Summe Geld und sandten Arendt Van Curler, um sie auszulösen. Die Indianer gaben ausweichende Antworten und trügerische Versprechen. Bald darauf kam eine Kriegsbande zurück, welche bei einem Ausfall auf die Franzosen mit Verlust zurückgeworfen worden war. Durch die Niederlage bis zur Raserei aufgestachelt, schrien sie nach Rache. Jogues, in Furcht vor ihren Gewalttätigkeiten, nahm René auf die Seite in ein kleines Gehölz beim Dorf Andagoron mit. Aber des jungen Arztes Los war schon besiegelt. Man hatte ihn auf die Stirne eines Kindes das Kreuz machen sehen, und da die Mohawks von holländischer Bekanntschaft her wußten, das Kreuzzeichen sei kein gutes Zeichen, beschloß man Renés Tod. Jogues und René kehrten eben nach langen Gebeten zum Dorf zurück, da trafen sie schon unterwegs zwei Boten mit dem Befehl, augenblicklich zurückzukehren. Den sicheren Tod vor Augen, begannen sie ihre Rosenkränze zu beten und waren gerade bis an das Spitzpfahlwerk des Dorfes gekommen, als einer der Boten seinen Tomahawk schwang und Renés Schädel spaltete. Jogues, welcher ihn kurz zuvor in die geistliche Gesellschaft aufgenommen, kniete bei ihm nieder, sein Los zu teilen, wurde aber hinweggerissen und sah des geliebten Bruders Opfertod.

Unter Lebensgefahr suchte er sich am nächsten Tag des Leichnams zu versichern, um ihn zu begraben; aber er kam ihm abhanden, und erst im folgenden Frühjahr fand er ihn wieder – ein gebleichtes und zerbrochenes Gebein.

Nun einsam und allein unter den Mohawks, widmete Jogues seine freie Zeit dem geistlichen Trost der in den Dörfern zerstreut lebenden Huronengefangenen. Der Mohawkdialekt war so verschieden vom huronischen, daß er mit den Eingeborenen unmöglich verkehren konnte; und in täglicher Todeserwartung, ohne Schreibmaterial, erachtete er es für nutzlos, einen Vergleich beider Mundarten zu versuchen. Als Sklave zu ihren Jagdgründen mitgeführt, zog er sich schlimme Behandlung und Todesdrohungen durch sein beharrliches Weigern gegen die Berührung von Nahrung zu, welche sie ihrem Götzen Aireskoi weihten. Ebenso verspotteten sie ihn wegen seines Gebetes vor einem rohen Kreuz, das in einen stattlichen Baum eingeschnitten war. Nach getaner Arbeit schweifte er gewöhnlich im Wald herum, sang Psalmen aus der Erinnerung und schnitt den Namen Jesu in die Bäume, um das Land für ihn einweihend in Besitz zu nehmen. Mit erlegtem Wild beladen, ging's dann wieder ins Dorf zurück, um dort, ermattet und erschöpft, neue schnöde Hundearbeit zu beginnen.

Bei alledem erlernte er allmählich die Sprache seiner Herrn, war imstande, sich zu unterhalten, und die Indianer bekamen bald auch Achtung vor ihm. Den guten Eindruck benützend, machte er seine Besuche in den andern Dörfern, taufte Kinder in Todesgefahr, belehrte die Kranken und spendete die göttlichen Heilsmittel, wo nur immer die Gnade Eingang finden mochte. Vor allem brachte er den unglücklichen Kriegsgefangenen, so oft ein neuer Trupp ankam, Hilfe und geistlichen Beistand, bisweilen mitten unter den Flammen, denn er blieb auf dem Todesweg immer an ihrer Seite. Er begann zu akzeptieren, daß dies die Sendung sei, welche der Allmächtige ihm zugewiesen, da alle Bemühungen der Holländer sowie seiner eigenen Landsleute und anderer Indianer hinsichtlich seiner Befreiung fehlschlugen. Wunderbarerweise war er bereits seines Lebens geschont worden, und wunderbar wurde es fortwährend erhalten, trotz der vielen Versuche, dies arme Dasein von des Lebens Tafel wegzutilgen.

Verschiedene Male betrat er mit Indianerbanden die holländische Niederlassung Rensselaerswyck, machte aber keinen Versuch zur Flucht. Hier war es, wo er im August 1643 in zierlichem Latein und in Form eines Briefs an seinen Provinzial die Geschichte seiner Gefangenschaft und Leiden abfaßte; eines der tröstlichen Zeugnisse jener Zeit, ein Dokument voll rührender Einfalt und nicht ohne Erhabenheit. Nachdem er es vollendet hatte, ging er an das Ufer des Hudson, um zu fischen. Bei seiner Rückkehr warnten ihn die Holländer im Dorf und boten ihm die Mittel zur Flucht, denn die Mohawks, welche eben vor Fort Richelieu geschlagen worden waren, hatten Todesdrohungen gegen ihn ausgestoßen. Jogues zauderte – seine Mission hieß Mohawk; erst nach einer Nacht des Gebets willigte er ein. In der folgenden Nacht erhob er sich aus der Schar seiner schlafenden Wächter und stahl sich behutsamen Schritts aus dem Schuppen, wo sie ihr Quartier aufgeschlagen hatten. Aber schon bei den ersten Atemzügen der Freiheit fielen ihn die Indianerhunde an, bissen ihn heftig und weckten ihre Herren mit ihrem Gebell. Nun mußte er umkehren und streckte sich hoffnungslos wieder nieder, doch die Indianer schliefen wieder ein, und gegen Tagesanbruch stand er auf und erreichte den Fluß, wo ein Boot bereitlag. Nach harter Anstrengung erreichte er mit seinem Boot die Strommitte und fuhr bis zur nächsten Biegung. Hier warteten schon die Retter auf ihn.

Als die Mohawks seine Flucht entdeckten, da brach ihre Wut wieder in hellen Flammen aus, da stürmten sie in die holländische Niederlassung, da schwangen sie die Tomahawks in der Luft und begehrten ihren Gefangenen. Van Curler war ein Mann von Wort und blieb fest; als jedoch die Indianer in wilder Raserei die Ansiedlung zu zerstören drohten, setzten die Holländer ihren Gast wieder ans Land, bereit ihn auszuliefern, wenn äußerste Not sie dazu zwänge und wie zu tun in seinem Opfertum Jogues sie selber anflehte. Im Schiff und an Land war er in engem Gewahrsam und litt viel durch schlechte Luft und Vernachlässigung; aber der holländische Kommandant hielt doch tapfer aus. Die Indianer wurden endlich durch Geschenke besänftigt und Jogues sofort nach Neu-Amsterdam (heu-

te New York) geführt. Hier erfuhr er große Güte und wurde vom Statthalter Kieft und von Dominic Megapolensis, seinem beständigen Wohltäter, freudig empfangen, worauf er im November 1643 nach Europa heimsegelte.

Einige Jahre nach diesem Ereignis neigte sich die Gesinnung der Mohawks zum Frieden und die Indianer schickten ihren Gesandten zu den Franzosen. Es war der Häuptling Kiotsaeton; er brachte im Juli 1645 siebzehn Wampumgürtel nach Trois Rivières, als Sinnbild ebensovieler freundlicher Vorschläge. Mit allen Ehrenbezeigungen aufgenommen, überreichte er bei dem öffentlichen Empfang jene indianischen Symbole dem französischen Gouverneur. Die Patres Jogues und Bressani, die Opfer der Irokesengrausamkeit, waren bei der Zusammenkunft auch zugegen, denn keiner von beiden war länger in Europa geblieben als die Notwendigkeit erheischte, zu begierig, auf ihren gefährlichen Posten zurückzukehren! Kiotsaeton entschuldigte den Stamm für die an ihnen verübte Barbarei; und obgleich man seinen Beschönigungen keinen Glauben schenkte, waren doch die Franzosen der nahen Friedensaussicht allzu froh, um der Rache oder des Vorwurfs willen in jene Vergangenheit zurückzugreifen, und die Missionare selbst zeigten es in ihrem Benehmen, daß in ihren Herzen kein Groll Platz habe.

Der Friede kam daher zum Abschluß; die Gesandtschaft reiste nach dem Mohawk ab, um die Genehmigung des Vertrags einzuholen, und der Superior der Missionen trug sich mit einer neuen Sendung unter jenem Stamm.

Zu dieser Gründung wählte er, unter einstimmigem Beifall seiner Räte, einen aus, den das Oberhaupt der Kirche noch während seines Lebens mit dem Titel eines Märtyrers geschmückt; denn als man sich an Innozenz XI. um eine Dispensation wandte, auf daß Pater Jogues mit seinen verstümmelten Händen Messe lesen könne, gewährte er solche mit dem Ausruf: »Das wäre ungerecht, daß ein Märtyrer Christi Christi Blut nicht sollte trinken dürfen!«

Von Montreal aus aufgeboten, bereitete sich der furchtlose Jogues mit Sieur Bourdon zur Mohawkfahrt, weniger als Glaubens-, denn als Staatsbote. Er legte sogar sein geistliches Gewand ab, denn ein Algonkinhäuptling drang darauf, indem er sagte: »Nichts ist im Anfang mehr abstoßend als diese eure Lehre – denn sie scheint ja alles

Am Champlain-See

auszurotten, was dem Menschen das Liebste ist; und da euer langer Rock sie so gut predigt als eure Lippen, so wäre es besser, Ihr ginget im kurzen.«

Am 16. Mai 1646 traten sie die Reise an; an demselben Tag begann auch ein öffentliches Gebet für ihre glückliche Rückkehr. Sie fuhren den Sorel hinauf, glitten zwischen den reizenden Inseln des Champlainsees, der Szene früherer Leiden, dahin, erreichten den Tragplatz des Sees Andiatarocte (heute Lake George) am Vorabend des heiligen Fronleichnamstags und nannten ihn daher »Lac Saint Sacrement«. Den Hudson hinabtreibend, erreichten sie Fort Oranien, von wo aus sich Jogues, nachdem er seinen gütigen Freunden gedankt, nach dem ersten Mohawkdorf namens Onewyiure begab. Die französische Gesandtschaft wurde freudig empfangen, und die Geschenke, welche Pater Jogues der indianischen Sitte gemäß überreichte, wurden in gleicher Anzahl erwidert. Der Friede war somit ratifiziert, und nachdem der Missionar der Familie dieses Stammes, »dem Wolf«, ein Geschenk übergeben hatte, schickte er ein anderes den Indianern von Onondaga durch einige ihrer eben anwesenden Krieger, um den Franzosen den Weg auch in jenen Kanton zu eröffnen.

Das Indianergeleit drängte nun zur Abreise, und man trat sie an, nachdem die Mohawks einen Glaubensboten sich ausgebeten hatten. Angenehm und sicher war die Rückfahrt nach Quebec. Ihre Ankunft erfüllte alles mit Freude; nach wenigen Tagen der Ruhe bereitete der Missionar sich schon zur Rückkehr an den Mohawk vor, als ein neues Hindernis sich zeigte. Kriegsgerüchte kamen in Umlauf; doch noch vor Septemberende bahnte sich das Kanu, welches nunmehr einen Abgesandten des Himmels trug, seinen Weg nach dem Herzen des gegenwärtigen »Reichsstaates« (New York).

Doch beschlich ihn eine gewisse Vorahnung des nahen Endes. »Ibo et non redibo« lauten die prophetischen Worte seines letzten Briefs: Ich werde gehen und nicht zurückkehren. Eine Anzahl Huronen gab ihm das Geleit, aber als sie dem Mohawkland sich näherten, verließen sie ihn einer nach dem andern. Zauderte er? Nein! Als echter Missionar durfte er ein Ding wie Todesfurcht nicht kennen. Mit nur einem treuen Franzosen, Jean Lalande, ging er vorwärts. »Ich würde zu glücklich sein«, hatte er gesagt, »wenn unser Herr mich würdigte, mein Opfer da zu vollenden, wo Er es begonnen, und wenn Er mein paar in diesem Lande vergossenen Blutstropfen zum Handgeld dessen machen möchte, was ich aus jeder Ader meines Leibs und Herzens fürder Ihm zu geben bereit bin.«

Sie arbeiteten sich mühsam weiter; aber kaum waren sie auf die ersten Mohawkbande gestoßen, als auch die allerschlimmsten Befürchtungen sich zu verwirklichen schienen. Schon der erste Blick zeigte den Umschlag im Rat der Irokesen. Die Truppe trug Kriegsschmuck und Kriegsbemalung. Mit einem Freudenschrei bei seinem Anblick stürzten sie auf des Missionars geringe Begleitung, beraubten und banden sie und zogen heimwärts.

Am 17. Oktober 1646 betrat Pater Jogues abermals Gandawagué, den Ort seiner früheren Gefangenschaft. Nicht als gewöhnlicher Kriegsgefangener wurde er behandelt. Als Hexenmeister sollte er den Tod erleiden; denn sie schrieben seinem (von der vorigen Reise zurückgelassenen) Koffer mit den geistlichen Gewändern und dem Altargeschirr die pestartige Seuche, welche ihre Hütten, und die Raupenplage, welche ihre Pflanzungen heimsuchte, zu. Wie er ins Dorf kam, da gab es Faust- und Knüttelschläge, mit Todesdrohungen vermischt. »Morgen sollst du sterben! Fürchte dich nicht! Verbrannt sollst du nicht werden«, riefen sie. »Ihr sollt beide unter unseren Beilen sterben, und eure Köpfe sollen auf die Palisaden gesteckt werden, auf daß eure Brüder, wenn wir sie gefangen einbringen, dieselben sehen können.«

Umsonst war Pater Jogues Bestreben, ihnen die Ungerechtigkeit der Behandlung seiner, als eines Feindes, zu zeigen. Gegen alle Vernunftgründe taub, begannen sie die Schlächterei, indem sie ihm Fleisch von Armen und vom Rücken abschnitten und schrien: »Laß uns sehen, ob dies weiße Fleisch das eines Zauberers ist!« – »Ich bin ein Mensch, gerade wie ihr«, erwiderte der unerschrockene Bekenner Christi, »obschon ich den Tod und eure Martern nicht fürchte. Ich weiß nicht, weshalb ihr mir das Leben nehmt. Ich bin in euer Land gekommen, um den Frieden zu erhalten und das Volk zu bestärken und ihm den Weg zum Himmel zu zeigen, und ihr begegnet mir gleich einem Hund. Fürchtet die Rache des Herrn des Lebens!«

Aber sein Los war trotz der Marter noch nicht besiegelt. Man führte ihn in eine Hütte der Wolf-Familie ab und ließ sein Schicksal eine Zeitlang unentschieden. Es trat ein Rat der Sippschaftshäupter zusammen: die Bärensippe schrie nach seinem Blut; aber Wolf und Schildkröte widersetzten sich dem standhaft, und der Beschluß fiel: sein Leben zu schonen. Doch es war zu spät. Während der Rat in der Nacht tagte, kamen welche von den Bären und luden ihn zum Abendessen ein; er stand auf, um zu folgen, aber kaum hatte sein Schatten die Tür seines verräterischen Wirtes verdunkelt, als ein versteckter Indianer vorwärts sprang und mit einem einzigen Schlag ihn leblos zu Boden streckte. Der edelmütige Arm von Kiotsaeton hatte sich zu seiner Deckung erhoben, hielt aber, obschon tief verwundet, den Schlag nicht auf. Pater Isaak war tödlich getroffen, sein schweres Missionswerk zu Ende! Sein Begleiter teilte sein Schicksal – und die aufgehende Sonne sah ihre Häupter hoch herabschauen von der nördlichen Spitzpfahlwand, während ihre Leiber in den nahen Strom geschleudert wurden.

Pater Isaak Jogues war Gründer der Mohawkmission; aber weniger sein Wirken als sein Leiden gibt ihm eine Stelle in ihren Annalen. Nach seinem Tode wurden ihm Wunder zugeschrieben und beglaubigt; und die Glaubensboten, die später auf seinem Werk aufbauen konnten, schufen an der Stelle seines glorreichen Todes eine glühende Kirchengemeinde, und jene heilige Jungfrau, Katharina Tekakwitha, kam aus diesen Reihen. Sie schrieben solche Wunder der Gnade einzig seinem Blute zu.

Jacques Marquette

Jacques Marquette wurde am 10. Juni 1637 in Laon (Frankreich) geboren. Mit achtzehn Jahren trat er in die Gesellschaft Jesu ein, studierte in Pont à Mousson und verbrachte die in den Ordensregeln vorgeschriebene Zeit als Instruktor in Reims, Charlesville und Langres, bis 1666 sein brennendster Wunsch, in die Mission gehen zu dürfen, erfüllt wurde.

In Kanada angekommen, widmete er sich zunächst intensiv dem Studium der Algonkinsprache und wirkte ab 1669 bei den Huronen am St.-Lorenz-Strom. Im Jahre 1671 gründete er die Station St. Ignace an der Mackinac-Straße. Von hier brach Jacques Marquette zusammen mit L. Jolliet am 13. Mai zu der berühmt gewordenen Expedition auf. Die Männer befuhren erstmals den Mississippi vom Wisconsin bis zum Arkansas und erkundeten als erste Europäer dessen Mündung in den Golf von Mexiko. Nach seiner Rückkehr stellte Marquette sein Reisetagebuch seinem Orden zur Auswertung zur Verfügung. Da Jolliets Karten und Aufzeichnungen verlorengegangen waren, bleibt Marquettes Tagebuch die einzige Quelle dieser Forschungsreise.

Pater Jacques Marquette wandte sich wieder seiner eigentlichen Aufgabe, der Verkündigung des Evangeliums, zu und predigte bei den Indianern in Illinois.

Am 18. Mai 1675 starb Jacques Marquette, noch keine achtunddreißig Jahre alt, in der Nähe der heutigen Stadt Ludington (USA).

In Washington, in der National Hall, steht sein Denkmal, und die Bischofsstadt Marquette in Michigan und die Marquette-University in Milwaukee wurden nach ihm benannt.

Marquettes Drang, in die ausländische Mission geschickt zu werden, und seine Teilnahme an der abenteuerlichen Mississippifahrt beweisen, daß er mit seiner Schulweisheit nicht zufrieden war. Er ging ganz bewußt Wagnisse ein, um neue Erfahrungen zu machen. Durch seine Begründung der Illinoismission initiierte er eine Reihe von Missionsreisen, die die Kenntnis vom Land im Süden des Michigansees wesentlich erweiterten.

Vergegenwärtigen wir uns für einen Augenblick den damaligen Stand der geographischen Kenntnisse über Nordamerika. Auf einer spanischen Karte von 1521 finden wir den Mississippi verzeichnet unter dem Namen »Heilig-Geist-Fluß«. Bernhard Soto hatte ihn auch zu erforschen versucht und war vom Golf von Mexico aus bis zur Arkansasmündung vorgedrungen. Von da an zeigen die Karten weiße Flecken oder Einzeichnungen, denen die Aussagen der Indianer zugrunde lagen oder die einfach der Phantasie des Zeichners entsprungen waren.

Im Norden waren die Missionare und die Händler bis zum Gebiet der großen Seen gekommen. Aber darüber hinaus hatte man sich noch nicht vorgewagt. In welche Ferne sich die neue Welt noch erstrecke, wohin die großen Ströme, von denen man immer hörte, flossen, welche Völker an ihren Ufern wohnten, waren Fragen, welche die unternehmungslustigen Gemüter stets beschäftigt hielten. Gegen 1621 berichten uns die alten Jesuitenmissionare von einem Franzosen Monsieur Nicolet, der den Mississippi gesehen und behauptet haben soll, daß er sich wahrscheinlich in den Stillen Ozean ergieße. Die Jesuiten hatten natürlich Interesse, diese Durchfahrt nach dem Stillen Ozean und damit einen kürzeren Weg nach Japan und China zu finden. Sie verloren nun die Sache nicht mehr aus den Augen. 1662 schreibt Pater Lallemant, daß nach den Angaben der Irokesen die Ontouagannha an einem herrlichen Fluß (dem Ohio) wohnen, der sich in einen See (den Mississippi) ergießt, an welchem man mit Europäern zusammenkommen kann. Der erste, der den Namen »Mississippi« gebraucht, ist Pater Allouez. Nach einer Rundreise über den Michigan-, Huron- und Oberen See von 1665 bis 1667 berichtet er über die Nadouessiouek, daß sie an dem Ufer des »großen Flusses« wohnen, der »Messipi« genannt wird.

1670 fuhr Pater Allouez »auf einem Fluß nach Südwesten, der sich in den großen Strom, genannt Messi-Sipi, ergießt«. 1671 kamen Pater Allouez und Pater Dablon zusammen zu den Illinoisindianern, und sie erfuhren so viel über den Mississippi, daß sie sogar seinen Lauf eine Strecke weit ziemlich genau aufzeichnen konnten. Es war aber dem Jesuitenpater Marquette beschieden, als erster Europäer den König der Flüsse Nordamerikas in seinem ganzen Mittellauf kennenzulernen.

Gerade als Jacques Marquette nach Mackinaw gekommen war, wurde Pater Dablon zum Obern der ganzen Mission von Kanada ernannt. Sofort griff dieser weitblickende Mann die Mississippifrage wieder auf.

Merkwürdigerweise dachte die französische Kolonialregierung zu gleicher Zeit an die Erforschung des großen Flusses. Bisher hatte sie sich nicht sehr intensiv um ihre Kolonie gekümmert. Unter fünf Irokesenstämmen und unter den Wilden am Michigan-, Huron- und Oberen See hatten schon jahrelang die Missionare Gesundheit und Leben geopfert, aber Frankreich besaß dort noch keine einzige Niederlassung, keinen Handelsposten, keine Militärstation. Ein paar verwegene Pelzhändler waren die einzigen Weißen, welche die Pfade der Missionare unter den Rothäuten, nicht immer in wohlwollender Absicht, kreuzten. Nun wurde denn ein gewisser Monsieur Jolliet mit dem schwierigen Unternehmen beauftragt. Ein einziger Mann mit einem einzigen Boot! Das war alles, was die Regierung auf die Forschungsreise schickte!

Monsieur Jolliet wußte sich zu helfen. Er begab sich unverzüglich zu einer Jesuitenstation, und zwar zu Pater Marquette, der schon längst eine Reise zu den Illinoisindianern plante, nicht weniger als sechs indianische Dialekte sprach, mit den Gewohnheiten der Wilden, den Beschwerden einer Reise zu Wasser hinlänglich vertraut war und den Vorzug hatte, mit seiner Jugend einen großen, aber besonnenen Mut zu verbinden.

Jacques Marquette berichtet selbst von den Vorbereitungen dieser Expedition: »Es war das Fest der Unbefleckten Empfängnis 1672, als Monsieur Jolliet bei mir ankam mit dem Befehl des Generalgouverneurs, des Grafen von Frontenac, und mit der Weisung Pater Dablons, daß ich mich an der Erforschung der Mississippi-Länder beteiligen sollte. Ich war entzückt über diese Neuigkeit. Meine Wünsche sollten in Erfüllung gehen, und ich sollte die glückliche Notwendigkeit finden, mein Leben für das Heil dieser armen Völker großen, vielleicht tödlichen Gefahren aussetzen zu dürfen. Der Winter wurde nun damit zugebracht, daß ein genauer Reiseplan entworfen und alle Schwierigkeiten genau überlegt wurden.

Endlich kam der Frühling und damit die Abreise. Wir hatten bald unsere wenigen Habseligkeiten verstaut. Mais und ein Vorrat an getrocknetem Fleisch wurden dazu in die beiden Rindenboote gepackt, und am 17. Mai 1673 verließ ich mit Monsieur Jolliet und noch fünf andern mutigen Männern meine Station, entschlossen, alles zu wagen und alles zu leiden im Dienst eines so glorreichen Unternehmens. Die Aufregung ließ mich die Mühe des Ruderns gar nicht wahrnehmen. In unserer Freude kreuzten wir, wenn auch nicht tollkühn, doch ziemlich verwegen den Michigansee und trafen an der ›Grünen Bai‹ die ersten Indianer.«

Von da ging die Reise weiter über all die Stromschnellen des heutigen Fox River bis zu der Stelle, wo man die Boote nur 2700 Schritte über Land zu tragen braucht, um sie in den neuen Wasserweg, nämlich den Wisconsin, hinunterlassen zu können. Damit hatte Marquette bereits die Wasserscheide zwischen dem Seen- und dem Mississippigebiet glücklich überschritten, und das Christentum begann jetzt seinen Einzug in das Tal des »Großen Flusses«. Die Entdecker fuhren zwischen dem einsamen Ufergelände des Wisconsin langsam gegen Südwesten. Niemand war zu sehen. Kein Laut brach das tiefe, fast unheimliche Stillschweigen. Nur das Plätschern der Ruder wurde gehört, und hie und da drang fern von der Prärie das tiefe Brummen eines Büffels herüber. Endlich am siebten Tag erreichte die Gesellschaft den »Großen Fluß« »mit einer Freude, welche nicht beschrieben werden kann«. Einer der Herzenswünsche des Paters Marquette war erfüllt, und in seiner kindlichen Frömmigkeit nannte er den Strom mit dem Namen der Unbefleckten Emp-

An der Mündung des Wisconsin

fängnis. Nun entfalteten die beiden Birkenboote ihre Segel zu vollem Lauf und begannen ihre Reise den majestätischen Strom hinunter. In rascher Folge flogen die freundlichen Inselchen mit ihrem dichten Buschwerk vorbei, und bald eröffneten sich dem erstaunten Blick der Reisenden die endlosen Ebenen von Illinois und Iowa, bald ferne den Horizont abschließend als ungeheure Weideplätze ungezählter Büffelherden, bald überschattet von riesigen Wäldern. Ungefähr 45 km unterhalb der Mündung des Wisconsin sah man am westlichen Ufer einen Fußpfad sich hinziehen. Marquette und Monsieur Jolliet gingen ihm eine Strecke nach und fanden bald hinter einem Hügel ein großes Dorf am Ufer eines Baches liegen. Der Bach hieß Moingona, woraus die Franzosen Des Moines machten. Pater Marquette und Jolliet waren die ersten Weißen, welche den Boden von Iowa betraten. Als sie von den Wilden bemerkt wurden, kamen ihnen sofort zwei ehrwürdige Greise mit ihren Friedenspfeifen entgegen und führten die Reisenden vor das Zelt des Häuptlings. Dieser empfing sie mit einer selbst für Franzosen ausgesuchten Höflichkeit. Er hob die Hände gen Himmel mit dem Ausruf: »Wie prachtvoll leuchtet die Sonne, o Fremdlinge, da ihr kommt, uns zu besuchen! Unser ganzes Dorf erwartet euch, und in Frieden sollt ihr eintreten in unsere Hütten.«

Das war ernst gemeint. Sechs Tage lang verkündigte Pater Marquette rastlos die Lehre Jesu Christi, und dann nahm er Abschied mit dem festen Versprechen, wiederzukommen. Beim Scheiden wurde er mit einer Friedenspfeife beschenkt, welche ihresgleichen suchte, so herrlich war sie verziert mit den in allen Farben glühenden Federn wilder und seltener Waldvögel. Bald wurden die Ufer steil, und die Boote eilten zwischen senkrechten Felsen im raschen Lauf dahin.

»Auf einmal«, so erzählt Marquette, »sahen wir hoch oben an einer glatten Felswand zwei Ungeheuer gemalt. Die Figuren hatten Hörner gleich einem Ziegenbock, rote Augen, borstige Barthaare, schauderhafte Fratzengesichter, den Körper bedeckt mit Schuppen, dazu einen Wickelschweif, der sich erst um den Kopf, dann zurück um die Beine ringelte und endlich in die Schwanzflossen eines riesigen Fisches auslief. Was das bedeuten sollte, wie es möglich war, in dieser Höhe die Bilder an den Felsen zu malen, war uns ein Rätsel.«

Noch unterhielten sich die Reisenden über dieses Rätsel, als plötzlich die Wasser rasch anzogen und die Boote mit besorgniserregender Geschwindigkeit dahinflogen. Man war jetzt an der Stelle, wo der Missouri ungestüm wie ein Eroberer in den Mississippi eindringt. Als Marquette den großen Missouri, der an der Mündung den Mississippi an Wasserfülle noch übertrifft, erblickte, nahm er sich vor, wenn möglich, diesen Strom entlang gegen Kalifornien und den Stillen Ozean zu durchforschen. Bald erreichten die Reisenden die Mündung des Ohio. Das Röhricht am Ufer wurde nun immer dichter, die Prärien verschwanden, ein Wald von strotzender Fülle und Kraft stieg bis an die Wasser des Flusses herab. Menschen hatten sich, seitdem man die Illinoisindianer verlassen, nicht mehr gezeigt, bis jetzt, nicht weit vom Ohio, ein Trupp Indianer sichtbar wurde. Als diese das Kleid des Priesters erkannten, zeigten sie sich sehr freundlich. Anders war es kurz darauf nahe der Mündung des Arkansas. Dort wurde Pater Marquette plötzlich von einem tobenden Haufen der Metchigameas angehalten. Einige junge Leute versuchten schwimmend die Boote zu erreichen, und plötzlich flog eine Streitaxt über die Köpfe der Reisenden weg. Ein ernster Kampf schien unvermeidlich. Jacques Marquette hatte bereits in allen Indianersprachen, die er verstand, den Wilden zugerufen; dazu schwang er beständig seine Friedenspfeife. Endlich verständigte man sich, und nun wurden die Fremdlinge zum Stamm der Arkansasindianer geleitet.

»Wir hatten jetzt«, so erzählt Pater Marquette, »das Land erreicht, wo die Einwohner niemals Schnee gesehen haben und vom Winter nichts wußten, als daß es dann mehr als sonst regnet. Nach den Aussagen der Wilden konnte der mexikanische Golf nicht mehr als zwei oder drei Tagereisen entfernt sein, und so war es uns klar, daß der Mississippi dort und nicht in den Stillen Ozean mündet. Da nun ein weiteres Vordringen uns in das Gebiet der Spanier und bei den herrschenden Feindseligkeiten wahrscheinlich auch in deren Gefangenschaft gebracht hätte, beschlossen wir, um die Frucht unserer Reise nicht leichtsinnig zu verlieren, zurückzukehren!« Am 17. Juli drehten die kühnen Entdecker ihre Boote nach Norden. Der Rückweg den Fluß hinauf war mühselig. Bei den Peorias blieb Marquette drei Tage und hatte die Freude, ein sterbendes Kind taufen zu können. Es war dies die erste uns bekannte Spendung des heiligen Sakramentes der Taufe an den Ufern des Mississippi.

Im September 1673 trafen die Reisenden wieder in der »Grünen Bai« ein, nachdem sie den »Großen Fluß« auf einer Strecke von fast 1000 km befahren hatten. Nun verwandelte sich unser Forschungsreisender wieder in den einfachen Missionar.

Die Reise von Jacques Marquette hat eine geschichtliche Berühmtheit erlangt, und gewiß mit Recht. Um deren Bedeutung zu erfassen, brauchen wir ja nur einen Blick auf das ungeheure Stromgebiet zu werfen, das der mutige Mann uns erschlossen hat.

Die Erforschung des Mississippi war für die Erdkunde, für den Handel und nicht zuletzt auch für den christlichen Glauben eine Tat mit sehr weitreichenden Folgen. Pater Marquette freute sich nicht lange seines Erfolges. Seine Gesundheit hatte schon während seiner ersten Mississippireise bedeutend gelitten. Nichtsdestoweniger reiste er 1674 noch einmal zu den Illinoisindianern. Als er bei seiner Rückkehr die Mündung des Illinoisflusses erreichte, war es unmöglich, durch den Eisgang zu kommen. Krank und unfähig mußte der Pater den Winter dort unter unsäglichen Leiden zubringen. Erst im

März 1675 gestatteten ihm die Eisverhältnisse, an die Heimreise zu denken. Es ging langsam vorwärts. Anfang April erreichte er todmüde Kaskasia. Er wollte um jeden Preis zu seinen Mitbrüdern nach Mackinaw, um dort zu sterben. Aber am 18. Mai 1675 wurde er so schwach, daß er landen ließ. Während nun seine Gefährten das Boot bargen und Holz sammelten, lag der mutige Mann ganz allein dem Tode nahe unter freiem Himmel in den unermeßlichen Wäldern des fernen Westens. Der Todeskampf begann, und unter den Worten: »Mutter Gottes, gedenke meiner!« starb Pater Jacques Marquette am 19. Mai 1675.

Das Flüßchen, an dessen Ufer er seine erste Grabstätte fand, trägt noch heute den Namen Marquette. Später wurde die Leiche nach Mackinaw gebracht. Dort ruht nun der berühmte Forschungsreisende und große Missionar nahe der Stelle, wo der Michigan- und der Huron-See ihre Wasser vereinigen. Noch nach vielen Jahren wurde von den Indianern, wenn der Sturm sie auf dem See überfiel, Pater Marquette als Retter in der Not angerufen.

Tekakwitha

Zu den wenigen Frauen, die namentlich bekannt Missionsarbeit geleistet haben, gehört die 1656 geborene Indianerin Tekakwitha (Takwita).

Katharina, wie ihr Taufname lautete, war die Tochter eines Irokesen (Mohawk) und einer geraubten Algonkinfrau. Schon im Alter von vier Jahren verlor sie ihre Eltern. Fortan lebte sie bei ihrem Onkel, und in dessen Wigwam lernte sie 1667 durch die Friedensunterhändler (Jesuiten) das Christentum kennen.

Beeindruckt von diesem Glauben, lebte sie von diesem Zeitpunkt an, obwohl noch nicht getauft, wie eine Christin. Mit achtzehn Jahren empfing sie die Taufe und wurde jetzt erst recht Vorbild für alle christlichen Indianer in der Siedlung Caughnawaga. »Die Lilie der Mohawks«, wie Tekakwitha auch genannt wurde, starb 1680 in Caughnawaga.

Tekakwitha hat durch ihr Leben und ihr Gebet viele Indianer

Katharina Tekakwitha

bekehrt oder die im Glauben wankenden gestärkt. Vor allem durch ihr Gebet bewirkte sie viele Wunder. Das Gebet, die Bitte an Gott, gehörte zu ihrem Leben wie die Luft zum Atmen.

Tekakwitha (Takwita, Taufname Katharina) war ein indianisches Mädchen der kanadischen Jesuitenmission, das im Ruf der Heiligkeit starb. Seine Mutter, eine Christin aus dem Stamme der Algonkins, war bei einem Überfall von Irokesen (Mohawks) geraubt und als Sklavin weggeschleppt worden. Ein Krieger des Stammes nahm sie jedoch zur Frau und hatte mit ihr zwei Kinder, einen Sohn und eine Tochter, die er Tekakwitha nannte. Als diese vier Jahre alt war, starben Eltern und Bruder an den Pocken. Auch das Mädchen wurde von der Krankheit ergriffen, genas jedoch. Ein Oheim, Häuptling der »Turteltauben«, nahm es an Kindes Statt an. Als um 1667 drei Jesuiten als Friedensvermittler zu den Mohawks kamen, wohnten sie drei Tage im Wigwam des Oheims der elfjährigen Tekakwitha. Sie war ein zurückhaltendes, aber nachdenkliches Kind, das mit Begier von den Missionaren die erste Botschaft des Christentums empfing. Sie lebte fortan als Christin; doch hatte sie die Taufe nicht erhalten. Verschiedene Aufforderungen, sie solle heiraten, wies sie, mitunter nicht ohne Gefahr für ihr Leben, zurück. Mit achtzehn Jahren sah sie wieder Missionare, als Jesuiten bei den Mohawks eine Mission gründeten. Jetzt ließ sie sich taufen. Doch der Widerstand, den ihr jungfräuliches Leben im Dorf erweckte, veranlaßte sie zu dem Entschluß, mit anderen Christen ihres Stammes zu fliehen. Sie wandte sich nach Prairie de la Madeleine, südlich von Montreal, wo unter Leitung der Gesellchaft Jesu eine Niederlassung von christlichen Irokesen bestand. Dort lebte sie in der Hütte einer christlichen Frau, genannt Tegonhatsihonga, bis zu ihrem Tode. Die Heiligkeit ihres Lebenswandels erregte das Staunen nicht allein der Indianer, sondern auch der Franzosen. Sie besaß auch außerordentliche Gebetsgaben. Das Volk verehrte sie nach ihrem Tode wie eine Heilige. Wallfahrer besuchen ihr Grab zu Caughnawaga, wo Bischof Walworth ihr ein Denkmal setzte. Das dritte Konzil zu Baltimore und das erste zu Quebec 1851 veranlaßte die Einleitung des Seligsprechungsprozesses dieser »Lilie der Mohawks« und »Genovefa von Neu-Frankreich«.

Hier nun ein Auszug aus Franz Weisers Buch „Das Mädchen der Mohawks“:

Am Ostersonntag, dem 18. April 1776, zieht eine kleine Prozession zum Kirchlein von Ganawage. Tekakwitha und zwei andere Mädchen, die zugleich mit ihr das Sakrament empfangen sollen, kommen die Dorfstraße herauf, von ihren Taufpatinnen begleitet. Über den dunklen Blusen und den Kitteln aus Rehleder tragen sie weiße Wolldecken als Mäntel, sonst aber keinen Schmuck.

Die Eltern sind im Wigwam zurückgeblieben; sie können es nicht über sich bringen, Zeugen der Feier zu sein, in der ihre Tochter dem Heidentum abschwört, um sich der Religion des Weißen Mannes anzuschließen. Die anderen Rothäute jedoch, stets begierig nach jeder Abwechslung im grauen Alltag, drängen sich neugierig auf dem freien Platz vor dem Gotteshaus. Die meisten Mädchen haben sogar ihre besten Kleider angezogen; sie wollen den Anlaß benüt-

zen, die bewundernden Blicke der jungen Krieger auf sich zu lenken. Im hellen Sonnenschein bieten die vielfarbigen Kleider, Schleifen und Stirnbänder ein prächtiges Bild.

Die Christen sind, wie immer an hohen Festtagen, überaus großherzig gewesen. Sie haben dem Schwarzrock freudig ihre Schätze geliehen, damit er sie für den Ostersonntag zum Zieren der Kapelle benütze. Die sonst so rohen Holzwände sind mit weichen, glänzenden Biber- und Elchfellen behängt. Den Boden decken Bärenpelze und kunstvoll bemalte Büffelhäute. Im Heiligtum hängen Wampumbänder, deren farbige Perlen im Schein der Kerzen leuchten und sprühen. Blütenzweige und Sträuße aus Feldblumen schmükken den Altar. Der Eingang prangt mit Gewinden aus Tannenreisig. Am Zugang zum Kirchlein hatte schon Pater Boniface eine Doppelreihe von Lindenbäumen gepflanzt. Sie stehen im zarten Grün des neuen Laubes, sind über und über mit Blüten besät, und aus den Kronen klingt das frohe Zwitschern der Vögel.

In der Kapelle drängen sich die Mädchen und Knaben des Chores hinter den Schranken des Altarraumes. Sie sind aufgeregt, nicken einander zu, wagen aber nicht, zu flüstern. Pater de Lamberville hat sie mit viel Geduld und Mühe eingeübt. Diese kleinen Sänger bilden den Stolz der ganzen Siedlung; auch die Heiden eilen herbei und lauschen begeistert, sooft die Kinder beim feierlichen Gottesdienst singen.

Der Priester erwartet Tekakwitha und ihre Gefährtinnen am Tor des Kirchleins. Ihm zur Seite stehen die Altardiener, vier kleine Mohawks in roten Mänteln und weißen Chorhemden. Draußen schiebt sich die Menge möglichst nahe, um ja alles zu sehen und zu hören, denn die Zeremonien der heiligen Handlung beginnen am Eingang des Gotteshauses.

Tekakwitha hat als Taufnamen »Katharina« gewählt. Zum erstenmal wird sie nun so angesprochen, da der Pater die vorgeschriebenen Fragen stellt und die Gebete spricht, die dem Sakrament vorausgehen. Dann schreitet der Zug in die Kirche hinein. Die Christen folgen und nehmen ihre Plätze ein. Im Nu ist das Langhaus mit Gläubigen gefüllt. Die Heiden bleiben draußen stehen, können aber ungehindert durchs Tor und die Fensteröffnungen hineinschauen.

Endlich kommt der große Augenblick, den Tekakwitha mit der ganzen Sehnsucht ihres Herzens ersehnt und erbetet hat. Sie beugt den Kopf über das Becken, und der Pater gießt ihr das Wasser auf die Stirne: »Katharina, ich taufe dich im Namen des Vaters und des Sohnes und des Heiligen Geistes.«

Mit einem weißen Linnentuch über dem Haar und einer brennenden Kerze in der Hand geht sie zur ersten Bank, bläst die Kerze aus und birgt das glühende Gesicht in den Händen. So kniet sie in stillem Gebet, bis auch die beiden anderen Mädchen das Sakrament empfangen haben und sich zu ihr gesellen.

Der Priester geht in den Chorraum, um sich für die Messe anzukleiden. Es ist still im Kirchlein, man kann die bewegten Atemzüge der Gemeinde hören. Von draußen klingt das fröhliche Zwitschern der Vögel. Auf ein Zeichen des Paters ertönt plötzlich aus dreißig Kinderkehlen das herrliche Alleluja der Osterliturgie, darauf der alte Jubelgesang: »Christus ist erstanden.«

Die heilige Messe beginnt. Zum erstenmal darf Tekakwitha ihr beiwohnen. Nun ist sie ein Kind Ravannijos, ein Kind der Kirche durch die Gnade der geistlichen Wiedergeburt im Sakrament. Sie kniet unbeweglich, den Blick auf den Altar gerichtet. Über ihre Wangen rollen Tränen der Freude und tropfen wie Perlen hinab aufs weiße Taufkleid.

Zum Strom des Nordens

Die Christen sprachen einander bei ihrem Taufnamen an, indes die Heiden gewöhnlich beim alten Rufnamen blieben. Die irokesische Form von Katharina war Kateri, und so wurde Tekakwitha meist von den Missionaren und den katholischen Stammesgenossen bezeichnet. Ihre Verwandten wußten gar wohl, wie sie jetzt hieß, vermieden aber hartnäckig das christliche Wort.

Vorerst konnte sie sich ungestört ihres neuen Glücks freuen. Bei der Arbeit im Wigwam, beim Wassertragen und Holzbrechen summte sie leise die Gebetslieder vor sich hin. Mehr als je zuvor war sie bereit, dem Onkel und den Tanten jeden Wunsch von den Augen abzulesen. Zweimal täglich erschien sie zum gemeinsamen Be-

ten im Haus des Großen Geistes. Sonntags wohnte sie der Messe bei. – Dies waren die Flitterwochen ihres Lebens als Christin. Die Verwandten jedoch konnten ihren Ärger nicht länger zurückhalten.

Als sie eines Sonntags nach der Messe heimkommt, ruft Karitha ihr unwirsch zu: »Du bist schon viel zu spät zur Arbeit. Aroson ist bereits unten im Feld. Iß dein Frühstück, dann schleunigst hinaus mit dir! Unsere Maishalme müssen heute tüchtig bewässert werden.«

Sie erschrickt und bittet: »Aber Mutter, heute ist Sonntag. Ich darf keine Arbeit im Feld verrichten; das Gebot des Großen Geistes verbietet es mir.«

»Ha, ha«, kreischt Karitha. »eine schöne Ausrede für faule Christen! Mit solchen Mätzchen darfst du mir nicht kommen.«

Tekakwitha errötet heftig; sie beherrscht sich aber und erwidert freundlich: »Ich werde alles Versäumte einbringen, Mutter. Morgen und die nächsten Tage will ich um so fleißiger arbeiten.«

»Den verlorenen Tag bringst du nicht ein. Doch wie du willst; verweigerst du die Arbeit, dann sollst du auch nicht essen!« Karitha schüttet das heiße Sagamite aus dem Kessel in einen Topf, den sie in ihrem Tragkorb verstaut. »Wenn du heute den ganzen Tag gehungert hast, wirst du am nächsten Sonntag schon vernünftiger sein.« Zornig verläßt sie den Wigwam.

Tekakwitha bleibt fest. Jeden Sonntag muß sie nun ohne Nahrung verbringen. Man erlaubt ihr kein Frühstück und verbietet ihr, sich während des Tages ein Mahl zu bereiten. Vom Essen am Abend ist sie ausgeschlossen. Sie hat den ganzen Tag nichts genossen als eine Handvoll trockener Maiskörner. Während die Familie sich am dampfenden Kessel mit Fleisch, Sagamite und Fettbrühe gütlich tut, kniet sie in stillem Gebet neben ihrem Lager, müde und vom Hunger erschöpft. Sie zeigt keine Spur von Unwillen, ist heiter und gehorsam wie immer. Um ihre Lippen spielt ein Zug herber Entschlossenheit. Der Kampf hat wieder begonnen; sie nimmt ihn mutig auf.

Sobald die Squaws bemerken, daß die Hungerstrafe erfolglos bleibt, fügen sie mehr und mehr Qualen hinzu. Obwohl Kateri im Haushalt fast alle Arbeiten allein tun muß, kann sie ihnen doch nichts recht machen. Sie wird ständig gescholten und von einem Auftrag zum anderen gehetzt. Für die Zeit, die sie in der Kirche

Indianerlager

verbringt, entzieht man ihr einen Teil des täglichen Essens, so daß sie abmagert und oft ganz erschöpft ist.

Sie klagt nie über die grausame Behandlung. Dies macht die Tanten nur um so wütender. »Geh zu deinem Schwarzrock und beklage dich!« ruft Aroson. »Wir werden ihm schon unsere Meinung sagen.«

Tekakwitha schweigt. Sie berichtet dem Pater nie, was sie daheim erdulden muß. Viel später erst erfuhr er es von Leuten, die selbst Heiden waren, und denen Karitha es erzählt hatte. –

Da sie wegen der Pockennarben und der Schwäche ihrer Sehkraft schon von jeher an Scheu und Verlegenheit litt, erscheint sie den Leuten als ein verschüchtertes Mädchen. Im Innern jedoch ist sie alles eher als furchtsam; dies hat sie bereits zur Genüge bewiesen. Die Verwandten aber glauben immer noch, sie könnten ihr durch Drohungen und Verfolgungen beikommen. War es der Einfall Jowaneros oder Karithas, einen Sturm zu entfachen, der ein halbes Jahr dauern sollte?

Als Tekakwitha eines Nachmittags im Frühjahr 1677 zur Kirche geht, fliegt unversehens ein kleiner, dunkler Gegenstand dicht vor ihren Augen über den Weg. Gleich darauf hört sie etwas nahe am Ohr vorbeisausen. Einige Steinchen, mit Wucht geschleudert, treffen sie auf den Rücken. Sie bleibt stehen, schaut umher, sieht aber niemanden. »Offenbar die Tat von übermütigen Jungen«, denkt sie, »die in einem Versteck liegen und Spaß treiben wollen.« Sie geht ruhig weiter.

Diese Angriffe wiederholen sich in unregelmäßigen Zwischenräumen, und stets auf dem Weg zur Kapelle. Ein paar Tage später torkelt ein anscheinend betrunkener Mann aus dem Gebüsch und verstellt ihr den Weg. Er droht mit der Faust, nennt sie eine feige Christin und gebietet ihr umzukehren. Sie schlüpft an ihm vorbei und beginnt zu laufen. Er folgt ihr und ruft ihr gemeine Schimpfworte zu. Kurz vor dem Haus der Mission verschwindet er zwischen den Wigwams.

Atemlos, am ganzen Körper zitternd, tritt sie ins Gotteshaus. Sie hält das Erlebnis für eine zufällige Begegnung. Als sie aber ruhiger nachdenkt, wird es ihr klar, daß diese Dinge nicht Zufall sind, sondern schlau geplante Verfolgung, um sie vom Besuch der Kirche abzuschrecken. Ihre Nerven stählen sich zum geduldigen Widerstand.

Es bedarf der ganzen Kraft ihres Willens, den Vorsatz auszuführen. Bald werden ihr die Kirchgänge zu einer angstvollen Qual. Unversehens tauchen Krieger auf, einzeln, dann zu zweit oder zu dritt. Sind sie wirklich betrunken oder stellen sie sich nur so? Sie drohen ihr mit dem Tomahawk und fluchen über ihre Dummheit, dem Gott der Bleichgesichter nachzulaufen.

Nun, da sie den Zweck dieser Szenen erkennt, bleibt sie unerschrocken, obwohl sie vor Aufregung bebt. Sie spricht kein Wort, mißachtet das Drohen und geht entschlossen weiter; wenn der eine oder andere Mann sie am Arm packt und zurückhalten will, reißt sie sich los. Was sie am meisten verabscheut, ist das rohe Ansinnen dieses oder jenes Burschen, sie solle mit ihm kommen und lieber die Freuden der Unsittlichkeit genießen als dem faden Gebetsplappern beiwohnen.

In manchen heidnischen Langhäusern beginnen die Kinder auf sie zu warten. Sobald sie um die Ecke kommt, gibt ein Junge das Zeichen, Knaben und Mädchen rennen heraus,stellen sich in eine Gruppe zusammen und schauen ihr höhnisch entgegen. Sie machen Grimassen des Ekels, spucken ihr vor die Füße und zischen »Christin!« Kein Zweifel, die Kleinen sind zu diesem Benehmen angestiftet.

Woher diese lächerlichen Versuche, Tekakwitha von der Treue zum Glauben abzuschrecken, da sie doch schon getauft ist? Die Antwort liegt im Wesen der Mohawks. Sie sind so empfindlich gegen jederlei Spott, daß sie alles daransetzen, ihm zu entrinnen, und alles aufgeben, was die Mitmenschen lächerlich oder tadelnswert finden. Die Jesuiten sind durch ihre bittere Erfahrung mit dieser Schwäche der Caniengas bekannt geworden. Nicht nur Frauen, sondern auch tapfere Männer fielen wieder vom Glauben ab, nachdem sie die Taufe empfangen hatten, aus dem einzigen Grund, daß sie die bitteren Vorwürfe und den Spott ihrer Verwandten und Freunde nicht ertragen konnten.

So ist es kein Wunder, daß Kateris Eltern zu diesem Mittel griffen, um ihr das Christentum herabzureißen, als wäre es ein schmutziger Fetzen, den sie gedankenlos übergeworfen hat. Darum dauert das hartnäckige Bemühen auch monatelang und nimmt so verschiedene Formen an. Früher oder später, so denken sie, wird das widerspenstige Mädchen genug haben und ins Heidentum zurückkehren, um von allen Freunden mit Lob und Liebe überschüttet zu werden.

Als aber die Monate vergehen und Kateri unerschütterlich bleibt, ergrimmen sie mehr und mehr. Die Verfolgung wird gefährlicher und gemeiner. Medizinmänner und Zauberer verhöhnen sie und nennen sie eine Hexe, die mit bösen Geistern im Bunde ist. Bei den

Mohawks ist dies der ärgste Schimpf, den man einer Frau antun kann. –

Eines Tages im September, als sie allein im Wigwam ist, kommt ein Krieger hereingestürmt. Sein Gesicht, mit Kriegsfarben bemalt, sieht wie eine Teufelsfratze aus. Er gebärdet sich wie rasend, seine Blicke sprühen vor Wut. Unter Flüchen und Schimpfworten hebt er plötzlich den Tomahawk zum tödlichen Schlag.

Ihre Augen weiten sich in jähem Schreck. Sofort aber faßt sie sich. Sie weicht nicht zurück, ruft nicht um Hilfe, sondern schließt die Lider, kreuzt die Arme vor der Brust und neigt das Haupt. So steht sie und erwartet den Todeshieb.

Der Mann starrt sie entsetzt an. Er hat sie wohl nur an die äußerste Grenze des Schreckens treiben wollen, damit sie in plötzlicher Furcht versprechen soll, ihrem katholischen Glauben zu entsagen. Ihr Mut jedoch entwaffnet ihn und vereitelt seinen Plan. Er zaudert unschlüssig, dann senkt er das Schlachtbeil, wendet sich um und flieht aus dem Wigwam, als wären die bösen Geister hinter ihm her.

Tekakwitha fällt in die Knie und kauert erschöpft am Boden. Sie zittert an allen Gliedern, hat sie doch die volle Qual der Natur durchlitten, die jeder Mensch im Angesicht des nahenden Todes empfindet. Daß der Angriff wahrscheinlich nur ein grausames Spiel war, weiß sie nicht. Obwohl willig, für den Glauben zu sterben, dankt sie doch Ravannijo, daß ihr das Leben wiedergeschenkt ist. Sie birgt das Antlitz in die Hände und weint, bis die peinvolle Erregung sich allmählich legt und die innere Ruhe zurückkehrt.

Nach diesem letzten und grausamsten Versuch, sie vom Christentum wegzureißen, gibt sich Jowanero aufs neue geschlagen. Der bittere Kampf hat in seinen verschiedenen Formen fast ein Jahr lang gedauert. Nun stellt der Häuptling die Verfolgung ein und gebietet den Squaws, die Nichte in Ruhe zu lassen. Er wird sogar wieder freundlich mit ihr, obwohl er seine Abneigung gegen das Christentum bei jeder Gelegenheit offen zeigt.

Die Tanten geben sich nicht so leicht zufrieden. Sie sind durch Tekakwithas Widerstand immer bitterer und boshafter geworden, so daß ihre Stimmung schließlich in richtigen Haß ausartet. Obgleich sie das Mädchen nicht offen quälen, werfen sie ihr doch bei jeder Gelegenheit vor, daß sie keine Liebe und Treue zu ihrem Stamm

Ein Häuptling

habe: »Die Tochter eines Häuptlings, die Christin wird, ist eine Verräterin.« Diese Anklagen schmerzen Kateri zutiefst. Sie ist eine Mohawk mit jeder Faser ihres Wesens und hätte mit Begeisterung auch das Schwerste getan, ihrem Volk zu dienen oder zu helfen. Ihr edler Sinn bäumt sich gegen die Verleumdung auf, zumal die beiden Squaws dieses Gerede in den heidnischen Wigwams herumtragen.

Noch ärger sind die heimtückischen Lügen, die Karitha und Aroson in ihrem verblendeten Grimm durchs ganze Dorf verbreiten. Das Mädchen, so sagen sie, ist eine verstockte Heuchlerin, die nur nach außen so schön tut, daheim aber ihr wahres Gesicht zeigt; sie ist gemein, böswillig und frech; dazu macht sie verheirateten Männern schöne Augen.

Ob dieser Verleumdungen geht Tekakwithas Friede verloren, den sie früher auch in der ärgsten Verfolgung bewahrt hat. Sie bleibt zwar nach außen ruhig, aber das Leben in Ganawage ist ihr engültig verleidet. Immer mehr denkt sie in schlaflosen Nächten an die Menschen im Gebetsdorf am Großen Strom. Dort sind alle Bewohner Christen, leben in brüderlicher Eintracht beisammen und können ungehindert ihrem Glauben folgen. Kein schlechtes Beispiel und keine Gehässigkeit heidnischer Nachbarn stört ihren Frieden.

»Dort muß ich hin!« sagt sie sich. Sie ist am Scheideweg angekommen. Um ihrer Liebe zu Ravannijo willen wird sie die Heimat verlassen. Noch überlegt und betet sie mehrere Tage, bis endlich der Entschluß fest und klar vor ihr steht: sie will ins Dorf des Gebetes flüchten. Nur eine Bedingung stellt sie an sich selbst: der Schwarzrock muß zustimmen, andernfalls will sie in Ganawage bleiben.

Am nächsten Sonntag wartet sie nach der Messe, bis Pater de Lamberville allein ist; dann eilt sie zu ihm und stößt erregt die Bitte heraus: »Vater, ich muß ins Dorf des Gebetes entfliehen! Hier kann ich nicht bleiben, man macht mir das religiöse Leben unmöglich.« Bittend hebt sie die Hände. In ihren Augen liegt das Flehen der gepeinigten Seele.

Der Missionar weiß von den Verfolgungen, die man ihr bereitet hat. Ihm selbst ist bereits die gleiche Einsicht gekommen. Nachdenklich streicht er sich den Bart: »Du hast recht, Kateri. Dein Onkel würde es zwar nie erlauben, aber du bist alt genug, deinen eigenen Weg zu gehen, besonders in einer so wichtigen Sache. Ich erfuhr von einem durchreisenden Oneida, daß der Häuptling Garonjáge in einigen Tagen herkommen wird. Ihm wollen wir deine Bitte vorlegen, und ich habe keinen Zweifel, daß er die richtige Lösung finden wird. Inzwischen mußt du dein Geheimnis bewahren, sonst vereiteln deine Verwandten den Plan.«

Erleichtert atmet sie auf. Der Schwarzrock hat seine Zustimmung gegeben und dadurch ihr Vorhaben besiegelt. Sie dankt ihm und geht zufrieden nach Hause. In den folgenden Tagen arbeitet sie wie immer vom Morgen bis zum Abend und erträgt geduldig die Bosheit der Tanten. Nur der Gedanke, daß sie Jowanero verlassen muß, tut ihr weh. Sie weiß, daß der grimme Onkel ungeachtet seiner Strenge und des rauhen Wesens ihr im Grunde väterlich gesinnt ist.

Im Jahre 1676 wurde das christliche Indianerdorf von La Prairie einige Meilen stromaufwärts verlegt. Im Süden von Montreal, bei den Wirbeln und Schnellen des Sankt Lorenz, rodeten die Indianer den Fichtenwald und pflanzten ihre neuen Maisfelder. Der Ort wurde von den Franzosen »Sault« (Stromschnellen) genannt. Die Rothäute gebrauchten ihre eigene Bezeichnung Conawage (An den Wasserwirbeln). Dieses Wort ist bis heute geblieben; die Weißen schreiben es »Caughnawaga«.

Gegenüber der Insel der Reiher (Ile-aux-Hérons) hatten die Christen ihre Langhäuser am südlichen Ufer des Stromes. In der Mitte ragte das Kirchlein auf; es war dem heiligen Franz Xaver geweiht. Drei Jesuitenpatres wirkten dort als Seelsorger für etwa dreihundert Familien und für die zahlreichen durchreisenden Indianer. Das Dorf bestand zur Hälfte aus Algonkins und Huronen, zur Hälfte aus Irokesen, von denen die meisten Mohawks waren. Vier Häuptlinge – zwei Huronen und zwei Irokesen – führten die Aufsicht über die Siedlung. Einer von ihnen war Josef Ganeagowa, der Große Mohawk. Er war nun ein eifriger Katholik und lebte mit seinem Weibe in glücklicher Ehe.

Der andere Irokesenhäuptling war Ludwig Garonjáge (Himmel) aus dem Stamm der Oneidas. Vor fast dreißig Jahren hatte er an der Marter und Ermordung des berühmten Missionars Jean de Brébeuf mitgewirkt. Er war ein kluger Mann von heiterer Gemütsart, aber hitzig und zu wilden Zornausbrüchen geneigt. Aus diesem Grund hatte er den Kriegsnamen »Himmel« erhalten; dies bedeutete in der Bildsprache der Indianer einen Mann, der bald sonnig und heiter, bald gewitterhaft stürmisch ist. Die Bleichgesichter nannten ihn »Gluthaufen« (Cendre Chaude).

Nach seiner Bekehrung entfachte das innere Feuer nicht mehr die Flammen des Zornes: statt dessen trieb es ihn zum begeisterten Wirken für die Mission. Jedes Jahr unternahm er die weite Reise zurück ins Land der Irokesen. Dort besuchte er die größeren Siedlungen, sprach im Rat der Häuptlinge über das Glück des Glaubens und ermunterte die Einwohner, Christen zu werden. Als einer der tapfersten Kriegshäuptlinge der Kanonsoni hatte er mit seinen zündenden Worten großen Erfolg. Nach jedem seiner Besuche meldeten sich einige Männer als Taufbewerber beim Schwarzrock. Die verstockten Heiden sahen ihn ungern, konnten aber sein Kommen nicht hindern.

Im August machte er sich zur jährlichen Reise bereit. Gewöhnlich nahm er zwei Begleiter mit, die ihm beim Kanufahren und Jagen helfen sollten. Diesmal boten sich Onas und ein Hurone namens Jakob als Gefährten an. Onas und Onida hatten von der Verfolgung gehört, die Kateri in Ganawage erlitt; sie wollten ihr nun zu Hilfe kommen und sie bewegen, nach dem Gebetsdorf zu entfliehen. Als Onas mit dem Häuptling darüber sprach, begeisterte sich dieser sogleich für den Plan und versprach sein Mitwirken. –

Nach einer Reise von zwei Wochen kamen die drei Rothäute in Ganawage an. Sie stiegen erst ans Land, als es schon dunkel war. Onas eilte heimlich zum Haus eines befreundeten Christen; er wollte nicht in der Siedlung gesehen werden, damit Jowanero keinen Verdacht schöpfe. Die beiden Männer kannten einander persönlich nicht, doch hätten die Leute im Dorf die Kunde verbreiten können, daß Tekakwithas Schwager gekommen sei. Garonjáge und der Hurone gingen zum Wigwam der Mission. Pater de Lamberville war hoch erfreut über den Besuch. Er wies ihnen im Haus der Gäste ihre Lagerstätten an; dann aßen sie das Nachtmahl und hockten plaudernd um die Feuerstelle.

Als der Schwarzrock den Wunsch Kateris erwähnte, nach Caughnawaga zu fliehen, berichtete Garonjáge, daß Onas zum gleichen Zweck mitgereist sei, nämlich ihr bei der Flucht zu helfen. »Ravannijo hat uns zur rechten Zeit gesandt«, meinte er. »Übermorgen, vor Tagesanbruch, fahre ich weiter zu meinem Stamm nach Onejútga. Onas und Jakob können zur gleichen Zeit mit Tekakwitha nach dem Dorf des Gebetes abreisen. Sie werden das Mädchen auf dem Wege treu behüten.«

Der Plan war bald in allen Einzelheiten geklärt und abgemacht. »Es trifft sich gut«, sagte der Pater, »daß Jowanero eben auf einige Tage zu den Holländern gegangen ist. Das erleichtert die Flucht. Ihr könnt morgen mit Kateri sprechen und ihr mitteilen, was beschlossen wurde.«

Sommerlager kanadischer Indianer

Nach dem Gottesdienst am nächsten Morgen erfuhr Kateri von Garonjáge, daß die Stunde ihrer Flucht nahe sei. Er trug ihr auf, nur die warme Manteldecke mitzunehmen; alles andere solle sie zurücklassen, damit die Tanten sie nicht des Diebstahls beschuldigen könnten. Für die Verpflegung auf dem Weg würden Onas und Jakob sorgen.

Sie nahm vom Missionar Abschied und erbat seinen Segen. Er gab ihr auch einen versiegelten Brief mit, den sie bei der Ankunft in Caughnawaga dem Seelsorger, Pater Cholenec, übergeben sollte. Darin stand geschrieben: »Kateri Tekakwitha kommt in Ihre Ge-

meinde. Wollen Sie so gütig sein, sich ihrer anzunehmen? Sie werden bald sehen, welch ein kostbares Kleinod wir Ihnen gesandt haben. Möge sie unter Ihrer geistlichen Führung zur Ehre Gottes in der Tugend und Heiligung voranschreiten; ihre Seele ist dem Herrn sehr nahe.« –

Kateri arbeitete den ganzen Tag, wie immer. Sie mußte sich Gewalt antun, die innere Erregung zu verbergen. Während der Nacht konnte sie kaum Schlummer finden. Ihr Herz war zum Zerspringen voll von Glück und Leid; von Glück, weil ihr nun der heißersehnte Friede bevorstand; von Leid, weil der Abschied von der Heimat sie mit Wehmut erfüllte. Sie liebte das schöne Mohawk-Tal mit seinen Hügeln, Wiesen und Wäldern und dem blauen, schäumenden Fluß. Hier hatte sie ihre Kinderjahre verbracht mit den sonnigen Stunden, die für immer in ihrem Gedächtnis bleiben würden, auch wenn die traurigen Erlebnisse längst vergessen waren.

Die Mondsichel steht noch gelb am Himmel, als aus dem nahen Wald dreimal der Schrei eines Käuzchens erklingt. Dies ist das verabredete Zeichen. Tekakwitha erhebt sich eilends, legt den Mantel um, schlüpft in die Mokassins und macht andächtig das Kreuzzeichen. Dann schleicht sie an den schlafenden Tanten vorbei zur Tür und schlüpft ins Freie. Draußen streichelt sie den Hund, der sich vom Schlaf erhoben hat, und befiehlt ihm leise, sich wieder hinzulegen. Das Tier ist enttäuscht, gehorcht aber und schaut ihr nach, bis sie hinter der Ecke des Hauses verschwunden ist.

Am dunklen Waldrand gesellen sich die beiden Männer zu ihr. Lautlos, wie Schatten, gehen sie auf dem ausgetretenen Pfad hinab zum Fluß, wo das Kanu im Ufergebüsch bereitliegt. Die Gefährten helfen ihr ins Boot, dann springen sie selbst hinein und stoßen ab. Das Wasser plätschert unter den kräftigen Ruderstößen, doch der rauschende Strom verschlingt das kleine Geräusch. Bald sind sie weit unten im Mohawk-Tal. Ganawage ist nicht mehr zu sehen. Vor ihnen leuchtet am östlichen Horizont der erste Schein des Morgengrauens. –

15. Kapitel

Schwarze Fürsten, schwarze Sklaven: Mission im Kongo und unter den Negersklaven

Zwei Männern der Kirche, die sich in weit auseinander liegenden Gebieten um die Seelen ihrer dunkelhäutigen Mitmenschen bemühten, ist das folgende Kapitel gewidmet: der Jesuit Petrus Claver nahm sich in Südamerika der Negersklaven an, der Kapuziner Cavazzi wirkte im Kongo. Dabei ist hervorzuheben, daß die eigentliche Missionierung Afrikas, die ja vorwiegend in späterer Zeit erfolgte, im zweiten Band dieses Werkes behandelt wird.

Wir müssen feststellen, daß noch bis weit in die Neuzeit hinein die offizielle Kirche die Haltung von Sklaven für durchaus vereinbar mit der katholischen Lehre hielt. In römischer Zeit hatten auch die Christen Sklaven, aus dem vierten Jahrhundert ist von vielen Sklaven als Kirchengut die Rede, und noch im späten Mittelalter gab es zumindest Leibeigene als Kloster- und Kirchenbesitz.

Auch die christlichen Kulturstaaten sahen lange keine Veranlassung, auf den einträglichen Sklavenhandel zu verzichten. In Frankreich etwa war früh schon Lyon ein Umschlageplatz, wo das Geschäft mit Sklaven aus dem Osten Deutschlands und den aus Spanien verschleppten Mauren blühte. In Rom verhökerten die Venezianer Christensklaven nach dem Orient und die Spanier kriegsgefangene oder durch Seeraub erbeutete Mauren. Erst gegen Ende des dreizehnten Jahrhunderts endete in diesen Ländern der Sklavenhandel; auf der Pyrenäenhalbinsel dagegen blieb er noch für Jahrhunderte im Schwange und versorgte die süd- und westeuropäischen Sklavenmärkte mit Mauren, von denen noch zu Anfang des sechzehnten Jahrhunderts in Spanien und Portugal selbst Tausende als Sklaven lebten.

Ein starkes Anwachsen der Versklavung vor allem von Afrikanern begann mit der Entwicklung der europäischen Kolonien in Übersee. Seit etwa 1480 verfrachteten die Portugiesen von der Küste von Guinea aus Negersklaven in ihre Zuckerrohrpflanzungen auf den der westafrikanischen Küste vorgelagerten Inseln. Seit 1506 brachten die Spanier Negersklaven in ihre südamerikanischen Besitzungen, und 1511 erlaubte die Handelskammer von Sevilla ausdrücklich den »Direktimport« von Schwarzen in die Kolonien »Neuspaniens«. Ausgerechnet der menschenfreundliche Las Casas förderte dann nachdrücklich den Handel mit diesen armen Menschen: Er war nämlich überzeugt davon, daß sie den Strapazen der Feldarbeit in Südamerika viel besser gewachsen seien als die dortigen Indianer, die er schützen wollte, und konnte 1517 eine Verfügung Kaiser Karls V. erwirken, derzufolge die südamerikanischen Ureinwohner von solchen Arbeiten freizustellen und durch Negersklaven zu ersetzen seien.

Der Sklavenhandel war ein Privileg, das man erwerben und weiterverkaufen konnte: Von Karl V. hatte es für acht Jahre der Marquis de la Bresa erhalten, der es dann an die Genuesen verkaufte, denen es aber die Portugiesen abjagten. Im siebzehnten und achtzehnten Jahrhundert dann gründeten die Holländer, Franzosen, Engländer, Portugiesen und auch die nordischen Staaten an den Küsten Afrikas ausdrücklich für den Sklavenhandel befestigte Stützpunkte.

Spanien selbst hatte das Recht zum alleinigen Sklavenimport in seine Kolonien im März 1713 an England übertragen, das sich dann im Utrechter Frieden vom Juli gleichen Jahres noch einmal bestätigen ließ, daß es innerhalb der nächsten dreißig Jahre 144 000 Negersklaven nach Südamerika liefern dürfe.

Von dieser allgemein verbreiteten Haltung, die den Negersklaven lediglich als Ware betrachtete, hebt sich strahlend die Einstellung des Petrus Claver ab, der in ihnen Mitmenschen sah, deren Los er auch durch die Hinführung zu Christus erleichtern wollte.

Auf ganz gegenteilige Weise wirkte der Kapuzinerpater Cavazzi, um schwarze Menschen dem Christenglauben zu gewinnen oder zu erhalten. Er wurde nämlich im Kongo zum einflußreichen Ratgeber eingeborener Fürsten und konnte so auch beim einfachen Volk viel erreichen. Freilich war Cavazzi nicht der Begründer der Kongomission. In diesem bedeutenden afrikanischen Königreich war vielmehr – nachdem schon seit 1482 enge Beziehungen zu Portugal bestanden hatten, die übrigens ungewöhnlicherweise auf der Basis völliger Gleichberechtigung beruhten – schon seit 1490 die Christianisierung mit eigener Kirche und eigenem Klerus erfolgt, und seit 1491 regierte Johann I. als erster christlicher König. Im siebzehnten Jahrhundert aber muß bereits ein zunehmender Verfall registriert werden – und diesem wirkte Cavazzi entgegen, der auch bedeutend ist als Ethnograph und Geschichtsforscher dieser Region. Der Bericht über sein Wirken wirft außerdem ein interessantes erstes Licht auf die Auswirkungen der Bemühungen rivalisierender Glaubensbekenntnisse.

Petrus Claver

Petrus Claver wurde 1580 in Verdú (Katalonien) geboren. Im Jahre 1602 trat er, zweiundzwanzigjährig, in den Jesuitenorden ein und absolvierte das zweijährige Noviziat in Tarragona.

Nach Ablegung der Ordensgelübde schickten ihn seine Oberen zur Weiterbildung zunächst ins Jesuitenkolleg zu Gerona (Spanien) und 1605–1608 zum Philosophiestudium nach Mallorca. Hier lernte er den später heiliggesprochenen Pater A. Rodrigues kennen, und bald verband eine enge Freundschaft die beiden Männer. Rodrigues war es vor allem, der Petrus Claver auf die Negermission aufmerksam machte.

Nach einem zweijährigen Theologiestudium in Barcelona wurde Claver auf eigenen Wunsch nach Westindien geschickt. In der Stadt Santa Fe de Bogotá war Claver, da kein Theologieprofessor dort lebte, zunächst als Laienbruder tätig. Am 19. März 1616 empfing er dann in Cartagena die Priesterweihe.

Cartagena war zu dieser Zeit der wichtigste Umschlagplatz für den Handel mit Negersklaven. Claver, der Rodrigues' Hinweise nicht vergessen hatte, widmete sich sofort nach seiner Weihe in Cartagena ganz der Betreuung und Missionierung der Negersklaven. Er führte keinen Kampf gegen den Sklavenhandel, sondern erniedrigte sich zum »Sklaven der Sklaven«, um ihr menschliches Los zu erleichtern und sie für das Christentum zu gewinnen. Nach eigenen Aussagen hat er während seiner vierzigjährigen Tätigkeit etwa 300 000 Neger getauft.

Die Zeit, in der ihn seine Negerseelsorge nicht beanspruchte, widmete er den anderen Bewohnern der Stadt. Mit Recht trägt er deshalb den Namen »Apostel von Cartagena«. Petrus Claver starb am 8. September 1654 in Cartagena.

Sein Leben ist geprägt von seiner grenzenlosen Liebe zu den Menschen, insbesonders zu den verachteten, ausgebeuteten und rechtlosen Menschen.

Cartagena, eine der wichtigsten Städte in Südamerika (Kolumbien), liegt im Karibischen Meer, zwischen dem Golf von Darien und dem großen Magdalenenstrom. Die Hitze dort ist so außerordentlich, der Regen so häufig, die Luft so ungesund, daß nur Habsucht oder Seeleneifer Fremde dahin locken und ihnen den Aufenthalt erträglich machen können. Mit Beginn des Dezembers bis Ende März herrscht ein ziemlich kalter Ost- oder Nordostwind, der den Fremden, die an ein weniger heißes Klima gewöhnt sind, nicht unangenehm ist. Aber dieser schnelle Wechsel der Temperatur wirkt auf die Gesundheit der eingeborenen Landesbewohner so nachteilig, daß sie viel zu leiden haben. Alle Bäume der Umgegend, besonders auf den Bergen trauern um diese Zeit, welken und verdorren; das flache Land liegt brach; der Boden bringt beinahe nichts hervor. Die übrigen acht Monate gleicht die Sonne einem brennenden unerträglichen Feuer. Die Hitze dringt in die abgelegensten Wohnzimmer und macht sie zu wahren Schwitzbädern. Fremde, die um diese Zeit ankommen, fallen nach und nach in eine Mattigkeit und Entkräftung, die ihnen alle Eßlust nimmt, und fühlen sich auf einmal von so verschiedenen und peinlichen Anfällen ergriffen, daß sie alle Augenblicke zu sterben glauben. Die Regengüsse, die in diesen Monaten in Strömen herabstürzen, machen die Hitze anstatt sie zu mildern noch drückender.

Das Zusammenwirken dieser zwei Ursachen erzeugt wieder andere große Unannehmlichkeiten: ganz ungewöhnliche und unbekannte Krankheiten, die in kurzer Zeit die beste Gesundheit unter-

Cartagena/Kolumbien

graben; zahllose Moskitoschwärme, Mücken und andere fliegende Insekten, gegen welche die dichtesten Kleider nicht schützen und deren grausame Stiche immer giftige und schmerzhafte Blasen zurücklassen; endlich Gewitter von so schrecklichen Donnerschlägen und außerordentlichen Regengüssen begleitet, daß oft viele Menschen dabei umkommen und die stärksten Äste der Kokosbäume wie Streichhölzer zerbrechen. Der Boden selbst ist so unfruchtbar, daß man selbst die notwendigsten Lebensmittel einführen muß. Da aber die vielfältigen Gewitter das nahe Meer sehr stürmisch und gefährlich machen, leidet man oft mitten unter Gold und Silber Mangel am Lebensnotwendigsten.

Doch die Habsucht ließ sich durch diesen, von Natur aus so furchtbaren Himmelsstrich nicht abschrecken. Vielmehr ist der Hafen von Cartagena der allgemeine Sammelplatz verschiedenster Nationen, die der Handel dahin zieht. Das Gold und Silber der beiden Indien (das eigentliche Indien also und »Westindien« = Amerika) fließt da zusammen. Gerade dieses Land ist der Stapelplatz aller Erzeugnisse, die aus Mexiko, Peru, Potosi, Quito und aus den benachbarten Inseln ausgeführt werden.

Unaufhörlich sieht man in Cartagena Schiffe mit zahllosen Negern ankommen. Diesen lastet man alle Arbeiten auf. Man braucht sie in den Bergwerken, zum Landbau, zu den mühsamsten Verrichtungen. Ihr teurer Schweiß ist es, oft selbst ihr Blut, von dem man lebt und mit dem man sich bereichert. Die Handelsleute und Freibeuter kaufen sie an den Küsten von Guinea, Angola und Kongo; ja sie beziehen sie auch aus dem mittleren Afrika, wo diese Unglücklichen einander unaufhörlich bekriegen und von den Siegern als Gefangene gegen Wein, Öl und andere Bedürfnisse, die ihnen fehlen, ausgetauscht werden. Vier Taler ist der gewöhnliche Preis, um den man sie kauft; um zweihundert und noch mehr werden sie in Cartagena wieder verkauft.

Was diese armen Sklaven während ihrer Überfahrt aus Afrika nach Amerika zu leiden haben, das vermag keine Feder zu beschreiben. Ohne Bett, ohne Kleidung, beinahe ohne Nahrung, mit Ketten belastet, in ihrem eigenen Unrat sich wälzend, liegen sie, ohne Unterschied des Alters und Geschlechtes, eng zusammengepreßt, in den untersten Schiffsräumen. Selbst die wilden Tiere werden nicht so mißhandelt wie diese unglücklichen Menschen. Viele sind über ihr schreckliches Los so verzweifelt, daß sie den freiwilligen Hungertod einem so jammervollen Leben vorziehen.

Um diesen Unglücklichen zu helfen, hatte sich Petrus Claver folgenden Plan zurechtgelegt:

So wie ein Schiff mit Negern in den Hafen einlief, wurde er eilends davon in Kenntnis gesetzt. Selbst der Statthalter und die vornehmsten Offiziere bewarben sich mit einer Art Eifersucht um dieses Geschäft. Denn darüber hinaus, daß er dem ersten Überbringer einer so frohen Kunde eine gewisse Anzahl Messen versprach, war man überzeugt, daß man ihm keine größere Freude machen konnte. In der Tat! Im selben Augenblick schien er neu aufzuleben; seine Augen glänzten; sein blasses, eingefallenes Angesicht erhielt wieder die Farbe der Gesundheit. Er warf sich dann auf seine Knie nieder, um Gott für diese Gnade zu danken; erkundigte sich nach der Landessprache, welche die neuen Sklaven redeten; suchte Dolmetscher auf und eilte mit Zwieback, Süßigkeiten, Branntwein, Tabak,

Limonen und anderen schmackhaften Vorräten versehen dem Hafen zu.

Da die meisten glaubten, daß man sie nur in der Absicht nach Amerika führe, um mit ihrem Fett die Schiffe zu kalfatern und die Flaggen mit ihrem Blut zu färben, so wendete er alles an, um ihnen diese Furcht zu nehmen und sie zu beruhigen. Dann teilte er die kleinen Erfrischungen, die er mitgebracht hatte, unter sie aus; und dadurch gewann er sie vollends. Man pflegte daher in dieser Rücksicht zu sagen, erst müsse man mit diesen Leuten durch die Hand, dann mit dem Mund sprechen.

Anfangs erkundigte er sich nach den auf der Seereise geborenen Kindern, um ihnen die Taufe zu erteilen; dann besuchte er die gefährlich Kranken, um sie zur Taufe oder zum Sakrament der Buße vorzubereiten, je nachdem ob sie entweder schon Christen waren oder nicht.

Alle Kranken ließ er seine Liebe und Zärtlichkeit fühlen. Er reinigte sie von ihrem Schmutz; er säuberte ihre Wunden, gab ihnen mit eigener Hand die Speisen in den Mund, umarmte sie, wenn er wegging, und verließ sie so erstaunt, so überrascht über eine Liebe, die sie nicht erwarteten.

Am Tage, da die Neger an Land gebracht wurden, traf Vater Claver immer pünktlich ein, stets versehen mit Lebensmitteln und begleitet von anderen Sklaven, die denselben Dialekt sprachen. Beim Aussteigen reichte er ihnen hilfreich die Hand, die Kranken trug er in seinen Armen heraus und brachte sie auf Wagen, die er eigens dafür hatte bauen lassen. Allen und jedem gab er Beweise, und zwar so lebhafte, so herzliche Beweise seiner Liebe, daß alle, die Zeugen dieser Auftritte waren, von Verwunderung hingerissen wurden. Er verließ sie nicht eher, als bis er sie alle, wie im Triumph in ihre Wohnungen geführt hatte.

Hatte Claver mit seinen Dolmetschern Zeit und Ort für den Unterricht der Neger festgesetzt, so begab er sich genau zur anberaumten Stunde in ihre Häuser. Diese waren aber im Grunde nichts weiter als große Magazine, oder besser gesagt, eine Art langer, feuchter, finsterer, ganz nackter Gefängnisse, in denen sich außer vier Mauern schlechterdings nichts befand. Sie konnten zwar mehrere hundert Neger aufnehmen; aber weil dort normalerweise viel mehr untergebracht waren, mußten sie dicht aneinander liegend den nackten Boden als Lagerstätte benutzen. Die heiße und verpestete Luft, die sich aus so vielen Körpern entwickelte, machte den Aufenthalt darin unerträglich. Wenige Fremde konnten längere Zeit darin verweilen, ohne ohnmächtig zu werden.

Sobald Pater Claver an Ort und Stelle anlangte, ging er zuerst in das Quartier der Kranken. Er fing an, ihnen mit wohlriechendem Wasser das Gesicht zu waschen, um das Umsichgreifen ihrer ansteckenden Ausschläge dadurch zu hemmen; gab ihnen etwas Wein oder andere Getränke, um sie zu stärken. Er beschenkte sie mit Zwieback und kräftigem Zuckerwerk; dann spendete er ihnen jene Sakramente, die sie zu empfangen imstande waren, und verließ sie nicht eher, als bis er sie mit Trost erfüllt und über die Beweise seiner Güte entzückt sah.

Dann begab er sich zu den Gesunden. Er ließ sie alle in einem großen Hof oder an einem andern geräumigen Platz zusammenkommen und errichtete dort einen Altar, auf dem er einige Gemälde aufstellte, um so ungebildeten Menschen einen schwachen Begriff von unseren heiligen Geheimnissen beizubringen. In der Mitte brachte er das Bild des Gekreuzigten an, so daß es ganz besonders in die Augen fiel. Ströme von Blut ergossen sich aus allen Wunden und flossen unten in einem kostbaren Gefäß zusammen; mit tiefer Ehrfurcht sammelte es hier ein Priester, um einen Neger zu taufen, der auf der Erde kniend, in andächtiger Stellung auf diese Gnade wartete. Päpste, Kardinäle, Bischöfe, Fürsten und Könige wohnten der Feierlichkeit bei, mit Freude die Barmherzigkeit des göttlichen Erlösers anbetend, der sein Blut auf diese Weise zum Heil der ganzen Welt vergoß. Rechts von diesem Gemälde erblickte man einige Neger, reich geschmückt und gleichsam schimmernd im Licht der Glorie; diese sollten jene Mitbrüder darstellen, die die Taufe bereits empfangen hatten. Diejenigen, die sich aber geweigert hatten, erschienen auf der linken Seite, ganz verunstaltet und umgeben von häßlichen Ungetümen, die mit weit geöffneten Rachen sie zu verschlingen drohten.

Nachdem er alles auf diese Weise hergerichtet hatte, brachte er selbst für seine Dolmetscher Stühle herbei. Und damit auch seine Neger das Wort Gottes bequemer anhören konnten, so suchte er

Der heilige Petrus Claver, Apostel der Negersklaven

Bänke, Bretter und Strohmatten zusammen, stellte und legte sie sorgfältig um den Altar herum. Dies alles tat er mit einer so frohen Miene, mit einer so liebenswürdigen Geschäftigkeit, daß ihm die armen Sklaven ihre Dankbarkeit dafür nicht genug bezeigen konnten. Dem männlichen Geschlecht wies er seinen Platz auf der rechten, den Frauen auf der linken Seite an.

Glaubte Vater Claver, seine Neger hinlänglich unterrichtet zu haben, so bestimmte er einen Tag, um ihnen das Sakrament der Taufe zu erteilen. Er stellte dann immer zehn Menschen zu einer Gruppe zusammen und gab auch immer je zehn denselben Namen, damit sie sich diesen desto besser merkten. Zuerst taufte er die Kinder, dann die Jünglinge und Männer; und zuletzt die Frauen und Mädchen. Bevor er aber zu dieser feierlichen Handlung schritt, warf er sich auf seine Knie nieder, um für diese armen, durch das Blut Jesu Christi erlösten Seelen ein feuriges Gebet zu Gott emporzusenden. Er opferte sie ihm alle auf und beschwor ihn, sie zu reinigen durch sein kostbares Blut. Dann erhob er sich mit der Miene eines gottbegeisterten Mannes. Mit leuchtendem Antlitz näherte er sich den Täuflingen, begleitet von einem Dolmetscher, der die notwendigen Fragen stellen mußte, und von einem christlichen Neger als Paten.

Die Hände kreuzweis auf die Brust gelegt, mußte der Täufling sich auf die Knie niederlassen, und der Vater Claver, auf das im silbernen Gefäß enthaltene Wasser hinweisend, das ihm die erwartete Gnade mitteilen sollte, sprach durch den Dolmetscher zu ihm: »Sieh hier das heilbringende Wasser, das in Kraft der Verdienste Jesu Christi die Seele abwäscht, reinigt und glänzend wie die Sonne macht! Sieh hier die Quelle der Gnade, die wahre Kinder Gottes erschafft und ihnen das Recht auf das Reich seiner Glorie gibt! Aber um einer solchen Gunsterweisung sich würdig zu machen, muß man die Sünden bereuen, muß man den Teufel und den Lehren der Welt entsagen. Tust du das von ganzem Herzen? Glaubst du an Jesus Christus? Willst du in seine Kirche eingehen und die Taufe empfangen?« Diese Worte wiederholte er zwei- bis dreimal, und hatte der Täufling sie in zufriedenstellender Weise beantwortet, so spendete er ihm das heilige Sakrament und hing ihm dann die Medaille mit dem Namen Jesu und Maria um den Hals, zum Unterschied von den noch nicht Getauften.

Cavazzi

Johannes Antonius a Montecuccolo, der am 13. Oktober des Jahres 1621 in Montecuccolo geboren wurde, trug als Kapuzinermissionar den Namen Cavazzi.

Wann er in den Kapuzinerorden eintrat, ist unbekannt. Sicher ist, daß er in den Jahren 1654 bis 1668 und 1673 bis 1678 als Missionar in Afrika wirkte.

In Angola, Matamba und im Kongo verkündete er das Evangelium. Im Auftrag seines Ordens schrieb der offensichtlich wissenschaftlich ausgebildete Cavazzi die Geschichte der Länder auf, in denen er missionierte, die »Istorica descrizione de' tre regni Congo, Matamba et Angola«. Sie enthält wertvolle geographische und ethnographische Angaben und ist die wichtigste Quelle für die Geschichte der Kongomission im 17. Jahrhundert. Cavazzi starb am 18. Juli 1678 in Genua.

Der Missionar saß oft im Kreis der Eingeborenen und hörte ihren Erzählungen zu. Er achtete die ihm fremd anmutenden Lebensgewohnheiten, und die Menschen dankten es ihm, indem sie Cavazzi vieles erzählten und zeigten. Der Missionar wiederum berichtete von Jesus, der alle Menschen durch seinen Tod erlöst hatte. So war sein Wirken erfüllt von ständigem Geben und Nehmen.

Sein ganzes Leben lang eiferte Alvarus II., der König des Kongo, für die größere Ehre Gottes und das Wohl der kongolesischen Kirche, die auch, seit wieder ein neuer Bischof mit einer bedeutenden Verstärkung an Missionaren angelangt war, bald nicht nur wieder den früheren glücklichen Stand erreichte, sondern während der siebenundzwanzig Regierungsjahre des guten Königs Alvarus II. sich weiter ausbreitete und festigte. Ebenso günstige Aussichten bot der Regierungsantritt seines Sohnes Bernard 1614, der aber kaum ein Jahr auf dem Thron saß. Doch auch sein Bruder Alvarus III., der ihm nachfolgte, war ein guter Fürst, welcher sich der christlichen Sache mit allem Eifer annahm und in seinen Bemühungen besonders von neu angekommenen Jesuiten unterstützt wurde. Um das Christentum im Kongo noch mehr zu beleben, ließ er eine feierliche Gesandtschaft an den Papst abgehen, damit der Heilige Vater neue

Maßregeln zur Förderung des Glaubens treffen möchte. Mit Freude willigte der Papst in die Wünsche des Königs ein. Nur einen Wunsch konnte er dem Fürst nicht erfüllen: die Bitte um Kapuzinermissionare.

Es wäre dies freilich sehr wünschenswert gewesen, weil man nicht genug Priester in das weite Land schicken konnte. Indes genügten doch die Anstrengungen der übrigen Missionare, um den Glauben unter einem so eifrigen Fürsten, wie Alvarus III. und auch seinen hervorragenden Nachfolgern Petrus II., Garzia, Ambrosius und Alvarus IV. (1622–1636), die alle glücklich regierten, aufrechtzuerhalten. Zwar hatte ein schweres Ungewitter gedroht, als die Portugiesen mit den Kongolesen in einen Krieg gerieten. Aber durch die Klugheit des trefflichen Petrus II. wurde der Frieden zum Frommen des Glaubens schnell wieder hergestellt. Dagegen schien eine schlimmere Zeit mit der Thronbesteigung Alvarus V. zu kommen. Sogar seine eigene Familie erhob sich gegen ihn. Jedoch zeigte sein siegreicher Nachfolger Alvarus VI. eine gute Gesinnung, und es war daher sehr bedauerlich, daß er schon 1646 von seinem Bruder Garzia II. gewaltsam verdrängt wurde. Denn dieser Fürst erwies sich bald als heftigster Feind des Christentums, nachdem er eine kurze Zeit lang einigen Eifer für den Glauben gezeigt hatte.

Gleich zu Anfang seiner Regierung kamen die von seinem Vorgänger längst ersehnten Kapuziner an. Unter diesen befand sich auch Cavazzi. Diese Tatsache war um so erfreulicher, als die ketzerischen Holländer, welche die Portugiesen in diesen Ländern größtenteils verdrängt hatten, alles versuchten, um den ihnen verhaßten »Papismus« zugrunde zu richten. So hinderten sie auch im Kongo nicht nur die Ankunft der Missionare, sondern störten und verkehrten auch in mancher Hinsicht die Missionen. Es war daher die größte Anstrengung von seiten der Katholiken nötig, wenn die kongolesische Kirche erhalten bleiben sollte. Die Kapuziner waren auch ob ihres Mutes, ihres Eifers und ihrer Uneigennützigkeit ganz die rechten Männer dazu, um das wankende Christentum im Kongo zu stützen. Alles, was in ihrer Macht stand, taten sie, um die alten Götter zu stürzen und das Kreuz Christi aufzurichten. Am Hof des Königs und in den Provinzen erfüllten sie alle Pflichten ihres apostolischen Amtes, und es schien auch, als ob sie unter dem Schutz des Königs, der sie

Unter einem prächtigen Kronleuchter empfängt König Alvarus 1642 eine holländische Gesandtschaft

besonders zu lieben schien, reiche Früchte einsammeln würden. Aber dieser Fürst, von Böswilligen umringt und gereizt, erkaltete allmählich gegenüber den Glaubensboten. Ja, er schöpfte Argwohn gegen sie, daß sie Spione der Krone Spaniens seien, und da in einem Schreiben des Papstes nicht auch sein Sohn ausdrücklich als sein Nachfolger anerkannt worden war, so wurde er ganz verbittert, indem er kein höheres Ziel mehr kannte, als seinem Sohn die Thronfolge zu sichern. Mit ebensoviel Liebe wie Mut suchte ihn insbesondere Cavazzi von solch verderblichen Wegen abzubringen, aber vergeblich. Vielmehr verstockte sein Herz immer mehr und, immer tiefer versinkend, verleugnete er sogar den Glauben und begünstigte wieder die Zau-

berer und Götzenpriester, so daß das Heidentum die Übermacht erlangte. Glücklicherweise blieben einige Stammeshäuptlinge der bedeutendsten Provinzen und mit ihnen ihre Untergebenen dem Christentum treu, und die Kapuziner unterstützten sie in diesem Tun.

Ja, diese trefflichen Missionare unter Führung von Cavazzi machten sogar in einigen Provinzen noch neue Eroberungen und dehnten die Mission, als sie Verstärkung erhielten, bis über die Grenzen des Kongo aus; sie missionierten auch in Angola und Matamba. Aber im allgemeinen machte das Christentum unter der einundzwanzigjährigen Regierung dieses Königs nur Rückschritte, und wenn sich auch viel Rühmliches von den Missionaren dieser Zeit erzählen läßt, so waren doch die Umstände so ungünstig, daß man sich bei den Erfolgen nicht weiter aufzuhalten braucht.

Ein Glück war es, daß in dieser Zeit die Holländer wieder aus diesen Gegenden vertrieben wurden und der katholische Glaube in den siegreichen Portugiesen eine vorzügliche Stütze erhielt.

Diese war um so notwendiger, als auch der nachfolgende König Antonius I. ebenso schlecht wie feindselig gegen das Christentum eingestellt war und es ohne Zweifel verboten hätte, wenn er nicht frühzeitig (1666) in einer Schlacht gegen die Portugiesen, die er zu vernichten dachte, erschlagen worden wäre. Leider taugte auch sein Nachfolger nichts, ein anderer guter König wurde verdrängt, und die Verwirrung dauerte lange, bis endlich wieder die Ordnung und damit glücklichere Zeiten für das Christentum wiederkehrten.

Man kann sich nicht genug wundern, daß das Christentum trotz dieser widrigen Umstände erhalten werden konnte. Gewiß ist dies ein großes Verdienst des Kapuzinerordens, der mit Schweiß und Blut bis auf den heutigen Tag ein Werk gestützt hat, das schon so oft als verloren angesehen wurde.

16. Kapitel

Unter Hindus und Moslems – Missionare in Indien

Die Christianisierung des großen indischen Subkontinents war durch Franz Xaver begonnen worden, dessen Wirken wir schon eingehend gewürdigt haben. Aus mehreren Gründen kommen wir in diesem Kapitel nochmals auf dieses bedeutende Missionsgebiet zurück.

Zum einen geschieht dies, um einen Ausblick auf die weitere Entwicklung zu geben, die in manchem an die Nordamerikas erinnert. Die politische Entwicklung nämlich führte dazu, daß diese Region in den britischen Einflußbereich geriet und die spätere Missionierung in hohem Grade durch nichtkatholische Glaubensrichtungen erfolgte. Hierzu einige Daten historischer Ereignisse:

1525 begründete Baber, ein Nachkomme Dschingis-Khans, in Indien das Reich der Großmogule mit der Hauptstadt Delhi, wodurch das Land weit dem Islam geöffnet wurde. Dennoch erreichte Franz Xaver von Goa aus, seit 1534 Bistum, bedeutende Erfolge.

Von 1556 bis 1605 regierte der Großmogul Akbar, eine der großen Herrschergestalten. Ihm gelang es auch, die Gegensätze zwischen Hindus und Moslems abzubauen – und auch Parsen und Christen gewährte er Religionsfreiheit. Sein Nachfolger war, 1605 bis 1627, Schah Jahangir, dem wiederum Schah Jahan folgte, der Erbauer des berühmten Tadsch Mahal, unter dem das Mogulreich seine höchste Blüte erlebte. Sein Nachfolger Aurangzeb (Aurangseb, Aurangsib), der uns in dem Bericht über das Wirken der Donna Juliana begegnet, regierte von 1658 bis 1707; er war ein fanatischer Anhänger des Islam und verfolgte, auch durch die Zerstörung ihrer Tempel, die Hindus. Schon von der Mitte des siebzehnten Jahrhunderts an spielten die Marathen eine wachsende Rolle und brachten die Mogulherrscher in Schwierigkeiten.

Franz Xaver, Begründer der Indienmission

Am letzten Tag des Jahres 1600 hatte Königin Elisabeth von England der Ostindischen Kompanie ein Privileg für den Indienhandel ausgestellt, und 1612 schlagen dann in einer wichtigen Seeschlacht die Engländer die Portugiesen. Diese werden von den Holländern dann während der Jahre 1638 bis 1658 aus Ceylon verdrängt, die aber ihrerseits von dort wieder 1796 von den Engländern vertrieben werden. Seit dem englisch-französischen Krieg von 1746 bis 1763 geht dann auch Schritt für Schritt der Einfluß der Franzosen zurück und schwindet schließlich endgültig. So ist dann also bald, bis auf einige unbedeutende Küstenniederlassungen, Indien einschließlich Ceylons fest in britischer Hand.

Aber neben dieser Schilderung der politischen Entwicklung, die von so entscheidendem Einfluß auch auf die katholische Glaubensverkündigung war, wollten wir auf Indien auch zurückkommen wegen dreier bedeutender Missionarsgestalten. Zwei von ihnen kommen aus Indien selbst, eine ist eine Frau: Donna Juliana. Diese ungewöhnliche Frau sollte in unserem Buche nicht fehlen, und gleiches gilt auch für ihren indischen Landsmann Joseph Vaz, den Sohn eines christlichen Brahmanen, der zum Apostel Ceylons wurde. Der dritte schließlich ist der italienische Jesuit Robert de Nobili, der auf höchst bemerkenswerte Weise dem Christentum in Indien weitere Verbreitung schaffen wollte: er wurde sozusagen ganz zum Inder, zum Sannyasi (Büßer) und Brahmanen. Da er vor seinen beiden Glaubensgenossen tätig war, stellen wir den Bericht über sein Wirken an den Anfang des Kapitels.

Robert de Nobili

Der genaue Geburtstag des im September 1577 in der kleinen toskanischen Stadt Montepulciano geborenen Robert de Nobili, ist unbekannt. Auch über seine Kindheit und Jugend weiß man sehr wenig.

Im Alter von zwanzig Jahren trat er der Gesellschaft Jesu bei. Nach Beendigung seines Noviziats bat Robert de Nobili, einen Missionsauftrag übernehmen zu dürfen. Daraufhin schickte ihn sein Orden nach Indien.

Ende des Jahres 1606 erreichte er Madurai (Südindien), wo er mehrere Jahrzehnte wirkte. Es gelang ihm, zahlreiche Angehörige der hohen Kasten für das Christentum zu gewinnen. Um von ihnen akzeptiert zu werden, lebte er wie ein indischer Büßer (Sannyasi). Er begegnete den Brahmanen sozusagen auf ihrem eigenen kulturellen Niveau. Robert de Nobili versuchte den Menschen des indischen Subkontinents die Konversion zum europäisch geprägten Glauben zu erleichtern, indem er ihn den Sitten und Gebräuchen der Inder anpaßte.

Die von Robert de Nobili befürwortete Beibehaltung der Hindubräuche und die Kastentrennung blieb selbst im eigenen Orden heftig umstritten. Einer Verurteilung durch Rom entging er nur durch die Fürsprache des Kardinals Bellarmin. In einem Schreiben vom 31. Januar 1623 gestattete Papst Gregor XV. (1621–1623) zunächst ausdrücklich Nobilis Methode. Später setzten sich allerdings die Gegner der missionarischen Akkomodation durch, und im Jahr 1742 bzw. 1744 wurde sie durch Benedikt XIV. (1740–1758) verboten.

Robert de Nobili, der auch ein hervorragender Kenner des Sanskrit und des Tamil (Literatursprache Südindiens und Sri Lankas) war, starb am 16. Januar 1656 in Mylapur (Madras).

Pater Nobili kam den Menschen, die er bekehren wollte, bedingungslos entgegen. Um sie zu verstehen, begann er, sich intensiv mit ihrer Geschichte, Kultur und ihren Lebensformen auseinanderzusetzen. Indem er ihre Lebenshaltung akzeptierte, gelang es ihm, sie für das Christentum zu interessieren und zu gewinnen.

Im Dezember 1606 besuchte der Provinzial der Jesuiten von Malabar die Niederlassung der Mission in Madura. Sein Begleiter, den er Pater Fernandez als Gehilfen zurücklassen wollte, war ein junger Jesuit aus Italien, Pater Robert de Nobili. Mit seltenem Scharfsinn und mit ungewöhnlicher Menschenkenntnis ausgerüstet, begann Robert de Nobili, die traurigen und fast hoffnungslosen Zustände des bisherigen Missionsverfahrens in Madura einer eingehenden Prüfung zu unterziehen. Die Härte und Unempfänglichkeit der Heiden ging ihm zu Herzen; bei seiner Kenntnis des indischen Charakters war ihm bald klar, daß hier große und tiefgehende Vorurteile im Spiele sein müßten, die alle Bemühungen der Missionare vereitelten. Und so war es in der Tat.

Die berühmte Pilgerhalle zu Madura

Die Inder von Madura unterscheiden sich in wesentlichen Punkten von der Bevölkerung der Küsten von Travancore, der Fischerküste, von Ceylon und Japan. Die Bewohner der indischen Küsten hatten durch längeren Verkehr mit Europäern bereits manche Eigentümlichkeiten ihres Charakters abgestreift, das Kastenwesen herrschte hier allerdings auch, aber nicht mit der sonst üblichen Schroffheit; die meistenteils ärmere Bevölkerung kannte nicht den indischen National- und Adelsstolz. Anders in Madura und im Innern des Landes. Hier hatte der indische Adelsstolz namentlich in den höheren Kasten von Madura eine erstaunliche Ausdehnung angenommen. Infolge dieser Voreingenommenheit für ihre nationalen Sitten und Gebräuche galten ihnen alle, die von jenen abwichen, als unreine Wesen, als Menschen, deren Gegenwart, Umgang und Atem entwürdige und besudele. Man wußte von den Portugiesen, daß sie Fleisch äßen, Wein tränken und mit Leuten aus den niedersten Kasten, ja selbst mit den Parias verkehrten, die nach der indischen Etikette als der Auswurf der Menschen betrachtet wurden. Gründe genug für die höheren Kasten von Madura, die Portugiesen als Pranguis zu brandmarken! Prangui ist nach indischen Vorstellungen der Inbegriff alles dessen, was einen Menschen gemein und verächtlich machen kann; ein Prangui unterscheidet sich kaum von einem unreinen Tier. Ein Prangui ist ein Mensch ohne Tugend und Scham, der sich dem Trunk und der Völlerei ergibt, der sich von unreiner Nahrung, selbst von Menschenfleisch nährt, der jeder Wissenschaft bar und ledig nicht einmal irgendeine Religionsübung oder Gottesverehrung kennt. Aus Unkenntnis hatten die Portugiesen die Torheit begangen, diesen Namen Pranguis als die indische Bezeichnung für Europäer, Christen und Portugiesen anzunehmen und sich selbst Pranguis und die christliche Religion die Religion der Pranguis zu nennen. Schon dieser Name allein war das wirksamste Schreckmittel, jeden vornehmen Inder, dem das Ansehen und die Unbeflecktheit seiner Kaste über alles geht, vom Christentum fernzuhalten. Als Christen waren zudem in Madura nur die armen und verachteten Parias bekannt. Christ werden hieß also dem Inder soviel, als sich selbst zu entwürdigen und wegzuwerfen, seine Kaste aufzugeben und sich dem Auswurf der Menschen anzuschließen. Diese Umstände und Vorurteile bildeten das Bollwerk des indischen Heidentums, und daran waren die vierzehnjährigen Arbeiten und Mühen des Paters Gonsalvez Fernandez gescheitert.

Mit dem sicheren Blick des Meisters erkannte de Nobili alsbald den Kernpunkt der Lage. Und zugleich wurde ihm klar, daß der Inder den vermeintlichen Glanz und Adel seiner vornehmen Kaste und die für den bürgerlichen Verkehr geltenden Regeln indischer Höflichkeit und Gesittung nicht missen wollte. Robert de Nobili erwog dies, und sein Entschluß war gefaßt. Dem Beispiel des heiligen Paulus folgend, der allen alles wurde, um alle für Christus zu gewinnen, und nach dem Beispiel des ewigen Wortes selbst, das ja, um die Menschen zu erlösen, die menschliche Natur annahm und als Mensch den Menschen in allem gleich, die Sünde ausgenommen, erfunden werden wollte, sprach Pater Robert de Nobili zu sich selbst: Auch ich will, um die Inder zu retten, ein Inder werden. Er legte seinen Plan und seine Gründe dem Erzbischof von Kranganur und seinem Provinzial vor. Beide billigten sein Vorhaben. Ermutigt durch das Urteil und die Erlaubnis seiner Obern begann er seine missionarische Tätigkeit.

Er tritt den adelsstolzen Indern als Fürst, den Brahmanen als ein Brahmane des Nordens entgegen. Als solcher nimmt er auch die Kleidung und die Lebensweise der vornehmsten Brahmanen an.

Und weil unter den Brahmanen die Sannyasi, die Büßer, im höchsten Ansehen stehen, so entschließt er sich, ein nach indischen Begriffen in so hoher Verehrung stehendes Büßerleben zu führen. Von jetzt an trennte er sich von jeder Berührung mit den niederen Kasten, die ihn ja in den Augen der vornehmen Inder entwürdigt hätte; er ließ sich nur von Brahmanen bedienen, denn nach indischen Vorstellungen befleckt selbst die Nähe und Dienstleistung gemeiner Menschen. Seine Nahrung bestand nach Weise der Sannyasis aus Reis, Milch, Butter, Kräutern und Wasser und durfte nur einmal am Tag genommen werden. Ein blaßgelbes Ober- und Unterkleid, ein weißer oder roter Schleier um seine Schultern, ein Kopfbund nach Art eines Turbans, an den Füßen Sandalen aus Holz mit zwei Zoll hohen Absätzen, die mittels eines Pflockes zwischen den Zehen an den Füßen festgehalten werden mußten (in den Augen der Inder ein kostbarer Fußschmuck, für den Europäer aber ebenso ungewohnt wie schmerzvoll, führt diese Fußbekleidung den treffenden Namen Padacuradhu, Fußzangen) – das war von nun an die Tracht des Brahmanen aus dem Norden, der gekommen war, den Indern den wahren Weg zum Heil zu offenbaren. Als Zeichen der Würde trug er noch die Schnur, die Auszeichnung der höchsten Kaste; anstatt aus drei Fäden, setzte er sie aus fünf zusammen, drei goldenen und zwei silbernen, und befestigte in der Mitte ein Kreuz daran. Der indischen Liebe zum Sinnbildlichen Rechnung tragend, wollte er, daß diese Auszeichnung zugleich den ganzen Inhalt seiner Weisheit darstelle: Die drei Goldfäden sollten die Heilige Dreifaltigkeit bedeuten, die zwei Silberfäden Leib und Seele der anbetungswürdigen Menschheit Christi, das Kreuz dessen Leiden und Tod. Außerdem ließ er sich in dem von den Brahmanen bewohnten Stadtteil auf einem Gebiet, das ihm ein Verwandter des Königs Hermecatti abgetreten hatte, eine Kirche und eine Wohnung erbauen. Dahin zog er sich nun zurück. Um die Verehrung und Hochachtung der Inder zu gewinnen, schloß er sich ganz in seine geheimnisvolle Einsamkeit ein, ging nie aus und ließ äußerst selten einen Besuch zu. Verlangte man den Brahmanen des Nordens zu sprechen, so antwortete der ihn bedienende Schüler, er dürfe den Lehrer jetzt nicht stören, da er ganz in Gebet und Betrachtung des ewigen Gesetzes versunken sei. Diese Zurückhaltung ist für die Inder das unumgänglich notwendige Mittel, die allgemeine Aufmerksamkeit und Neugierde und ein reges Interesse wachzurufen. Erst nach wiederholten Besuchen und nach geraumer Zeit wird der Besuch zugelassen. Robert de Nobili benützte unterdessen diese anfängliche Mußezeit aufs beste. Er studierte die Hof- und Landessprache, das Telengu und Tamulische, und die heilige Sprache der Inder, in der ihre heiligen Bücher abgefaßt sind, das Sanskrit, und las und studierte diese Bücher selbst mit unverdrossenem Eifer. Denn er wollte die Inder und die wissensstolzen Brahmanen mit ihren eigenen Waffen besiegen. Deshalb mußte er sich mit der Lehr- und Anschauungsweise ihrer Wissenschaft und Philosophie vertraut machen, ihre Ansichten und Lehrsätze kennenlernen und sich ihre Ausdruckweise aneignen. Zugleich wollte er in den Veden, den heiligen Schriften der Brahmanen, selbst die Anknüpfungspunkte für das Christentum suchen, aus diesen so hoch verehrten Quellen die Ungereimtheit des Götzendiensts darlegen und eine vernunftgemäße Gottesverehrung als die Brücke zum Christentum daraus ableiten. Mit Hilfe eines Brahmanen, der sein Lehrer im Sanskrit wurde, gelang es ihm, als erstem Europäer, sich eine eingehende Kenntnis der umfangreichen heiligen Sanskritliteratur zu erwerben und dieses in einem Grade, daß er gar bald die Brahmanen selbst in Staunen versetzte durch die Reinheit und Eleganz seiner Sprache und durch die umfassende Belesenheit, mit der er ihnen den Inhalt ihrer heiligen Bücher und die Aussprüche ihrer gefeiertsten Weisen zitierte.

Nach diesen Vorbereitungen glaubte er, den ersten Schritt zur Verkündigung des Evangeliums tun zu können. Er erklärte sich bereit, Besuche zu empfangen und Schüler aufzunehmen. Dabei wurde aber genau das indische Zeremoniell mit all seiner feierlich-ernsten Steifheit eingehalten. Der Pater saß mit gekreuzten Beinen auf einer zwei Fuß hohen und mit einem roten Teppich bedeckten Estrade. Vor ihm war ein zweiter Teppich für den Besuchenden ausgebreitet. Der Eintretende grüßte ihn, indem er die Hände faltete, sie über den Kopf hob und dann unter einer tiefen Verbeugung zu Boden senkte. Auch die Vornehmsten und selbst Personen fürstlichen Standes beobachteten diese Grußweise. Wer aber wünschte, als sein Schüler angenommen zu werden, der wiederholte dreimal diese Ehrfurchtsbezeigung, warf sich dann zur Erde nieder, erhob sich und

Robert de Nobili

blieb vor ihm stehen. Der Ruf von dem neuen Sannyasi verbreitete sich bald in Madura und lockte zahlreiche Neugierige an; selbst der König äußerte mehrmals das Verlangen, ihn zu sehen; doch der Pater hielt es noch nicht an der Zeit, sich bereits so weit in die Öffentlichkeit zu begeben. Man antwortete dem König, der Sannyasi sei in Gebet und Betrachtung versunken und überhaupt vermeide er es, auf die Straße zu gehen, um die Reinheit seiner Augen nicht durch das Begegnen von Frauen zu trüben, ein Grund, der den Indern als Ausdruck der höchsten Tugend und Reinheit galt und ihre Vorstellung von der Heiligkeit des Sannyasis noch steigerte.

Die Art und Weise, wie Pater de Nobili nun anfing, mit den Brahmanen und den höheren Kasten zu verkehren und sie dem Christentum zuzuführen, beschreibt er selbst in den Briefen an seine Oberen. Um uns seine Methode zu veranschaulichen, wollen wir aus diesen hier einige Auszüge bringen. So schreibt er am 24. Dezember 1608 an seinen Provinzial:

»Eines hilft mir namentlich bei den Bekehrungen, nämlich die Kenntnis, die ich von ihren geheimsten Büchern habe. Ich finde darin angegeben, daß man von alters her vier Gesetze oder Veden hatte; drei davon lehren die Brahmanen heute noch, das vierte Gesetz aber war ein geistliches, kraft dessen man das Heil der Erde erlangen konnte. Nun aber ist, so heißt es weiter, dieses vierte Gesetz teilweise mit den drei ersten vermischt, die wichtigsten Teile sind aber gänzlich verlorengegangen, und es hat sich noch kein Mensch gefunden, der weise und heilig genug gewesen wäre, es wieder ausfindig zu machen. Gleicherweise wird in diesen Büchern behauptet, daß keines von den drei Gesetzen das wahre Heil verschaffen könne, und daher folgern einige, es gäbe überhaupt keine Seligkeit zu erwarten, andere schließen daraus, es gäbe gar kein künftiges Leben.

Von diesem Zustand gehe ich aus, um ihnen zu zeigen, daß sie alle in einem verhängnisvollen Irrtum befangen seien. Keines dieser drei Gesetze, die sie kennen, habe die Kraft, sie selig zu machen, und daher seien alle ihre Anstrengungen und Mühen vergebens, und das beweise ich ihnen, indem ich ihnen den Wortlaut ihrer heiligen Bücher oder Veden angebe. Diese armen Menschen haben ein glühendes Verlangen nach dem ewigen Heil, und um sich dieses zu verdienen, machen sie große Anstrengungen. Diese günstige Gemütsverfassung nütze ich aus und sage ihnen, wenn sie selig werden wollten, müßten sie mich hören. Ich sei aus sehr entfernten Ländern in der einzigen Absicht gekommen, um ihnen dieses ewige Heil zu verschaffen, indem ich ihnen das geistliche Gesetz brächte, das nach dem Geständnis ihrer Lehrer verloren gegangen sei. Ich erkläre ihnen weiter, wenn sie dieses vierte Gesetz kennenlernen wollten, müßten sie meine Schüler werden. Auf diese Weise wird ihre Belehrung sehr leicht. Haben sie sich einmal entschlossen, mich zu ihrem Lehrer zu wählen, so sind sie auch schon von selbst geneigt, die Lehren, die ich ihnen vortrage, willig und gläubig anzunehmen. Diese gute Stimmung nimmt zu, und schließlich finden sie an meinen Belehrungen recht viel Freude und fassen einen hohen Begriff von den Wahrheiten unserer heiligen Religon. Hierbei kommt mir eine Landessitte außerordentlich gut zustatten. Es gibt nämlich hier viele Sekten, und jeder kann sich frei nach Geschmack und Gutdünken seinen Guru oder geistlichen Lehrer wählen und sich dessen Leitung anvertrauen. Anknüpfend an diesen Gebrauch entschließen sich diejenigen, welche ›das Gesetz des geistlichen Heiles‹ (so nennen sie das Gesetz, das ich lehre) wieder aufzufinden sich sehnen, leicht, meine Schüler zu werden.«

Joseph Vaz

Im 17. Jahrhundert war die Christianisierung bereits so weit fortgeschritten, daß nun auch aus den Reihen der ehemals heidnischen Bevölkerung Missionare kamen.

Ein Beispiel dafür ist Joseph Vaz. Der Sohn eines christlichen Brahmanen wurde am 21. April 1651 zu Sancoale (Goa-Salsette, Indien) geboren. Überliefert ist der prophetische Ausspruch seines Vaters, als er das Kind in die Arme nahm: Joseph werde einst ein berühmter Mann werden.

Und Joseph wurde berühmt, er wurde zum Apostel Ceylons (Sri Lankas).

Seine Ausbildung erhielt Joseph in Sancoale, Baulin und Goa, im Kolleg der Jesuiten und auf der Akademie des heiligen Thomas von Aquin. Erzbischof Brandao, der 1675 Oberhirte von Goa war, weihte ihn zum Priester.

Fünf Jahre wirkte Joseph in der Seelsorge zu Goa. Dann wurde er in das südlich gelegene Gebiet von Kanara geschickt. Während dieser Zeit (1680–1683) reifte in ihm der Entschluß, in einen Orden einzutreten. Nach langer innerer Prüfung trat er der Genossenschaft der Oratorianer bei. Als deren Oberer war er zunächst in Goa und ab 1687 in Ceylon tätig. Es gelang ihm, mit zehn Gefährten, die seit der holländischen Eroberung (1658) verwaiste Kirche zunächst in Jaffna und dann von Kandy aus, trotz fanatischer Verfolgung, neu zu organisieren.

Nach seinem Tod, am 16. Januar 1711, setzten die von ihm auf Ceylon gegründeten Oratorianer sein Werk fort.

Wie sehr ihn seine Zeitgenossen schätzten, zeigt die Tatsache, daß bereits 1737 sein Seligsprechungsprozeß eingeleitet wurde. Im Laufe der Zeit begann das Interesse an seiner Person zu erlahmen, und das Verfahren ruhte bis zum Jahre 1935.

Trotz seiner vielfältigen Aktivitäten hatte Vaz die bedrängte Kirche Ceylons (heute Sri Lanka) niemals aus den Augen verloren, und durch die genauere Auskunft, die er sich in Kanara über die traurige Lage der Dinge auf der Perleninsel zu verschaffen gewußt, war seine Sehnsucht noch gesteigert worden. In seinem verzehrenden Eifer hatte er einst seinen Mitarbeiter in Kanara, Pater Nikolaus Gamboa, gebeten, ihn als Sklaven an einen holländischen Schiffseigentümer zu verkaufen, der zwischen Ceylon und der Kanaraküste Handel trieb, in der Hoffnung, auf diese Weise unerkannt auf die Insel zu gelangen. Der Plan war unausführbar. Jetzt aber, da er sich von opferwilligen Genossen umgeben sah, erwachte sein Verlangen erneut. Oft betete er vor dem wundertätigen Kruzifix in der der Kongregation zugewiesenen Kirche Santa Cruz dos Milagres unter Tränen, Gott möge sich doch der bedrängten Christen auf Ceylon erbarmen und sich seiner als Werkzeug bedienen. Bei einer dieser Andachten erhielt er die innere Klarheit und Gewißheit über seine Sendung.

So gab er das Amt eines Oberen der Oratorianer wieder an Pater Pascal ab und trat im März 1686, von einem Pater und einem Bruder des indischen Oratoriums und seinem Ministranten, einem sehr aufgeweckten Knaben namens Johann, begleitet und mit dem Segen des Erzbischofs gestärkt die gefahrvolle Reise an. Als Ziel wurde zu-

nächst Kanara genannt; nur Pater Pascal wußte um den eigentlichen Zweck der Reise.

Wahrscheinlich um seine Genossen erst praktisch in die Missionsarbeit einzuführen, blieb Vaz zunächst acht Monate lang in Kanara und half den dortigen Missionaren. Dann ging die Fahrt weiter an die Malabar-Küste. Aber bereits in Tellicherry verließen ihn die beiden Begleiter aus dem Oratorium und kehrten, abgeschreckt durch die Gefahren und Schwierigkeiten des Unternehmens, nach Goa zurück. Unentwegt setzte Vaz mit seinem treuen Johann die Reise zunächst bis Cochin fort.

Cochin befand sich zu dieser Zeit in der Gewalt der Holländer. Vaz mußte sich also verborgen halten, bis das Schiff, das ihn nach Quilon bringen sollte, abfuhr. Es gehörte einem Mohammedaner, der hier Küstenhandel betrieb. Als derselbe bei der Landung in Quilon herausfand, daß die beiden Passagiere ihr Fahrgeld nicht bezahlen konnten, beschlagnahmte er kurzerhand ihr Felleisen, in dem sich die Meßgeräte befanden. Glücklicherweise befand sich der Generalvikar von Cochin gerade in Quilon. Er half Pater Vaz aus der Not und gab ihm, da Ceylon damals zur Diözese Cochin gehörte, weitgehende Vollmachten mit.

Da im Norden Ceylons das Tamil gesprochen wurde, begann Vaz auf seiner Durchreise durch Travancore eifrig diese Sprache zu erlernen. Überall fand er hier in den zahlreichen Stationen der malabarischen Jesuitenmission freundliche Aufnahme und wertvolle Auskunft. Gefährlicher wurde die Reise beim Eintritt auf holländisches Gebiet. Um unerkannt zu bleiben, vertauschte jetzt Vaz seine geistliche Kleidung mit dem Gewand eines wandernden Bettlers und gelangte so im März 1687 glücklich bis Tuticorin. Hier galt es, eine Fahrgelegenheit nach Ceylon zu finden. Das war nicht leicht, da sich der Hafenplatz in der Gewalt der Holländer befand und diese ein scharfes Auge auf alle gerichtet hielten, deren Reiseziel die Perleninsel war. Ohne Paß vom Festungskommandanten durfte kein Passagier an Bord genommen werden.

Vorläufig hielt sich Vaz im Kolleg der Jesuiten verborgen, in der Hoffnung, in der Verkleidung eines armen indischen Pilgers trotz aller holländischen Wachsamkeit eine Schiffspassage nach Ceylon zu erhalten. Da drohte eine fromme Unklugheit seinen ganzen Plan zu

Katholische Kirche in Tuticorin, dem Mittelpunkt des Missionsgebietes an der Fischerküste

vernichten. Es war nämlich Ostern, und Vaz fand es doch zu hart, an diesem hohen Festtag auf das heilige Opfer zu verzichten. Er zelebrierte also die heilige Messe und teilte sogar den Gläubigen die heilige Kommunion aus. Sofort erfuhr der holländische Kommandant durch seine Späher, daß ein fremder Priester am Ort sei. Er schöpfte Verdacht, daß dieser verkleidet nach Ceylon zu gelangen suche, und erließ an alle Schiffseigentümer die verschärfte Weisung, keinen an Bord zu nehmen, dessen Platz nicht persönlich vom Kommandanten abgezeichnet worden sei. So schien jede Hoffnung, nach Ceylon weiterzukommen, vernichtet.

Aber siehe da, wenige Tage später starb der Kommandant. Sofort begab sich Vaz zum stellvertretenden Offizier der Festung. Dieser, irregeführt durch das Bettlergewand und die indische Rasse des Priesters, stellte den verlangten Paß ohne Schwierigkeiten aus.

An Bord der Segelbarke, die ihn an das ersehnte Ziel bringen sollte, traf Vaz mit einem portugiesischen Kaufmann zusammen. Er vertraute ihm sein Geheimnis an, und der wackere Mann versprach, ihm in Jaffna bei einem Freund sichere Unterkunft zu verschaffen.

Die Fahrt von Tuticorin dauerte sonst auf den kleinen Küstenschiffen bloß drei bis vier Tage. Aber kaum war man auf hoher See, als ein furchtbarer Sturm losbrach und die kleine Barke zwanzig Tage lang auf den erregten Wogen herumwarf. Die Passagiere litten entsetzlich, allen voran Vaz.

In seinem Eifer hatte er nämlich in Goa vor seiner Abreise das Gelübde gemacht, auf der ganzen weiten Reise seinen täglichen Unterhalt zu erbetteln, und daher das Angebot der Jesuiten in Tuticorin, ihn mit allem Nötigen zu versehen, abgelehnt, entschlossen, von der Mildtätigkeit der Mitreisenden zu leben. Anfangs teilten ihm diese gern von ihrem Überfluß mit. Allein vom elften Tag an hatten sie selbst kaum mehr etwas zu essen, und so brachte Vaz neun Tage fast ohne jegliche Speise und Trank zu.

Endlich erreichte das Schiff die Küste Ceylons, aber in einem so kläglichem Zustand, daß die Fahrt unterbrochen werden mußte. Pater Vaz wurde halb sterbend und unfähig, sich auf den Beinen zu halten, ans Land gebracht. An eine Weiterreise nach Jaffna war nicht zu denken.

Das Unglück wollte, daß der gute portugiesische Kaufmann nach Indien zurückkehren mußte. So lag Vaz völlig verlassen mittellos am Strand der fremden Insel. Der einzige, der bei ihm aushielt, war Johann. Ein kräftiger Bursche und von Jugend auf an Entbehrungen und Strapazen gewöhnt, hatte er die schreckliche Seefahrt besser überstanden und konnte, obwohl bis auf die Knochen abgemagert, doch noch gehen. Er schleppte den Pater unter einen weitästigen Baum des Waldes und suchte die nächsten Dörfer auf, um dort etwas Reis zu erbetteln.

Dank der opferwilligen Pflege erholte sich Vaz wieder und benutzte, kaum etwas zu Kräften gelangt, die erste Schiffsgelegenheit, um nach Jaffna weiterzukommen. Glücklich langte er dort an, aber das Ende der Leiden und Prüfungen war noch nicht erreicht.

Das alte einheimische Königreich Jaffna mit der gleichnamigen Hauptstadt im Norden Ceylons war der Hauptstützpunkt der holländischen Herrschaft. Völlig unbekannt und ohne einen einzigen Freund irrte Vaz mit seinem Leidensgenossen den ganzen Tag umher, um ein Quartier zu suchen. Aber niemand hatte Lust, die beiden hungrig aussehenden und zerlumpten Bettler aufzunehmen. Endlich erbarmte sich ihrer eine arme Witwe und gestattete ihnen, sich in ihrem Mandu niederzulassen. Ein Mandu oder Satram besteht aus weiter nichts als einigen Pfosten, die ein Schutzdach gegen Regen und Sonnenbrand tragen. Sie werden in Indien und Ceylon am Wegesrand oder in der Nähe der Tempel als notdürftige Herberge für Reisende und Pilger errichtet.

In diesem ärmlichen, allen Unbilden der Witterung ausgesetzten Schuppen schlug also Vaz seine Wohnung auf. Allein die langen Entbehrungen und die ungenügende und schlechte Nahrung hatten seine ohnehin zarte Gesundheit völlig erschüttert. Eine heftige Ruhr setzte ein. Da diese Krankheit bei den Indern als ansteckend gilt, beschwerten sich die Nachbarn über die Witwe und forderten die Entfernung des Kranken. Da Vaz unfähig war zu gehen, legte man ihn auf eine Tragbahre und schaffte ihn ohne weiteres in den nächsten Wald.

Unglücklicherweise war Johann, der sich bisher so treu seines Herrn angenommen hatte, von demselben Übel befallen worden. So lagen die beiden auf dem feuchten Waldboden, der Glut der Tageshitze wie den kalten Niederschlägen der Nacht und den wilden Tieren des Waldes schutzlos preisgegeben, einsam und verlassen. Sie hielten ihr letztes Stündchen für gekommen und bereiteten sich auf den Tod vor.

Aber Gott wollte es anders. Eine arme Frau, die im Wald Holz gesucht und sich verlaufen hatte, kam wie zufällig an den Ort, wo die beiden lagen.

Voll Mitleid über ihren elenden Zustand lief sie in ihr Dorf und brachte von dort einen Napf voll Kanji, eine Art dünner Reissuppe, die von den Eingebornen als Mittel gegen Darmkrankheiten angewendet wird. Dasselbe tat sie an den folgenden Tagen und pflegte die Kranken, so gut sie es vermochte. Beide genasen langsam und konnten nach einiger Zeit nach Jaffna zurückkehren.

Es war Vaz klar, daß er, um seinen Zweck zu erreichen, vor allem einige in Jaffna lebende Katholiken ausfindig machen mußte. Das war nicht leicht. Denn infolge der harten holländischen Verfolgungsgesetze hielten diese sich scheu im Hintergrund und übten ihre Religion nur im verborgenen aus.

Welche Vorsicht den alles ausspähenden Holländern gegenüber geboten war, hatten die Erfahrungen in Tuticorin gelehrt. Um also unerkannt zu bleiben, spielte Vaz seine Rolle als Bettler weiter, nur daß er jetzt seinen Rosenkranz offen um den Hals trug, um die Aufmerksamkeit der Vorübergehenden zu erregen.

Die Folgen zeigten sich bald. Die Holländer spotteten über den papistischen Bettler, spuckten ihn gelegentlich an, schlugen ihn oder stießen ihn in die Gosse. Die Heiden machten es ihnen nach. Vaz opferte dies alles stillschweigend Gott auf und ging Almosen heischend von Tür zu Tür, sorgsam nach irgendeinem Zeichen spähend, woran er die Katholiken erkennen könnte. Bald fiel ihm ein Haus besonders auf, dessen Eigentümer ihn stets mit größter Liebe empfing. Beim nächsten Zusammentreffen fragte er ihn, ob es in Jaffna auch Katholiken gebe. Der Mann bejahte es und gab sich nun offen als Katholik zu erkennen. Ob er wohl wünsche, fragte Vaz weiter, wieder einmal mit einem Priester zusammenzutreffen und die heiligen Sakramente zu empfangen? Mit Tränen in den Augen erwiderte der Mann, er werde dieses Glück wohl nicht mehr erleben.

Von der Zeit an sprachen die beiden öfters zusammen, und bald merkte der Mann, daß hinter den Lumpen des Bettlers anscheinend etwas mehr steckte. Er sprach darüber mit einem andern Katholiken, der als reicher Mann in Jaffna großen Einfluß auch bei den holländischen Beamten besaß. Sofort äußerte dieser die Vermutung, der seltsame Bettler müsse wohl ein verkleideter Priester sein.

Er suchte Vaz auf und beschwor ihn unter Tränen, sich, falls er Priester sei, als solcher zu erkennen zu geben, da die so hart verfolgten Katholiken in Jaffna dringend der geistigen Hilfe und des Trostes der heiligen Sakramente bedürften, die sie nunmehr seit fast dreißig Jahren entbehrten. In seinem Hause würde er ganz sicher sein, und auch die Holländer würden es nicht wagen, dort Nachforschungen anzustellen. Nun war der Augenblick gekommen, den Vaz so lange herbeigesehnt. Er gab sich zu erkennen und zeigte die Beglaubigungsschreiben des Erzbischofs von Goa und des Generalvikars von Cochin vor. Damit begann für Vaz das eigentliche Apostolat auf Ceylon.

Der reiche Tamile nahm ihn mit in seine Wohnung und hielt ihn dort sorgfältig verborgen. In aller Stille teilte er den Katholiken in der Stadt die freudige Kunde mit. Sie kamen zur Nachtzeit im Hause zusammen, wohnten nach so langer Zeit wieder einmal einer heiligen Messe bei und empfingen die Sakramente. Die jüngere Generation sah bei dieser Gelegenheit zum erstenmal einen Priester.

Auf Dauer schien der ständige Aufenthalt eines Priesters in Jaffna, wo die scharfen Augen der Holländer alles durchspähten, zu gefährlich. Eine einzige Unklugheit, ein falscher Bruder konnte alles verraten. Nach reiflicher Überlegung fand man es für das geratenste, daß Vaz sein Standquartier in Sillate, einem Dorf in der Nachbarschaft, aufschlage. Die Bewohner dieser Ortschaft waren energische Leute und dem Glauben ihrer Väter so treu zugetan, daß die Holländer aus Furcht vor einem Aufstand es nicht gewagt hatten, ihnen ihre alte Kapelle zu nehmen. Von Sillate aus waren Jaffna und die umliegenden Ortschaften leicht zu erreichen.

Die Holländer merkten bald, daß in der Haltung der Katholiken sich ein Umschwung vollzogen, ohne aber die Ursache zu kennen. Die Wohnungen der Katholiken wurden nun mit doppelter Wachsamkeit beobachtet, um den verkappten »Jesuiten« im gegebenen Augenblick abzufangen. Aber die Katholiken waren auf der Hut, und Vaz selbst verstand es meisterhaft, sich zu tarnen.

Da er die Katholiken Jaffnas hinlänglich im Glauben gestärkt sah, beschloß er, einige Zeit nach einem andern Teil der Insel zu gehen, wo seine Anwesenheit für den Augenblick größere Furcht bringen konnte. Von Johann und einigen Christen begleitet, machte er sich quer durch den Urwald von Vanni auf den Weg nach Putlam, dem damals bedeutendsten Hafenplatz des Königreichs Kandy an der Westküste.

Dort stand noch die alte Kirche aus der Portugiesenzeit. Die Christen der Stadt, etwa 1000 an der Zahl, hatten den Glauben treu bewahrt und durften ihn offen bekennen, da die Holländer hier nichts zu sagen hatten. Ihre Freude, nach so langer Zeit wieder einen Priester zu sehen, war groß. Nachdem Vaz den Christen der Stadt wieder den Trost der heiligen Sakramente beschafft hatte, suchte er auch die Christen der Umgebung auf. Namentlich diejenigen auf holländischem Territorium befanden sich in einer elenden Lage. Viele waren, um den Schwierigkeiten zu entgehen, wenigstens äußerlich abgefallen und in religiöser Hinsicht stark verwildert.

Ein ganzes Jahr lang zog Vaz unermüdlich von Ort zu Ort, und es gelang ihm auch hier, das katholische Christentum wieder zu festigen.

Inzwischen hatte der Gottesmann auch einen besseren Einblick in die politische Lage des Inselreiches gewonnen und war zur Überzeugung gelangt, daß der geeignetste Punkt für ein segensreiches Apostolat Kandy, die alte Hauptstadt des gleichnamigen, noch unabhängigen Königreiches, sei. Dieses umfaßte über die Hälfte der Insel, da die Holländer nur das Gebiet der ehemaligen kleineren Königtümer Jaffna im Norden und Cotta im Süden und Südosten, also vorzugsweise nur den Küstenstrich besetzt hielten.

Von dort hatten sich zahlreiche einheimische Katholiken auf kandysches Gebiet geflüchtet, dessen König den Christen freundlich gesinnt schien. Aber so willkommen die Söhne des eigenen Volkes, so unwillkommen waren dem König, der für die Unabhängigkeit seines Landes bangte, alle Ausländer. Ihnen hatte der Fürst das Land aufs strengste verboten. Jeder Ausländer, der nach Kandy kam, wurde hier ohne weiteres als Gefangener behandelt. Nur einigen Kaufleuten war der Zutritt gestattet. Für Vaz schien die Gefahr noch größer; denn obschon von Geburt Inder, war er doch portugiesischer Untertan. Die Portugiesen aber wurden am meisten gefürchtet. Man befürchtete, sie möchten wiederkehren und von Kandy abermals Besitz ergreifen.

Trotz allem beschloß der eifrige Apostel, den Versuch zu wagen. Im August 1692 verließ er Putlam in Begleitung Antonio Sotos und seines unzertrennlichen Gefährten Johann. Soto war ein portugiesischer Kaufmann, der mit dem Hof von Kandy Handelsgeschäfte trieb und hoffte, Pater Vaz dort die Erlaubnis, sich niederzulassen, erwirken zu können. Nach achttägiger Reise erreichte man die Ortschaft Vavodda, wo Soto ein Haus besaß. Von hier aus sandte dieser an seinen Neffen in Kandy ein Schreiben für den König, in welchem er um die Erlaubnis zum Betreten der Hauptstadt nachsuchte. Er wußte leider nicht, daß dieser Neffe inzwischen Kalvinist geworden war.

Es lebte nämlich in Kandy seit langer Zeit ein französischer Hugenotte namens Laisne Nauclairs de Lanerolle, der sich fälschlich als Gesandter des Königs von Frankreich ausgab. Lanerolle war im Jahre 1672 vom französischen Admiral de la Haye, der in der Bai von Batticoloa Anker geworfen hatte, an den Hof von Kandy ge-

sandt worden, um mit diesem Verhandlungen aufzunehmen. Statt einer Antwort hielt der König den Geschäftsträger einfach als Gefangenen fest. Als Lanerolle alle Hoffnung, wieder loszukommen, entschwunden sah, nahm er eine Stellung am Hof an und gelangte dort allmählich zu Einfluß. Als echter Kalvinist benutzte er denselben, um, wo immer sich Gelegenheit bot, die katholische Religion zu verdächtigen. Es scheint, daß er auch am Abfall von Sotos Neffen beteiligt war.

Dieser zeigte ihm auch den Brief seines Onkels. Sofort begab sich Lanerolle zum König und verdächtigte Soto als Agenten Portugals. Der Kaufmann halte in seinem Haus zu Vavodda einen Spion aus Goa versteckt, der sich unter dem Titel eines Missionars in Kandy einschleichen wolle.

Der argwöhnische König sandte unverweilt seine Häscher nach Vavodda. Soto, Vaz und Johann wurden gefangen nach Kandy gebracht, dort in den Kerker geworfen und anfangs so streng bewacht, daß sie fünf Tage lang keine andere Nahrung erhielten als einige Handvoll Kurrakan, eine Art grober Linsen, die ihnen die Gefängniswärter aus Mitleid überließen.

Endlich wurden sie vor den König geführt. Vimala Dharma Suriya II. war ein weit über das Durchschnittsmaß hinaus gebildeter und edeldenkender Fürst mit für einen Inder sehr weitherzigen Anschauungen. Er fürchtete zwar die Portugiesen und ihre vermeintlichen Pläne einer Zurückeroberung Ceylons, schätzte aber ihre Person und vor allem ihre Religion und ließ den in seinem Reich wohnenden Christen große Freiheit. Der König unterhielt sich lange Zeit mit Pater Vaz und überzeugte sich, daß die Verdächtigungen Lanerolles grundlos seien. Er ordnete daher unverzüglich die Freilassung Sotos an und ließ Vaz eine ordentliche Wohnung, jedoch noch im Gewahrsam, anweisen und für seinen Unterhalt sorgen.

Unter den Katholiken, die in Kandy lebten, hatten mehrere einflußreiche Stellen am Hof inne. Einer von ihnen, Don Antonio de Horta, besaß sogar den Rang eines Dessave oder Provinzstatthalters. Aber keiner wagte im Augenblick etwas für Vaz zu tun oder auch nur ihn zu besuchen, um nicht den Argwohn des Königs zu erregen.

So blieb Vaz mehrere Monate in strenger Haft. Um die Zeit nützlich zu verwenden, bemühte er sich mit Eifer um die Erlernung der singhalesischen Sprache, die in Kandy und im Südteil der Insel Ceylon vorherrscht, und gab nebenher seinem treuen Johann Unterricht in Latein, in der Absicht, aus ihm einen Priester zu machen.

Allmählich erhielt Vaz etwas mehr Bewegungsfreiheit. Er konnte im Gefängnis frei umhergehen. Ihm lag nun vor allem daran, den eigentlichen Grund seiner Gefangenschaft festzustellen. War es, weil er Priester war, oder weil man ihn vielleicht doch noch für einen portugiesischen Spion hielt? Um dies herauszufinden, baute Vaz mit Johann in der Ecke des Gefängnishofes eine kleine Laube aus Palmblättern, errichtete dort einen Altar und stellte auf denselben sein Kruzifix. Jeden Abend kniete er sich mit Johann dort nieder und sang mit ihm die Lauretanische Litanei. Niemand erhob Einspruch.

Nun wurde er kühner. Am Weihnachtstag des Jahrs 1692 feierte er in der Laube zum erstenmal die heilige Messe. Niemand widersprach. Die Gefängniswärter und die Gefangenen schauten vielmehr aus der Entfernung ehrfurchtsvoll zu. Von da ab zelebrierte der Missionar täglich die heilige Messe. Es war klar, nicht seine Eigenschaft als Priester konnte der Grund seiner Haft sein. So vergingen wieder einige Monate, bis ein eigenartiges Ereignis eine Wendung der Dinge herbeiführte. Unter den Katholiken von Kandy befand sich ein sehr geschickter Künstler, der die Kleider der Vornehmen mit Stickereien schmückte und damit gut verdiente. Er hatte ein Seidenstück mit prachtvoller Goldstickerei fertiggestellt und bat um die Gunst, das Kunstwerk dem König zeigen zu dürfen. Dieser war ganz entzückt und fragte gleich nach dem Preis. Da warf sich der Mann dem König zu Füßen und sagte: Er verlange nur eines, nämlich die Vergünstigung, Pater Vaz besuchen und bei ihm beichten zu dürfen.

Der König war überrascht und gerührt. Er sah daraus, wie ernst die Christen es mit ihrer Religion nahmen und wie hoch sie ihre Priester schätzten. So erfüllte er nicht bloß den Wunsch des Mannes, sondern gab allen Katholiken Kandys die Erlaubnis, Pater Vaz zu besuchen, so oft sie wollten. Damit war seinem Apostolat, auch in der alten Königsstadt, Tür und Tor geöffnet. Seit dem Tod des Paters Vergonese, des letzten Jesuiten in Kandy, also seit vierzig Jahren, hatte hier kein Priester mehr gewirkt.

Die erste Sorge des Missionars nach seiner Freilassung war die Erbauung einer Kirche. Der König erteilte die Erlaubnis, Antonio de Horta gab den Baugrund am Ufer des Bojambasees, in einem der besten Viertel der Stadt, und trug die Baukosten; die Christen legten bereitwillig mit Hand an, und bald konnte Vaz das fertige Gotteshaus einsegnen. Er gab ihm den Namen »Unserer Lieben Frau von der Bekehrung der Heiden«. Daneben entstand eine kleine Priesterwohnung. Damit waren alle Bedingungen zu einer regelrechten Pfarrseelsorge gegeben.

Dank der rastlosen, opferwilligen Tätigkeit des eifrigen Mannes blühte und erstarkte nicht bloß die aus Altchristen bestehende Gemeinde, sondern sie wuchs auch noch zusehends durch neue Bekehrungen. Selbst einige Beamte aus dem königlichen Haushalt traten zur christlichen Religion über.

Auch den Christen, die zerstreut außerhalb der Stadt an beiden Seiten des Flusses, im Dumburatal und in der Gegend von Ganaruwa, wohnten, hätte der Priester so gerne Hilfe gebracht. Aber wie es anfangen? Der König hatte allen Wächtern der Stadtzugänge und allen Bootsleuten auf dem Mahavelli-Ganga unter Androhung der Todesstrafe den strengsten Befehl gegeben, keinen durchzulassen, der nicht mit einem königlichen Paß versehen sei. Weilte der König in der Stadt, so wurden die Wachen verdoppelt. Dazu kam, daß Natur und Kunst die im Schoß der Berge gelegene Stadt fast unzugänglich machten. Ein fast undurchdringlicher Urwald, durch welchen nur zwei schmale Pfade führten, bildete die äußere, zwei dichte, hohe, von Lianen überwucherte Dornhecken die innere Umwallung. Darin befanden sich nur zwei, Tag und Nacht von Soldaten bewachte Zugänge.

Es bedurfte eines großen Mutes und eines glühenden Seeleneifers, um unter solchen Umständen einen Durchbruch zu wagen. Vaz wagte es, und mit Erfolg.

»Der König«, so schrieb er selbst an den Erzbischof von Goa, »hat mir zwar die Erlaubnis, über den Fluß zu gehen und den in den Dörfern lebenden Christen geistliche Hilfe zu bringen, noch nicht gegeben. Ich habe aber meine Pflicht gegen den König der Könige höher gestellt und bin im Vertrauen auf seinen Schutz bereits achtmal über den Fluß gegangen, um den Kranken und Sterbenden die

heiligen Sakramente zu bringen. Die aufgestellten Wächter wußten, daß ich keine Flucht beabsichtigte, und Torwächter wie Bootsleute nahmen von mir keine Notiz und ließen mich durch.«

Gott verherrlichte seinen Diener auch durch Wunder. Das sogenannte »Regenwunder« bezeugten viele tausend Menschen.

Während sonst die Regenzeit in Kandy Mitte Mai oder Anfang Juni beginnt, blieb der Regen dieses Jahr ganz aus. Eine furchtbare Trockenheit trat ein. Selbst die Weiher und Teiche verdunsteten. Das Königreich sah sich von einer Hungersnot bedroht, denn der Reis, die Hauptnahrung des Landes, kann nur in der Regenzeit ansetzen, wenn alles unter Wasser steht. Eine Hungersnot hatte aber fast unfehlbar einen Volksaufstand zur Folge.

Der König war in großer Sorge, wußte er doch, daß die Holländer nur auf einen günstigen Anlaß warteten, um in sein Land einzufallen. Er gab also den Bonzen Weisung, in allen Tempeln Buddha um Regen zu bitten. Was an Blumen noch vorhanden war, wurde täglich dem Standbild zu Füßen gelegt. Die Tempel hallten wider vom dumpfen Schall des Gongs. Alles umsonst. Nun wandte man sich an Zauberer und Teufelstänzer; aber auch sie konnten keinen Regen machen.

Da rief der König einen christlichen Palastdiener zu sich und sandte ihn zu Pater Vaz. »Er predigt, daß sein Gott der einzige, wahre Gott sei. Gut, dann soll er jetzt zu ihm beten, auf daß er sein von Untergang bedrohtes Volk rette.«

Vaz ließ erwidern, er wolle zum wahren Gott, in dessen Hand Dürre und Regen liege, beten, und wenn es zur Ehre des Allerhöchsten sei, werde der Regen nicht ausbleiben.

Voll Vertrauen auf Gott begab sich Vaz nun ans andere Ende der Stadt, errichtete dort auf offenem Platz einen Altar, stellte sein Kruzifix darauf und begann zu beten, wie eben nur ein Heiliger betet. Es dauerte auch nicht lange, so ballten sich am Himmel Wolken zusammen, und bald rauschte der Regen in solcher Fülle herab, daß das Land davon bedeckt und alle Teiche und Weiher bis an den Rand gefüllt wurden.

Es machte gewaltiges Aufsehen und zog zahlreiche Bekehrungen nach sich. Für Vaz selbst knüpfte sich daran noch eine andere wichtige Folge.

Bisher hatte er die Hauptstadt und ihr Gebiet offen nicht verlassen dürfen und war über die heimlich besuchten Dörfer der Nachbarschaft nicht hinausgekommen. Das Regenwunder brachte eine Wende. Der König, der jetzt den heiligen Priester erst recht als Mann Gottes verehrte, gab ihm volle Freiheit zu gehen, wohin es ihm beliebe. Vaz benutzte diese Freiheit zunächst zu einem Besuch von Kolombo.

Kolombo, die von den Portugiesen nach der Küste verlegte Hauptstadt des ehemaligen Königsreiches Cotta, war zur Portugiesenzeit eine fast ganz katholische Stadt. Aber die Holländer hatten auch hier arg gehaust. Die schönen Kirchen waren entweiht oder in protestantische Tempel verwandelt, alle Priester verbannt worden und an Stelle des Jesuitenkollegs eine protestantische Schule getreten, in die man auch die katholischen Kinder hineinzwang. Wer dem katholischen Glauben treu geblieben, war gezwungen, ihn im verborgenen zu üben, da jedes öffentliche Bekenntnis als strafbares Verbrechen galt. So sah es in Kolombo aus, als Vaz 1696 dort erschien.

Bald hatte sich seine Ankunft unter den Menschen katholischen Glaubens herumgesprochen. Sie weckte bei ihnen große Freude. Allnächtlich sammelte sich in einem abgelegenen Haus um Vaz die so lang verlassene Herde, und es wiederholte sich die Tätigkeit, wie er sie vorher in Jaffna geübt.

Fünf Jahre waren vergangen, seit Vaz in Kandy erschienen war. Sein heiligmäßiges Leben und seine opferwillige Liebe hatten ihm die allgemeine Verehrung nicht bloß der Gläubigen, sondern auch der edelgesinnten Heiden erworben. Bald trat ein Ereignis ein, das diese Hochschätzung noch bedeutend steigern sollte.

Mitte 1697 brachen in Kandy die Pocken aus und richteten furchtbare Verheerungen an. Eine Panik ergriff die ganze Bevölkerung. Man ließ die Kranken im Stich oder trug sie kurzweg in den Dschungel, wo sie ein Opfer der Leoparden und Schakale wurden. Die Toten warf man einfach in eine Schlucht hinab. Der König und sein Hofstaat hatten die Stadt verlassen; alle Reichen und Vornehmen waren aufs Land, viele arme Leute in die Wälder geflohen und bauten sich dort Hütten. Die meisten Häuser standen leer oder waren nur von den sich selbst überlassenen Kranken bewohnt. Die Leichen lagen haufen-

weise in den Straßen, eine Beute der Hunde und Aasgeier. Vaz und Carvalho – Johann war mit einem Schreiben an den Erzbischof und den Oberen der Oratorianer nach Goa gegangen – waren jetzt Tag und Nacht tätig, um die Kranken, gleichviel ob Heiden oder Christen, zu pflegen, ihnen Nahrung und den Trost der Religion zu bringen. Sie gingen von Haus zu Haus, taten die niedrigsten Dienste, bereiteten die Sterbenden für den Tod vor und tauften viele Heiden.

Da es aber für zwei Menschen unmöglich war, so viele zu besuchen, richteten sie einige leerstehende Wohnungn zu einem Krankenhaus ein und trugen die Kranken dorthin zusammen. Täglich lasen sie bei Sonnenaufgang die heilige Messe; der ganze übrige Tag gehörte den Kranken. Die Toten trugen sie so feierlich als möglich selbst zu Grabe, und zehn bis zwölf Begräbnisse an einem Tag waren keine Seltenheit.

Als endlich die Seuche langsam verglimmte und die Flüchtlinge zurückgekehrt waren, ging der Name der beiden Missionare von Mund zu Mund. Alle bekannten, daß ohne ihre Aufopferung alle Zurückgebliebenen gestorben wären. Der König wollte Vaz fürstlich belohnen; dieser nahm aber weder Geld noch Würden an. Gottes Lohn war ihm genug.

Donna Juliana

Nicht in der Heidenmission, sondern in ihrer Heimat zu Agra, der Hauptstadt des großmogulischen Reichs, versuchte Juliana die Menschen durch ihr vorbildliches Leben für Christus zu gewinnen.

Sie, die spätere Beraterin der Mogulkaiser, wurde 1664 als Tochter eines portugiesischen Wundarztes geboren. Ihr Vater, der in Diensten des Kronprinzen Schah Alam stand, starb sehr früh und ließ seine Familie mittellos zurück.

In dieser schwierigen Situation fand die Witwe mit ihren Kindern Zuflucht beim Missionsvorsteher von Delhi. Pater Maggellan unterstützte sie nicht nur materiell, sondern sorgte auch dafür, daß Juliana Unterricht bekam.

Stets kümmerte sich der Geistliche um die verwaiste Familie und bemühte sich, als Juliana alt genug war, um einen geeigneten Mann für sie. Doch ihre Ehe war nur von kurzer Dauer, denn ihr Mann, ein Europäer im Heer des Großmoguls, fiel bald nach der Heirat in einer Schlacht. Wieder half Pater Maggellan. Er verschaffte der jungen Witwe eine Stelle am Hof des Kronprinzen, dem sie, als treue Dienerin, auch in die Verbannung folgte.

Das Kronprinzenpaar vergaß ihre Großmütigkeit nicht, und nach der Thronbesteigung beschenkten sie Juliana reich. Der Kaiser schätzte sie so sehr, daß er sie bat, als seine Beraterin am Hof zu bleiben. Im Laufe ihres Lebens stellte Juliana ihre Weisheit, ihren Mut und ihre Kraft vier Mogulherrschern zur Verfügung.

Sie, die immer bestrebt war, den christlichen Glauben durch ihren eigenen Lebensvollzug für andere sichtbar und erfahrbar zu machen, starb hochbetagt und vom kaiserlichen Haus wie eine Mutter und Großmutter verehrt im Jahre 1734.

Als Juliana erwachsen war, wurde sie von Pater Maggellan an einen Europäer vermählt. Ihr Eheglück war von kurzer Dauer, denn ihr Gatte fiel bald in einer Schlacht als Soldat der mogulischen Armee und hinterließ Juliana als eine kinder- und mittellose Witwe. In ihrer Not nahm sie wieder ihre Zuflucht zu Pater Maggellan in Delhi, dem es nach einiger Zeit gelang, für sie eine geeignete Anstellung im Dienste der Nur-i-Nisa, Gemahlin des Kronprinzen Schah Alam, zu erlangen.

Schon hatte die junge Witwe das Vertrauen und die Gunst ihrer hohen Herrin gewonnen, als sie ein neuer Schicksalsschlag traf. Der argwöhnische Kaiser Aurangseb witterte überall Verrat, selbst von seiten seines eigenen Sohnes, den er eines geheimen Einverständnisses mit dem feindlichen Abul Hasan, König von Golkonda, beschuldigte. Deshalb hielt er Schah Alam und seine Gemahlin in einer Festung, wahrscheinlich in Daulatabad, gefangen.

Der Kaiser behandelte die zwei politischen Gefangenen, namentlich seine Schwiegertochter, hart und rücksichtslos und beraubte sie aller Dienerschaft. Deshalb mußte Juliana wieder zum Bettelstab greifen und den Weg zum mildtätigen Pater Maggellan nach Delhi antreten. Der Missionar hatte Mitleid mit ihrer beklagenswerten Lage und ermahnte sie, sich in Gottes Fügungen zu schicken. Unterdessen möge sie unter seinem Schutz in Delhi verweilen und eifrig beten, bis Gottes Vorsehung Mittel und Wege an die Hand gebe.

Die Dschamna-Moschee in Delhi, erbaut 1644-58 unter Schah Jehan

Ihr vertrauensvolles Gebet sollte in merkwürdiger Weise erhört werden. Wie das geschah, erzählt uns ihr persischer Biograph. Von allen Dienern beraubt, fand die gefangene Prinzessin schon nach dreimonatiger harter Haft ihre Lage so unerträglich, daß sie sich entschloß, an den Kaiser eine Bittschrift zu richten mit dem Ersuchen, ihr wenigstens eine Dienerin zu gestatten, die ihr die allernötigsten Hilfsdienste leistete. Aurangseb ließ sich erweichen und beauftragte einen Palastbeamten, für die Prinzessin eine zuverlässige Sklavin zu besorgen. Allein das Land befand sich in den damaligen Kriegszeiten in einem solchen Zustand der Unruhe und Unsicherheit, daß keine geeignete Dienerin gefunden werden konnte.

Unterdessen war die Kunde von der Nachfrage nach einer Sklavin für die Prinzessin auch an das Ohr der Witwe Juliana in Delhi gelangt. Sie begab sich mit Erlaubnis des Missionars unverzüglich zur kaiserlichen Residenzstadt Agra. Um dort nicht wiedererkannt zu werden, erschien sie vor dem Palastaufseher unter der Verkleidung eines armen Mädchens und erklärte sich bereit, bei der Prinzessin Sklavendienste zu leisten. Da ihr ganzes Äußeres viel Anziehen-

des an sich hatte, wurde ihr Anerbieten dem Kaiser gemeldet. Er nahm es an und beauftragte den Beamten, ihr die Kaufsumme auszubezahlen, falls sich die Prinzessin nach Verlauf von vierzehn Tagen mit ihren Dienstleistungen zufrieden erkläre.

Bevor Juliana den Weg zum Gefängnis einschlug, kehrte sie zu ihrer Wohnung zurück, kleidete sich um, füllte einen indischen Tonkrug mit Trinkwasser, hob ihn auf den Kopf und wandelte damit nach indischer Frauenart dem Gefängnis zu. Am Eingangstor wies sie der diensttuenden Wache die kaiserliche Weisung vor. Nachdem sie und der Krug nach Waffen untersucht worden waren, erlaubte man ihr einzutreten.

Die Prinzessin erkannte auf den ersten Blick ihre frühere Dienerin wieder. Hocherfreut rief sie ihren Gemahl herbei, um auch ihm ihre Freude über die Rückkehr ihrer treuen Juliana mitzuteilen. Anstatt sich mit ihr zu freuen, erschrak er vielmehr, weil er in diesem unerwarteten Wiedererscheinen ihrer früheren Dienerin eine Falle und List seines argwöhnischen Vaters vermutete. Daher redete er seiner Gemahlin zu, Juliana wieder zu verabschieden und eine andere Dienerin zu erbitten.

Als aber Juliana erzählte, unter welchen Umständen und mit welchen Opfern sie zu ihnen gelangt sei, vereinbarte man, sie einige Tage zu behalten und dann zu entlassen, um sich gegen den Argwohn des Kaisers abzusichern.

Der verabredete Tag, an dem Juliana entlassen werden sollte, war gekommen. Inzwischen hatten die zwei Frauen Zeit gefunden, ihre eigenen Pläne zu schmieden. Unter den gegebenen Umständen war es der Prinzessin klar, daß sie Juliana in jedem Fall zurückerhalten würde. Deshalb mochte sie jetzt gehen, aber zur selben Zeit zwei Aufträge ausrichten. Der Prinzessin wurden schon wiederholt von den Gefängniswächtern Kostbarkeiten entwendet, so daß ihr nur noch wenige Juwelen übriggeblieben waren. Diese sollte Juliana nun an einem sicheren Ort verbergen und bei ihrer voraussichtlichen Rückkehr nützliche Gebrauchsgegenstände wie Schere, Nadeln und Faden usw. herbeischaffen.

Wie konnte man aber hoffen, diese Gegenstände aus- und einzuschmuggeln, ohne entdeckt zu werden? Auch in diesem gefährlichen Unternehmen sollte die sprichwörtliche Schlauheit indischer Frauen nicht versagen. Julianas Wasserkrug sollte einen zweiten inneren Boden erhalten und der so erstandene Zwischenraum die Schmuggelgegenstände aufnehmen. Um die Späheraugen um so sicherer zu täuschen, wurde der Krug bis zum Rand mit Wasser gefüllt. Nun verabschiedete sich Juliana und ging leichten Fußes, mit der Grazie einer indischen Wasserträgerin, davon. Die Torwächter untersuchten zwar den Krug, aber nachdem sie dessen Inhalt ausgegossen hatten und nichts Verdächiges darin fanden, hegten sie keine weiteren Bedenken.

Das erste Wagnis war somit vortrefflich gelungen. Auch das Verbergen des anvertrauten Schatzes ging ohne weitere Schwierigkeit vonstatten.

Unterdessen hatte ein Bote ein Bittgesuch der Prinzessin im kaiserlichen Palast überreicht. Es besagte, daß die ihr zugeschickte Dienerin sie nicht vollständig befriedige; sie würde sich jedoch mit ihr begnügen, falls man keine geeignetere Sklavin finden könne.

Boten wurden wieder nach allen Richtungen ausgesandt, um eine geeignetere Person ausfindig zu machen. Alle Bemühungen blieben erfolglos; so wurde Juliana aufgesucht und wieder zu den Gefangenen in die Festung zurückbefohlen. Freudestrahlend trat sie vor ihre Herrin mit ihrem unzertrennlichen Wasserkrug und gab der Prinzessin mit einem verständnisvollen Blick zu verstehen, daß beide Aufträge erfolgreich ausgeführt seien.

Diesmal freute sich auch der Prinz über die Wiederkehr der ergebenen Dienerin, weil durch seine weise Zurückhaltung jeder Argwohn seines Vaters ausgeschlossen war, während der stattgefundene doppelte Schmuggel ihm einstweilen unbekannt blieb.

Juliana teilte freiwillig neun Jahre lang die Gefangenschaft des kronprinzlichen Paares und entsprach durch ihre Dienstfertigkeit stets ihren Erwartungen. Ihr leutseliger Charakter, geadelt durch christliche Tugend und verfeinert durch westliche Bildung, machte sie zeitlebens zur unzertrennlichen Begleiterin der Prinzessin. Auch Schah Alam wußte ihre vortrefflichen Dienstleistungen hoch zu schätzen. Eines Tages sagte er zu ihr: »Juliana, sobald ich den kaiserlichen Thron bestiegen habe, sollen alle deine Dienste reichlich vergolten werden. Schon jetzt verspreche ich, deinen Rang über jenen des höchsten Reichsadels zu erhöhen und keine deiner Bitten unerhört zu lassen.« Viele Jahre mußten noch vergehen, bevor dieses Versprechen eingelöst werden konnte. Daß es buchstäblich gehalten wurde, werden die nachfolgenden Ereignisse beweisen.

Morgenröte glücklicher Tage

Im Jahre 1693 erhielt das kronprinzliche Paar seine Freiheit wieder. Aurangseb versöhnte sich mit Schah Alam, ernannte ihn sogar zum Vizekönig von Kabul und entließ ihn mit glänzendem Gefolge nach seiner entfernten Provinz. Schah Alam, seine Gemahlin und ihre Begleiterin Juliana bestiegen die Hauda des mit Gold und Silber geschmückten Staatselefanten. Auserlesene Krieger traten in Reih und Glied, und bald setzte sich der Heereszug unter dem Schall der Trompeten und dem Wirbeln der Trommeln in Bewegung, nordwärts ihrem Ziel zu.

Im Jahre 1707 endlich starb Aurangseb in seinem 92. Lebensjahr und hinterließ die Länder von Hindustan mit ihren 200 Millionen Untertanen als Erbe seinen zwei Söhnen. Beide strebten nun nach dem Alleinbesitz der Krone. Sobald die Kunde von seines Vaters Tod Kabul erreichte, marschierte Schah Alam mit seiner Armee südwärts nach Agra. Auch Donna Juliana sollte in diesem Heereszug nicht fehlen. Ihr Biograph Valentyn versichert uns sogar, daß sie zusammen mit dem Prinzen auf einem Elefanten ritt. So hatte sie Gelegenheit, ihn zu ermutigen und auf Gottes Beistand hinzuweisen. Er bedurfte damals sehr ihrer ermutigenden Worte, denn er sah dem nahenden Entscheidungskampf mit wohlbegründetem Bangen entgegen. Bei Agra stießen die feindlichen Heere aufeinander. Drei Tage dauerte die Schlacht. Als Schah Alam bereits alles verloren glaubte, befahl er dem Elefantenführer, das Tier zur Flucht umzuwenden. Dagegen wehrte sich Donna Juliana: »Das soll nicht geschehen, bleibt, haltet stand, kämpft mutig weiter, Euer soll der Sieg sein; denn ich und alle Christen haben für Eure Sache gebetet.« Er blieb, gewann die Schlacht und verdankte ihr somit Thron und Reich. Von da an pflegte er, auf dieses Ereignis anspielend, sie »Juliana fidavi Danego«, »die dem Gebete ergebene Juliana«, zu nennen.

Auf dem Gipfel irdischer Größe

Ende Juni 1707 ließ sich der Sieger unter dem Namen Bahadur Schah zum Kaiser ausrufen. Die Ehren und Geschenke, womit er Donna Juliana überhäufte, grenzten beinahe ans Unglaubliche, so daß uns das Ganze wie ein arabisches Märchen anmutet.

Einst hatte er ihr versprochen, keinen ihrer Wünsche unerfüllt zu lassen. Und nun ging ihr erster dahin, ihr zu helfen, eine alte Schuld der Dankbarkeit gegen einen christlichen Priester abzutragen. Gewünscht, gewährt! Am selben Tag wurden aus der kaiserlichen Schatzkammer 100000 Rupien dem bezeichneten Missionar ausbezahlt.

Bald darauf erfolgte ihre Ernennung zur Würde eines Mansubdar von 4000, das heißt, eines Befehlshabers über 4000 Mann. Durch diese Würde wurde sie in den höchsten Adelsstand erhoben, ihr ein

Bahadur Schah

Jahreseinkommen von 200000 Rupien zugesichert und das Vorrecht verliehen, an den Audienzen der Adligen teilzunehmen. Ferner erhielt sie als Geschenk vier Dörfer, die eine jährliche Rente von 50000 Rupien einbrachten. Zur Wohnung wurde ihr der Palast Dara-Schikuh angewiesen. Überdies soll sie zu verschiedenen Zeiten an Geschenken 900000 Rupien erhalten haben. So wenigstens versichert uns Oberst Gentil. Als persönliche Auszeichnung wurde ihr der Ehrentitel »Khana« (Prinzessin) verliehen, was ihr ein weiteres monatliches Einkommen von 1000 Rupien zusicherte, ebenso das Vorrecht der Emirfrauen, bei öffentlichen Aufzügen mit prunkvollem Gefolge zu erscheinen. Schließlich ließ der Kaiser ein Siegel herstellen, in welchem die Worte eingegraben waren: »Fidavi Bahadur Schah Juliana« (Die dem Bahadur Schah treu ergebene Juliana). Tatsächlich soll Bahadur Schah sich wiederholt geäußert haben: »Wäre Juliana nicht eine Frau, sondern ein Mann, so würde ich sie zu meinem ersten Staatsminister ernennen.«

Er schätzte sie außerordentlich hoch und liebte sie zärtlich wie eine Mutter. In ihre Hand legte er die Verwaltung der Hofgelder, ihr vertraute er alle Staatsgeheimnisse an, und ihrer Begutachtung unterbreitete er seine Erlasse, mit einem Wort, auf ihre Schultern legte er die ganze Sorge für das Reich. Während er den Titel Fürst für sich selbst behielt, überließ er ihrer Klugheit und erprobten Tugend die ganze Regierung des Landes... Wie sehr sie sich dieses grenzenlosen Vertrauens würdig machte, erfahren wir von demselben Gewährsmann: »Sie erwies sich stets so nützlich und zuverlässig, daß sie in der Hochachtung des Kaisers immer höher stieg, so daß er sie als den Eckpfeiler des Reiches und die kostbarste Perle seiner Krone betrachtete.« Aber nicht nur der Kaiser, sondern der gesamte Adel des Landes schätzte sie sehr. Donna Juliana spürte, obwohl Christin in einer mohammedanischen Umgebung, keinen Neid, Haß oder Verleumdung. Pater Desideri, der Missionsvorsteher in Delhi in den Jahren 1722-1725, bietet uns den Schlüssel zur Lösung dieses Rätsels, wenn er schreibt: »Sie war zugleich so liebenswürdig und so rücksichtsvoll gegen alle Adligen, gegen ihre eigenen Untergebenen, ja gegen Fremde selbst, daß jedermann von ihr sich zufrieden gestellt fühlte... Donna Juliana besaß außerordentliche Talente, eine seltene Rednergabe und eine außergewöhnliche Liebenswürdigkeit und woran sich auch der Staatsminister Azad-Khan und andere Kronbeamte beteiligten. Sooft jemand sie ansprach, geschah das mit der Anrede »Bibi« (Prinzessin).

Nach dieser Ratssitzung kehrte Donna Juliana zu ihrem Palast Dara-Schukah zurück. Sollte bis zu diesem Zeitpunkt das innere Tor des kaiserlichen Palastes bereits verrammelt worden sein, so wurde es für sie wieder aufgeschlossen, ein Vorrecht, das nicht einmal den Prinzen zustand. Diese hatten sich nach dem bestehenden Befehl zu richten, den kaiserlichen Palast in der Zeit zwischen eintretender Nacht und dem Morgengrauen weder zu betreten noch zu verlassen.

Das war die gewöhnliche Tagesordnung, die Donna Juliana sich festgesetzt hatte, um, wie der Biograph bemerkt, in den Pausen Gelegenheit zu haben, dem Gebet zu obliegen, Bußübungen und Werke der geistigen und leiblichen Barmherzigkeit zu verrichten. Für Werke der Barmherzigkeit standen ihr unermeßliche Geldmittel zur Verfügung, und sie teilte ihren Reichtum mit vollen Händen aus. Denn Gelegenheit, ihre Freigebigkeit zu betätigen, bot sich überall.

Nach Bahadur Schahs Tod zeigte sich der neue Kaiser, den man auch Jehander Schah nannte, Donna Juliana gegenüber zwar geneigt, war aber im übrigen kein würdiger Nachfolger seines Vaters. Er vernachlässigte ganz und gar die Regierungsgeschäfte und suchte nur seine Leidenschaften zu befriedigen. Am verhängnisvollsten wirkte der Einfluß der berüchtigten Lal Kur, einer abessinischen Tänzerin. So geschah es, daß er schon innerhalb Jahresfrist entthront wurde.

Farraksiner – so nannte sich der Usurpator des Throns – fühlte sich durch keine Bande der Dankbarkeit an irgendeinen Günstling des früheren Hofes gebunden, am wenigsten an eine Christin. Der neue Staatsminister zeigte sich gar entschieden feindlich gegen Juliana. Er schwor ihren Untergang, und es gelang seinen Ränken nur zu leicht, den Kaiser zu bestimmen, ihr ungeheures Vermögen einzuziehen. Selbstverständlich erfolgte zur selben Zeit ihre Enthebung von allen Ämtern und Vorrechten bei Hof. Damit sah sie sich mit einem Schlag vom Gipfel des Ansehens herabgeschleudert und der drückendsten Armut preisgegeben.

Bedurfte es eines schlagenderen Beweises von der Eitelkeit alles Irdischen? Juliana verstand es , die richtigen Folgerungen aus dieser

Donna Juliana nach einer Federzeichnung des holländischen Gesandten Ketelaer, entstanden im Jahre 1712

Lehre zu ziehen. Sie entschloß sich, den kaiserlichen Hof und die trügerische Welt zu verlassen, um sich ausschließlich dem Dienst Gottes zu weihen.

In Goa befand sich das große Kloster St. Monika, welches nicht nur 200 Nonnen, sondern auch einer Anzahl frommer Witwen Raum gewährte. Dorthin wollte auch Juliana sich zurückziehen. Mit diesem Gedanken hatte sie sich schon unter Bahadur Schah befaßt, jetzt aber sollte damit Ernst gemacht werden. Allein auch diesmal stellten hohe Persönlichkeiten sich ihrem Entschluß entgegen. Die Gründe dieses Widerstandes von seiten der Missionare, der Missionsgemeinde und des Vizekönigs von Goa fußten, wie Pater Desideri richtig bemerkt, »auf den unberechenbaren Vorteilen, die aus ihrer Gegenwart am Hof dem Staatswesen, den Christen und den Missionaren erwuchsen«. Juliana glaubte sich verpflichtet, dem allgemeinen Drängen nachzugeben, und blieb auf ihrem schwierigen Posten. Bald stellte sich heraus, daß sie ihre von der Vorsehung bestimmte Aufgabe am mogulischen Hof noch nicht vollendet hatte. Kaiser Farraksiner befiel eine Krankheit, die allen Heilmitteln der einheimischen Ärzte trotzte. In der äußersten Todesgefahr riet man ihm, seine Zuflucht zu Donna Juliana zu nehmen und ihre erprobten Ratschläge zu befolgen. Er tat es, und diesem Umstand verdankte er sein Leben.

Donna Juliana besaß zwar selbst bedeutende Erfahrung in der Behandlung einiger Krankheiten, aber in dem vorliegenden Fall berief sie christliche Ärzte von bestem Ruf an den Hof. Unter diesen befand sich auch Dr. Hamilton, der damals als Chirurg im Dienst der englischen Ostindischen Kompanie stand. Dank der geschickten Behandlung genas der hohe Patient bald von seiner Krankheit. Die nächste Folge davon war, daß Donna Juliana ihr früheres Ansehen bei Hof wiedererlangte und ihre eingezogenen Güter zurückerstattet erhielt.

Den christlichen Glauben offen zu bekennen in der Umgebung, in die Juliana sich gestellt sah, verlangte kein geringes Maß an Mut. Daß ein Mensch seine Religion offen und ungescheut betätigte, erschien den Mohammedanern als eine selbstverständliche Sache, aber daß Juliana gerade die christliche Religion unter den Augen eines mohammedanischen Hofs ausübte, mußte den fanatischen

Ein Saal im Palast des Großmoguls zu Delhi

Massen als ein Greuel, gleichsam ein Religionsfrevel, vorkommen. Was immer man von ihr jedoch denken oder sagen mochte, sie blieb unerschütterlich, so daß sie sogar dem Glaubenseiferer Aurangseb ins Gesicht sagte: »Ich bin zwar dem Prinzen zugetan, allein ich liebe Jesus Christus noch viel mehr; um dessentwillen bin ich bereit, Kerker und Tod zu erdulden.«

Man fragt sich, woher dieser Glaubensmut einer alleinstehenden Frau? Diese Frage beantwortet uns der Missionar Pater Desideri, wenn er uns versichert: »In Sachen Gottes und der Religion war sie, trotz fortwährender Inanspruchnahme durch Amtssorgen, sehr gewissenhaft, ebenso im Kirchenbesuch, Sakramentenempfang und in frommen Übungen. Entschieden, ja in heroischer Weise verfocht sie die Interessen der heiligen Religion. Mit Umsicht benutzte sie alle Gelegenheiten, den Christen zu nützen und ihnen Ansehen und Einfluß zu verschaffen. Da ihre Stellung ein äußeres Abzeichen ihrer Würde verlangte, so wollte sie kein anderes dazu verwenden als das heilige Kreuz.« Diese Tatsache bestätigt Oberst Gentil ausdrücklich:

»Wenn sie öffentlich erschien, war ihr Zug stets von zwei Elefanten begleitet, die auf roten Standarten weiße Kreuze trugen.«

Dabei ließ sie es nicht bewenden. Durch Wort und Beispiel suchte sie auf ihre Umgebung, namentlich auf die Palastdamen, apostolisch einzuwirken. Dazu berichtet Nicolao Manucci, dessen ärztliche Hilfe zu Julianas Zeiten öfters im kaiserlichen Harem in Anspruch genommen wurde. Es heißt da in seinen Memoiren: »Neben ihren eigenen Gebeten haben die mohammedanischen Damen eine ganz besondere Verehrung für die seligste Jungfrau Maria. Das ist sicherlich befremdend in einem Land, welches den Koran befolgt. Aber tatsächlich wird keine dieser Frauen abends zu Bett gehen, ohne vorher auch einige Gebete an die Himmelskönigin gerichtet zu haben. Ich bin vollständig überzeugt, daß sie, falls sie unabhängig wären, die heilige Religion unseres Erlösers annehmen würden, und zwar aus vielen Gründen, deren vorzüglichster das Verbot unserer Religion ist, mehr als eine Frau zur Ehe zu nehmen.« Manucci begnügt sich, diese christenfreundliche Gesinnung unter den Palastdamen zu erwähnen, ohne sie dem Einfluß irgendeiner Person zuzuschreiben.

In allen Dingen, in der Tugendübung, Heiligenverehrung usw. unterrichtete sie die Hofleute und besonders den Kaiser selbst mit solchem Erfolg, daß ihm nur noch die Taufe zu fehlen schien und daß nach seinem Ableben das Gerücht verbreitet wurde, er habe vor seinem Tod durch Julianas Bemühung die Taufe tatsächlich empfangen.

Obgleich ich von der Richtigkeit dieser Behauptung nicht überzeugt bin, so gab er doch zu Lebzeiten auffällige Beweise frommer Gesinnung und nahm mehrere Artikel unserer Religion an. Dafür einige Beispiele: Für den glücklichen Ausgang einer Schlacht rief er die Hilfe der armen Seelen im Fegfeuer an und versprach für deren Erlösung eine größere Anzahl von Messen lesen zu lassen. Sobald der Sieg gemeldet wurde, befahl er, das Gelöbnis pünktlich auszuführen.

Außerdem ließ er öfters den Kirchen reiche Geschenke zuweisen zu Ehren unseres Herrn Jesus Christus, der seligsten Jungfrau und verschiedener Heiligen.

Seit dem Erscheinen des seligen Paters Rudolf Aquaviva am Hof Akbars des Großen im Jahre 1579 hatte die Gesellschaft Jesu eine

Akbar der Große

bedeutende Missionstätigkeit in Hindustan entfaltet. Auch deutsche Jesuiten beteiligten sich daran in vorzüglicher Weise bis zur Unterdrückung ihres Ordens. Ihr Missionsgebiet, auch »Mission in Mogor« genannt, umfaßte den ganzen westlichen Teil des großmogulischen Reiches von Ahmednagar im Süden bis Kabul im Norden. Agra, die Hauptstadt des Reichs, bildete den Mittelpunkt der Mission, weil sie dort eine Schule besaß. In seiner »Beschreibung von Hindustan« nennt Pater Tieffentaller diese Schule ein Kolleg, welches ein angesehener und reicher Mann, Mirza-Zul-Karnen, gestiftet hatte. Zu diesem Zweck beauftragte er Pater Castro, das Gründungskapital in zwei ertragsfähigen Grundstücken auf den Inseln Bombay und Salsette anzulegen, die leider allzubald in die Hände der Engländer fielen. Infolge dieser Beschlagnahme war die Mission aller Einkunftsquellen beraubt.

Diese Vorbemerkung schien geboten, um die freigebigen Schenkungen der Donna Juliana an die Mission richtig zu würdigen. »Sie wollte nicht bloß« sagt Pater Desideri, »eine Wohltäterin sein, sondern wünschte sogar das Verdienst zu haben, die zweite Stifterin der Mission zu werden, indem sie ihr die Güter ersetzte, welche ihr in Bombay und Umgebung verlorengegangen waren.«

Desideri erfuhr an sich selbst Julianas Freigebigkeit während seines dreijährigen Aufenthalts in Delhi. Als er sich nämlich anschickte, eine neue Kirche zu bauen, ließ ihm Juliana zu diesem Zweck das Legat eines ihrer verstorbenen Verwandten von 250 Reichstalern aushändigen und fügte demselben noch 200 Reichstaler aus ihrem eigenen Geld bei. Kunde von einer anderen Schenkung erhalten wir aus dem Brief des Missionsvisitators Pater Figueredo. »Als einst«, so heißt es da, »der Kaiser sie (Juliana) beauftragte, bei einem benachbarten heidnischen König ein wichtiges Geschäft abzuschließen, und ihr als Belohnung 150 000 Rupien schenkte, glaubte sie diese ganze Summe nicht besser verwenden zu können, als sie zur Hälfte unter arme christliche Kirchen und zur andern Hälfte unter Bedürftige und Notleidende zu verteilen. Sie pflegte zu sagen, die Reichen sollen Bäumen gleichen, die, je beladener sie mit Früchten sind, desto tiefer sich zur Erde (sie meinte zu den Armen) hinneigen.«

Diese Gaben der großherzigen Wohltäterin fanden selbstverständlich bei den Missionaren stets dankbare Herzen. Was diese ihr als Gegengabe anboten, konnten nur geistige Güter sein, wie Pater Desideri es ausdrücklich erwähnt: »Unser Pater General hat ihr den aufrichtigen Dank der ganzen Gesellschaft ausgesprochen, und als Beweis seiner dankbaren Gesinnung verlieh er ihr bei meiner Abreise von Rom (1712) die ›Bruderschaft unserer Gesellschaft‹ und die Teilnahme an allen uns gewährten Ablässen und an den guten Werken, die mit Gottes Hilfe in der Gesellschaft verrichtet werden.«

Hinweis auf unsere Quellen

Die folgenden Bücher wurden auf verschiedene Weise und in unterschiedlichem Maße für das vorliegende Buch herangezogen: zum Teil als Grund- oder Ergänzungsinformation für die Biographien und Zwischentexte, zum Teil für die Bebilderung und zum Teil für die am Kursivsatz erkennbaren, von uns sprachlich umfassend bearbeiteten Auszüge.

Altaner, Berthold, Die Dominikanermission des 13. Jahrhunderts. Habelschwerdt 1924.

Atlas der Geschichte der katholischen Mission. Jahrbuch 1933. Mödling bei Wien 1933.

Baum, Friedrich, Kirchengeschichte. 2. Auflage. München 1889.

Baumstark, Reinhold, Bartholomäus de las Casas, Bischof von Chiapa. Freiburg 1879.

Beda des Ehrwürdigen Kirchengeschichte der Angelsachsen. Schaffhausen 1866.

Bitschnau, Otto, Das Leben der Heiligen Gottes. Einsiedeln 1881.

Böhlen, Hippolytus, Die Franziskaner in Japan einst und jetzt. Trier 1912.

Briefe des Bonifatius. Willibalds Leben des Bonifatius. Nebst einigen zeitgenössischen Dokumenten . . . neubearbeitet von Reinhold Rau. Darmstadt 1968.

Brockhaus' Konversations-Lexikon. Leipzig 1892.

Dreves, Lebrecht, Leben des heiligen Ansgar. Paderborn 1864.

Duhr, Joseph, Un jésuite en Chine. Bruxelles 1936.

Einige Kapitel aus dem Geschichtswerk des Fray Bernardino de Sahagun. Aus dem Aztekischen übersetzt von Eduard Seler. Stuttgart 1927.

Eugippius, Leben des heiligen Severin. Leipzig 1878.

Fleurian, Gabriel, Lebensgeschichte des heiligen Peter Claver. Regensburg 1888.

Florentini, Theodosius, Leben der Heiligen Gottes. 2. Auflage. 4 Bde. Ingenbohl 1877.

Ginzel, Joseph Augustin, Geschichte der Slawenapostel Cyrill und Method und der slawischen Liturgie. Wien 1861.
Goebbel, Franz Caspar, Des Ehrw. P. Michael Strunck Leben der Heiligen Westfalens. 2 Bde. Münster 1863–64.
Greff, Nikolaus, Das Leben des heiligen Franciscus Xaverius. 2. Auflage. Einsiedeln 1885.
Hahn, Heinrich, Geschichte der katholischen Missionen seit Jesus Christus bis auf die neueste Zeit. 5 Bde. Köln 1857–1863.
Hanke, Lewis, Bartolomé de Las Casas. Den Haag 1950.
Hauck, Albert, Kirchengeschichte Deutschlands. Nachdruck der 3. und 4. Auflage. Leipzig 1914.
Henrion. M. R. A., Allgemeine Geschichte der katholischen Missionen bis auf die neueste Zeit. Schaffhausen 1847.
Huonder, Anton, Bannerträger des Kreuzes. Freiburg 1915.
Juritsch, Georg, Geschichte des Bischofs Otto I. von Bamberg, des Pommernapostels 1102–1139. Gotha 1889.
Katholische Missionen. Illustrierte Monatsschrift. Freiburg 1882 ff. Ab Jahrgang 54, 1926: Aachen.
Kempf, Konstantin (Hrsg.), Die Heiligkeit der Gesellschaft Jesu. Einsiedeln 1925.
Külb, Ph. H., Geschichte der Missionsreisen nach der Mongolei während des dreizehnten und vierzehnten Jahrhunderts. 3 Bde. Regensburg 1860.
Kuhle, J., Geschichte des Bisthums Ratzeburg. Teil II: Der Bischof Evermod. Rostock 1876.
Kuhlmann, Bernhard, Der heilige Sturmi, Gründer Fuldas und Apostel Westfalens. Paderborn 1890.
Kurzer Bericht über das Leben und den glorreichen Tod der heiligen japanesischen Martyrer Paulus Michi, Johannes Soan von Goto und Jakobus Chisai aus der Gesellschaft Jesu. Paderborn 1863.
Leben des heiligen Gallus und des Abtes Otmar von Sanktgallen. Leipzig 1888.
Lebensbeschreibung des heiligen Willibrords, Gregor von Utrecht, Liudgers und Willehads von Bremen. Leipzig 1888.
Lebensbilder aus dem Orden des heiligen Franziskus. Münster 1917.

Klugheit. Diese natürlichen Gaben, verbunden mit einigen medizinischen Kenntnissen und mit einer ans Wunderbare grenzenden Geschicklichkeit, erwarben ihr in kurzer Zeit nicht nur die Zuneigung der Kaiserin, der Prinzessinnen und aller Hofleute, sondern auch die Hochachtung von seiten des Kaisers, der Prinzen und aller Adligen.«

Die Tagesordnung

Um allen Anforderungen ihrer staatlichen und gesellschaftlichen Pflichten besser zu entsprechen, verteilte sie ihre Beschäftigungen auf bestimmte Stunden des Tages. Diese Tagesordnung erfahren wir aus einer persischen Handschrift:

Um drei Uhr morgens stand sie auf. Nach dem Ankleiden kniete sie nieder und widmete eine Stunde dem Gebet. Um sechs Uhr trat sie aus ihrem Oratorium heraus, setzte sich im Empfangszimmer nieder und wartete dort auf die Palastdamen, die nach orientalischer Sitte ihre Aufwartung machten. Mit ihnen pflegte sie auch ihren Morgenimbiß zu teilen, der aus Reis und einer Bohnenbrühe bestand. Nach diesem ersten Morgenbesuch bereitete sie eigenhändig ein würziges Pilao (Bohnengericht) und übersandte es dem Kaiser, dessen Wünsche ihr noch aus der neunjährigen Gefangenschaft her bekannt waren.

Daraufhin ließ sie sich den Arbeitstisch herrichten, Schere, Nadeln, Faden und Leinwand zurechtlegen und begann dann, Kissenüberzüge für Betstühle sowie Leibwäsche anzufertigen, die letztere bestehend aus feiner Leinwand, die Elle zu zwei und drei Rupien. Nach vierstündiger Handarbeit ruhte sie eine Zeitlang aus.

Alsdann ließ sie sich ihre Hofkleider reichen, warf sich in Gala und empfing die verschiedenen Hofleute, wohl auch kaiserliche Prinzen, die ihre Höflichkeitsbesuche abstatteten. Am häufigsten erschienen Nabob Murtaza und Murid-Khan, die ihr Neues aus aller Welt mitteilten oder sie mit Palastneuigkeiten unterhielten.

Sobald die Herren zum Kaiser zurückgekehrt waren, begab auch sie sich selbst dorthin. Gewöhnlich verblieb sie zwei Stunden lang in der kaiserlichen Gegenwart zur Besprechung von Staatsgeschäften,

Für die Erteilung von Abdruckgenehmigungen bedanken wir uns sehr herzlich bei der Missionsdruckerei St. Gabriel, Mödling bei Wien (für drei Karten aus dem „Atlas der Geschichte der katholischen Missionen“, 1933), und beim Verlag Friedrich Pustet, Regensburg (für den Auszug aus: Franz Weiser, Das Mädchen der Mohawks).

Sofern wir in dem einen oder anderen Fall einem Irrtum über die freie Verwertbarkeit von Texten unterlegen sein sollten, oder wegen unzureichender oder nicht greifbarer Unterlagen eine Abklärung bezüglich der Abdrucksrechte nicht rechtzeitig möglich war, bitten wir um Verständnis und sichern Nachhonorierung im üblichen Rahmen bei entsprechender Nachricht an die Bücher-GmbH, Klinikumallee 11, 8580 Bayreuth, zu.

Allen Personen und Institutionen, die hilfsbereit, schnell und unbürokratisch an der Beschaffung beziehungsweise Bereitstellung der benutzten Literatur beteiligt waren, möchten wir herzlich danken. Über das übliche Maß hinausgehend hat uns Frau Wendeler von MISSIO, Internationales Katholisches Missionswerk, München, mit Rat und Texten unterstützt. Zu aufrichtigem Dank sind wir auch der Staatsbibliothek München, der Stadtbibliothek Bayreuth sowie der Universitätsbibliothek Bayreuth verpflichtet, die uns großzügig ihre Bestände zur Verfügung stellten und uns mit ihren Informationen und Fernleihen weiterhalfen.

Die Herausgeber

Lemmens, Leonhard, Geschichte der Franziskanermissionen. Münster 1929.
Montalembert, Graf von, Die Mönche des Abendlandes vom heiligen Benedikt bis zum heiligen Bernhard. 2 Bde. Regensburg 1860.
Noti, Severin, Donna Juliana. Aachen 1919.
Patiß, Georg, Das Apostolat und Martirium der Gesellschaft Jesu in Japan. 2. wohlfeile Ausgabe. Wien 1868.
Pingsmann, L. Th. W., Der heilige Ludgerus, Apostel der Friesen und Sachsen. Freiburg 1879.
Platzweg, Karl, Lebensbilder deutscher Jesuiten in auswärtigen Missionen. Paderborn 1882.
Rajamanickam, S., The first oriental scholar. Tirunelveli 1972.
Riemli, Eugen Th. (Hrsg.), Illustrierte Weltgeschichte. 6. Auflage. Zürich 1965.
Schlager, Patricius, Mongolenfahrt der Franziskaner im 13. Jahrhundert. Trier 1911.
Schlund, Erhard, Nach Cochinchina. Trier 1911.
Schreiber, Georg, Stephan I., der Heilige, König von Ungarn. Paderborn 1938.
Shea, John Gilmary, Geschichte der katholischen Missionen unter den Indianerstämmen der Vereinigten Staaten. 1529–1860. Würzburg 1863.
Streit, Robert, Führer durch die deutsche katholische Missionsliteratur. Freiburg 1911.
Stürmer, Ernst, Vorstoß zum Drachenthron. Mödling 1978.
Vies des Saints, Tours 1873.
Villiger, Johann B., Gaston Castella. Illustrierte Papstgeschichte. 2. Auflage. Zürich 1966.
Wehofer, Thomas Maria, Die Apostel Chinas. Wien 1894.
…iser, Franz, Das Mädchen der Mohawks. Regensburg 1970.
…mann, Patricius, Die Herrlichkeit der Kirche in ihren Missio… …it der Glaubensspaltung. Augsburg 1841.
… Franz von, Die Briefe des großen Indianerapostels des …ranz von Xavier . . . übersetzt und erläutert von Joseph …. Neuwied 1836–1840.
…ioba und die frommen angelsächsischen Frauen. Frei-